新编21世纪远程教育精品教材

• 经济与管理系列 •

金融学概论

（第三版）

主　编　宋　玮
副主编　王玉平
主　审　沈伟基

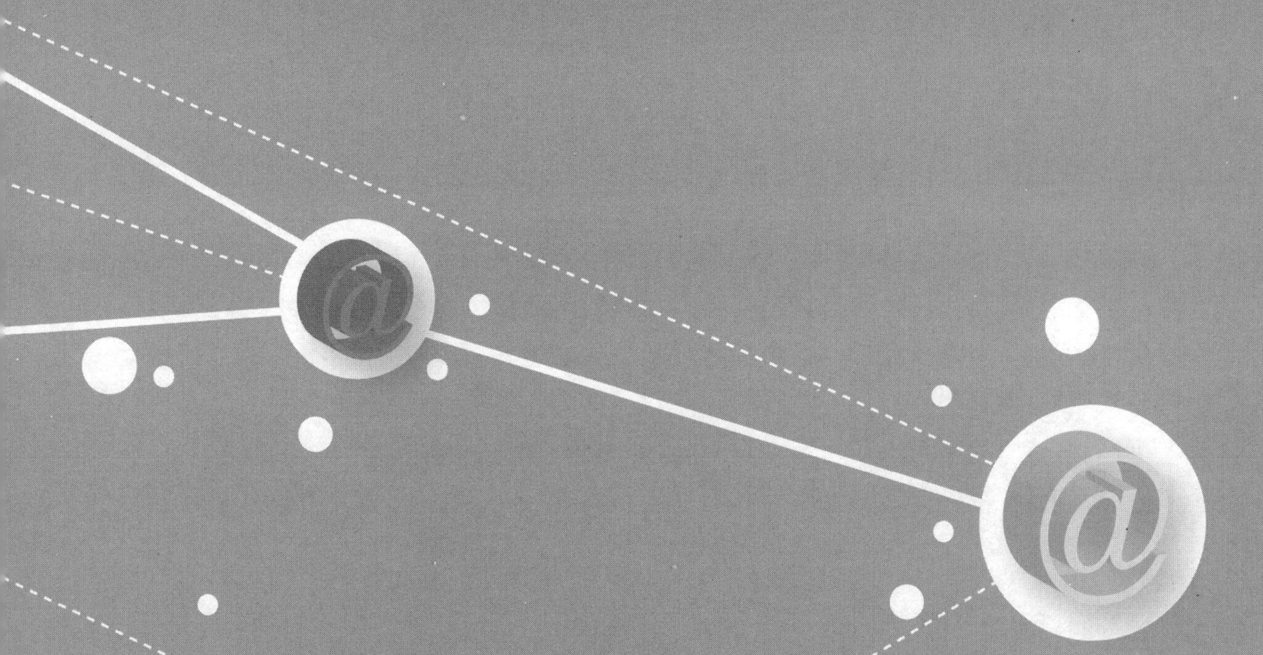

中国人民大学出版社
· 北京 ·

作者简介

宋玮，中国人民大学财政金融学院教授，中国人民大学与德国法兰克福大学联合培养经济学博士。主攻金融理论与政策、现代银行管理、信用管理等，近年来主持省级课题2项，参与教育部211子项目课题“金融中介与金融市场”以及国家社科基金科研项目。

本教材共十二章，按逻辑体系分为五个部分：第一部分是第一、二、三章，重点介绍货币、信用、利率与汇率等基本范畴和基本知识；第二部分是第四、五、六章，集中介绍金融市场、金融资产的组合与选择行为，以及金融中介体系的大体框架；第三部分是第七、八章，重点阐述商业银行与中央银行的性质、职能、业务、体制及其在金融体系中的重要性；第四部分是第九、十、十一章，介绍货币需求与供给、货币均衡与总供求、货币政策的主要内容，探讨宏观金融调控的基本机制与运作规律；第五部分是第十二章，介绍金融监管的基本理论、方法与体制。文中有“*”号的章节可以作为选学内容。

总 序

我们正处在教育史尤其是高等教育史上的一个重大的转型期。在全球范围内，包括在我们中华大地，以校园课堂面授为特征的工业化社会的近代学校教育体制，正在向基于校园课堂面授的学校教育与基于信息通信技术的远程教育相互补充、相互整合的现代终身教育体制发展。一次性学校教育的理念已经被持续性终身学习的理念所替代。在高等教育领域，从 1088 年欧洲创立博洛尼亚（Bologna）大学以来，21 世纪以前的各国高等教育基本是沿着精英教育的路线发展的，这也包括自 19 世纪末创办京师大学堂以来我国高等教育短短一百多年的发展史。然而，自 20 世纪下半叶起，尤其在迈进 21 世纪时，以多媒体计算机和互联网为主要标志的电子信息通信技术正在引发教育界的一场深刻的革命。高等教育正在从精英教育走向大众化、普及化教育，学校教育体系正在向终身教育体系和学习型社会转变。在我国，党的十六大明确了全面建设小康社会的目标之一就是构建学习型社会，即要构建由国民教育体系和终身教育体系共同组成的有中国特色的现代教育体系。

教育史上的这次革命性转型绝不仅仅是科学技术进步推动的。诚然，以电子信息通信技术为主要代表的现代科学技术的进步，为实现从校园课堂面授向开放远程学习、从近代学校教育体制向现代终身教育体制和学习型社会的转型提供了物质技术基础。但是，教育形态演变的深层次原因在于人类社会经济发展和社会生活变革的需求。恰在这次世纪之交，人类社会开始进入基于知识经济的信息社会。知识创新与传播及应用、人力资源开发与人才培养已经成为各国提高经济实力、综合国力和国际竞争力的关键和基础。而这些是仅仅依靠传统学校校园面授教育体制所无法满足的。此外，国际社会面临的能源、环境与生态危机，气候异常，数字鸿沟与文明冲突，对物种多样性与文化多样性的威胁等多重全球挑战，也只有依靠世界各国进一步深化教育改革与创新，促进人与自然的和谐发展才能得到解决。正因为如此，我国党和政府提出了“科教兴国”“可持续发展”“西部大开发”“缩小数字鸿沟”以及“人与自然和谐发展”的“科学发展观”等基本国策。其中，对教育作为经济建设的重要战略地位和基础性、全局性、前瞻性产业的确认，对高等教育对于知识创新与传播反应用、人力资源开发与人才培养的重大意义的关注，以及对发展现代教育技术、现代远程教育和教育信息化并进而推动国民教育体系现代化，构建终身教育体系和学习型社会的决策更得到了教育界和全社会的共识。

在上述教育转型与变革时期，中国人民大学一直走在我国大学的前列。中国人民大学是一所以人文、社会科学和经济管理为主，兼有信息科学、环境科学等的综合性、研究型大学。长期以来，中国人民大学充分利用自身的教育资源优势，在办好全日制高等教育的同时，一直积极开展远程教育和继续教育。中国人民大学在我国首创函授高等教育。1952年，校长吴玉章和成仿吾创办函授教育的报告得到了刘少奇的批复，并于1953年率先招生授课，为新建的共和国培养了一大批急需的专门人才。在20世纪90年代末，中国人民大学成立了网络教育学院，成为我国首批现代远程教育试点高校之一。经过短短几年的探索和发展，中国人民大学网络教育学院创建的“网上人大”品牌，被远程教育界、媒体和社会誉为网络远程教育的“人大模式”，即“面向在职成人，利用网络学习资源和虚拟学习社区，支持分布式学习和协作学习的现代远程教育模式”。成立于1955年的中国人民大学出版社是新中国建立后最早成立的大学出版社之一，是教育部指定的全国高等学校文科教材出版中心。在过去的几年中，中国人民大学出版社与中国人民大学网络教育学院合作策划、创作、出版了国内第一套极富特色的“现代远程教育系列教材”。这些凝聚了中国人民大学、北京大学、北京师范大学等北京知名高校学者教授、教育技术专家、软件工程师、教学设计师和编辑们广博才智的精品课程系列教材，以印刷版、光盘版和网络版立体化教材的范式探索构建全新的远程学习优质教育资源，实现先进的教育教学理念与现代信息通信技术的有效结合。这些教材已经被国内其他高校和众多网络教育学院所选用。中国人民大学出版社基于“出教材学术精品，育人文社科英才”理念的努力探索及其初步成果已经得到了我国远程教育界的广泛认同，是值得肯定的。

2005年4月，我被邀请出席《中国远程教育》杂志与中国人民大学出版社联合主办的“远程教育教材的共建共享与一体化设计开发”研讨会并做主旨发言，会后受中国人民大学出版社的委托为“21世纪远程教育精品教材”撰写“总序”，这是我的荣幸。近几年来，我一直关注包括中国人民大学网络教育学院在内的我国高校现代远程教育试点工程。这次更有机会全面了解和近距离接触中国人民大学出版社推出的“21世纪远程教育精品教材”及其编创人员。我想将我在上述研讨会上发言的主旨做进一步的发挥，并概括为若干原则作为我对包括中国人民大学出版社、中国人民大学网络教育学院在内的我国网络远程教育优质教育资源建设的期待和展望：

● 新编21世纪远程教育精品教材的教学内容要更加适应大众化高等教育面对在职成人、定位在应用型人才培养上的需要。

● 新编21世纪远程教育精品教材的教学设计要更加适应地域分散、特征多样的远程学生自主学习的需要，培养适应学习型社会的终身学习者。

● 在我国网络教学环境渐趋完善之前，印刷教材及其配套教学光盘依然是远程教材的主体，是多种媒体教材的基础和纽带，其教学设计应该给予充分的重视。要在印刷教材的显要部位对课程教学目标和要求做明确、具体、可操作的陈述，要清晰地指导远程学生如何利用多种媒体教材进行自主学习和协作学习。

● 应组织相关人员对多种媒体的远程教材进行一体化设计和开发，要注重发挥多种媒体教材各自独特的教学功能，实现优势互补。要特别注重对学生学习活动、教学交互、学习评价及其反馈的设计和实现。

● 要将对多种媒体远程教材的创作纳入到对整个远程教育课程教学系统的一体化设计和开发中去，以便使优质的教材资源在优化的教学系统、平台和环境中，在有效的教学模式、学习策略和学习支助服务的支撑下获得最佳的学习成效。

● 要充分发挥现代远程教育工程试点高校各自的学科资源优势，积极探索网络远程教育优质教材资源共建共享的机制和途径。

中华人民共和国教育部远程教育专家顾问

丁兴富

第三版前言

2008年席卷全球的金融危机对金融运行机制产生了深刻影响，时至今日全球经济仍未完全走出衰退的泥潭。金融危机所暴露出的关于金融创新与金融监管之间的关系、金融机构组织架构与业务方式的转型、货币政策的国际协调与国际货币体系重构等重大问题对于金融理论提出了前所未有的挑战。

在外部环境发生深刻变化的同时，我国经济也迎来了新的历史发展阶段。2010年国家“十二五”规划明确提出，国家未来发展要逐渐由“国强”走向“民富”，从注重经济增长速度转向注重经济发展质量，实现经济结构战略性调整，推动科技进步和创新，关注民生，建设资源节约型、环境友好型社会。“十二五”期间，我国经济面临的挑战与以往相比，无论在难度上，还是在性质上，都有了重大变化。一方面，在全球经济再平衡的大背景下，要以平衡内外需供求结构为突破口，处理好内外需关系；另一方面，在促进经济持续增长的同时，要逐步有效化解各种影响全局的结构性矛盾。在这样的背景之下，我国金融业的发展如何配合国家宏观经济发展战略的调整，也是值得人们深入思考的现实问题。

在本书第三版的修订过程中，作者尝试将本次全球金融危机对于金融工具、机构与市场体系的巨大冲击展现给读者，同时尝试更好地刻画新形势下我国金融业发展的现状。

中国人民大学财政金融学院2010级硕士生张楠和2012级硕士生李明涛在繁忙的学习之余承担了第三版修订所需数据的收集与整理工作，作者对他们的工作表示由衷感谢。

宋玮

2013年6月于翠叠园

第二版前言

本教材自 2004 年出版以来受到读者的广泛欢迎，并于 2005 年获得北京市精品教材的殊荣。

近年来，我国金融改革不断深化、金融创新快速发展。国有商业银行股份制改革进入实质阶段，资本市场的规范化发展带动了效率的提升，货币政策操作框架进一步完善，居民部门的投资热情伴随着国民收入的增长而不断高涨。

为将我国金融改革的最新进展纳入到教材之中，我们对教材作了修订。这次修订在基本保持了原来教材基本知识框架基础上，对相关内容进行了更新，使之更贴近我国金融改革的实践发展。

中国人民大学财金学院 2007 级硕士生赵蕾与高雅在修订过程中做了大量的资料收集与整理的工作，在这里对他们的工作表示感谢。

宋玮

2008 年冬于中国人民大学

第一版前言

日新月异的金融实践推动了金融学科的不断向前发展。“货币银行学”作为财经类专业的核心课程和金融专业的主干课程在新的金融发展形势之下，其内容所涵盖的范围也不断发生变化。简单地沿用“货币银行学”已经不能反映金融市场不断发展的情况下这门课程的内涵，由“货币银行学”过渡到“金融学”已成为必然的趋势。本教材力图反映金融理论与金融实践的这种最新进展。

在本教材的构思与成文的过程中，我们努力做到：

(1) 循着“货币、信用与经济之间的关系”这一主线，系统、全面地阐述金融学的基本概念、基本原理、基本框架与方法。在此基础上，有重点、有选择地介绍了反映金融学理论的最新研究成果和实践的最新进展，引导学生关注前沿性理论和金融热点，从而使本教材内容与时俱进，更具前瞻性。

(2) 在形成金融学基本知识体系框架的同时，注意将理论与中国经济和金融的运行实践紧密结合。在中国建立社会主义市场经济体制的大背景下，力求把中国金融改革与发展的历程、激烈的理论争论、鲜活的政策调控实践和运作的轨迹，提纲挈领地勾画出来，使本教材更加贴近现实，引导学生灵活运用所学知识对中国现实问题进行独立的思考。

本教材共十二章，按逻辑体系分为五个部分：第一部分是第一、二、三章，重点介绍货币、信用、利率与汇率等基本范畴和基本知识；第二部分是第四、五、六章，集中介绍金融市场、金融资产的组合与选择行为以及金融中介体系的大体框架；第三部分是第七、八章，重点阐述商业银行与中央银行的性质、职能、业务、体制及其在金融体系中的重要性；第四部分是第九、十、十一章，介绍货币需求与供给、货币均衡与总供求、货币政策的主要内容，探讨宏观金融调控的基本机制与运作规律；第五部分是第十二章，介绍金融监管的基本理论、方法与体制。**文中有“*”号的章节可以作为选学内容。**

本书在内容表述上，争取简明扼要、深入浅出、循序渐进；在行文风格上，尽量生动、活泼，避免呆板；对于一些重点难点，尽量讲深讲透，以便融会贯通；对前沿理论的介绍，力求体现其基本思想和创新精神，避免过多的数学公式和推导；思考题的设计力求涵盖本章基本内容，题目灵活具体，避免笼统；活泼有趣的小专栏的插入更增加了本书的可读性。

本教材各章的具体分工如下：第二章、第七章和第九章，中国人民大学宋玮；第十章、第十一章、第十二章，中国人民大学王玉平；第一章、第四章和第五章，中国人民大学吴倩；第三章，中国人民大学刘震；第六章，对外经济贸易大学冯晓琦；第八章，长春大学张秀娟。

中国人民大学财政金融学院沈伟基教授对全书进行了审定与指导。本书由宋玮担任主编，王玉平担任副主编，全书由宋玮、王玉平总纂定稿。

本教材在写作过程中参考了国内外同行的研究成果，为此，我们谨向有关作者表示真挚的谢意。

参加本书编写的作者做出了最大的努力，但是囿于作者水平与学识的局限性，其中不妥和疏漏之处在所难免，敬请读者批评指正。

编者

2004 年 5 月 20 日于中国人民大学

目　录

第一章 货币与货币制度

要点提示

货币是当今经济社会中最重要的经济要素。货币把各个独立的经济个体联结到一起，就像经济肌体的血液系统一样，对经济产生了重大影响。对于熟视的货币，人们有着无穷的谜思：货币从哪里来，又向何处去？电子货币会取代信用货币吗？货币仅仅是蒙在经济生活上的一层面纱吗？货币制度如何从金属货币制度演变成为现在的不兑现信用货币制度？这些问题引导我们理性地思考货币与货币制度。本章主要介绍货币收支循环及其在经济中的重要性、货币的功能与特点、货币形态与货币制度的演变、货币的定义与计量、国际货币体系等内容。

第一节 货币与经济的关系

货币收支循环

在当今经济社会中，货币几乎无处不在。无论是个人、家庭还是企业，每个经济主体都不可避免地要和货币打交道。家庭和个人的收入，以货币的形式取得。而当他们需要商品和服务时，又必须用货币去购买。企业的生产流通过程更是伴随着货币的收收支支。甚至政府部门的存在也不能脱离货币：财政的收入和支出无不依赖货币。

如果我们把国民经济划分为企业部门、居民部门、政府部门、银行部门和国外部门，我们会发现货币收支把国民经济中的每一个部门都联系在一起，而且这五个部门之间的货币收支包括了整个国民经济中一切现实的货币收支。

1. 以公司、企业等经营性单位为中心的货币收支，即企业部门的货币收支

企业的筹建首先就需要一定的货币资本金投入，开始生产之后又需要用货币来购买原材料、支付工人工资。等到产品生产出来，为了销售产品依然需要用货币来进行广告宣传、包装、运输。伴随着产品的销售，资金逐渐回笼，企业获得货币收入，而这些货币收入将被用于继续购进原材料、支付工资、提取折旧等，从而保证企业能够持续运转下去。

企业生产的全过程时时刻刻都伴随着货币的收支借贷。

2. 以家庭、个人为中心的货币收支，即居民部门的货币收支

每个家庭、个人的生存都需要消耗商品、享受服务，而他们必须用货币来换取这些衣、食、住、行所需的商品和服务。于是，家庭、个人依靠提供生产要素的方式，以工资、奖金、利息、利润等形式获取维持生活、改善生活所必需的货币收入。

3. 以财政及政府机构为中心的货币收支，即政府部门的货币收支

财政的活动保证着国家职能的发挥和社会的公共需求。虽然在历史上曾经有过以粮食作为财政收支载体的情况，但是现代经济生活中的财政收支已完全采用货币。货币性的税、费构成财政收入，货币性的购买支出、转移支付等构成财政支出。政府机构的正常运转同样离不开货币收支。政府工作人员的工资需要货币支出，国家拨付的费用又形成政府机构的货币收入。

4. 以银行等金融机构为中心的货币收支，即银行部门的货币收支

银行等金融机构虽然也是企业，但在货币收支中却居于特殊的地位，其特殊之处在于银行部门收支的货币绝大部分都不是他们的自有资金，因此必须单独列为一个部门。

银行部门由中央银行、商业银行以及其他一些经营性金融机构组成。和我们日常生活紧密相关的就是商业银行和其他一些经营性金融机构了。无论是企业还是家庭、个人，都会因为对存款、贷款、转账结算等银行业务的需要而和银行发生货币收支往来。中央银行则作为货币管理机构和政府、商业银行以及其他一些经营性金融机构发生货币收支往来。

5. 对外的货币收支，即国外部门的货币收支

在经济全球化的今天，一国的各经济主体在与国外部门交往时，必然伴随着货币的收支往来。商品的进口出口，服务的索取提供，人员的往来交流，无一不形成国外部门的货币收支。当然，由于使用货币的不同，国外部门的货币收支与国内的货币收支有着很大区别。

这五大部门之间的货币往来形成了一个货币收支循环网络，一个部门的收入就是另一个部门的支出，一个部门的支出同样也就是另一个部门的收入。你收我支，你支我收，连绵不断，货币收支不断循环，这一过程就被称为**货币流通**，也就是经济生活中现实运动着的货币的集合、总和。

货币的职能

研究货币的职能，是理解货币现象和货币相关问题的入手点。不同学派的经济学家在对货币功能的认识上分歧不大。马克思把货币的职能概括为价值尺度、流通手段、支付手段、价值贮藏、世界货币。

1. 价值尺度

商店里的每一件商品都拥有自己的价格：一盒牛奶 5 元，一件衣服 300 元，一台彩电 2 000 元……此外，提供的服务、证券市场上交易的股票债券等也有价格。在现代生活中，交易的对象都有价格，此时，货币充当了一种尺度，一种单位。我们用货币来衡量所有商品和服务的价值，这样在交易的时候我们就可以方便地比较各种商品。马克思把货币赋予交易对象以价格形态的职能定名为价值尺度。

原始社会中，人们直接用自己多余的物品去换取自己需要的物品，这种物品和物品之间直接的交换，我们称为物物交换。在物物交易制下，商品的交换需要无数比率，如1把斧子=10斤大米，1只羊=5尺布。如果需要交易的商品数量增加，那么商品之间的交换率也随时增加。我们可以用数学的方法计算一下，看看如果存在n种商品需要交换，需要多少交换率。计算的结果非常惊人，交换率的数目达到$\frac{n(n-1)}{2}$。当n的数目一定大时，经济生活中存在的交换率将达到天文数字，人们在交换时必须使用到数量极大的交换比率，这严重妨碍了交易的进行。而如果存在发挥价值尺度职能的货币，我们将只需要$n-1$种交换率，交换的过程变得轻松简单，人们不再需要耗时费力地去计算交换率了。

货币之所以能够具有价值尺度的职能，马克思是这样解释的：根据劳动价值论，每一件商品都是劳动产品，其价值是凝结在其中的人类无差异劳动，商品价值的大小是由生产商品花费的社会必要劳动时间的多少来决定的，只要比较社会必要劳动时间，就能比较出商品的价值，而货币本身也有价值，所以能衡量其他商品的价值。这样，商品价值的内在尺度是社会必要劳动时间，而外在尺度就是货币了。

2. 流通手段

流通手段是指货币充当商品交换的媒介这一职能。要理解这一职能，就必须先研究货币的起源。

在原始时代，人类和自然作着艰苦的斗争，为了维持生存而苦苦挣扎。那时，人类连解决自己的温饱都成问题，当然也就不可能有多余的产品和其他人进行交换。随着人类社会的发展，人类发现单独的个体很难和大自然对抗，于是他们逐渐组成了一个一个的部落，分工合作制也随之兴起。在分工制下，擅长狩猎的部落专司狩猎，擅长耕作的部落专司耕作，然后每个部落用自己的劳动所得与他人交换，交易方式呈现为物物交换制。

和原始孤立状态相比较，物物交换制是人类历史上的一大进步。然而，物物交换制也存在很大的缺陷。比如甲部落发现自己的食盐已经用完了，而大米还有剩余，于是它来到市场，想用自己多余的大米去换取自己需要的食盐。同时，市场上的乙部落虽然很需要大米，可是它多余的是猪肉而不是食盐，这样甲部落和乙部落之间就没有办法进行交易，它们必须继续寻找适合自己的交易对象。很明显，在物物交易过程中，每个参与交易的个体必须要找到和自己的需求在时间、空间上完全吻合的交易对象，才能达成交易。因此，要想完成交易，必须耗费大量的人力、物力和时间，交易的效率低而成本高。

随着人类社会经济发展水平越来越高，人类需要交易的物品也越来越多，有一些在交易时得到人们普遍接受的特殊物品逐渐成为了交易的媒介。人们在进行交易时，首先把自己多余的物品交换成媒介品，然后用媒介品换回自己需要的物品。于是物物交换制中困扰交易双方的需求必须在时间和空间上完全吻合的问题就由媒介品解决了：无论交易双方需要的物品是什么，在交易时他们都愿意接受同一种物品——媒介品。这些成为交易媒介的特殊物品就是货币。

货币的出现使得交易由直接变为间接：交易者不再拿着自己的商品去寻找持有自己所需商品的交易对象，而是先卖出自己的商品，即用自己的商品换回货币，再用换回的货币去购买所需的商品。由此，商品的交易被分解成了卖和买两个过程，在这一过程中，货币发挥着交易媒介的作用，我们就把货币的这一职能叫做流通手段。

3. 支付手段

在经济生活中，除了一手交钱一手交货这种交易形式之外，还存在大量的赊销现象：买卖双方在交易时约定，买方可以先获得商品，到双方约定时间再向卖方支付货款。这样，当买方付款时，货币就不是在充当交易媒介，而是作为一个独立的支付手段存在。此时，卖方之所以会同意买方延迟付款，有时是因为卖方急于出售货物，有时是因为买方虽然在购买时缺少货币，但将来会有货币收入。

货币的支付手段职能不仅仅体现在商品的赊销之中。当资金盈余者把货币借给资金赤字者时，当工厂主向工人支付工资时，当纳税人向国家缴纳税赋时，货币都是作为一个独立存在的价值，发挥着支付手段的职能。只要在货币流动的同时不存在商品的相向运动，货币就是在发挥支付手段的职能。

4. 价值贮藏

既然货币既能够衡量商品的价值，又可以充当交易的媒介，那么货币自然会被人们作为财富储存起来。当货币退出流通领域，处于静止状态时，货币就发挥着价值贮藏的职能。

在商品的流通过程中，人们必须首先把自己的商品销售出去，换取货币，然后才能用货币购买自己所需要的商品，完整的商品流通被分解为卖和买两种行为。有时候，卖和买紧密相连，但在更多的时候，卖和买在时空上是彼此分离的。如居民在获得工资收入之后，不会全部消费，总要保留一部分，留待以后使用。此时，货币就被作为价值而贮藏起来了。

人们贮藏货币的原因多种多样。人们的每次货币收入之间往往会有一定的时间间隔，于是，人们会选择贮藏一部分货币，从而可以在两次货币收入的间隔期中使用这些货币来购买生产资料和生活资料。此外，在现代商品生产条件下，很多经济行为都必须在积累了一定数量的价值之后才能实施。比如企业家必须积累一定数量的资金才能扩大生产规模，房子、汽车等耐用消费品的购买更是需要居民长达数年的积累。因此，人们会有意识地贮藏货币，为将来的消费和投资做准备。

在金属货币时代，货币贮藏发挥着蓄水池的作用，能够调节流通中的货币数量：当流通中货币数量过多时，过多的货币被人们贮藏起来；当流通中货币数量不足时，被贮藏的货币又会重新进入流通。当然，只有在被贮藏货币的数量足够大时，金属货币的这样一个自我调节机制才能发挥作用。如果被贮藏货币的数量不够大，对经济生活的影响有限，也就不能自我调节了。比如在中国历史上曾经出现过“钱荒”的现象。

在现代的信用货币时代，货币本身已经不具有价值了，人们也很少再用贮藏纸币的方式来贮藏财富、积累价值，取而代之的方式是银行存款。此时，从单个个体的角度来看，有一部分纸币没有被使用，退出了流通领域。但是，从整个社会的角度看，则并不意味着有对应数量的真实价值退出流通领域。人们选择持有纸币或是存入银行，表示持有者推迟了自己从社会中取得相应数量的商品和服务的权利。但这部分商品和服务并没有退出经济生活，而是通过种种方式已经被经济社会使用了。因此，和金属货币时代相比，信用货币时代的货币贮藏职能发生了很大的变化。

5. 世界货币

随着国际贸易的发展，货币开始走出国门，在世界市场上发挥着价值尺度、流通手段、支付手段、价值贮藏等职能。

在金属货币时代，黄金等贵金属可以在各国之间自由输出入，这样，各国货币的比价就能保持在一个比较稳定的水平上。马克思认为，此时货币作为世界货币，必然是脱去了“本国的制服”，而以贵金属本身的价值发挥作用。通俗地说，货币实际是依靠贵金属——如黄金、白银——本身的成色和重量来发挥世界货币的职能。

随着金属货币时代的结束，以及此后的黄金在世界范围内的非货币化，货币不再以贵金属作为载体，货币要想在国际经济交往中发挥自身职能，就不但不能够脱去“本国的制服”，反而要以身着“国别的制服”为必要条件。比如，在国际贸易中得到普遍接受、用于计价和支付的货币是美国的美元、欧洲的欧元、英国的英镑等货币，每一种货币都必须旗帜鲜明地表明自己所属的国家。

第二节　货币形态的演变

货币的形态从其诞生之日开始，便不断经历着从低级向高级的演变过程。几千年来，货币大体经历了实物货币、代用货币、信用货币和电子货币这几种形式。

一、实物货币

最原始的货币是以实物的形式出现在我们面前的。在物物交换时代，人们在进行交易时，某些商品能够广泛而普遍地被人们接受和使用。一旦某种商品在一个比较大的范围里得到人们的认可，开始充当交换的中介，那么这种商品就成为货币。这就是实物货币或商品货币。

早期的实物货币形态多种多样。根据考古学家的考证，中国最早充当货币的实物是贝。这一点可以从我国的文字中得到印证。汉字中许多以“贝”作为偏旁部首的文字，其含义都和财富相关，如财、货、贸、贫等都是这样。日本、东印度群岛以及美洲、非洲的一些地方也有用贝充当货币的历史。而在古代欧洲、古波斯、印度、意大利等地，人们选择用牛羊充当货币。埃塞俄比亚曾用盐作为货币，美洲曾经选择烟草、可可豆等作为货币。

早期的实物货币，是在长期的商品交换过程中由普通商品发展而来的，在充当货币时，基本上保持原来的自然形态，虽然能够代表财富，但并不是理想的货币币材，因此在使用中暴露了很多缺点，阻碍了交易的进行。比如，牛羊等牲畜的价值较高，也便于转移，但是分割后的牲畜其部分价值的总和会大大低于整体，这样一些价值较低商品的交易就无法使用牛羊作为交易的中介了。

随着交换的发展，早期实物货币的缺点越来越明显。此时人们发现金属具有可以充当货币的特殊的性能：可多次分割、可按不同比例任意分割、分割后可以冶炼还原；金属易于保存，不易腐蚀变质。于是，在世界各地金属逐渐取代了其他商品的地位，开始固定地充当货币。

货币并不是由自然界产生的，而是在一定的社会生活条件下形成的，而货币一旦产生，并进入经济生活之后，就逐渐找到了金银这类最适宜的贵金属，充当自己的载体。马克思用了这样一句话来描述这一现象："金银天然不是货币，但货币天然是金银。"①

历史上充当货币的金属主要是金、银、铜，铁充当货币的现象比较少。这主要是因为随着人类社会冶炼技术的发展，铁的冶炼变得比较容易，和金、银、铜比较起来，铁的价值比较低，而且容易锈蚀，不利保存。在我国历史上，最早的金属货币是金和铜。东汉以后，黄金的数量急剧减少，到宋代时，白银取代黄金的地位，成为主币的币材。白银的流通在中国一直延续到20世纪30年代。而在西欧，最初银币的数量多于金币的数量，自13世纪以来，金币的数量逐渐增多，到18世纪、19世纪金币已经占据了主要地位。20世纪初期，世界主要的工业化国家均使用黄金作为币材。

代用货币

随着人类社会经济生活的进一步发展，人们逐渐发现金属货币虽然具有很多优点，但是，其缺点也很明显，已经不能完全满足进一步扩大的商品生产和流通的需要。例如，当商人前往比较遥远的地区采购商品时，随身携带大量的金、银既不方便，也不安全。于是，人们开始选用纸张来代替金、银行使货币的职能，这些纸做的货币通常是由政府或银行发行，被称为银行券。银行券可以在市面上流通，持有者可以随时向政府或发行银行兑换成金属铸币或金、银，其效力与金属货币完全相同，因此又被称为代用货币，或者是兑现纸币。

和金属货币相比，代用货币的优点非常明显。除了便于携带和运输以外，印刷纸币的成本低于铸造金属货币的成本，能够节约交易费用。此外，纸币流通还可以避免金属货币流通时所产生的"劣币驱逐良币"的问题。在使用金属货币时，常常会有人为了牟取私利而铸造重量轻、成色差的铸币，这种货币因为不足值而被称为劣币，而足值的货币则被称为良币。当劣币出现在市场上时，由于按照重量、成色计算的良币实际价值较高，因此人们会收藏良币，使用劣币，最终导致良币退出流通，劣币占领市场，这种现象就被称为"劣币驱逐良币"。显然，使用纸币可以避免劣币驱逐良币现象的出现。

银行券最初的产生过程是这样的：人们为了保证货币的安全性，把自己所持有的金属货币存放于银行、钱庄之中，而银行、钱庄则开出一张书面凭证，证明存款人的权益，这张书面凭证就是银行券。存款人凭手中持有的银行券就可以随时要求银行、钱庄兑现等额的金属货币。因为银行券能够随时兑换成等值的金属货币，因此在交易时就可以充当媒介，代替金属货币。

世界上最早使用纸币的国家是中国，但是我国历史上的纸币大多不能兑现成金属货币。早在北宋年间，即10世纪末期，中国就开始使用纸印刷的货币——"交子"。此后元朝在全国范围内实行纸钞流通制度，明朝也发行了"大明宝钞"。欧洲的纸币则发源于银行券。最初，一般商业银行都可以发行银行券，发行银行券的银行保证银行券可以随时按

① 《马克思恩格斯全集》，中文1版，第13卷，145页，北京，人民出版社，1962。

面额兑换成金币、银币。到了 19 世纪，西方工业化国家先后禁止商业银行发行银行券，银行券的发行权归中央银行所有。

信用货币

信用货币，又称为不兑现纸币，是指货币本身价值低于货币价值，而且不能兑换成贵金属的货币。信用货币是代用货币进一步发展的产物，目前世界上几乎所有国家都采用这种货币形式。比如美国的美元、日本的日元、中国的人民币等都是信用货币。相对于信用货币的票面价值而言，印刷这些货币的成本几乎可以忽略不计。既然货币本身价值远远低于货币价值，那么人们为什么会愿意接受这些货币呢？信用货币产生的机理就在于信心和信用。人们接受、储存信用货币，是因为他们相信这些信用货币能够交换到他们所需要的商品和服务。而人们对信用货币的信心，则来源于法律和传统。各国法律都对本国货币在本国国境内的使用做出了规定。

从历史的角度看，信用货币的出现是金属货币制崩溃的直接后果。在第一次世界大战之前，只有在战时或是经济震荡时期，部分国家才会停止兑现银行券，由国家法令来支持银行券的流通。但是，由于战争和世界性的经济危机、金融危机接踵而至，世界各主要国家的银行券都普遍停止兑现金属货币。既然纸币不再能兑换成金属货币，那么纸币也就不再是代用货币了。此时纸币的发行由中央银行垄断，完全转变为信用货币了。

除了上述直接的历史原因之外，信用货币的诞生也是经济发展的必然结果。政府和金融机构根据长期的发行经验发现，只要银行券的发行量控制得当，社会大众对银行券和发行机构保持信心，那么银行券并不需要十足的金属货币作为准备。既然银行券不再拥有足额的金属货币作为准备，那么银行券之所以能够按照面值在市场上流通，其原因自然在于人们对银行券发行机构的信任。这样，纸币就由代用货币转变成为信用货币——依靠发行机构的信用流通的货币。

当然，信用货币的出现并不意味着发行机构可以随心所欲地发行货币。货币发行机构要想维持货币币值的稳定，就必须保证社会大众对发行机构的信誉具有信心，因此也就不得不对信用货币的发行数量有所控制，以免货币贬值。

目前我们使用的信用货币主要有以下几种。

1. 辅币

在进行小额或是零星交易时使用的货币就是**辅币**。辅币一般采用铸币的形式，由铜、镍等贱金属铸造的，其本身所含金属价值低于其货币价值。目前，世界各国辅币的铸造权都由政府或中央银行掌握。

2. 钞票或纸币

钞票或纸币就是人们在日常生活中通常说到的现金，其发行机关各国不同，但多数国家都指定发行权归中央银行所有。

3. 银行存款

现代银行的一项重要业务就是为客户开立支票存款账户，客户可以据此向银行签发支票。所谓支票，就是银行存款户根据协议向银行签发的即期无条件支付命令。客户拥有了支票存款账户之后，就可以用支票来代替现金进行交易了。在现代经济生活中，通过支票转账进行的交易数量远远多于通过现金进行的交易数量。

在银行及信用制度发达的国家，支票是流通中最重要的工具。这主要是相对于现金而言，支票具有很明显的优点：支票可以挂失，从而可以减少使用现金遭受损失的风险；支票传输便利，减少了交易的成本；支票可以按照交易的实数收付，避免了找换零钱的麻烦；支票可以背书转让。在进行大额交易时，支票的优点就更为明显了。当然，使用支票也有一定的缺点。由于支票的支付最终必须通过银行转账才能实现，因此支票结算费时费力。而且，支票本身只是一种代表存款的票据，在交易方不了解开立支票者信用的情况下，可能就会拒收支票。不过在信用制度健全的国家，人们已经创造出了许多辅助的信用工具，如保付支票等来克服支票的缺点。

除能够签发支票的存款之外，不能签发支票的存款，如企业的定期存款和居民的储蓄存款等，也是现代信用货币的一种。只不过这些存款不能签发支票，因此也就不能直接流动，不能直接用于执行交易媒介、支付手段的职能。

电子货币

随着电子计算机技术的发展和互联网的普及，货币形态又开始发生改变，出现了电子货币。所谓电子货币，就是采用电子形式的货币。换言之，此时货币的形式不再是纸（纸币）和金属（硬币），而是电子载体中所包含的信息。

电子货币就其具体的表现形式来讲通常有两种情形：电子资金转账和电子现金。电子资金转账，是以各种各样的电子工具为基础访问银行存款，从银行存款中提取现金，或进行其他银行转账业务。这些工具中我们比较熟悉的有银行发行的借记卡。凭借借记卡，持卡人可以通过银行柜台、自动提款机、POS 机、电话银行、网上银行等对自己的银行账户进行操作，或提取现金，或进行消费，或转账结算。这种形式的电子货币需要银行或中央银行作为服务的中介。为此，银行必须拥有高处理能力的计算机和连接各金融机构的通信网络。

而电子现金，可以称为电子钱包。它实际上是一种可以再次装入资金的多用途预付卡，比如说我们经常会使用到的各种储值卡。电子钱包是不记名的，人们在使用电子现金时，不需要访问自己的银行账户，既可直接从买方的电子钱包向卖方的特殊终端进行转账，也可以从一张卡向另一张卡进行转账。目前各大学普遍使用的食堂餐卡就是一种电子钱包。

无论哪种情况的电子货币，持有者都必须预先以央行货币向发行机构支付电子货币价值，而其价值都以电子形式储存。与纸币、硬币、支票等支付工具相比，电子货币的主要优点在于电子货币不用借助有形的货币实体进行交换，从而可以简化异地支付费用，节省流通费用，特别是可以节省处理现金和支票所耗费的人力、物力。因此，电子货币深受消费者、商家和金融机构的欢迎，甚至开始逐渐取代现金、支票等传统货币。然而，电子货币的安全性是电子货币无法回避的一个问题。

目前电子货币已经成为了西方国家流通中广泛使用的支付工具。在我国，以银行卡、IC 卡为代表的电子货币也得到了蓬勃发展。

第三节　货币的定义与计量

一、货币的一般界定

在人们的日常生活中，“货币”一词出现的频率相当高，代表的含义也很广泛。有的时候，我们会说“我的钱花光了”，此时货币（钱）代表的是通货；有的时候，我们会说“这个人很有钱”，此时货币（钱）代表的是财富；有的时候，我们会说“这个月我挣了不少钱”，此时货币（钱）代表的是收入。然而，货币并不等同于通货、财富或收入。

如果我们把货币看做是在商品或劳务的支付中或债务的偿还中被普遍接受的任何东西，那么用通货来代表货币就显得过于狭窄了。在现代经济生活中，用通货进行的商品交易和支付结算仅占全部交易的一小部分，更多的交易都是依靠转账结算完成的。此时，充当货币的就是能够签发支票的活期存款。

货币是财富的重要组成部分，但财富并不全部都是货币。如果用通货来代表货币显得过于狭窄，那么用财富来代表货币就又显得过于宽泛了。一个人的财富实际上是由实物资产和金融资产共同组成的。实物资产包括房产、汽车等资产，金融资产包括货币、债券、股票等资产，货币只是财富的一小部分。

收入是某一单位时间内收益的流量，而货币是某一时点上的一个确定的余额，是一个存量。人们往往会把其收入的一小部分以通货、存款的方式保留，其他部分则用于消费和投资。因此，收入和货币也是两个概念。

二、货币的理论定义

货币在人类社会已经存在数千年，但是目前仍然没有一个经济学上完全统一的定义。经济学家们从各个不同的角度对货币做出了理论定义，这里重点介绍其中的两种。

1. 从职能角度归纳的货币定义

许多经济学家从职能的角度来归纳货币的理论定义。例如，亚当·斯密有“货币是流通的大轮，是商业的大工具”① 的提法，米什金把货币概括为“在购买商品和劳务或偿还债务时被普遍接受的任何东西”②，这些定义事实上是描述了货币流通手段的职能。

马克思并没有专门给货币下定义，就他论证货币起源的思路以及有关行文，可以归结出这样的理论定义：货币是商品世界中排他性地起一般等价物作用的特定商品。既然是一**般等价物**，意味着货币可以测量一切商品和劳务的价值大小，并且可以和任何商品交换。这一定义统一了货币具有的价值尺度和流通手段职能，简明而完整。

马克思分析的货币是实物货币，随着信用货币的流通，货币已经不再是特殊的商品。在这种新的历史条件下，对货币是一般等价物这样一个定义需要更深一步的理解。

---

① 亚当·斯密：《国民财富的性质和原因的研究》上卷，中文1版，25页，北京，商务印书馆，1972。

② 米什金：《货币金融学》，47页，北京，中国人民大学出版社，2006。

2. 从法律角度归纳的货币定义

中国古代有一种观点是国家或王权决定货币。例如，《管子》一书中提出，先王确定金、玉、珠等为货币。现代类似的观点这样定义货币：货币是法律规定的具有无限偿付能力的事物。

这一定义也比较片面。例如，在现代经济生活中，虽然法律没有规定可签发支票的活期存款具有法定偿付能力，但这一活期存款显然也是货币。而且，就货币的形成历程来说，国家法定的货币商品之所以能充当货币，是因为它们在经济生活中已经充当货币；否则，即使国家以法律手段强制推行也行不通。

现代信用货币的流通受到法律的支持和保护，如果客观经济发展没有提供这种钞票流通的基础，那么法律的强制也不能迫使人们使用这种钞票。比如，在恶性通货膨胀时代，人们宁肯退回使用物物交换的方式，也不愿意使用货币进行交易。

货币的计量

世界各国的货币当局都必须通过对货币的控制实现对整个经济进程的干预和调节，这就需要对货币供应量进行比较精确的计量。在实际操作中，只有大而化之的货币理论定义是远远不够的，还需要根据统计的要求，对货币进行精确定义，从而可以确认哪些资产可以作为货币统计起来，哪些资产还不能纳入货币的口径。此外，还要对纳入货币统计范畴的资产进行进一步的区分，以便于货币政策的操作。许多经济学家都认为，在计量货币时，应该用实证的方式来划分货币。

在具体操作中，人们往往选择流动性指标，作为计量货币的标准。流动性是指迅速转换成现实购买力而不致遭受损失的能力。流动性的大小取决于如下几个因素：第一，资产变现的难易程度。第二，变现时发生的交易成本大小。第三，该资产价格的稳定性。资产价格的波动幅度越大，资产的流动性越差。流动性程度实际上反映了资产作为流通手段和支付手段的方便程度：流动性程度较高，在流通中周转起来就比较便利，形成购买力的能力也比较强；反之，则较弱。根据流动性这个标准计量出来的货币供应量，对于观察经济状况、实施宏观调控有重要意义。

1. 国际货币基金组织推荐的货币供应量及其层次划分

国际货币基金组织的货币供应量采用三个层次：通货、货币和准货币。通货即是流通中的现金；货币等于通货加上私人部门的活期存款，相当于各国通常采用的 M_1；准货币相当于定期存款、储蓄存款与外币存款之和。货币加上准货币，相当于各国通常采用的 M_2。

2. 中国的货币供应量及其层次划分

从 1994 年 10 月开始，中国人民银行正式把货币供应量作为我国货币政策的中介指标，并按季度公布货币供应量指标。经 2001 年 6 月第一次修订后，其具体划分层次为：

M_0＝流通中现金；

狭义货币 M_1＝M_0＋单位活期存款；

广义货币 M_2＝M_1＋储蓄存款＋企业定期存款＋证券公司客户保证金。

2002 年年初，第二次修订货币供应量统计口径，将在中国的外资、合资金融机构的人民币存款业务，分别计入到不同层次的货币供应量。

3. 美国的货币供应量及其层次划分

美国中央银行货币供应量统计由 M_1、M_2、M_3 三个层次组成，同时公布大口径货币范围的流动性资产 L 的数字。

M_1＝流通中现金＋旅行支票＋活期存款＋其他支票存款；

M_2＝M_1＋小面额定期存款＋储蓄存款和货币市场存款账户＋货币市场互助基金居民份额（MMDAs）＋隔日回购协定＋隔日欧洲美元；

M_3＝M_2＋大面额定期存款＋货币市场互助基金机构份额（MMMFs）＋定期回购协定＋定期欧洲美元；

L＝M_3＋短期财政部证券＋商业票据＋储蓄债券＋银行承兑票据。

4. 欧洲中央银行的货币供应量及其层次划分

欧洲中央银行的货币供应量体系由三个层次组成，分别是狭义货币 M_1、中间货币 M_2 和广义货币 M_3，其中 M_3 是欧洲中央银行重点监测的指标。

狭义货币 M_1 有现金和具有即时支付能力的存款，如隔夜存款，是欧洲中央银行货币统计中流动性最强的货币，处于货币体系的最底层。

中间货币 M_2 是在狭义货币的基础上增加了期限为两年以下的定期存款。

广义货币 M_3 是在中间货币 M_2 基础上增加了回购协议、货币市场基金（MMF）和货币市场票据，期限为两年以内的债券。期限超过两年的定期存款在广义货币 M_3 之外统计并公布，作为一个参考指标。

第四节　货币制度

货币制度及其构成要素

货币的形态经过数千年的发展，经历了实物货币、代用货币、信用货币、电子货币这几个阶段的演变。但无论货币采取怎样的形态，客观上都要求货币的形式统一、币值稳定，形成一个有秩序的、稳定的交易环境，为经济的发展提供有利的客观环境。因此，各个国家在货币问题上都制定了种种法令，从不同程度、不同角度对货币进行控制，试图建立符合自己政策目标的货币制度。例如，中国古代秦国统一六国之后，在经济上实施的一个重要政策就是统一六国货币，把秦国的圆形方孔钱作为统一的货币全国通行，这对促进各民族各地区的经济交流十分有利。

国家以法律形式所确定的货币发行和流通的结构与组织形式，称为货币制度，简称币制。

不同国家的货币制度之间往往存在各种各样的差异，但总的来看，货币制度都会涉及如下几个方面的内容：货币材料的确定、货币单位的确定、流通中货币种类的确定、对不同种类货币的铸造和发行的管理、对不同种类货币的支付能力的规定等。所有这些方面也被称为货币制度的构成要素。

1. 货币材料的确定

货币制度的基础是规定哪种或哪几种商品可以作为货币的币材。哪种或哪几种商品一旦被规定为币材，即称该货币制度为该种或该几种商品的本位制。比如，如果货币制度规定以黄金作为货币的币材，那么该种货币制度即是金本位制。在历史上往往同时有两种或两种以上的金属可以充当币材，如中国古代某些时期铜、金、银都具有法定的币材地位，此时便可称之为铜金银复本位制。现在世界各国都实行信用货币制度，货币不再能兑换成金属，法律中也没有规定任何商品可以充当币材，过去货币制度中一个最重要的构成因素消失了。按照习惯，我们也可以称目前的货币制度为不兑现本位制。

国家虽然可以用法律的形式规定何种商品充当币材，但这实际上都是对已经形成的客观现实从法律上加以肯定，国家并不能随心所欲地任意选择币材。如果国家把在现实生活中无法充当币材的商品强行规定为币材，或者强行取消现实生活中正在充当币材商品的货币地位，不仅无法实现，而且会造成经济和社会的混乱。例如汉代王莽建立新朝，实行了多次币制改革，使用了金、银、龟、贝、钱、布五物六类 28 种货币，称为“宝货”。不仅名目繁多，而且将早已失去货币性能的原始货币，如龟壳、贝壳等拿来使用，造成了严重的金融混乱，货币贬值，最终导致了赤眉绿林为主的农民大起义，新朝遂告灭亡。

2. 货币单位的确定

货币制度需要对货币单位作出规定，这包括两个方面的内容：规定货币单位的名称和规定货币单位的币值。

货币单位的名称最初与货币商品的自然单位或重量单位相一致，比如用金属铸造的货币，其货币单位的名称就使用重量单位。秦朝铸造过“半两”铜钱，汉朝铸造过“五铢”铜钱，钱面上分别铸有半两、五铢字样，而且货币含铜重量与钱面上的文字相符。后来货币的价格单位与自然单位逐渐分离，有些货币单位采用了另外的名称。例如唐朝铸造了“开元通宝”的货币，“通宝”就是钱的名称，而货币单位则是“文”。另一些仍然使用重量单位作为货币单位的名称，但其实际含量与名称已经完全不符。如英国货币单位的名称“镑”虽然是重量单位，但早在 1816 年正式采用金本位时，1 镑重量的金相当于金币 46.725 镑。

目前各国法律对货币单位名称的规定通常是遵循以往的约定俗成。按照国际惯例，一国货币单位的名称往往就是该国货币的名称。例如，英国的货币名称是“Pound”，音译为“镑”，则英国货币单位的名称也是“镑”。加入欧元区之前，法国的货币名称是“Franc”，音译为“法郎”，其货币单位的名称也是“法郎”。但是中国的情况比较特殊。我国的货币名称是人民币，但是货币单位的名称是“元”。

和规定货币单位的名称比较起来，确定货币单位的币值更加重要。在不同的货币形态下，货币单位的币值具有不同含义。金属货币时代，确定币值就是要确定单位货币中所包含的货币金属重量和成色。例如，根据 1870 年英国的铸币条例，英镑的含金量为 123.274 47格令。代用货币时代，确定币值就是要确定本国货币单位的含金量，或是确定本国货币与在世界上占主导地位的货币的固定比价。例如，在布雷顿森林体系下，美元确定含金量，其他各国货币确定其与美元的固定比价。信用货币时代，黄金已经在世界范围内非货币化了，此时确定货币币值一方面是要维持国内物价水平的稳定，另一方面则是要使本国货币与外国货币之间的比价符合本国利益。这既可能使本国货币币值偏低，也可能使本国货币币值偏高。

3. 各种货币的铸造、发行与流通程序

一国流通中的货币可以分为本位币和辅币两种。在金属货币时代，**本位币**是指用法定货币金属，按照国家规定的规格，经国家造币厂铸成的铸币。辅币的面值大多只有本位币的 1/10、1/100，供日常零星交易和找零使用。本位币和辅币之间可以自由兑换。

本位币和辅币的铸造、发行、流通程序各不相同。

第一，本位币是足值的货币，即其名义价值与实际价值相一致，是一国流通中的基本通货。而辅币多由贱金属铸造，是不足值的货币。之所以采用贱金属铸造辅币，是因为辅币流通频繁，容易被磨损消耗，如果使用贵金属，流通成本太大。辅币不足值的原因则在于，不足值的辅币有助于维持本位币与辅币之间固定的兑换关系。假定辅币必须是足值的，法律规定 1 个本位币金币必须由 1 单位的黄金铸造而成，一个辅币铜币必须由 1 单位的铜铸造而成。那么当市场上 1 单位的黄金＝20 单位的铜时，1 个金币＝20 单位铜币。黄金和铜之间的比价会受到生产技术等原因的影响而发生变化，那么当黄金和铜的比价改变时，金币和铜币的比价也会发生变化。根据前面所述的"劣币驱逐良币"定理，铜贵则金流通，金贵则铜流通，这样会破坏社会的经济秩序。

第二，本位币可以自由铸造、自由熔化。即公民可以把经法令确定的货币金属送到国家造币厂，委托造币厂把金属铸造成货币，造币厂或者不收费用，或仅收取极低的手续费用。公民也可以把铸币熔化，但不允许私自铸造铸币。自由铸造制度使得铸币价值与其所包含的金属价值能够保持一致。这是因为当铸币的市场价值高于金属价值时，人们会把金属送往造币厂铸造铸币，从而使得铸币数量增多，价值下降。而当铸币的市场价值低于金属价值时，人们会把铸币熔化，还原成金属，从而使得铸币数量下降，价值上升。

因为辅币是不足值的货币，因此辅币的铸造权不能归私人所有，必须由国家垄断。辅币面值大于实际价值的差额即形成铸币收入，归国家所有。

第三，本位币和辅币的法定偿付能力不同。本位币具有无限法偿能力，而辅币只具有有限法偿能力。所谓**无限法偿**，是指法律规定取得这种能力的货币，无论是在哪种交易活动之中，无论交易的数额是多少，交易的对方都不得拒绝接受。而**有限法偿**则是指在交易支付活动中，交易数额超过一定限额时，交易的对方可以拒绝接受该种货币，但在限额之内则不得拒收。比如英国货币法曾经规定，辅币每次支付的最高金额是 20 英镑。

在信用货币时代，流通中的货币区分为现金货币和存款货币两种。其中，现金货币中的本位币来源于早期的银行券和政府纸币，其发行权目前大多由各国中央银行垄断。而辅币则沿袭传统，依然由不足值的贱金属铸造而成，发行权归政府所有。此时，现金货币中无论是本位币还是辅币，其价值都低于实际价值。而存款货币的管理则是由存款货币银行和中央银行的业务活动所共同决定的。

货币制度的演进过程

在理论上，任何商品都可以被选做货币。然而，只有贵金属具有充当货币的所有优势。因此，从历史的沿革来看，虽然各国采取的货币制度各不相同，但总的说来，货币制度的发展是以贵金属本位制为主，而且基本上遵循着银本位制→金银复本位制→金本位制→不兑现信用货币制这样一个顺序。

1. 银本位制

白银曾经是占支配性地位的贵金属，直至1816年以后，白银的重要性才逐渐被黄金所代替。世界上大多数国家最初都执行的是银本位制。银本位制的基本内容是：白银被法律承认为货币金属；银币可以自由铸造，自由熔化，自由输出和输入国境；银币具有无限法偿能力。

随着经济水平的逐渐提高，交易规模不断扩大，白银作为币材显得体大值小。而且白银的价格很不稳定。从1870年至1935年这段时间，白银的价格时涨时跌，导致银币价值忽高忽低，对经济造成了很大伤害，于是许多国家逐渐放弃了银本位制，开始采用金银复本位制。中国就是在1935年放弃了银本位制。当时世界银价暴涨，中国白银大量外流，货币流通极其紊乱，中国政府不得不进行法币改革，以纸币取代银币。

2. 金银复本位制

金银复本位制是资本主义发展初期最典型的货币制度，其基本内容是：金银两种金属同时被法律承认为货币金属；金银铸币都可以自由铸造、自由熔化、自由输出和输入国境；金银铸币都具有无限法偿能力。

金银复本位制的出现是以黄金的大量开采为契机的。17世纪，巴西发现了丰富的金沙，黄金开采量大增，并从美洲流入欧洲。如上所述，银本位制下白银价值较低，无法承担大额交易，黄金的出现正好弥补了这一缺陷。于是，在经济生活中黄金和白银同时流通，白银充当小额交易的媒介，而黄金则充当大额交易的媒介。

金银复本位制下金银并用，币材充裕，满足了经济迅速发展的需要。然而，这种货币制度本身具有内在不稳定性。金币和银币均按其所含金属的实际价值流通，如果国家对这两种货币之间的兑换比率不加规定，完全由市场决定，市场上的商品就会具有双重价格：以金币表示的价格和以银币所表示的价格。当市场上黄金和白银之间的比价发生变化时，商品的这两重价格也会随之发生变化。商品价格频繁变动，必然会导致市场混乱。而一旦国家规定了金币和银币之间的比价，虽然商品的市场比价不再发生变化，但“劣币驱逐良币”定理又会在此时发挥作用：银贱则银币充斥市场，金贱则金币充斥市场，贱币驱逐贵币，复本位制无法实行。美国在1791—1861年实行复本位制，规定金银之间的铸币比率为1∶15，而其他主要复本位制国家规定的金银之间的铸币比率为1∶15.5。这样，任何人都可以将1盎司黄金输出美国，在国外换取15.5盎司的白银，然后再将15盎司白银运回美国，换取1盎司黄金，最终赚取0.5盎司的白银。这样做的结果就是美国流通的是相对比较便宜的银币，而外国流通相对比较贵的金币。

3. 金本位制

从19世纪开始，一方面白银采掘业的生产率大幅提高，银价暴跌，白银作为价值尺度已不适宜，而金币具有价值高重量轻的优势，日益成为最适合、最稳定的价值尺度。另一方面复本位制固有的缺点无法克服，于是主要资本主义国家都用金本位制取代了复本位制。1816年，英国率先实行了金本位制。到1880年，欧美主要国家都已经实行了金本位制。

金本位制是以黄金作为本位币的货币制度，可以分为金币本位制、金块本位制和金汇兑本位制三种。

金币本位制是典型的金本位制。在金币本位制下，黄金是法律认可的货币金属；金币可以自由铸造、自由熔化、自由输出和输入国境；金币可以和货币制度中的其他货币自由兑换；金币都具有无限法偿能力。虽然有些执行金币本位制度的国家也铸造银币，但是银币不具备无限法偿能力，不能像复本位制下那样与金币分庭抗礼。在金币本位制度下，银行券的发行制度逐渐完善：中央银行垄断了银行券的发行，银行券可以随时兑换为金币。

金币可以自由铸造、自由熔化，意味着货币可以自动调节流通中货币数量，保持物价的稳定。当流通中货币数量过多时，物价上涨、币值下跌，金币的名义价值就会低于实际包含的黄金价值，于是人们会将金币熔化成黄金出售，致使流通中货币数量减少，物价下跌、币值上涨，恢复平衡。反之，则相反。

另一方面，在金币本位制下，由于各国货币均以黄金作为统一的币材，具有统一的价值衡量标准，因此尽管各国货币的重量和成色各不相同，但在国际结算和国际汇兑领域中都可以按各自的含金量多少加以对比，从而确定出货币之间的比价。同时，由于黄金可以自由输出和自由输入国境，因此各国货币之间的比价波动幅度有限，不会超过黄金输送点。事实上，金币本位制下各国实施的是固定汇率制度。

1880—1914 年，世界主要资本主义国家均实行金币本位制。相对于以前的币制而言，金本位制度无论是在国内市场还是国际市场上都比较稳定。此外，这一阶段黄金产量因金矿的不断发现而每二十年增长一倍，黄金供应充足；世界政治经济局势稳定，没有战争和重大经济危机的发生，正是自由资本主义发展最迅速的时期，因此被称为“黄金时代”。

然而，1914 年第一次世界大战爆发，参战各国先后停止金本位制，禁止本币兑换黄金，不允许黄金跨国流动。大战结束之后，战争期间发行的纸币因为缺少黄金准备，大幅贬值。此时，世界黄金存量的 2/3 归英国、美国、法国、德国和俄国五国所有，其他各国黄金不足，缺乏重新建立金币本位制的物质基础。于是，除美国继续实行金币本位制外，英国和法国开始实行金块本位制，其他各国实行金汇兑本位制。

金块本位制又称生金本位，其内容是：黄金依然充当本位货币，但停止铸造和流通金币，黄金由国家集中保存；国内流通银行券，银行券具有无限法偿能力；规定银行券的含金量，但是只有达到法律规定的一定额度才能兑换成黄金。英国规定允许兑换黄金的最低货币额度是1 700英镑，法国规定允许兑换黄金的最低货币额度是215 000法郎。实施金块本位制的目的是解决黄金不足的问题，通过设置限额来有效利用有限的黄金。

金汇兑本位制又称虚金本位，实施金汇兑本位制的国家流通银行券，不铸造和流通金币，银行券也不具有法定的含金量，但是本国货币可以在政府规定的汇率下自由兑换成另一金币本位制或金块本位制国家的货币。这样，本国货币就以间接的方式和黄金挂钩了。

金本位制度的优点在于黄金的增减能够自动调节货币供应量，货币的对内价值和对外价值比较稳定，有利于国内经济和国际贸易的发展。然而，金本位制度的缺点也非常明显。首先，黄金的增长速度远远落后于各国经济贸易增长的速度，由此造成清偿手段不足，严重制约了各国经济的发展。其次，在金块本位制和金汇兑本位制下，本国货币依附于其他国家的货币，国内经济政策往往成为国际收支的牺牲品，本国不能实施独立的国内经济政策。英国经济学家凯恩斯就曾经对金本位制提出了猛烈的抨击，认为金本位制是野蛮的遗迹。

4. 不兑现信用货币制度

1929—1933 年，爆发了世界性的经济危机。巴西、阿根廷、澳大利亚、奥地利、德国等国因国际收支严重失衡而放弃了金本位制，并向英格兰银行挤兑黄金，英国黄金即将枯竭。在强大的压力下，英国于 1931 年 9 月宣布放弃金本位制，英镑区国家纷纷效仿。1933 年 3 月，美元危机爆发，美国黄金损失惨重，美国放弃金本位制。1936 年，法国、比利时、瑞士、意大利等国也放弃了金本位制。至此，金本位体系彻底崩溃，取而代之的是不兑现信用货币制度。

不兑现信用货币制度又称为纸币本位制度，其内容是：金银等贵金属不再作为本位币进入流通，流通中的货币是由国家强制发行的纸币；纸币是信用货币，国家不规定含金量，也不能兑现成黄金。

不兑现信用货币制度解决了金本位制度下流通手段不足的问题。此外，因为货币由货币当局发行，不需要贵金属做准备，货币当局就可以自行调节货币供应量，这就赋予了货币当局一定的调节经济的能力。货币当局能根据国内经济形势的需要，制定独立的经济政策，不再受贵金属的束缚和固定汇率的牵制。然而，这也对货币当局的调控能力提出了很高的要求。如果货币当局不能适时地控制货币发行量，那么纸币的信用就很难维持，物价和汇率也会频繁波动，影响国内经济的发展和国际贸易的进行。

中国的人民币制度

在人民币发行以前，中国有两种货币制度：国民党政府的货币制度和共产党领导下革命根据地的货币制度。

国民党政府建立之前，旧中国的货币制度是：银元流通，民族资本银行和外资银行发行的银元券流通，铜元流通。1935 年，受世界银价暴涨的影响，中国白银大量外流，中国放弃银本位制，流通由中央银行发行的纸币，称为法币。法币具有无限法偿能力，没有含金量，但可以按政府规定比价无限制地兑换成英镑或美元。受战争和国民党政府滥发法币的影响，法币连年贬值，到 1948 年法币已经无法流通。该年 8 月 19 日，国民党政府宣布发行金圆券，并按 1∶300 万的比例兑换法币。虽然金圆券规定有含金量和十足的黄金准备，但不兑现，于是金圆券迅速贬值，一年之后被国民党发行的“银元券”取代。银元券可以无限制兑现黄金，和金圆券的兑换比例是 1 元银元券等于 5 亿元金圆券。此时已是 1949 年 7 月 4 日，随着全国的解放，银元券的出现只是昙花一现。

与国民党统治区货币制度同时存在的是共产党领导的革命根据地内的货币制度。由于革命根据地是处在分割包围之中，所以存在的是政策大体统一但不同根据地相互独立的分散货币制度。每个革命根据地都有各自发行的货币，而且大都是不兑现的银行券。

随着解放战争的全面胜利，客观上要求建立统一的货币制度。1948 年，中国人民银行成立。当年 12 月 1 日，中国人民银行正式发行人民币，这标志着中华人民共和国货币制度建立。人民币采取的是不兑现银行券形式，没有规定法定含金量。

人民币发行后，一方面收兑新解放地区使用的法币和金圆券，另一方面收兑由于货币贬值而开始流通的银元、金币和外币。由于人民币是在恶性通货膨胀的背景下发行的，而且在开始发行的1年多时间里，还是弥补巨额财政赤字的手段，通货膨胀局面十分严重。1955年3月1日，我国发行了新人民币，按照1∶10 000的比例无限制、无差别地收兑全部旧币，并同时建立辅币制度。

目前我国实行的人民币制度就是在1955年制度的基础上逐步完善而成的，其内容主要有：

第一，我国法定流通的货币是人民币。人民币是不兑现信用货币，没有法定含金量。货币单位是“元”，本位币有7种，面额是100元、50元、20元、10元、5元、2元、1元。辅币有6种，面额是5角、2角、1角、5分、2分、1分。

第二，人民币是我国唯一合法通货。国家规定禁止金银和外汇在国内市场上计价、流通、结算和私自买卖，严禁仿造人民币。

第三，人民币的发行实行高度集中统一，货币发行权集中于中国人民银行。

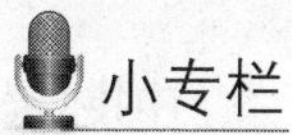

小专栏

中国古代的货币

中国古钱币历史悠久，种类繁多，绚丽多彩，有70多项世界之最。古钱币以其独特的形制工艺和钱文艺术具有很高的审美价值，成为我国古代文化遗产的重要组成部分。

我国最早的货币可以追溯到夏代，当时我国使用一种黑色的贝作为货币。商周时期，我国青铜冶炼技术非常发达，青铜可以制成任何一种礼器和实用物。于是，天然贝衰落，人们用青铜仿制海贝作为货币流通。铜贝，可说是我国金属铸币的开端。

战国末期，秦国规定以“两”作为秦币的单位。数年后，外圆内方的重半两的钱问世，史称“秦半两”。秦半两的造型反映出古代“天圆地方”的重要哲学观念，而且方孔穿以绳索，携带便利。

唐朝铸造的“开元通宝”制作精良，不再以重量命名，是一种单纯的“钱”的概念。

宋朝是我国经济贸易较为繁荣的时期，随着海上丝绸之路的形成，大宗交易的增多，价贱体重的铜钱显得越来越不方便。宋太宗初年，成都16家富商集资联合兴办“交子铺”，发行“交子”，可以在外地兑取现钱使用。纸币一经诞生，便以其无与伦比的便利风行于世。不久，宋朝正式发行官方交子，并宣布可以用纸币缴纳赋税，从而赋予它法定货币的地位。这比西方早600多年。

中国自秦汉以来基本是统一的封建国家，长期为自给自足的自然经济。在这种历史条件下，老百姓日常交易量并不很大，贱金属铜基本可以满足人们日常所需。而且我国不是金银的丰产国，这也制约着我国金银货币化。虽然我国很早就出现了金银铸币，但是直到公元1436年明英宗解禁，我国才开始以白银作为主要货币。

然而，我国并不盛产白银。那么，大量的白银从何而来呢？今人也许没有想到，哥伦布发现美洲竟然对中国的货币制度产生了重要的影响。

16世纪～18世纪，西班牙、英国、荷兰、美国等殖民主义国家和中国贸易，带来产自墨西哥的银币，墨西哥是拉美最大的产银国和出口国。西方国家用银币向中国换取丝绸、瓷器、茶叶，从而导致长达280年的白银大规模流入中国的过程。据估算，到19世纪30年代，通过各种途径流入中国的白银高达5亿两，是中国自产的1.5倍。如果没有大规模的输入，明清恐怕不能顺利采取银本位的货币制度。

随着西方列强白银资源的逐渐枯竭，具有高额利润的对华贸易难以为继。于是西方列强便强迫中国接受鸦片，巨额的鸦片贸易造成中国白银大量外流，从根本上动摇了中国政府的金融基础。

第五节 国际货币体系

国际货币体系概述

当国与国之间开始产生经贸往来时，货币制度也就随之超出了国界。由于参与国际贸易的各个国家使用的货币不同，因此，和国内贸易比较起来，国际贸易中的货币制度需要解决一些复杂的问题。例如，不同国家之间进行交易时，采取什么样的货币进行结算支付；各国之间的货币比价如何确定；等等。在早期，这些问题的解决主要依靠约定俗成，随着国际经贸往来的不断增长，法律和行政的力量开始参与其中。这些有法律约束力的有关货币国际关系的规章制度，以及具有传统约束力的各国已经在实践中共同遵守的某些规则和做法，共同构成了国际货币体系。

国际货币体系是指国际间的货币安排，也就是由国际间资本流动及货币往来而引起的货币兑换关系，以及相应的国际规则或惯例组成的有机整体。

建立国际货币体系的主要任务就在于促进世界经济的发展和稳定，促进各国经济的平衡发展。具体来说，国际货币体系有三大任务：

第一，确定国际间进行清算和支付时所用手段的来源、形式和数量，提供充足的国际货币，并规定国际货币和其他各国货币之间的关系，也就是各国货币的汇率机制。各国在汇率安排上要受制于国际规则和惯例，不能随心所欲伤害别国利益，防止竞争性贬值的发生。

第二，为国际收支不平衡提供有效的调整手段。无论经济实力如何，世界各国均有可能出现国际收支不平衡的问题。导致国际收支不平衡的原因既有国内的因素，也有国外的因素。单凭本国一己之力进行调整，往往无济于事。这就需要国际货币体系提供有效的调节手段，帮助出现国际收支不平衡的国家摆脱困境。

第三，建立国际货币金融事务的协商机制，协调各国的经济政策。各国在执行国内经济政策时，其影响面往往不仅仅局限于本国内部。对于美国、日本这样的经济大国来说，其国内经济政策甚至会对整个世界的经济走势发生重大影响。国际货币金融事务在早期一般通过两国之间的双边协商来解决。随着参与国际货币金融业务的国家越来越多，国际金融业务的形式越来越复杂，很多问题仅仅依靠双边协商无法解决。这就需要国际货币体系提供一个协调机制，监督各国行为，促进各国在国内外经济政策上的相互谅解和协调。

国际货币体系的演变

历史上曾经有过各种不同类型的国际货币体系。各个货币体系的区别主要在于以下几点：本位币不同；参与国际支付结算的主要货币不同；各国货币与本位币之间的关系不同。根据这几点区别，我们把**国际货币体系**划分为国际金本位体系、布雷顿森林体系和牙买加体系。

1. 国际金本位体系

历史上第一个国际货币体系是**国际金本位体系**。金本位制并非国际金本位体系，只有当西方国家普遍采用金本位制时，国际金本位体系才能够建立起来。19 世纪 80 年代，英国、拉丁货币联盟（包括法国、比利时、意大利、瑞士）、荷兰、若干北欧国家及德国和美国逐渐采用金本位制，国际金本位体系建立，大约 30 年后，在第一次世界大战爆发时崩溃。

国际金本位体系的特点是：

（1）黄金是最终清偿手段，充当国际货币。各国均实行金本位制，实际上都是使用黄金作为货币，黄金自然可以充当国际货币，作为国际贸易的最终清偿手段。

（2）各国货币之间的汇率固定，变化很少。在金本位制下，各国货币都具有黄金含量，两国之间的汇率取决于两国货币含金量之比——金平价。当然，汇率并非总是等于金平价，外汇供求也会对汇率产生影响。但是，由于黄金可以自由输出和输入国境，因此外汇供求变化引起的汇率波动十分有限，波幅不会超过黄金输送点。黄金输送点是国际金本位体系下汇率波动的界限，其值等于金平价加上黄金在两国间运输的费用。一旦汇率波动的幅度超过黄金输送点，黄金将取代外汇直接在两国之间流动，最终使得汇率回到黄金输送点的范围之内。这样，各国货币之间的比价就能够维持在一个比较稳定的水平上。在国际金本位体系盛行的 35 年间，英国、美国、法国、德国等主要资本主义国家间汇率十分稳定，从未发生过升贬值波动。

（3）能够自动调节国际收支不平衡。如果各国都严格遵循金本位制的规则，那么国际金本位体系下的国际收支不平衡问题就能得到自动解决。这是因为，一旦一国出现国际收支逆差，直接后果是黄金外流、货币供应量减少。于是物价下降，本国出口品的竞争力加强，进口品的竞争力减弱，出口扩大、进口减少，国际收支转为顺差，黄金回流。

（4）国际金本位体系比较松散，没有常设机构来规范和协调各国的行为。国际金本位体系下，各国通行金本位制，遵守金本位制的原则和惯例，汇率稳定，国际收支自动平衡，因此各国利益比较容易协调，不需要专门机构来负责规范各国行为。

虽然在名义上国际金本位体系要求由黄金充当国际货币，但黄金运输不便，而且储备黄金不仅不能生息，还要支付保管费用，于是在英国国力的支撑下，英镑代替黄金成为了事实上的国际货币。当时国际贸易的 80%以上都是用英镑计价和支付。

国际金本位体系是一种比较稳定的货币制度，对稳定汇率、平衡国际收支、促进国际贸易的发展和促进国际资本流动都起了积极的作用。然而，国际金本位制也有无法避免的缺点。在此体系下，货币数量的增长主要依赖于黄金产量的增长，但是世界黄金产量无法跟上世界经济的增长，国际清偿力严重不足。另一方面，英国、美国、法国、德国、俄国五个国家利用自己的经济实力，积存了大部分的黄金，这就使得其他国家国内的金本位制难以为继。国际金本位体系在经历了资本主义高速发展的黄金时代之后，终于在1929—1933年的资本主义经济大危机之后瓦解了。

2. 布雷顿森林体系

（1）布雷顿森林体系的建立。第二次世界大战结束之后，世界经济格局发生了巨大变化。德国、意大利和日本三国战败，经济遭受毁灭性打击。英国、法国虽然战胜，但在战争期间受到巨大的创伤，经济遭到严重破坏。而美国本土在战争期间没有受到直接影响，一跃成为世界第一大国。1945年，美国工业制成品占世界制成品的1/2，对外贸易占世界贸易总额的1/3，黄金储备占资本主义世界黄金储备的3/4，成为资本主义世界最大的债权国和经济实力最雄厚的国家。

1944年7月，第二次世界大战中的44个同盟国在美国新罕布什尔州的布雷顿森林城召开了“联合和联盟国家国际货币金融会议”，通过了《国际货币基金协定》和《国际复兴开发银行协定》，总称布雷顿森林协定。布雷顿森林协定确立了第二次世界大战之后国际货币制度的具体内容，因此我们把第二次世界大战之后的国际货币体系称为**布雷顿森林体系**。

（2）布雷顿森林体系的主要内容。布雷顿森林体系包含的内容非常广泛，其核心内容可以归纳为如下两点：

第一，美元与黄金挂钩，其他货币与美元挂钩，美元充当世界货币。布雷顿森林协定规定，成员国的货币金平价应当用黄金和美元表示。根据当时1美元的含金量为0.888 671克纯金，确定1盎司黄金=35美元的官方价格。其他国家的货币按其含金量定出与美元的比价，美国政府承担各国中央银行按黄金官价用美元兑换黄金的义务。各成员国货币与美元的法定平价一经国际货币基金组织确认，便不可更改。成员国货币汇率波动幅度不得超过平价的1%，一旦突破规定的波动幅度，各国中央银行必须进行干预。这就形成了美元与黄金挂钩、各国货币与美元挂钩的双挂钩形式。由于各国货币均与美元保持着可调整的固定比价，因此各国货币之间也实际上保持着可调整的固定比价。整个布雷顿森林体系呈现为汇率固定的货币体系。

在这样的安排下，美元可以自由兑换为任何一国的货币，成为储备货币和国际清偿力的主要来源，美元开始充当世界货币的角色。而在第二次世界大战结束后，一方面世界各国均须从美国进口商品，储备和使用美元比黄金更为有利。另一方面美国国内保持着极低的通货膨胀率，美元享有很高信誉。因此，战后国际贸易中的90%采用美元进行计价结算，布雷顿森林体系下的美元实际上等同于黄金。

第二，建立国际金融机构，维护国际贸易和金融秩序的稳定。在布雷顿森林体系下，由于汇率不能自由浮动，因此需要其他手段来解决成员国国际收支不平衡的问题。为维护国际贸易和金融秩序的稳定，根据布雷顿森林协定，国际货币基金组织（International Monetary Fund，IMF）于1946年3月成立。国际货币基金组织的职能主要有：确立和监督成员国的汇率政策；向国际收支发生困难的成员国提供必要的资金融通；向成员国提供国际货币合作与协商的场所。

在布雷顿森林体系下，美元等同于黄金，从而解决了国际金本位体系下清偿力不足的问题。而且稳定的汇率也促进了战后世界贸易和经济的恢复和发展。

(3) 布雷顿森林体系的崩溃。尽管布雷顿森林体系曾对当时世界经济的发展起到了积极的推动作用，但这个体系存在一些制度上的根本缺陷。而且，布雷顿森林体系的建立是以美国在世界经济中占据绝对优势为前提的，因此当世界经济格局再次发生变化，美国经济地位下降时，布雷顿森林体系也逐渐削弱，最终崩溃。

第一，无法解决的特里芬难题是布雷顿森林体系的制度缺陷。美国经济学家特里芬指出，如果没有别的储备货币来取代美元，以美元为中心的国际货币体系必将崩溃。这是因为美元同时承担了世界货币和国内货币这两个职能，而这两个职能是彼此矛盾的。作为世界货币，美元的供应必须适应世界经济和国际贸易增长的需要，不能出现清偿力不足的现象；作为一国货币，美元的发行必须受制于美国的货币政策和黄金储备，维持美元和黄金的兑换官价。当黄金产量和美国黄金储备的增长跟不上世界经济和国际贸易的发展时，美元进退两难：为了向国际贸易提供足够的清偿力，美元的供应必须不断增长；不断供应的美元缺乏足够的黄金准备，美元和黄金的兑换官价难以维持。布雷顿森林体系的这种制度缺陷被称为**特里芬两难**。

第二，布雷顿森林体系下汇率制度过于刚性，国际收支调节机制的效率不高。布雷顿森林体系的固定汇率制下，汇率的调整必须得到国际货币基金组织的批准，汇率显得过于刚性。这样，当一国发生国际收支逆差时，只能依靠国内政策来进行调节，调节成本很高。虽然国际货币基金组织可以向发生国际收支不平衡的国家提供贷款，但国际货币基金组织的能力有限，杯水车薪，难以解决各国的国际收支困难问题。

第三，布雷顿森林体系确定的国际货币体系，不能反映资本主义国家经济发展不平衡的规律。美元在布雷顿森林体系中的中心位置依靠的是美国强大的经济实力。然而进入20世纪50年代，美国政治、经济地位下降，联邦德国、日本崛起，突破了美国对世界经济的垄断地位。随着日本、联邦德国等国经济实力的增强和对外贸易的发展，世界上对这些国家货币的需求自然相应增长。但布雷顿森林体系不能适应这种形势变化，试图依靠货币制度的力量强行把其他货币排除在储备货币之外，必然会获得适得其反的效果。到1968年，日本和联邦德国的出口贸易之和已经超过了美国。反映在国际收支上，美国持续逆差，日本和联邦德国则积累了巨额顺差。如果没有各国央行的强力干预，美元必然会贬值。

1960年年底，美国黄金储备低于短期外债，第一次美元危机爆发。当时国际金融市场上出现大量抛售美元、抢购黄金和其他货币，并用美元向美国挤兑黄金的现象。美国联合英国、法国、联邦德国等国家，采取各种措施来稳定国际金融市场。然而，到1968年，由于美国在越南战争的泥潭中越陷越深，国内经济状况明显恶化，第二次美元危机爆发。仅仅在半个月内，美国就流失了14亿美元的黄金储备。美国不得不实行黄金双价制，即在官方之间的黄金市场依然实行1盎司＝35美元的官价，在私人黄金市场上，黄金价格由供求关系决定。私人黄金市场上金价飙升，布雷顿森林体系局部崩溃。1971年爆发了第三次美元危机，这次危机比以往任何时候都要激烈，外汇市场上抛售美元的风潮迭起，难以抑制。当年8月15日，美国被迫宣布停止向各国政府或中央银行按官价兑换黄金。一些国家的货币不再钉住美元，开始自由浮动。而当1973年2月外汇市场上再度爆发美元危机时，西方主要国家的货币都放弃了钉住美元的固定汇率制度。自此，以美元为中心的固定汇率制度让位于浮动汇率制度，布雷顿森林体系解体。

3. 牙买加体系

布雷顿森林体系崩溃之后，国际货币基金组织成立了一个由 20 个国家代表组成的临时委员会，开始着手国际货币体系的改革工作。经过近三年的理论探讨和实践总结，1976 年 1 月，临时委员会在牙买加首都金斯顿达成了一个协议，称为“牙买加协议”。牙买加协议在 1976 年 4 月经国际货币基金组织理事会表决通过，于 1978 年 4 月 1 日起生效。从此，国际货币体系进入了一个新的阶段——牙买加体系。

牙买加体系除了保留并加强了国际货币基金组织的作用外，和布雷顿森林体系有着许多重大差别。牙买加体系的主要内容有：

第一，黄金非货币化。黄金与货币彻底脱钩，黄金不再是各种货币的平价基础，也不能用于官方之间的国际清算。虽然布雷顿森林体系崩溃之后，以法国为首的欧洲国家要求恢复金本位制。然而，黄金的产量有限，最多只能恢复金汇兑本位制，这就需要确立中心货币。一旦中心货币贬值，金本位体系都会崩溃。而且无论哪种货币充当中心货币，都会面临特里芬难题。既然如此，黄金非货币化就成了最好的选择。

第二，储备货币多元化。美元一枝独秀的局面被以美元为首的多种储备货币本位所取代。随着联邦德国、日本等国经济实力的增强，德国马克、日元逐渐成为国际储备货币。但是，外汇储备虽然出现了三元化的趋势，但并非三足鼎立，美元中心货币的地位依然存在，美元依然是最重要的国际储备货币。除了黄金和主要国家货币之外，牙买加体系还有一种重要的国际储备——特别提款权，由国际货币基金组织发行的信用货币。但由于国际货币基金组织的权威性不够，与世界性中央银行的距离还相当遥远，特别提款权很难成为一种占主导地位的国际货币。

第三，汇率安排多样化，浮动汇率制度和固定汇率制度并存。整个汇率体系呈现出两大趋势：一是主要货币之间汇率自由浮动，二是区域集团内部实行稳定的固定汇率制度。具体来说，美国等发达国家大多采用浮动汇率制，而发展中国家则选择钉住某单一货币或一揽子货币的固定汇率制。

第四，国际收支问题依靠国际间政策协调和国际金融市场来解决。多样化的汇率安排向国际收支困难的国家提供了更大的解决问题的空间，各国可以通过汇率政策、财政货币政策来调节国际收支逆差。此外，这些国家还可以到国际金融市场上筹集资金，弥补国际收支逆差。

牙买加体系打破了布雷顿森林体系的僵化局面，解决了特里芬难题，拓展了调解国际收支不平衡的渠道。但是，牙买加体系很大程度上是对事实的一种法律追认，其汇率体系极不稳定，也没有找到解决国际收支不平衡的根本途径。牙买加体系建立以来，汇率波动剧烈，银行信贷风险激增，国际债务危机频频爆发。牙买加体系还有待发展和完善。

国际货币体系发展的新趋势

牙买加体系下，汇率的频繁波动给国际贸易和各国经济的发展带来了消极影响。20 世纪 80 年代以来，为稳定汇率，规避风险，许多国家采取了一些新的货币制度。其中，影响最大的是区域货币一体化。

区域货币一体化是指在某一地区内的有关国家在货币领域中实行协调与结合，形成一个统一体，最终实现货币统一。区域货币一体化的理论依据是蒙代尔的适度货币区理论，即在满足一定条件的区域内，各国放弃本国货币，采取统一的区域货币，将有利于促进就业，刺激经济增长。货币一体化要求相关国家统一汇率、统一货币、建立中央银行、统一货币金融政策。欧元货币制度的建立是区域货币一体化成功的首例。早在 1969 年 12 月，欧共体在海牙举行首脑会议，决定筹建欧洲经济与货币联盟。1979 年 3 月 13 日，欧洲货币体系成立，成员国货币之间的汇率浮动幅度被控制在一个很小的范围之内。1991 年 12 月，欧共体签署《马斯特里赫特条约》，为建立欧洲经济货币联盟和推出欧洲统一货币制定了时间表和各项加入标准。1999 年 1 月 1 日，欧元投入使用。2002 年 1 月 1 日，欧元纸币和硬币进入流通，各成员国货币于当年 7 月 1 日退出流通。此后，欧元成为欧元区唯一法定货币。欧元的出现对传统的货币制度提出了挑战。

2008 年全球金融危机爆发前国际货币体系具有三大特点：（1）美元是各国中央银行最为倚重的储备货币；（2）欧元的快速崛起，在国际货币体系中的地位有所提升，但是还不足以挑战美元霸主地位；（3）美国货币政策对全球经济具有巨大影响力和冲击力。危机爆发以来，美国凭借美元国际主导储备货币的地位向全球转嫁金融危机的负面影响，从而促使各国反思当前国际货币体系以及美元霸权地位的弊端。金融危机本身无疑对美元国际地位产生了重大冲击，这表现在以下各方面：一是危机使美国在世界经济中的份额进一步下降；二是美国金融体系的调整降低了美元资产的吸引力；三是危机使美国中长期通货膨胀前景不利于美元的稳定。但种种迹象表明，这次危机仍不足以从根本上动摇美元的霸主地位，美元作为国际主导货币的地位仍会持续相当长的一段时间。国际货币体系向美元和欧元双极化演进还有一段路要走。

面对国际货币体系的这一变化与中国经济规模的不断扩大，我国应抓住机遇提高人民币在国际货币体系中的地位，通过适度推进人民币国际化，降低我国在对外贸易、储备等方面对美元的过度依赖，以保持我国经济、金融的稳定。

本章小结

1. 货币的收支循环把国民经济中的各个经济个体联系在一起，并对经济运行产生了重大影响。

2. 货币有五个基本功能：价值尺度、流通手段、支付手段、价值贮藏、世界货币。货币作为价值尺度，可以衡量商品的价值，减少了经济中所需的价格数目；作为流通手段，可以在商品的交易中充当媒介，摆脱了在物物交易中要求需求双重巧合的困境；作为支付手段，可以在商品交易中实现延期支付，拓展了货币流通的领域；作为价值贮藏，货币可以帮助人们积累财富。而当货币走出国门时，就开始充当世界货币的角色。

3. 货币形态经历了实物货币、代用货币、信用货币、电子货币的演变过程。原始社会使用各种商品充当货币，此后贵金属凭借其突出的优点开始在世界各国充当货币。但金属货币不易携带，使用不便，于是人们创造出了代用货币。而信用货币进一步克服了金属货币的缺点。随着计算机和通讯技术的发展，目前我们正朝着电子货币的方向迈进。

4. 经济学家对货币的定义各有不同，并没有达成一个统一的共识。马克思定义货币为商品世界中排他性地起一般等价物作用的特定商品。但是，理论定义无法帮助货币当局统计货币供应量，因此在计量货币时，我们需要使用一些其他指标。

5. 随着货币形态的演变，货币制度也发生了很大的变化。货币制度对货币材料、货币单位，以及货币发行、铸造、流通的程序做出了具体的规定，基本上遵循着银本位制、金银复本位制、金本位制、不兑现信用货币制这样一个演变顺序。

6. 国际货币体系影响和制约世界经济的发展，对各国的国际货币行为进行规范。历史上的第一个国际货币体系是国际金本位体系，国际金本位体系下汇率稳定，促进了国际贸易和世界经济的发展。第一次世界大战之后，国际金本位体系崩溃，取而代之的是在第二次世界大战结束时建立的布雷顿森林体系。布雷顿森林体系的双挂钩安排，一方面稳定了汇率，另一方面也为布雷顿森林体系的崩溃埋下了伏笔。1973 年，布雷顿森林体系崩溃，新建立的牙买加体系既包括管理浮动制度，也包括固定汇率制度。而欧元的诞生对传统的货币理论提出了挑战。

复习思考题

1. 社会经济生活中为什么离不开货币？货币的重要性体现在哪些方面？

2. 简述货币形式的演化过程。

3. 什么是“劣币驱逐良币”规律？

4. 什么是货币制度？其构成要素有哪些？

5. 货币供给层次划分的依据是什么？为什么说科学地划分货币供给层次具有重要的意义？我国的货币供给层次是如何划分的？

6. 简述国际货币体系的演变过程。

7. 货币形态的演进是偶然的还是具有一定的内在规律？为什么有价值的金属货币会被价值很低的信用货币代替？

8. 欧元的产生对传统货币理论提出了怎样的挑战？亚洲可能产生“亚元”吗？

第二章

信　用

要点提示

信用是一个古老的经济范畴，也是金融学最基本最重要的概念之一。信用是价值运动的特殊形式，是现代金融运行的实质内容。现代经济生活中信用关系的发展已经非常普遍，各类经济行为主体都处于相互交织、错综复杂的信用关系网络之中。本章从信用的起源与发展出发，介绍了现代经济生活中信用的作用、各种现代信用形式以及现代信用秩序的制度支撑等内容。

第一节　信用的产生与发展

什么是信用

1. 信用的定义

“信用” 作为一个人们在日常生活中所广泛使用的词汇，具有道德层面和经济层面的双重属性。作为道德层面的信用，往往是指信任、声誉、遵守诺言等；作为一个经济学范畴，信用是指借贷行为，包含价值运动的两个侧面，即以偿还为条件的获得，或以收回为条件的付出。经济层面的信用与道德层面的信用有着紧密的联系，作为价值运动特殊形式的信用，其基础恰恰是道德层面的相互信任。

2. 信用的本质特征

作为经济学范畴的信用具有如下的本质特征：

（1）信用是价值运动的特殊形式。信用是以契约为基础沟通了借贷双方，表现为价值的两次单向流动。信用作为价值运动过程与商品交易所引起的价值运动存在本质的区别。前者的价值运动具有不对称性特征；后者价值的运动是对称的过程。信用作为价值运动的一种形态，分为两个环节：第一个环节是以契约为基础，价值由借方转移到贷方；第二个环节是完成契约，价值连同增值部分由贷方转移到借方。在整个契约关系的形成与完成过程中，第二个环节是关键之所在。只有在第二个环节实现了价值的回流与增值，信用关系才是完整的，是可持续性的。从整个社会来看，第一个环节的形成与不断发展是以第二个环节的完成作为前提和基础的。信用关系中两个阶段价值的单向流动都是基于信任基础之上的价值让渡，在这里，信任基础是道德层面的相互信任，价值让渡意味着一种经济活动。因此，信用的根本属性源于信用关系中价值运动的特点。信用活动价值运动的不对称性特征决定了信用具有双重属性：道德属性与经济属性。信用的道德属性是指信用关系是基于借贷双方道德层面的相互信任形成和完成的；信用的经济属性是指信用关系的实质是价值的运动。

（2）信用过程伴随着价值增值的实现。贷者之所以愿意贷出，是因为对未来存在价值增值的预期；借者进行了未来归还本金和利息的承诺之后，获得了现期商品或货币使用的权利。正是从这一点出发，信用从一开始就存在增进社会总体福利的效用。当然在实际经济生活中并不排除存在无息借贷的行为。这种行为一般发生在特定的条件之下，是为了达到某种政治目的或经济目的而展开的。

（3）信用是一种债权债务关系。信用基于借贷行为形成了债权债务关系，从本质上说，信用行为就是放债和承债的行为。一个经济社会债权债务的普遍性决定了信用关系的深度与广度，正是错综复杂的债权债务网络将微观经济行为主体紧密地联系在一起，形成一个相互依赖、相互支撑的整体。

3. 信用的两种形式

按照借贷对象的不同信用，可以分为两种形态：实物借贷和货币借贷。实物借贷在生产力发展不够充分的自然经济时代是较为常见的借贷方式，实物借贷形式因其借贷对象的物质特性，其规模与范围受到限制。随着自然经济向商品经济的过渡，货币在经济生活中广泛存在。货币具有价值统一，被人普遍接受的特点，在借贷关系中实物借贷逐渐丧失了其广泛存在的基础，逐渐被货币借贷所取代。在现代经济生活中，货币借贷成为借贷关系的主导形式，但是在经济结构二元化的国家和地区，由于货币化水平的局限性，实物借贷形式依然广泛存在。

信用的产生与发展

1. 信用的产生

从逻辑发展的角度来看，信用产生的必要条件是私有制，而充分条件则是剩余产品的出现。

在人类发展的早期阶段，人类社会处于原始共产主义阶段。生产力水平发展的低下使得人们必须相互依赖，依靠财产的集中才能够维持基本的生存需要。财产的不可分性决定了借贷行为不具备起码的制度基础。在原始社会末期，生产力的发展推动了人类早期的畜牧业与传统农业以及农业与手工业的两次社会大分工的完成。社会分工与专业化是人类社会经济发展的最基本的推动力，由此也实现了生产力飞跃式的发展，产品除了维持基本的生存需要之外还有了剩余；生产力的发展也同时塑造了更有效率的生产力发展的所有制基础，人类相互连接的社会结构发生了质的变化，公有制不再是人们维持生存与发展所必需的了，私有制度产生了。

私有制决定了财产分属不同的经济行为主体所有，而产品剩余必然存在时间与空间上的不平衡性，即此余彼缺、此时多彼时少是经济运行的常态。剩余产品与私有制度相结合，信用也就与这种借贷行为同时产生了。

2. 信用的发展

信用的产生是生产力发展推动的结果，信用关系的深度与广度也必然随着生产力的发展而不断向前演进。高利贷信用与现代信用是信用发展过程中的两个主要阶段。

在信用发展的早期阶段，信用关系直接表现为高利贷信用形式。**高利贷**具有两大特点：利息高与非生产性，这两个特点源于当时生产力与生产方式的历史局限性。在信用萌芽、发展的早期阶段，生产力发展的不充分使得信用产生的前提——剩余产品非常有限，剩余产品即借贷对象供给不充分的情况下，必然表现为借贷价格——利息很高。在工业革命以前的漫长历史时期，人类的生产主要是以小手工生产方式进行的，生产性主要通过内部筹集的方式来解决，利息的高昂使得信用难以进入正常的生产过程之中，由此也就决定了高利贷的非生产性特点，高利贷借者的目的在于消费而不是生产。

生产力发展阶段的束缚使得高利贷在人类历史上曾长期存在。但是随着工业革命所带来的大工业生产方式替代了小手工业生产方式，信用发展进入了一个崭新的发展时期，现代信用逐步产生并发展起来。生产方式的转变迫切需要大量集中社会上的资金来发展生产，这种转变培育了信用的生产性需求；生产力水平的发展又使得社会上的剩余产品日益增多，借贷对象的丰富为借贷价格——利息的降低提供了可能。利息的降低使得信用具备了生产性特征，由主要服务于消费领域的高利贷信用逐渐转向能够服务于生产过程各个环节的现代信用。但是需要强调的是现代信用在广泛地深入到生产过程之中的同时，在消费领域仍然发挥着重要的作用。

信用与金融

作为经济范畴，信用与金融既有联系又有区别。

金融的对象是货币，现代信用的主要对象也是货币。事实上，以信用货币为载体的信用关系就是**金融**，可见二者之间的内在联系是非常紧密的。

但是信用较之金融历史更为悠久，二者的内涵与外延存在差异。如前所述，信用是借贷行为，表现为一种债权债务关系。实物借贷和货币借贷是信用的两种形式。在信用发展的早期阶段，实物借贷是信用的主要形式，此时信用作为价值运动的特殊形式并不必然与货币相连。在现代经济生活中，货币借贷是信用的重要形式。而金融是指资金的融通，其形成必定以货币为载体。同时，资金的融通既可以表现为源于借贷而形成的债权债务关系，也可以表现为发行股票而形成的所有权关系。可见信用与金融二者内涵不同，外延也相互不能完全覆盖对方。

需要特别指出的是，在货币制度的演进过程中，信用的发展起到了很大的推动作用。在金属铸币时期，货币借贷使不流通的贮藏货币变成流动性的，从而加快了货币流通的速度，而且信用关系的展开使当时金属货币不足制约经济增长的矛盾通过信用流通工具的创造得以缓解。信用货币制度确立之后，现代信用活动更是与货币运动联为一体。任何货币的运动同时都是信用活动，信用活动借助于货币运动延伸到社会经济生活的方方面面、涉及各个经济行为主体，信用活动的普遍性达到前所未有的水平。同时任何以货币为载体的信用活动都是货币的运动：信用的扩张意味着货币供给的增加，信用收缩意味着货币供给的减少，信用资金的调剂则时时影响着货币流通速度与货币供给在部门之间、地区之间和微观经济行为主体之间的分布。

第二节　现代信用的基础

一、信用经济

在现代经济生活中信用已经贯穿于社会生活的各个方面，社会生产过程的每一个环节，包括生产、流通、分配、消费等各个环节，它又是商品经济赖以生存发展的制度基础。在现代信用货币制度之下，信用货币无处不在，信用关系也随之被带到经济生活的每一个角落。无论是发达国家，还是发展中国家，债权债务关系都普遍存在，经济越发达；信用越发达；反之，信用越发达，经济也越发达，现代经济被称为**信用经济**、负债经济。美国作为经济强国，其债务规模之大与其财富之多一样出名，2012 年年末，美国国内非金融部门债务（DNFD）余额达到 40.1 万亿美元，非金融部门债务余额与 GDP 的比值为 255.8%。

信用经济具有如下三个特点。

1. 信用关系无处不在

整个经济生活中，所有的经济行为主体之间处于错综复杂、相互交织的债权债务关系网络之中。无论是在国际经济交往还是在国内经济交往之中，居民、企业、政府部门等非金融机构之间直接的信用联系，以及金融机构居间所形成的间接信用联系，都使得信用关系遍及整个社会经济生活之中。

2. 信用规模呈现不断扩张趋势

经济规模的加速扩张决定了信用规模的不断扩张，而且信用规模通常是以超过实质经济规模的速度在扩张，因此，债台高筑是现代经济发展的必然结果。当信用扩张超过经济增长的一定界限时就表现为出现信用泡沫，缺乏实质经济支撑的信用泡沫积累到一定程度就会破灭，信用关系的破灭会对实质经济运行产生负面影响。经济发展需要信用关系的扩张来拉动，但是要防止扩张过度而导致泡沫过多和破裂。金融危机来临时，支撑信用关系存在的人们的信心丧失了，泡沫破裂，信用工具消失了，实质经济最终会受到严重的伤害。

3. 信用结构日趋复杂化

信用结构包含工具结构、机构结构与市场结构三个方面。在经济发展需要的推动以及科技发展带来技术平台不断拓展的条件下，信用工具不断复杂化。信用工具由原生工具，如股票、债券等发展到衍生工具股票价格指数、股票期权等，再发展到衍生的衍生工具，如股票价格指数期货等形态。信用机构也不断创新并呈现复杂化趋势，由传统的金融中介机构，如商业银行占主导，发展到投资银行、保险公司、基金公司等各类金融机构并存，机构更趋多元化，分工更趋专业化。信用市场也日益复杂化，信用关系相互交叉，市场不断向纵深和横向拓展。随着金融工具不断地创新，市场的结构与层次出现多样化趋势。同时，在金融全球化浪潮下，金融市场的一体化使信用关系跨出国界，信用资金在全球范围内实现优化配置。

盈余与赤字、债权与债务

在现实生活中，经济主体活动的展开带动了货币的流动。在货币的收支过程中，收支两相比较，可能收支相抵，但是更多的情况是收支不能相抵：收大于支，出现盈余；收不抵支，出现赤字。在金属铸币时代，出现赤字——无论债务是以实物形态还是货币形态出现一定意味着相应金额债务关系的存在。但是出现盈余，却不必然伴随着相应金额的债权关系，因为在金属铸币时代，金属铸币本身可以退出流通，处于暂时闲置状态。盈余可以表现为债权关系，也可以仅仅以货币退出流通的形式来实现。在信用货币时代，出现赤字的经济行为主体一定是完成了承债行为；出现盈余多数情况下直接表现为对其他经济行为主体的债权，但是当盈余是以货币剩余的形式出现时，货币剩余与金属铸币时代货币剩余的性质就完全不同了。金属铸币时代金属铸币退出流通，其所代表的价值就完全退出了流通流域，处于闲置状态；在信用货币时代，信用货币退出流通，其所代表的价值仍然滞留在流通流域。如果货币剩余是以现金的形式出现，就意味着向发钞银行提供了信用；货币剩余是以银行存款的形式出现，则意味着对银行提供了信用。因此，在信用货币时代，盈余与赤字必然意味着经济行为主体相应金额债权债务关系的存在。

需要注意的是，盈余部门往往不仅仅拥有债权，也同时拥有债务，盈余是债权债务抵消后的净债权。同样，赤字部门往往在负有债务的同时也拥有债权，赤字是债权债务抵消之后的净债务；收支相抵的部门也不是没有债权与债务，而是债权与债务相抵。因此，在经济生活之中，经济行为主体都笼罩在债权债务关系之下，信用关系成为连接各经济部门的纽带。经济越发展，信用关系越紧密，如果信用链条受到损害，整个经济就会陷入危机的困境之中。

信用关系中的主体

此消彼长、紧密相连的信用活动具有其内在的规律性。为了更好地揭示这种规律性，我们将经济行为主体划分为个人、企业、政府、金融机构与国外部门五个部门，通过解剖麻雀的方式来窥视经济运行过程信用联系的全貌。

1. 信用与个人部门

个人是指有货币收入的人。一般而言，个人的货币支出以其货币收入为度。然而，出于谨慎和预防动机，个人为了防老、防病、防止意外，为了养育子女、购买大件消费品，通常会保留一定的结余；金融市场的发展使得人们能够通过有效的投资组合来提高收入水平，所以出于投机动机——抓住有利投资时机增加财富的需要，个人也会保留一定的结余；或者为了实现跨时消费的需要，如为了提高当前的消费效用满足程度而进行消费信贷；或者为了更有效地进行资产组合，如利用信用额度进行股票的信用交易等，通常会成为赤字部门、负债户。

往往在现实经济生活中，尤其是在信用比较发达的国家，个人部门的债权与债务同时并存是非常普遍的，具体某个人到底是赤字单位还是盈余单位要进行债权与债务的对比才能得出结论。个人部门从结构上看，有的借、有的贷；从个人行为上看，有时借、有时贷、有时借贷并存；个人部门从整体上看，是属于资金盈余部门，是金融市场上资金的主要供给者。从我国的情况来看，2012 年年末金融机构住户存款余额已经达到 40.6 万亿元，同比增长 16.7%，同时住户贷款余额也已经达到 16.1 万亿元（包括消费性贷款、经营性贷款）。可见，随着经济的不断发展，个人部门的债权与债务规模也在持续地增长。[①]

2. 信用与企业部门

利润最大化是企业的经营目标，为实现利润目标而创业或维持正常的再生产或扩大经营规模都需要资金的支持，因此，企业部门首先是一个广泛需求资金的部门。企业一般在创业之初都需要投入巨额的资金，按照法律规定，企业必须要有一定的自有资本，然后在此基础上可以借入资金以维持正常的运行。

在日常运作过程中企业会连续不断地出现需求资金的情况。在固定资本的周转中，当一个企业固定资产需要提前报废更新，而折旧提存不能满足更新需要时，也需暂时借款，随后提取的折旧则用来还款付息。在流动资本的周转中，当企业尚未出售商品取得销售收入时，为了满足购买原材料和支付工资的需要，也需要借入资金，生产周期结束，有了销售收入，就可以还本付息。此外企业再生产过程中还会出现季节性资金需求，平衡市场波动所造成的收不抵支等，也是借入资金的原因。

企业在运作过程中也会出现盈余的情况。从固定资金周转的角度来看，它具有逐期收回逐渐积累，然后再集中开支的特点，如折旧基金，在未开支前则是对社会的货币供应来源。从流动资金的周转来看，企业取得销售收入之后不需要立即购买原材料或支付工资，就形成了一部分流动资金的闲置。此外，企业的资本积累中也有可能形成一部分资金的闲置，企业总是不断进行资本积累，但是在扩大再生产没有实现之前，资本就会闲置。

由此可见，企业既有巨大的资金需求也有巨大的资金供给。供给与需求两相比较，通常是需求大于供给。综合来看，企业作为一个整体是净赤字部门，是金融市场上资金的主要需求者。

3. 信用与政府部门

政府在信用关系中的地位取决于政府收支的对比状况。政府收支是指从中央到地方的各级财政收支。财政收大于支，形成财政结余；支大于收，形成财政赤字。财政收支不平衡是经济运行的常态，而财政收支相抵则是偶然的事情。在财政收支不平衡中，财政赤字是一种扩张的财政政策，而财政结余则是一种紧缩的财政政策。赤字财政政策自古就有，早期的赤字财政政策主要是为了满足统治阶级奢侈的消费需要或者为与敌国作战的军费开支需要。例如，在我国宋代，宋太宗时西北边区为了解决军需供给采取了政府向民间借贷，借贷主要是以实物的形式开展的。[②] 在现代信用经济条件下，保持一定规模的财政赤字是各国所采取的一种普遍的政策，是政府调控经济的一种重要的宏观手段。因此，政府一般是资金的主要需求者，弥补财政赤字所形成的国债成为各国财政政策与货币政策操作

① http：//www.pbc.gov.cn，《中国货币政策执行报告》，2012 年第四季度。

② 参见曾康霖：《信用论》，9 页，北京，中国金融出版社，1993。

的重要工具。

我国从建国到20世纪70年代，结余年份与赤字年份相间，结余年份多于赤字年份，这种结果是与当时的计划经济体制下，信用意识以及信用经济不发达有着直接的联系。从1979年改革开放以来，除1985年之外，其余年份皆为赤字年份，而且赤字规模年复一年地增长着。2012年，财政赤字为8 000亿元，而GDP总额则为519 322亿元，赤字占GDP的比重仅为1.5%。[①] 控制在一定程度之内的财政赤字对于促进经济增长、优化产业结构起到积极的推动作用。

4. 信用与金融机构

金融机构是从事金融活动的企业，其主要的功能在于为资金的余缺双方充当信用媒介。作为借方，它们通过吸收存款、对外借款等负债业务吸收各种渠道的资金来源，形成债务；作为贷方，它们通过贷款、投资等资产业务将资金运用出去，形成债权。可见，金融中介资产负债业务本身就是形成债权债务关系的信用活动。金融机构制造债务是为了形成债权；形成债权是为了给债务寻找出路。因此，在信用关系的网络之中，金融机构的地位是中间借款人和中间贷款人，是媒介体，而不是最后的借款人和最后的贷款人。

金融机构在金融市场上既是资金的需求者又是资金的供给者，作为间接融资的媒介体，其帮助个人、企业、政府等非金融部门之间建立广泛的信用联系。金融机构凭借他们独特的专业化优势，沟通了社会上资金的余缺双方，提高了金融资源的配置效率。

5. 信用与国际收支

在开放经济条件下，国际收支是指一国在一定时期内对其他国家的全部货币收支，其集中表现在国际收支平衡表上。来自国外的货币收入小于对国外的货币支出，表现为国际收支逆差；反之，来自国外的货币收入大于对国外的货币支出，表现为国际收支顺差。在国际收支顺差时，盈余部分说明本国向别国提供了信贷的资金来源；在国际收支逆差时，赤字部分说明本国需要向别国来借入资金用以平衡逆差。

国际收支不平衡是各国对外经济交往的常态。各国可以依据本国经济发展的需要制定各自的对外经济政策，合理地利用国际信用有利于一国国内经济发展；而国际收支严重不平衡、国际信用过度则会干扰国内的经济发展，影响正常的国内信用状况。

第三节 信用形式

信用可以表现为多种形式。在信用经济发展的推动下，信用形式也逐渐由低级向高级、由简单向复杂不断向前演进，信用活动日趋频繁与深化。信用按照不同的标准可以划分为不同形式。如按照期限划分，信用可分为短期信用与长期信用；按照信用发生的地域来划分，可分为国内信用与国际信用；按照主体来划分，可以分为商业信用、银行信用、国家信用和消费信用。下面就按照最后一种划分方法来对现代信用形式逐一介绍。

---

① http://www.mof.gov.cn，中华人民共和国财政部网站。

商业信用

1. 商业信用的界定

商业信用是指企业之间相互提供的、与商品交换直接相联系的信用，包括两种基本形式——赊购与赊销。

商业信用具有如下特点：一是发生在生产流通过程之中，直接服务于商品生产和流通。在社会化大生产过程中，各个企业的生产经营活动紧密相连、相互依赖。企业之间的交易过程常常会出现这样的情况：上游企业拥有商品等待出售，下游企业急于购买却无力支付现款。这种情况下，上游企业可以采用赊销向下游企业提供商业信用实现销售，由此，上游企业不但实现了销售，到期收回货款，而且还可以取得到期占款的利息收益；下游企业及时购入商品，维持正常的生产经营过程，取得收入后再归还欠款，实现自身利润。同时也可能出现相反的情况：上游企业商品畅销，下游企业为了保证进货可以向上游企业赊购商品，这样上游企业增加了资金来源，可以扩大生产规模，而下游企业也因货源得到保证而使正常的生产经营过程得以顺利进行。由此，赊购与赊销能够防止由于资金原因造成生产、流通的障碍，可促进社会再生产的顺利进行。二是商业信用是企业之间以商品形态提供的信用，在这一过程中包含着两个同时发生的经济行为：买卖行为和借贷行为。授信企业与受信企业之间既是借贷关系，又是买卖关系，借贷行为是建立在商品买卖行为基础之上的，正是基于商品的买卖才使借贷关系得以确立。三是商业信用的参与主体是工商企业。赊购与赊销可以发生在不同的经济行为主体之间，诸如政府与企业之间、企业与企业之间、企业与个人以及个人与个人之间等。只有发生在企业之间的才是商业信用，其他经济主体之间的赊购与赊销不是商业信用。工商企业是社会经济生活中最基本的行为主体，其信用关系是商业信用，商业信用是现代经济生活中最基本的信用形式，构成了现代信用制度的基础。

2. 商业信用的作用

第一，商业信用为经济增长提供了信用支持。在市场经济中，工商企业之间存在着种种稳定的经济联系：原材料工业与加工工业之间、工业与商业之间、批发商与零售商之间、国内工商业与国内外进出口贸易商之间必然发生各种联系。对于经济的稳定发展而言，这种联系的可持续性是必要的。但在经济生活之中，无论是商品的供给方还是需求方都有可能缺乏必要的资金，企业之间的联系就会由此而发生阻滞。商业信用的存在为资金不足的一方提供了信用支持，为经济增长提供信用支持。

第二，商业信用润滑了社会生产流通过程。工商企业之间的联系是在经济运行过程中以万计、以亿计的点上发生的，在激烈的市场竞争中，工商企业之间的各种联系会由于寻求有利的条件而可能不断变化，同时也可能力争稳定彼此之间的联系以加强竞争力量。处于不断的动态变化之中的买卖双方都可以独立决策，商业信用的直接性特点适应了社会上存在的亿万个连接点上的企业决策独立性、分散性的客观要求。商业信用与社会生产活动有着直接的联系，这种可以分散决策的商业信用活动较之具有间接性的银行信用而言，更好地润滑了整个生产流通过程，能够更好地服务于社会资本再循环过程。

第三，商业信用的普遍发展有利于形成社会生产的基本经济秩序。商业信用是工商企业之间自发的、分散的信用活动，其正常运行有助于建立企业之间的良好信用秩序。商业信用与社会信用秩序密切相关、互为因果。商业信用的普遍发展对社会建立完善的信用秩序提出了客观的要求，同时完善的信用秩序又为商业信用的发展开辟了道路。

3. 商业信用的局限性

第一，商业信用存在于工商企业之间，它的规模大小是以产业资本的规模为度。商业信用是工商企业之间相互提供的，单个工商企业至多也只能把自己无需用于再生产过程的部分资本用于商业信用，所以商业信用最高限额就是工商企业现有产业资本的充分利用。

第二，商业信用具有严格的方向性。一般的情况下，是上游产品企业向下游产品企业提供信用，是工业企业向商业企业提供信用，而不能相反。因而有些企业很难从这种信用形式中获得信用支持。

第三，商业信用的范围与期限受到限制。商业信用只适用于有经济业务联系的工商企业之间，这样就限制了商业信用适用的范围。而且，由于工商企业暂时闲置的资金时间很短，如果以商品形态贷出的资本不能很快地以货币资本形态收回，就会影响到产业资本的正常运转，所以商业信用运用的期限也受到限制，只能以短期信用形式实现。

4. 我国商业信用的发展

商业信用是信用发展史上最早的信用形式。我国早期的商业信用始于先秦时代，到了宋代商业信用得到一定程度的发展。在宋代，民间的商业信用首先流行于茶盐酒布这些日常生活品的贸易之中。其赊购赊销通常有“牙人”作中介，以契约为凭证，用资产作担保，并得到政府法律的保护。商业信用的发展在当时为经济发展创造了流通工具，代替了货币流通，节省了流通费用，加速了商品交换，对于促进当时经济发展起到了积极的作用。但是在漫长的封建社会发展过程中，我国商业信用从整体来看缺乏大规模发展的外部环境，发展缓慢。

1929 年，国民党政府颁布了票据法，明确规定商业票据是法定的票据之一，对商业信用较大规模的发展有所推动。20 世纪 50 年代初新中国成立之后，由于实施高度集权的中央计划管理体制，采取了取消商业信用的政策。经过 20 年，到 70 年代末实施改革开放的方针政策之后，商业信用才开始重新恢复运用于商品推销等经营活动之中。顺应着这样的变化，银行也开始对商业信用的发展给予支持。1995 年 5 月 10 日《中华人民共和国票据法》颁布，新票据法明确规定了在商业票据开出与使用过程中各当事人的权利与义务，规定了商业票据中必须记录的条款。新票据法的实施，对于中国商业信用的规范化发展起到了推动的作用。

商业信用的发展在我国是一个不断规范发展的过程，其发展的深度与广度不仅仅取决于法律法规的完善，而是要受到多种社会因素的制约，诸如社会经济发展的水平、社会信用体系的完善程度以及社会市场化水平等。目前来看，我国的商业信用依然很不规范，并没有得到显著的发展。商业信用链条的被迫中断、强制商业信用等现象的出现说明商业信用的完善尚需要时间来催化。

银行信用

1. 银行信用的界定

银行信用是指以银行或其他金融机构为媒介、以货币为对象向其他经济个体提供的信用。银行信用中介职能是商业银行基于存贷业务与生俱来的基本功能，其实质是通过吸收存款，动员和集中社会上一切闲置的货币资本，通过贷款把这些货币资本贷放给使用者。这种信用中介活动，克服了直接信用在时间、数量等方面的矛盾，最大限度地把闲置的社会资本集中起来，转化为现实运动中的资本，提高了社会对资本的使用效率，有力地促进了实体经济的发展。

2. 银行信用的特征

银行信用是商品经济发展的必然结果，其突破了商业信用在数量与方向性上的局限性，现代银行信用的发展使社会信用总量得到了极大的拓展，对经济生活的促进作用显著增强。银行信用的规模和作用都居各种信用之首，是各种社会信用形式中最重要的部分。银行信用具有广泛性、间接性和综合性三个特征。

（1）银行信用具有广泛性。

银行信贷的主要对象是货币，而货币作为流通和支付的一般手段，具有普遍接受的特性，因此它的来源与运用没有方向性。作为社会经济活动主体的居民个人、企业以及政府可以广泛地参与到银行信用之中去。银行信用将社会上分散的小额货币可以积聚成巨额的资金，从而满足经济发展对大额资金的需求。在银行信用下，银行或其他金融机构续短为长的功能可以把短期货币集中起来，并维持一个稳定的余额，从而满足较长时期的资金需求，较长期的可贷货币也可以满足短期的货币需求。信用的灵活性可以使货币资金得到充分的利用。由于银行信用是以银行为中介，而参与银行信用的主体具有广泛性，信用方式也是多样的，因此，银行信用具有广泛性，可以弥补商业银行的局限性。

（2）银行信用具有间接性。

金融市场上存在信息不对称现象，由此导致的道德风险和逆向选择问题制约了金融市场融资功能的有效发挥。而银行作为金融中介机构可以在一定程度上解决信息不对称的问题。在银行信用中，银行和其他金融机构是信用活动的中间环节，是媒介。从筹集资金的角度，银行是货币资金供给者的债务人；从贷放资金的角度，银行又是货币资金需求的债权人。至于货币资金的所有者和货币资金的需求者，两者之间并不发生直接的债权债务关系。所以，这种资金筹集方式称为间接融资。这是一个与公司、企业、政府从金融市场上通过发行股票和债券的方式直接融通货币资金相对的概念。

（3）银行信用具有综合性。

银行是一国金融体系中最重要金融机构，是国民经济的中枢神经。通过银行的信贷业务，可以反映国民经济的运行情况，也可以通过银行灵活地调度资金，促进经济的发展。银行信用的综合性使得银行对国民经济既具有反映和监督作用，又具有调节和管理作用。这里的管理作用不是为商业银行而是为中央银行所具有。

正是由于银行信用的这些特点，使它大大克服了商业信用的局限性，成为现代经济中的主要信用形式。银行信用可以自上游到下游企业，也可以自下游企业而到上游企业；既可以聚小为大，也可以拆大为小；既可以续短为长，又可以截长为短，具有灵活调节资金的作用。国家在进行宏观调控时，也把控制银行信用作为主要手段，通过控制贷款的收与放来影响国民经济的发展水平与结构。

3. 银行信用在社会资金融通中的地位

银行信用本身具有规模大、成本低、风险小的优势；银行作为专门的信用中介机构，具有较强的专业能力来识别与防范风险；银行作为吸收存款、发放贷款的企业，不仅能够提供信用，而且能够创造信用。在信用领域，银行信用无论在规模、范围拓展以及期限灵活性上都大大超过其他信用形式，在信用领域中居于主导地位。国家信用、商业信用、消费信用等日益依赖于银行信用，商业信用、国债的贴现和发行往往都是通过银行来进行。在发达国家的社会信用结构中，银行信用是工商业外源融资的最重要的渠道。贷款是世界各国企业最主要的外部资金来源，美国的这一比例为55.3%。银行贷款占这些贷款的绝大部分，因此，银行信用在企业的融资活动中发挥着重要的作用。在美国，大部分年份中，银行贷款融通的资金是股票的4倍以上，这一事实令很多人都倍感惊讶。①

4. 银行信用与商业信用的关系

从历史的视角来看，商业信用先于银行信用而存在。基于商业信用而产生的商业票据贴现和抵押贷款就是早期商业银行发展过程中首先扩展的信用业务。银行信用是在商业信用发展到一定水平的基础上产生和发展起来的。而且商业信用直接服务于商品的生产与流通过程，能够满足工商企业复杂多样、分散化的信用需求，工商企业在购销过程中，往往首先借助于商业信用融通资金，银行信用是商业信用的必要补充和延伸。

银行信用的发展又使得商业信用得到进一步完善。如果没有银行信用的存在，一个企业是否提供商业信用，必然要考虑在没有货款收入的情况下自己的企业能否正常运转。有了银行信用的支撑，企业之间的赊购赊销才不会使企业的资金链条中断，企业之间的商业信用才可能发生。因此，商业信用的发展有赖于银行信用的支撑。

随着市场经济的发展，商业信用与银行信用之间有着紧密的联系，二者的发展不是相互排斥的，而是相互补充、互为条件，是现代经济生活中服务于工商企业的两种基本的信用形式。

5. 我国银行信用的重要性

在我国的经济运行中，银行信用一直是最基本的资金融通形式。在经济体制改革之前，我国只允许通过银行信用来融通资金，禁止和取消其他形式的资金融通方式。随着改革的深化，金融机构多元化，资金融通方式日益多样化。但是从目前来看，通过银行信用融通资金仍然是我国企业资金融通的最基本形式。

首先，我国目前的商业信用发展不普遍。计划经济体制下，行政命令和组织纪律是维系经济体系运行的基本规则，公有产权形式之下，企业之间不存在偿还性的资金运动。20世纪70年代以来，随着我国市场经济导向体制改革的深化，商业信用开始运用于企业推行商品的经营活动之中，并逐步得到了发展。但是产权制度改革的滞后造成了国有企业产权边界的模糊不清，同时商业信用的交易规则不完善的情况下，商业信用的发展受到制约。

其次，我国股票市场的发展不规范，融资规模的扩大需要时间。我国从1991年恢复发展股票市场以来，股票市场规模发展迅速。但是从融资总量的角度来看，我国以股票市场为代表的直接融资还很弱小，间接融资的地位依然是企业最重要的融资渠道。2012年非金融类企业以贷款方式融资的总额约为5.76万亿元；企业在境内外股票市场上通过发

---

① 参见米什金：《货币金融学》，173页，北京，中国人民大学出版社，2006。

行、增发和配股累计筹资 4 959 亿元，其中非金融类企业筹资额为 2 507 亿元，相当于贷款融资量的 4.35%。

最后，我国企业债券市场规模有限，尚不能负担其为企业大量融资的重任。直接融资比重偏低是中国企业长期面临的问题，1986 年到 2006 年的 20 年间企业直接融资比重只有 10%左右，即使在股市空前繁荣的 2007 年直接融资所占比重也只有不到 30%。同时根据西方国家的经验，直接融资方式中债券融资比例一般远远大于股票融资，2005 年美国债券发行的规模大约是股票发行规模的 6.5 倍，而 2006 年中国发行的企业债和公司债仅相当于同期股票筹资额的 44%。我国债券市场难以发展的一个重要原因在于严重的多头监管。为了促进债券市场的发展，国家发改委 2008 年 1 月 2 日发布了《关于推进企业债券市场发展、简化发行核准程序有关事项的通知》，对企业债券发行核准方式进行了重大的调整。根据从前的审批程序，一家企业发债，其取得额度与发行监管由发改委全面负责，企业债利率由中国人民银行负责管理，企业债上市审批由证监会和证券交易所负责，导致了其审批时间通常长达 1 年甚至 18 个月；在新的核准程序下，中央直接管理企业的申请材料直接申报。国家发展改革委员会受理企业发债申请后，对申请材料进行审核，并且自受理申请之日起 3 个月内将做出核准或者不予核准的决定，这样一来企业发债的审批时间有望缩减到 2 个月以下。

国家信用

1. 国家信用的界定

国家信用是指以国家政府为主体的借贷行为，它包括国家以债务人的身份取得信用和以债权人的身份提供信用两个方面。在现代经济生活中，国家信用主要是指国家负债。

国家负债就信用资金的来源不同，分为国内信用和国际信用。国家信用较其他信用形式而言，信用发行主体是政府，政府不仅具有稳定的税收收入作为还款来源，更有国家信誉作为担保，因此国家信用工具的安全性强、流动性好、风险小，常常被人们称为“金边债券”，是金融市场上普遍受到欢迎的投资工具。

2. 国家信用形式

国家信用就内债而言，其形式有：(1) 公债。在西方国家，公债是以政府名义发行的中长期债券，期限一般在一年以上。公债发行的目的是弥补财政赤字和支持国家重点项目建设。(2) 国库券。国库券的期限一般是在一年期以内，国库券的发行一般是为了解决财政年度内先支后收的时间间隔矛盾。在我国政府发行的债券都是以国库券为名，期限有短期也有中长期。

国家信用就外债而言，其形式有：(1) 国际债券。通过发行国际债券来筹集资金是国际金融市场上所普遍采用的一种融资方式，发行国际债券的目的是弥补国际收支逆差或者为大型工程项目筹措资金，发行的方式包括委托国外金融机构发行和直接发行两种。(2) 政府借款。这包括向国外政府借款、国际金融机构借款、国外商业银行借款以及出口信贷等形式。

3. 国家信用的作用

国家信用的作用主要表现在对货币流通和经济增长的影响上面。

(1) 通过国家信用的方式调节财政收支不平衡、弥补财政赤字，有助于稳定货币流通、稳定物价。在现代经济条件下，财政赤字的出现是各国经济运行过程的常态。财政赤字一般可以通过三条途径来加以解决：增加税收、向中央银行借款或者透支，以及发行国债。增加税收需要经过严格的立法程序，而且也要受到一国经济发展水平的制约，税收负担过重，不仅会导致经济萎缩，甚至会危及社会稳定。向中央银行透支或借款，将直接导致基础货币投放增加而使货币供给增加，引发通货膨胀。发行国债，债券的购买者主要是企业部门、个人部门以及商业银行。购买国债使得货币购买力由非政府部门转移到政府部门，一般不会对货币流通产生影响，相对于其他的弥补赤字的方法而言，既可以缓解财政赤字，又不至于对经济发展产生不利的影响。

(2) 国家信用可以扩大投资总量、优化投资结构，促进经济增长。

首先，国家信用可以通过改变国民收入的分配格局以及储蓄与消费的比例关系来增加社会投资总量。国债的发行有利于推迟当期现有支付能力的购买力的实现，促使消费基金向积累资金转化。同时，政府投资具有乘数效应，政府通过国债投资能够拉动民间投资的增加，从而增加社会的有效供给，促进经济增长。对外的国家信用能够有效把国外资金吸引到国内，弥补国内资金的不足。

其次，国家信用有利于国家调节投资方向，从而优化投资结构。在市场经济中，存在着多元化的投资主体。投资主体投资方向的确定是由利润最大化动机所决定的。而一些瓶颈产业和基础性产业，由于利润回报率低、风险较大，很难吸引到足够多的私人投资，而这些行业又是社会经济均衡发展所必需的。国家通过信用的方式集合社会上的分散性资金，向基础性产业部门以及瓶颈产业部门进行投资倾斜，这有利于引导社会闲置资金，贯彻国家的产业政策，优化社会整体投资结构，促使国民经济协调发展。

4. 我国国家信用的发展

新中国成立以来，国债的发行经历了三个发展阶段：

第一阶段是新中国成立之初的 1950 年。当时，国民经济极度困难。新解放区的税收尚需时间整顿，全国统一的税收制度也未建立，加之战争尚在继续，军费开支庞大。为了填补财政赤字，稳定市场物价，发行了总价值约为 3.02 亿元的属于“临时举债”性质的“人民胜利折实公债”。计算单位采用的是实物标准，包括大米、面粉、白细布、煤炭等。

第二阶段是 1954—1958 年。此时正值我国“一五”时期。在国民经济完成了恢复任务并进入大规模经济建设之际，对财政资金的需求十分巨大。但由于国民经济基础依然落后和薄弱，财政收入十分有限。为了缓解这一矛盾，我国在连续五年的时间里分五次发行了总额为 35.46 亿元的“国家经济建设公债”。1958 年以后，虽然财力的需要与供给之间矛盾依然存在，而且，在连续三年的“大跃进”和随后发生的连续三年的自然灾害的形势下，这一矛盾更加突出，但中国政府却分别从 1958 年和 1959 年起先后停止了公债的举借活动。随后，中国进入了为期长达 20 年（1958—1978 年）的“既无内债，又无外债”的国债空白时期，并反复论证“既无内债，又无外债”是社会主义制度的优越性。

第三阶段是 1979 年实行改革开放政策以后。经济体制改革首先是以财政“减税让利”开始的。而减税让利的结果却是财政收入占国民收入的比重大幅度降低（由 1978 年的 37.2%下降至 1980 年的 28.3%）。但财政支出并未随之下降，财政收支连年出现赤字。为了弥补财政赤字，财政向银行透支，而同时物价大幅上涨。1981 年，财政预算又是一个赤字的预算。为此，同年 1 月 16 日，国务院颁布了《中华人民共和国国库券条例》；26 日又公布了《关于平衡财政收支，严格财政管理的决定》，决定发行国库券，以此来平衡财政收支，稳定市场物价。这一举措打破了长期统治人们思想的“既无内债，又无外债”是社会主义优越性的错误观点。

改革开放 30 多年来，我国积极完善国债制度，国债在经济生活中的作用越来越大。(1) 国债发行额呈逐年增长的趋势，由最初 1981 年的近 49 亿元至 2002 年发行额达到 5 934亿元，详见表 2—1。(2) 发行方式不断完善，从 1981 年到 1988 年，国债发行基本采取的是政治动员和行政摊派的方式，1991 年实行了国债的承购包销，由 70 多家证券中介机构参与，标志着国债一级市场的建立，1996 年，所有可流通的国债发行都采取了招标方式，竞争标的是债券价格和收益率，招标方式既有单一价格方式，又有多种价格方式，提高了发行效率。(3) 国债种类不断丰富，结构不断趋于完善。国债的计息方式越来越市场化、国际化，国债的期限种类也在不断增加。

表 2—1　改革开放以来我国国债的发行情况　单位：亿元

年度	当年财政收支差额	国内国债实际发行数	国债发行比上一年增长数	内外债合计	比上一年增长数
1985	0.57	60.61	—	89.85	—
1989	−158.88	56.07	—	407.97	—
1990	−146.49	93.46	66.68%	375.45	−7.97%
1991	−237.14	199.30	113.25%	461.40	22.89%
1992	−258.83	395.64	98.51%	669.68	45.14%
1993	−293.35	314.78	−20.44%	739.22	10.38%
1994	−574.52	1 028.57	226.76%	1 175.25	58.99%
1995	−581.52	1 510.86	46.89%	1 549.76	31.87%
1996	−529.56	1 847.77	22.30%	1 967.28	26.94%
1997	−582.42	2 412.03	30.54%	2 476.82	25.90%
1998	−922.23	3 228.77	33.86%	3 310.93	33.68%
1999	−1 743.59	3 702.13	14.66%	3 715.03	12.21%
2000	−2 491.27	4 153.59	12.19%	4 180.10	12.52%
2001	−2 516.54	4 483.53	7.94%	4 604.00	10.14%
2002	−3 149.51	5 660.00	26.24%	5 679.00	23.35%
2003	−2 934.70	6 029.24	6.52%	6 153.53	8.36%
2004	−2 090.42	6 726.28	11.56%	6 879.34	11.80%
2005	−2 280.99	6 922.87	2.92%	6 922.87	0.63%

注：从 1999 年开始，国内其他债务项目为债务收入大于支出部分增列的偿债基金。

资料来源：www. stats. gov. cn，《2006 年中国统计年鉴》。

消费信用

1. 消费信用的界定

消费信用是指对消费者个人提供的，用以满足其消费方面所需货币的信用。消费信用旨在解决消费者支付能力不足的困难，实现消费者提前消费的目的，这一方面提高了消费者当前的消费效用满足；另一方面帮助工商企业实现产品和服务的生产和销售，促进生产过程的完成。消费信用的目的决定了其主要是用于满足消费者购买耐用消费品、支付劳务费用和购买住宅等方面的需要。与银行信用以及商业信用直接服务于企业生产与流通过程相比较，消费信用服务于消费领域，具有非生产性的特点。

消费信用可以直接采取商品形态，由商品生产和销售企业直接向消费者提供所需的消费品，也可以采取货币形态，由商业银行和其他信用机构向消费者提供贷款，再由消费者利用所得贷款购买所需要的消费品或支付劳务费用。

2. 消费信用的方式

（1）分期付款。分期付款是商业企业与消费者根据合同规定分期偿付货款，这种信用方式多用于消费者购买大件耐用消费品，如汽车、房屋、家用电器等商品。这种消费信用是以商品形态提供的信用，与商业信用有类似的地方，所不同的是商业信用是企业之间提供的，而消费信用则是企业向消费者个人提供的。

（2）信用卡。**信用卡**是由信用卡公司或银行对信用合格的消费者发行的信用证明，持有该卡的消费者可以到有关的商业服务部门购买商品，再由银行定期同消费者和商店进行结算，信用卡可以在规定的额度内进行透支。

（3）消费贷款。消费贷款是银行或其他金融机构直接以货币形式所提供的服务于消费的贷款。消费贷款按照直接接受贷款的对象不同，可以分为买方信贷和卖方信贷。买方信贷是指银行直接对消费品的购买者所发放的贷款；卖方信贷是以分期付款单证作为抵押，对销售消费品的企业发放的贷款。

3. 消费信用的作用

消费信用在现代经济生活中具有积极作用。

（1）消费信用的发展可以提高人们当前的消费效用满足。人们的消费效用是收入水平的函数，一般而言，消费能力要受到收入水平的制约。在消费效用函数中引入消费信用之后，将使消费者实现跨期的收入分配，人们可以动用一部分未来的收入去消费当期尚无力购买的消费品，由此，可以提高消费者的总效应和福利水平。

（2）消费信用能够促进消费商品的生产与销售，进而促进经济增长。消费信用的存在使得消费者可以在取得收入之前购买消费品，这样消费信用人为地扩大了一定时期内商品劳务的总需求规模，从而在一定程度上刺激了消费品的生产和销售。在现代经济的买方市场条件下，有效需求不足始终是制约经济增长的重要因素，消费提前实现能够直接地扩大社会有效需求，最终能够拉动经济的增长。

消费信用在一些情况之下也会产生消极影响。如果消费信用过度，形成经济的虚假繁荣，在生产扩张能力有限的情况下，造成市场供求状况紧张，进一步拉大供求缺口，促使物价上涨，加剧通货膨胀。

4. 我国消费信用的发展

在改革开放以前，我国计划经济体制下呈现短缺经济特征，基本上不存在消费信用存在的市场环境。随着改革开放政策的实施，市场经济秩序逐渐确立，社会生产规模迅速扩大，商品的销路问题逐渐显现出来，分期付款促进销售才逐渐进入我国的市场营销视野之中。在 1985 年信用卡开始发行，之后国家又实施了“金卡工程”，但是由于我国的信用卡采取借记卡的形式，并不具备真正意义上的信用本质。我国商业银行正式办理消费贷款始于 1987 年，首先推出的消费信贷品种是居民购房的按揭贷款。

改革开放之后到 1995 年期间，尽管我国市场总体仍然处于卖方市场状态，但是市场环境已经发生了很大的改变。1996 年，我国的市场环境出现了质的变化，买方市场逐步形成，经济结构逐步脱离生产主导形式，开始向消费型经济转变。

居民住房管理体制以及高等教育体制的改革，使得住房按揭贷款、助学贷款逐步发展起来。随后，政府推出的一系列市场化改革极大地促进了消费信贷的增加。1998 年配合着“扩大内需”政策，与普通民众生活休戚相关的教育、医疗和住房三项的全面市场化改革使得住房按揭贷款、助学贷款逐步发展起来；1999 年 2 月中国人民银行出台了《关于开展个人消费信贷的指导意见》，1999 年 3 月央行又发布了《银行卡业务管理办法》，这些措施引发了社会开展消费信贷的尝试和宣传，消费信用规模不断扩大。与此同时，住房、汽车、教育、旅游等方面消费信贷也取得了长足的发展。截至 2012 年，住户贷款增速明显快于非金融性公司及其他部门贷款。2012 年住户贷款增加 2.37 万亿元，其中消费性贷款新增 1.47 万亿元，占住户贷款增加额的 62.09%。①

小专栏

消费金融公司在中国

一、消费金融公司在我国的发展

为促进消费金融业发展，规范经营消费金融业务的行为，2009 年 7 月 22 日，中国银行业监督管理委员会正式颁布了《消费金融公司试点管理办法》（以下简称《管理办法》），《管理办法》的出台为消费金融业务发展提供了政策支持。按照银监会《管理办法》的规定，消费金融公司是“不吸收公众存款，以小额、分散为原则，为中国境内居民个人提供以消费为目的的贷款的非银行金融机构”，主要为居民个人提供以消费为目的的融资，如购买家用电器、电子产品等耐用消费品，以及用于个人及家庭旅游、婚庆、教育、装修等一般用途的消费事项等。

2010 年 1 月 6 日，银监会正式批准北京银行在北京市筹建独资的北银消费金融有限公司，中国银行联合百联集团有限公司、上海陆家嘴金融发展有限公司在上海市筹建中银消费金融有限公司，成都银行联合马来西亚丰隆银行在成都市设立四川锦程消费金融有限责任公司；2010 年 2 月 12 日，银监会批准派富集团有限公司（PPF）在天津市筹建独资的捷信消费金融（中国）有限公司。2010 年 2 月 24 日，中国银监会正式批准北银消费金融有限公司开业，标志着我国首批金融消费公司进入正式运营。

截至 2012 年 10 月底，北京、天津、上海和成都的四家试点消费金融公司资产总额已达 40.16 亿元，贷款余额为 37.09 亿元，客户总户数达 19 万多人。四家试点消费金融公司运行平稳，业务规模稳步扩大，盈利能力逐步提高，已有三家公司实现盈利。

---

① http://www.pbc.gov.cn 。

二、我国消费金融公司存在的问题

目前，我国四家消费金融公司提供的服务和产品仍缺乏特色；经营又受地域和业务范围所限，很难快速做大。消费金融公司在试点阶段的业务范围仅包括个人耐用消费品贷款和一般用途个人消费贷款，不涉及房地产贷款和汽车贷款等大额消费项目。同时，从金融品种的角度来看，消费金融公司的信贷业务与银行个人信贷业务、信用卡业务以及小额贷款公司信贷业务存在一定重叠。因此导致了我国的消费金融市场依旧处于初级阶段，规模尚小，但未来的前景巨大。

《管理办法》规定：消费金融公司的初期资金都来源于自有资本，不可以吸收公众存款，此外还可以通过同业拆借、向金融机构借款等方式增加资金来源。但是目前我国资产证券化市场还不完善，同业拆解期限也较短，外来资金的来源不足，不能够满足消费金融公司的资金来源需求。

从外部环境看，消费金融公司未来发展面临着极大的挑战：首先是市场成熟度偏低。我国的大部分居民“量入为出”的消费思想一时无法改变，由于我国社会保障体系不健全，房屋、教育、医疗费用使人们普遍进行预防性储蓄，这进一步抑制了消费信贷的发展。因此大部分消费场合人们还是习惯于以现金预算来完成消费，信用透支消费仍是很小的比例。其次，商家对消费金融业务的认可度也有待提高。

三、国外相关经验

国际上比较成熟的市场中，消费金融公司的设立主体大都呈现多元化的形态，商业银行并不是其中的主要部分。国外消费贷款的品种较为丰富，一般包括两类：一是特定用途的贷款，如家庭耐用消费品销售商户 POS 贷款、商家会员卡、汽车贷款、住房装修贷款等；二是未设特定用途的现金贷款，如现金贷款、现金透支、循环信用等，通常为无担保的信用贷款，以借款人的诚信和还款能力作为放款依据。

美国从 20 世纪初就开始个人信用制度的建立工作，到 20 世纪中期，消费信贷的各种制度都逐步完善。此外，还拥有比较完备的与信用管理相关的法律，将信用产品生产、销售、使用的全过程纳入法律范畴。美国没有专门针对消费金融公司的机构监管法规，而主要围绕消费金融这一业务品种进行监管，金融公司只需遵守联邦及所在州有关业务的监管细则开展运营。同时，美国未对消费金融公司的业务范围、业务品种、服务对象、股东来源进行规定，金融公司可以根据市场需要灵活设计贷款产品。

四、消费金融公司发展的展望

（一）完善相关法律制度。借鉴国际消费金融公司发展的经验，有关部门应尽快制定消费金融法律法规，如《消费信贷法》，以规范贷款人以及贷款服务中介机构的行为，并就消费信贷的主体、对象、程序、方式等方面做出具体规定，以便充分维护金融消费者权益。同时，应尽快完善个人征信管理体系，消费金融公司应积极与银行、电信等机构合作获取消费者信用记录，并充分利用央行的征信数据尽可能多地获取信用信息。

（二）针对我国国情扩大试点范围。建议从我国国情出发，鼓励消费金融公司积极开拓“三农”市场，将具有稳定收入的农户发展为服务对象，对其提供家电、农机具等耐用消费品贷款；允许经营稳健、评级较高的农商行发起设立消费金融公司，更好满足农村居民消费金融需求。同时，对区域金融中心、改革创新综合试验区等给予试点政策倾斜，丰富金融市场主体，增强金融活力。

（三）对消费金融公司实行差异化监管。应借鉴国际经验做法，积极进行调整，体现出消费金融公司与银行机构的差异性。在监管指标设计上重新修改，适度放宽现有监管指标，对业务开展的区域减少限制性要求，以支持消费金融公司全面发展。

第四节 信用秩序的维护

一、信用与市场经济

信用是私有产权条件下，与价值运动紧密联系的经济范畴，作为借贷行为其以诚信为基础，以借贷双方彼此遵守契约为前提。信用行为的结果包含守信与失信两个侧面，这二者相伴而生，是对立统一的关系。在前资本主义时代，信用形式较少、规模较小，其性质与作用具有一定的局限性，失信对于社会经济生活的危害有限。工业革命与市场经济的发展极大地推动了信用形式的多样化以及信用规模的不断扩大，信用的性质与作用也相应发生了变化，以诚信为基础的信用行为贯穿于市场经济运行的各个环节，任何一个环节出现失信现象都会造成交易链条中断，引起连锁反应，严重时会导致经济危机。

市场经济条件下，社会分工的深化、交易规模与范围的拓展使得信息不对称成为经济生活的基本特征。市场经济的发展客观上要求信用体系的建立，良好的**信用体系**是在信息不对称条件下消除契约不完全性所带来的道德风险以及降低交易费用的制度保证。市场经济的发展推动了信用体系逐步趋于完善，信用体系的完善又使失信行为越来越多地受到制度的规范，为市场经济的发展开辟道路。因此，信用体系的形成是一个与市场经济发展互动的过程。事实也证明，发达市场经济国家的信用体系一般较处于市场经济发展初级阶段的国家更为完善。但是，即使在市场经济充分发展、信用体系比较成熟规范的国家，失信现象也不可能被完全消除。近年来，美国股市所出现的“安然事件”以及“安达信造假风波”等都表明了这一点。失信是与私有产权制度、信息不对称现象以及资本的趋利本性紧密相连的一种市场行为，只要存在信用，就一定存在失信现象。

二、信用缺失及其原因

目前我国市场上出现了大量的失信行为，造成了“信用”的破坏，以至形成了所谓的“信用危机”，危害了社会正常的生产经营秩序。在市场经济发展的过程中，西方国家也曾出现过信用危机。18 世纪欧洲市场经济发展的早期，信用缺失现象充斥市场。美国在工业化早期阶段，股票市场中造假、内幕交易、操纵股价等现象频繁发生。因此，在一定程度上讲，信用危机是世界各国在发展市场经济过程中都曾经历的一个阶段。我国目前不仅仅处于市场经济发展的初级阶段，而且处于社会转型时期，因此信用危机产生的动因就更为复杂。

在计划经济时代，稀缺资源是通过政府直接行政命令在经济主体之间进行配置的，信用只是国家进行资源配置的一种辅助性手段，通过作为政府出纳机关的国家银行来掌握。企业之间的商业信用被严格禁止，国家信用也因为长期执行“既无内债也无外债的”财政预算平衡政策而不复存在，消费信用在当时短缺经济的市场环境下更是完全谈不到，经济的对外封闭状态使得国际信用规模也很有限。计划经济体制下，行政命令和组织纪律是维系经济体系运行的基本规则，公有产权形式之下，企业与银行之间不存在偿还性的资金运动。而市场经济是依靠市场竞争行为对稀缺资源进行配置的一种经济制度。随着计划经济向市场经济的转型，产权形式多元化、不同经济行为主体利益目标多样化使得原有体制下约束企业之间关系的规则失去了效力，市场经济本身暴露出了信用规则的必要性。但是旧的体制已被打破，新体制仍然处于建设之中，尚存在诸多不完善的地方，原有的经济秩序与道德规范仍然不同程度地对新体制产生影响。

同时作为市场经济发展的初级阶段，我国社会信用体系处于起步阶段，相关信用法律法规不完善，信用监管机构、信用服务机构、信用管理机构不健全，市场交易主体缺乏不良信用惩罚机制的必要约束。多种因素作用之下，我国信用缺失现象普遍存在。企业之间大量的三角债、银行呆坏账等已造成全社会的信用危机，这些信用缺失问题的存在极大地影响了经济运行效率。据有关部门统计，我国每年因逃废债务造成的直接损失约为 1 800 亿元，由于合同欺诈造成的损失约 55 亿元，由于产品质量低劣或制假售假造成的各种损失为 2 000 亿元，由于三角债和现款交易增加的财务费用约有 2 000 亿元。大量的企业逃废债行为使得银行信贷市场出现萎缩现象。这一方面造成银行“惜贷”现象严重，银行存贷差不断扩大，而另一方面许多正常运行的企业得不到信贷支持，资金周转困难。从企业信用缺失情况来看，我国有 68%的企业曾因信用问题受到损失。我国企业由于惧怕坏账风险和账款被拖欠，赊销比例只有 20%左右，而欧美企业达到 90%以上。据国家工商总局统计，全国合同交易只占整个经济交易量的 30%，履约率也仅有 60%左右。这无疑使得企业之间正常的商业往来遭到破坏，交易成本增大，交易规模减小。此外，信用体系的不健全也使债券市场发展迟缓、股票市场运作难以规范。

信用缺失从微观角度来看，阻碍资本的形成，使经济行为的交易成本增大、交易规模萎缩，甚至导致市场关闭，影响了正常的生产经营秩序；从宏观角度来看，导致社会资源配置失当，国家宏观调控失灵，市场经济秩序混乱，经济发展受阻。

构建市场经济的信用秩序

市场经济的发展离不开以诚信为基础的信用，在发展市场经济过程中信用状况的恶化给我国经济带来了很大的负面影响，良好信用体系的建立关键在于要重建诚信。中国作为文明礼仪之邦，诚实守信一直是中华传统文化的主流。在中国古代的历史文献中，信用思想源远流长。春秋末年，孔子认为“子以四教：文、行、忠、信”。信被孔子列为四教之一，可见其被重视的程度。北齐的刘昼解释道：“信者，行之基；行者，人之本，非行无以成，非信无以立。”古代贤哲认为诚信作为行为规范、道德约束是保持社会正常运行的基本力量，也唯有此才能使国家强盛。

自古以来诚信就是维护社会生活秩序所要倡导的基本原则。在工业文明与市场经济发展之前，社会信用关系的形成与维护一直是靠道德约束，并以社会伦理、行为规范以及一定范围之内信用信息的充分传播为基础的。自然经济状态下，生产力低下，市场局限在极小的范围之内，经济主体之间的交易行为基本上就表现为自然人之间的交换，交易双方信用信息交换较为全面，而且往往会重复进行多次交易。经济行为主体为了追求长远利益的最大化必然会恪守诚信，否则在下次交易时就很可能遭受别人的报复。换言之，在信用信息较为充分、交易重复进行的情况下，失信的成本较高。

工业文明与市场经济的发展使社会物质财富迅速增加、信用规模不断扩大、社会交易活动越来越突破了时间和空间的制约，信用信息的不对称性日益加剧。道德约束在因社会化大生产所带来的信息不对称性而造成的道德风险以及违约所带来的巨大利益诱惑面前显得软弱无力，信用约束的规则发生了根本性的改变。信用约束由单纯的道德约束发展成为制度化约束。信用信息成为有价值的商品，信誉本身也成为一种商品、一种资本，诚实守信能够带来长期的收益。经济行为主体守信与失信的选择源于利益约束机制之下成本与收益的对比。在一定的社会信用环境之下，当失信的收益大于守信的收益时，失信就会成为社会经济生活中的普遍现象，社会信用关系就会遭到破坏，影响经济的正常发展。重塑诚信就是要形成一种社会信用环境、形成有效的信用约束机制，使交易双方在动态博弈过程之中，让守信成为博弈双方的最优解。良好的信用体系作为一种基础性的制度安排将会减少经济行为主体违约的道德风险动机，并从总体上节约交易费用，为企业与市场的运行提供扩张的空间。

当一个国家信用体系比较健全，信用管理行业服务普及以及企业普遍设立信用管理功能时，这样的国家被称为**征信国家**。目前世界上除了欧、美、日等发达国家之外，以色列、西班牙、韩国以及中国香港地区和台湾地区也从 20 世纪 80 年代逐渐步入征信国家（地区）的行列。征信国家（地区）内部具有较好的信用体系，对外拥有良好的商业信誉，这对其国内或地区内的经济发展和对外经济交往而言很有助益。欧美国家信用体系已有 160 多年的发展历史，信用服务行业发达，在信用交易额最大的北美市场，企业资信调查和消费者个人信用调查方面的年销售额在 27 亿美元以上。在经济全球化趋势以及入世的背景之下，我国经济运行的规则要注意遵循国际惯例，因此不断完善社会信用体系，争取成为征信国家对于国内经济发展以及提升国际竞争力而言意义重大。

信用体系建设是一项复杂的社会系统工程，其完善需要一个过程。我国目前信用体系尚未建立起来，具有广阔发展前景的信用服务行业刚刚处于起步阶段，专业信用管理人才极度缺乏。调查显示，经济越发达的地方，企业的信用状况越好，这说明信用体系建设与市场经济发展能够相互促进。随着市场经济发展的深化，我们要加紧进行制度建设，逐渐完善信用管理的立法和执法；建设完备的信用数据征集系统、资信评价系统；健全信用监管机构、信用服务机构、信用管理机构等；积极发展信用管理教育、普及信用知识、为信用体系的发展培养信用管理的专门人才；加强信用道德教育、大力弘扬信用文化以及增强全社会的信用意识。在此基础之上，最终形成有效的社会不良信用惩罚机制，使市场经济行为得以规范。

本章小结

1. 信用具有道德层面和经济层面的双重属性。作为经济学范畴的信用具有如下的本质特征：信用是价值运动的特殊形式，信用过程伴随着价值增值的实现，信用是一种债权债务关系。

2. 从逻辑发展的角度来看，信用产生的必要条件是私有制，而充分条件则是剩余产品的出现。信用的产生是生产力发展推动的结果，信用关系的深度与广度也必然随着生产力的发展而不断向前演进。高利贷信用与现代信用是信用发展过程中的两个主要阶段。

3. 信用与金融是既有联系又有区别的两个经济范畴。信用是借贷行为，表现为一种债权债务关系。金融是指资金的融通，其形成必定以货币为载体。信用与金融二者内涵不同，外延也相互不能完全覆盖对方。

4. 现代经济被称为信用经济，信用经济具有如下特点：信用关系无处不在，信用规模呈现不断扩张趋势，信用结构日趋复杂化。

5. 在现代市场经济中存在个人、企业、政府、金融机构与国外部门五个部门。个人部门从整体上看是金融市场上资金的主要供给者。企业从整体上看是金融市场上资金的主要需求者。保持一定规模的财政赤字是各国所采取的一种普遍的政策。金融机构在金融市场上既是资金的需求者又是资金的供给者，是各经济行为主体信用联系的媒介体。在国际经济交往中，国际收支不平衡是经济运行的常态。

6. 信用形式是信用关系表现出来的具体形式。随着市场经济的发展，信用活动日益频繁和深化，信用形式不断多样化。商业信用、银行信用、国家信用以及消费信用作为现代信用的主要形态，具有各自的特点与作用，在现代经济生活中发挥着重要的作用。

7. 社会信用体系的形成是一个与市场经济发展互动的过程。在一定程度上讲，信用危机是世界各国在发展市场经济过程中都曾经历的一个阶段。我国目前不仅处于市场经济发展的初级阶段，而且也处于社会转型时期，因此信用危机产生的动因就更为复杂。

8. 当一个国家信用体系比较健全，信用管理行业服务普及以及企业普遍设立信用管理功能时，这样的国家被称为征信国家。信用体系建设是一项复杂的社会系统工程，其完善需要一个过程。随着市场经济发展的深化，我们要加紧进行信用体系的制度建设，最终形成有效的社会不良信用惩罚机制，使市场经济行为得以规范。

复习思考题

1. 简述信用的本质属性与特征。
2. 如何理解信用与金融这二者之间的关系？
3. 为什么说现代经济是信用经济？
4. 商业信用与银行信用有什么特点？二者的关系如何？
5. 国家信用对经济生活的积极作用是什么？
6. 我国大力发展消费信用的意义何在？你对我国未来消费信用的发展前景如何预测？
7. 目前我国信用缺失的原因何在？
8. 你对如何构建我国的市场经济信用秩序有何建议？

第三章 利率与汇率

要点提示

利率与汇率是市场经济条件下经济行为主体日常经营过程所要面对的重要市场信号。利率与汇率的决定有其内在的规律。利率水平与汇率水平作为资金的价格，其高低对整个经济生活有重要的影响。本章主要介绍了利率和汇率的概念、种类，并对利率与汇率决定的各种理论进行了分析。随着金融深化的渐次展开，我国的利率与汇率体制正面临着逐渐走向市场化的挑战。

第一节 利息与利率

利息

利息是与信用相伴随的一个经济范畴。它是指债权人贷出货币或货币资本而从债务人手中获取的超过本金部分的报酬。

1. 对利息的认识

现代社会，贷出款项收取利息已经成为很自然的事情，货币因为贷放而增值的概念也已根植于人们的经济观念之中。但是，历史上对于利息确曾有过否定的看法。比如中世纪的神学家托马斯·阿奎那就坚持认为，放债取息是一种罪恶。为什么古代学者对利息持此偏颇态度呢？这是因为他们所针对的借贷行为不是出于投资而是出于消费的目的建立起来的。就是说，债务人把借入的钱花掉了，什么也不能取得，所以他们应该归还的只能是他们所花掉的，如果要求他们支付利息，就等于要求他们归还所没有得到的东西。这当然是不公正的。

随着社会由自然经济向商品货币经济的全面发展，人们日益正视利息的存在。17 世纪英国古典政治经济学创始人威廉·配第指出："假如一个人在无论自己如何需要，在到期之前却不得要求偿还的条件下，出借自己的货币，则他对自己所受到的不方便可以索取补偿，这种补偿，我们通常叫做利息。”①

2. 利息的本质

利息的存在使人们对货币产生了种种神秘的感觉，似乎货币可以自行增值。这个价值增值额来自何处？货币在商品运动中充当交换的媒介，本身并不能增值，绝不是货币生出货币，而是产业资本家凭借拥有的货币资本在商品市场上购买了劳动力和生产资料，从事生产，获取剩余价值。这样，作为资本的货币就执行了资本的职能。这里货币虽然没有增加任何特别的职能，然而，它作为资本却获得了一种追加的使用价值，即生产平均利润的能力。谁掌握了货币资本的使用权，谁就拥有货币资本生产平均利润的使用价值。因此，货币资本就作为资本商品被提供到市场上来。资本商品在市场上并不是出售，而是不改变所有权的有条件的借贷，其中条件之一就是，借者在到期归还本金时必须支付一定的利息。

18 世纪中期的马西第一次指出，利息是利润的一部分。亚当·斯密则说：“以资本贷人取息，实无异于由出借人以一定部分的年产物，让与借用人。但作为报答这种让与，借用人须在借用期内，每年以较小部分的年产物，让与出借人，称作利息；在借期满后，又以相等于原来由出借人让给他的那部分年产物，让与出借人，称作还本。”②

马克思针对资本主义经济中的利息指出：“贷出者和借入者双方都是把同一货币额作为资本支出的。但它只有在后者手中才执行资本的职能。同一货币额作为资本对两个人来说取得了双重的存在，这并不会使利润增加一倍。它所以能对双方都作为资本执行职能，只是由于利润的分割。其中归贷出者的部分叫利息。”③

利率及其种类

利率是利息率的简称，是指用百分比表示的一定时期内利息额与本金的比率。它可以反映利息水平的大小和高低，也可以反映资金的“价格”和增值能力。

利率通常用年利率、月利率和日利率来表示。年利率按本金的百分之几表示，月利率按本金的千分之几来表示，日利率按本金的万分之几表示。按照中国的传统习惯，无论是年率、月率还是日利率都用“厘”作单位。虽然都是“厘”，但是差别极大。年率的 1 厘是指 1%，月率的 1 厘是指 0.1%，日利率的 1 厘是指 0.01%。

利率可以根据不同的标准划分为不同的种类。

1. 单利和复利

单利是指在计算利息额时，不论期限长短，仅按本金计算利息，所生利息不再加入本金重复计算利息。计算公式为：

$$I=P\times i\times n \tag{3.1}$$

式中：I 表示利息；P 表示本金；i 表示利率；n 表示期限。

复利是指计算利息时，要按一定期限，将所生利息加入本金再计算利息，逐期滚算，

① 威廉·配第：《赋税论》，45 页，北京，商务印书馆，1963。

② 亚当·斯密：《国民财富的性质和原因的研究》，上卷，324 页，北京，商务印书馆，1982。

③ 《马克思恩格斯全集》，中文 1 版，第 25 卷，396 页，北京，人民出版社，1974。

俗称“利滚利”。计算公式为：

$$S=P(1+i)^n \qquad (3.2)$$

式中：S 表示本利和，P 表示本金，i 表示利率，n 表示期限。

用单利计算利息，手续简便，有利于减轻借款者的利息负担；用复利计算利息，有利于提高资金的时间观念，有利于发挥利率杠杆的调节作用和提高借贷资金的使用效益。

2. 名义利率和实际利率

名义利率又称“货币利率”，是相对实际利率而言的。当流通中的价值符号超过客观需要量时，单位价值符号所实际代表的价值量就必然下降，这就产生了价值符号的名义价值与实际价值的区分。现代经济学一般把名义利率定义为以名义货币表示的利息率，而**实际利率**则是剔除通货膨胀因素以后的利率。因此，实际利率等于名义利率减去通货膨胀率。

对经济关系产生实质性影响的是实际利率。但在经济管理中，能够操作的只是名义利率，对实际利率则无法直接进行调节。划分名义利率与实际利率的意义在于，它为分析通货膨胀情况下的利率变动及其影响提供了依据，便利了利率杠杆的操作。根据名义利率与通货膨胀率的比较，实际利率呈现三种情况：当名义利率高于通货膨胀率时，实际利率为正利率；当名义利率等于通货膨胀率时，实际利率为零利率；当名义利率小于通货膨胀率时，实际利率为负利率。在不同的利率状况下，人们会相应采取不同的经济行为。比如1988年我国出现了高达18.5%的通货膨胀率，而当时的1年期储蓄存款利率只有7.2%，即出现了较严重的负利率。负利率刺激消费扩大，抢购成风。当年9月，中央银行提高存款利率，无疑有利于增加储蓄、压缩需求。

3. 固定利率和浮动利率

固定利率是指在整个借贷期限内，利息都按借贷双方事先约定的利率计算，而不随市场上货币资金供求状况而变化。固定利率适用于借贷期限较短或市场利率变化不大的情况，这样做简单明了，易于计算借贷成本。但当借贷期限较长，市场利率波动较大时，则不宜采用固定利率。因为在此期间通货膨胀的作用和市场上借贷资金供求状况的变化，会使借贷双方都有可能承担利率波动的风险。因此，在借贷期限较长、利率波动频繁时，贷出与借入双方都不愿采用固定利率，而要采用浮动利率。

浮动利率就是在借贷期限内，根据市场利率的变化情况而定期进行调整的利率。浮动利率最大的优点是能够灵活反映市场上的资金供求状况，更好地发挥调节作用。由于浮动利率可以随时予以调整，有利于减少利率波动所造成的风险，从而克服了固定利率的缺陷。但同时由于利率变化不定，使借贷成本的计算和考核都相对复杂，并有可能增大借方的利息负担。我国目前仍然主要采用固定利率计息，而在国际金融市场占主导地位的是浮动利率。

4. 市场利率、官定利率和行业利率

市场利率是由资金市场上供求关系直接决定并由借贷双方自由议定的利率。由政府货币管理当局或中央银行所规定的利率通常称为**官定利率或者官方利率**。银行公会等非政府的民间金融组织为了维护公平竞争所确定的利率属于行业自律性质的利率，称为**行业利**

率，这种利率对各会员银行具有一定的约束性。例如，香港的银行公会就定期调整并公布各种存贷款利率，各会员银行必须执行。

在现代经济生活中，利率是对经济进行间接调控的重要杠杆。为了使利率水平的波动体现政府的意图，各国几乎都形成了官定利率与市场利率并存的局面。市场利率的变化能灵敏地反映出借贷资金的供求状况，是制定官定利率的主要依据。当然，官定利率的确定还要考虑其他各种因素的影响，尤其是政府调控经济的需要。官定利率对市场利率有着很强的导向作用，其升降直接影响资金市场的利率变化。但两者在量上和运动方向上并不完全一致，有时甚至会朝着相反方向发展。

我国目前以官定利率为主，绝大多数利率仍然由中国人民银行制定、报国务院批准后执行。其中一部分是规定一个确定的值，不允许自行变动；一部分是在确定值的上下规定允许的浮动幅度。我国也存在市场利率，但范围有限，主要在同业拆借领域。现在我国民间信用很活跃，其利率应属于市场利率。但在大多数情况下，这种市场利率被认为是不合法的。

5. 基准利率和普通利率

基准利率是指在多种利率并存的条件下起决定作用的利率。所谓起决定作用的意思是：这种利率变动，其他率也相应变动。从理论上来说，基准利率应该是指通过市场机制形成的无风险利率。一般来说，利息包含对机会成本的补偿和对风险的补偿。利率中用于补偿机会成本的部分往往由无风险利率表示。在这个基础上由于风险的大小不同，风险溢价的程度也千差万别。相对于千差万别的风险溢价，无风险利率也就成为“基准利率”。

在实际当中，基准利率还有另外一种用法。传统上，西方国家所说的基准利率一般是指中央银行的再贴现率。但现在已经有所变化，各国也不尽相同。美国主要是联邦储备系统确定的“联邦基金利率”。欧洲中央银行则发布三个指导利率：有价证券回购利率、央行对商业银行的隔夜贷款利率和商业银行在央行的隔夜存款利率。我国中央银行体制建立以后，为充分发挥中央银行的宏观调控作用，正尝试实行以中央银行再贷款利率为基准利率的利率体制。货币当局发布的这些利率，对于诱导市场利率的形成具有关键意义。

利率的种类还有很多，如存款利率与贷款利率、优惠利率与惩罚利率等。这里不再赘述。各类利率之间和各类利率内部有一定的数量关系，它们彼此之间相互联系、相互制约，构成一个有机整体，即利率体系。我国目前的利率体系，按信贷主体可以分为中央银行利率、商业银行利率、市场利率三大块。

利率的决定

关于利率水平是如何决定的问题，是金融理论研究中的一个重要课题。不同的学者站在不同的角度，会有不同的看法。

1. 马克思关于利率的决定理论

马克思认为利息是利润的一部分，是剩余价值的转化形式。就全社会来讲，利息最终来自再生产过程创造的利润。利润可分解为两个部分：一部分是作为企业自有资本和经营报酬的企业主收入，另一部分是作为企业借入资本报酬的利息收入。平均利润率决定着利润总量，也制约着利息总量。在资本总量一定时，平均利润率越高，利润总量越大，利息总量才能增加；反之，利息总量便会减少。

因此，平均利润率是决定利息率的基本因素。一般说来，利率不能低于零，如果低于零，借贷资本所有者就不愿意将手中的资本贷放出去，而宁可把它保存在手中。利率也不能高于或者等于社会平均利润率，借贷利率高于或者等于平均利润率，借贷资本的需求者无利可图就不愿意借款了。利率通常在零和平均利润率之间摆动。

利润率决定利息率，从而使得利息率具有以下几个特点。第一，平均利润率随着技术发展和资本有机构成的提高呈下降趋势，因而影响平均利息率有同方向变化的趋势。第二，平均利润率虽有下降趋势，但这是一个非常缓慢的过程，就一个阶段来考察，每个国家的平均利润率是一个非常稳定的量，因此平均利息率也具有相对的稳定性。第三，由于利息率的高低取决于两类资本家对利润的分割结果，因而其决定具有很大的偶然性。

2. 西方的利率决定理论

西方的利率决定理论可大致分为三种类型：一是古典学派的储蓄投资理论；二是凯恩斯学派的流动性偏好理论；三是新古典学派的借贷资金理论。西方经济学中关于利率决定的理论全都着眼于利率变动与供求关系的对比，但观察的角度则各不相同。

（1）古典学派的储蓄投资理论。

以庞巴维克、费雪以及马歇尔为代表的西方古典经济学家认为，利率决定于资本的供给与需求，这两种力量的均衡决定了利率水平。资本的供给来源于储蓄，储蓄取决于“时间偏好”、“节欲”、“等待”等因素。在这些因素既定的条件下，储蓄是利率的增函数，即利率上升，储蓄量会增加，反之则会减少。资本的需求取决于资本的边际生产率与利率的比较。只有当资本的边际生产率大于利率时，才能导致净投资。在资本的边际生产率一定的条件下，投资是利率的减函数，即利率越高，投资越少，反之则越多。利率的变化则取决于投资流量与储蓄流量的均衡，参见图 3—1。

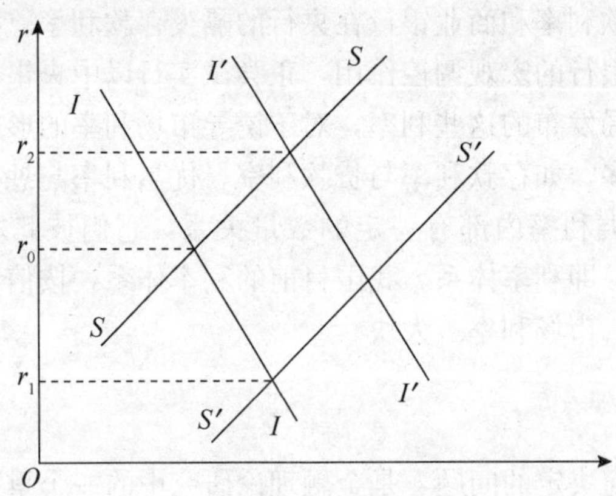

图 3—1　利率的变化取决于投资流量与储蓄流量的均衡

当 $S>I$ 时，促使利率下降；反之，当 $S<I$ 时，利率水平便上升。当储蓄者所愿意提供的资金与投资者所愿意借入的资金相等时，利率便达到均衡水平，此时的利率即为均衡利率。古典学派的利率决定理论的核心是储蓄＝投资，即 $S(r)=I(r)$。

古典学派利率决定理论有两个特点：第一，古典利率理论是非货币性理论。该理论认为储蓄与投资的均等决定均衡利率。均衡利率不受任何货币数量变动的影响，储蓄与投资都是实物性的，因此利率为实物利率，或称自然利率。第二，古典利率理论是一种局部均衡理论。储蓄与投资的数量都是利率的函数，而与收入无关。利率的变动仅仅影响储蓄与投资，并促使二者达到均衡，而不影响其他变量。

（2）凯恩斯学派的流动性偏好理论。

凯恩斯认为利率是放弃流动性偏好的报酬，是一种纯货币现象，利率与实物因素（节欲和生产率）无关，因此利率就不是由借贷资本的供求关系来决定，而是由货币市场的货币供求关系来决定，利率的变动是货币供给和货币需求变动的结果。他抨击古典利率理论，认为尽管储蓄与投资有着密切的关系，但不能把它们看做是两个可以决定利率水平的相互独立的变动因素。因为储蓄主要取决于收入，而收入一般又取决于投资。储蓄与投资是两个相互依赖的变量，并且储蓄与投资之中只要有一个因素变动，收入必定会变动。

凯恩斯认为利率决定于货币供求关系，货币供给为外生变量，由中央银行直接控制。货币需求则是一个内生变量，由人们的流动性偏好决定。所谓“流动性偏好”是指公众愿意持有货币资产的一种心理倾向。货币作为一种特殊形式的资产，具有完全的流动性和最小的风险性，因此当人们考虑持有财富的形式时，对货币资产具有流动性偏好。而人们的流动性偏好的动机有三个：交易动机、谨慎动机和投机动机。其中，交易动机和谨慎动机与利率没有直接关系，而与收入成正比关系。投机动机则与利率成反比关系。如果以 L_1 表示为交易动机和谨慎动机而保有货币的货币需求，以 L_2 表示为投机动机而保有货币的货币需求，则 $L_1(Y)$ 为收入 Y 的递增函数，$L_2(r)$ 为利率 r 的递减函数。货币总需求量 $L=L_1(Y)+L_2(r)$。再以 M_1 表示满足 L_1 的货币供应量，以 M_2 表示满足 L_2 的货币供应量，则货币供给量 M 即为 $M=M_1+M_2$。凯恩斯认为均衡利率决定于货币需求与货币供给的相互作用。如果人们的流动性偏好加强，货币需求大于货币供给，利率便上升。相反，当人们的流动性偏好减弱，货币需求量小于货币的供给量时，利率便下降，当人们的流动性偏好所决定的货币需求量与货币管理当局所决定的货币供给量相等时，利率便达到了均衡水平。这种利率决定过程可用图 3—2 表示。

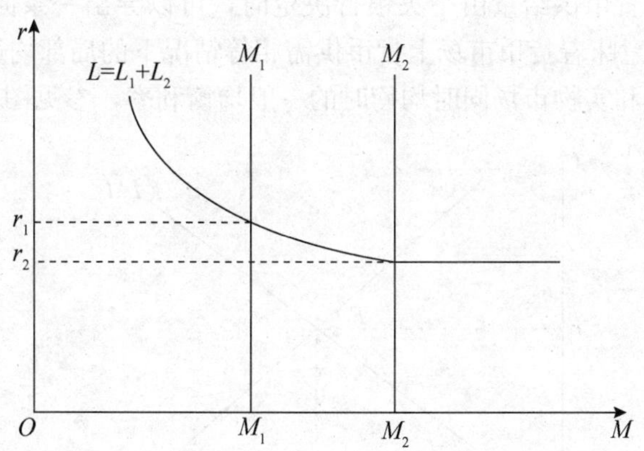

图 3—2　凯恩斯的利率决定过程

货币供给由货币当局控制，可视为常数，所以货币供给曲线为一条垂直线。货币需求曲线向右下方倾斜，越向右，越与横轴平行。当货币供给线与货币需求线的平行部分相交时，利率将不再变动，即无论怎样增加货币供给，货币均会被储存起来，不会对利率产生影响。这便是凯恩斯利率理论中著名的“流动性陷阱”假说。图 3—2 中的 M_1 是与 r_1 对应的货币供应量，M_2 是货币供给在这之后无论如何继续增加，利率也不会从 r_2 再下降的货币供给量。

（3）新古典学派的借贷资金理论。

借贷资金理论是 20 世纪 30 年代提出来的，其主要代表有剑桥学派的罗伯逊和瑞典学派的俄林。该理论认为，在利率决定问题上，古典利率理论肯定储蓄与投资的交互作用是对的，但完全忽视货币因素则是不妥当的。凯恩斯学派完全否定实物因素的存在是不对的，但他们指出的货币因素对利率的影响则是可取的。因此应该将货币因素和实物因素统一起来加以综合分析。其基本主张是：利率为借贷资金的价格，借贷资金的价格决定于金融市场上的资金供求关系。而借贷资金的供求既有实物市场的因素又有货币市场的因素，既有存量又包括流量。

借贷资金供求理论后经英国经济学家希克斯和美国经济学家汉森改造成著名的 *IS*—*LM* 模型。希克斯认为，利率是一种特殊的价格，必须从整个经济体系来研究它的决定。因此应该将生产率、节约、灵活偏好、收入水平和货币供给量，即非货币因素和货币因素结合起来，运用一般均衡的方法来探索利率的决定。*IS*—*LM* 模型的基本方程式如下：

$$I(r)=S(Y) \tag{3.3}$$

$$L(r,Y)=M \tag{3.4}$$

（3.3）式是 *IS* 方程式，（3.4）式是 *LM* 方程式。

一般均衡分析法中有两个市场：实物市场和货币市场。在实物市场上，由于投资是利率的递减函数，储蓄是收入的递增函数，根据投资与储蓄的恒等关系，可以得出一条向下倾斜的 *IS* 曲线。曲线上任何一点代表实物市场上投资与储蓄相等条件下的局部均衡点。在货币市场上，由于货币需求 L 是收入 Y 和利率 r 的函数，货币需求与利率负相关，而与收入水平正相关，在货币供给量由中央银行决定时，可以导出一条向上倾斜的 *LM* 曲线。*LM* 曲线上任何一点意味着货币市场上货币供需相等情况下的局部均衡。*IS* 和 *LM* 两曲线相交，形成货币市场和实物市场同时均衡时的一般均衡利率，参见图 3—3。

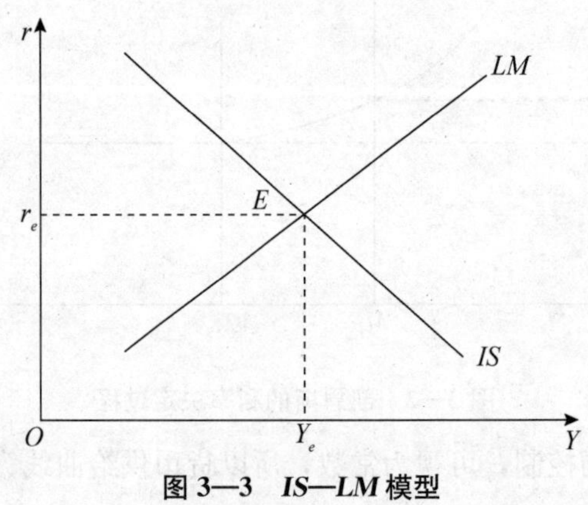

图 3—3 *IS*—*LM* 模型

利率的风险结构与期限结构

1. 利率的风险结构

在金融市场上，期限相同的不同债券的利率一般不同，而且相互之间的利差也不稳定。例如，10 年期国债的利率要低于 10 年期企业债券的利率，不同企业发行的 10 年期债券的利率也各不相同。我们把期限相同的金融资产因风险差异而导致的不同利率称为**利率的风险结构**。导致利率风险结构的主要原因有以下三方面：

（1）违约风险。

违约风险是债券的发行者不能支付利息和到期不能偿还本金的风险。企业债券或多或少都会存在违约的风险，而国债的违约风险很小。由于企业债券的违约风险较大，因此债券的持有者就必然要求更高的利率，这是对其承担更多风险的补贴，称为风险升水。

金融市场上各种债券的违约风险可以通过专门评级公司的信用评定等级加以区别。著名的穆迪公司和标准普尔公司就是专门从事信用等级评定的公司。穆迪评级 Baa 级及以上的公司债券和标准普尔评级 BBB 级及其以上级别的债券违约风险较低，称为投资级债券。在 Baa 级或 BBB 级以下的债券违约风险较大，称为非投资级债券，也称为垃圾债券。

（2）流动性风险。

流动性的差异也是造成相同期限的不同债券之间利率不同的一个重要原因。流动性较差的债券其利率水平一般较高。

（3）税收因素。

投资者在进行债券投资时，更关心的是税后的预期回报，而不是税前的预期回报。所以，如果一种债券可以获得税收优惠，就意味着这种债券的预期回报率会上升，因此，其利率就可以低一些。

相同期限的不同债券之间的利率差异除了与违约风险、流动性、税收因素有密切关系之外，还会与其他一些因素有关。比如，债券附有的可赎回与可转换条款等。可赎回条款会降低债券的价格，提高债券的收益率。可转换条款会提高债券的价格，降低债券的收益率。

2. 利率的期限结构

在金融市场上，品质（风险、流动性、税收等）基本相同但期限不同的债券其利率水平也往往不同，这种差异我们称为**利率的期限结构**。利率的期限结构可以形象地以收益率曲线表示出来。如果以横轴表示距离到期日的时间，以纵轴表示收益率，将不同期限的利率连接起来，就会形成一条收益率曲线。利率的期限结构可以概括为四种收益率曲线，参见图 3—4。四种不同的收益率曲线表明，期限越长，利率并不必然越高。

影响利率的期限结构的一个重要因素是投资者对未来利率，尤其是未来短期利率的预期。在自由套利的情况下，长期利率由现时短期利率和预期未来短期利率决定。当投资者预期未来短期利率上升时，作为现时和未来短期利率平均数的长期利率就会高于现时的短期利率，从而形成上升的收益率曲线，如图 3—4 中的（a）所示；当投资者预期未来短期利率下降时，长期利率就会低于现时的短期利率，从而使收益率曲线下降，如图 3—4 中的（b）所示；当投资者预期未来短期利率与现时的短期利率持平时，就会形成一条水平

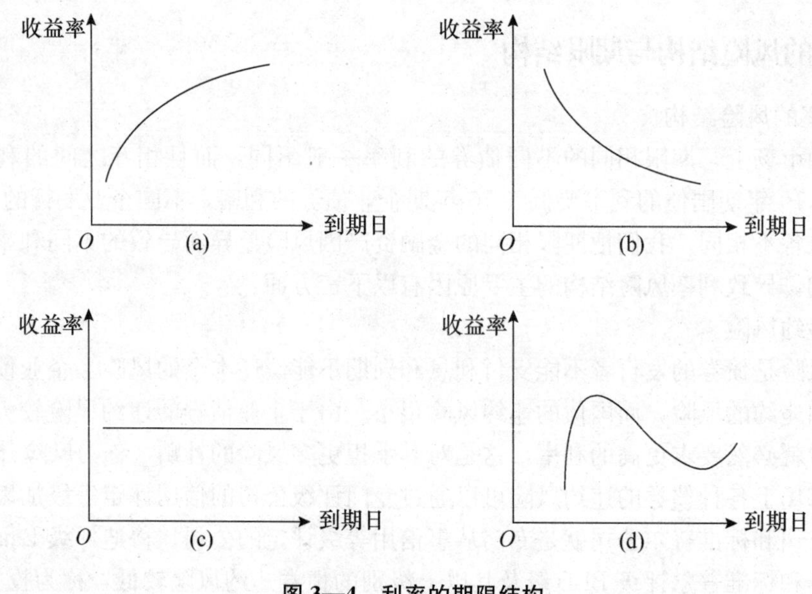

图 3—4　利率的期限结构

的收益率曲线，如图 3—4 中的（c）所示；如果投资者预期未来短期利率先上升后下降，那么就会形成一条先升后降的收益率曲线，如图 3—4 中的（d）所示。

影响利率期限结构的其他因素还有：人们对流动性的偏好以及资金在不同期限市场之间的流动程度等。

利率市场化的进展

自 1949 年新中国成立以来，我国的利率基本上属于管制利率类型。利率由国务院统一制定，由中国人民银行统一管理。1995 年通过的《中华人民共和国中国人民银行法》规定，利率由中国人民银行做出决定，报国务院批准后执行。

我国利率管理体制的形成有其特殊的历史背景。新中国成立初期，出现了严重的通货膨胀，政府采取了一系列严格管理措施，其中也包括利率管制。物价基本稳定后，中国人民银行总行统一规定各种贷款利率的最高限，但要求利率的制定不能脱离市场情况。同时，对不同所有制性质的企业实行不同的存贷款利率，以配合所有制的社会主义改造。这段时期，我国的利率管制政策在迅速制止金融物价领域的混乱局面和配合私营工商业的所有制改造等方面，收到了理想效果。那时，面对多种经济成分并存的局面，比较重视一定程度的市场调节作用，利率高低的调节比较灵活，利率的档次也较多。

随着生产资料所有制社会主义改造的基本完成和高度集中的中央计划经济管理体制的建立，管理利率的做法进一步强化，成为高度集中的计划管理体制的一个有机组成部分。这时的利率管理体制的特征是：利率档次少、利率水平低、利差小、管理权限高度集中。1957—1978 年的 20 年时间里只对利率进行过两次调整。直至经济体制改革后，这种局面才有所改变。

首先就是提高利率水平。1979—1985 年，中国人民银行连续五次提高银行利率水平，时间分别是 1979 年 4 月、1980 年 4 月、1982 年 4 月、1985 年 4 月和 8 月。其中，1985 年的两次利率调整，与当年的通货膨胀率较高有着明显的关系。同时，从 1982 年 1 月起，中国的利率形成机制也开始有所松动，即国务院允许中国人民银行有 20%的浮动权。也就是说，虽然利率水平仍然由国务院制定，但中国人民银行可以根据实际情况上下浮动 20%。虽然这一幅度非常有限，但是，从此开始，中国的利率形成已出现背离计划体制的态势，这可以看做是中国利率放开的起点。中国人民银行在获得这项权力之后，还把部分浮动权授予了各专业银行。这样，专业银行的贷款利率就可以根据市场的供求状况进行一定程度的调整。

如果说，1979—1985 年的五次利率调整是为了解决利率偏低状况的话，那么，1986 年以后的利率调整，其原因则有所不同。1988 年 9 月、1989 年 2 月两次调高利率，调整的原因前者是由于物价水平的上涨，后者是出于抑制投资的需要。这两次利率调高，紧缩政策是其重要动因，因而可以看做是货币政策的一种操作手段，利率在某种程度上成为货币政策的操作工具。

这两次调整之后，经济逐渐从过热转向过冷。为了启动经济，政府采取了很多措施，与此相适应，在 1990 年 4 月、1990 年 8 月、1991 年 4 月三次下调银行存贷款利率。1992 年经济开始复苏，复苏的主要原因是政策导向发生了变化。到 1993 年经济已经出现了过热的苗头，于是政府于 1993 年 5 月和 7 月连续两次上调利率。1996 年以后，银行存贷款利率调整频繁，但调整的方向改为了下调利率，其目的直接指向刺激经济增长。

对经济的宏观调控连续多年以利率调整为主，一方面表明央行已经把利率调整作为一个货币政策工具在使用，另一方面也在一定程度上排斥了放开利率的市场化变革，对于我国的利率管理体制应该如何变革、市场化进程应该如何推进、利率放开的顺序应该如何排列等这些问题无论在理论界还是实务界都有相当大的争论。不过，比较一致的看法是，随着我国社会主义市场经济体制的逐步建立，放开利率管理体制，使市场机制在利率形成方面的作用与经济改革的进程相匹配是必要的。

近年来，在利率市场化方面采取的主要措施包括：

(1) 放开同业拆借利率。同业拆借市场在中国已经存在多年，但一直管理混乱。直到 1996 年，全国统一的银行间同业拆借市场才建立，其拆借利率由供求双方自行决定。最初几个月拆借市场的利率有一个最高限，1996 年 6 月，利率最高限被取消，同业拆借利率实现了完全的市场化。2007 年 1 月 4 日，上海银行间同业拆放利率（Shanghai Interbank Offered Rate，简称为 SHIBOR）开始运行。对社会公布的 Shibor 品种包括隔夜、1 周、2 周、1 个月、3 个月、6 个月、9 个月及 1 年。

(2) 国债市场利率的放开。从 1988 年起，二级市场上的国债利率已经放开。从 1991 年国债发行改为承购包销。1996 年后又改为公开招标方式发行，其中有的标的就是利率本身。因此，可以说 1996 年起，中国国债一级市场的利率已经市场化。

(3) 放开金融机构贷款利率上限，只规定下限。2003 年 8 月农村信用社利率改革试点，贷款利率最高上浮为贷款基准利率的 2 倍。2004 年 1 月 1 日商业银行、城市信用社的贷款利率浮动上限扩大到 1.7 倍，农村信用社上限统一扩大到 2 倍，不再区分企业性质及其规模大小，同时放开了贷款利率计结息规则和利率确定方式。2004 年 10 月 29 日放开金融机构（不含城乡信用社）贷款利率上限，城乡信用社浮动上限扩大为 2.3 倍；各机构的浮动下限都仍为0.9倍。2005年3月17日，将商业银行个人住房贷款优惠利率回归到正常贷款利率的上限管理。至此，人民币贷款利率改革全面实现了管下限、放开上限的阶段性市场化目标。对下限的规定配合宏观决策的需求不时的变动。2012年6月8日，人民银行决定下调金融机构人民币存贷款基准利率0.25个百分点，同时，调整金融机构存贷款利率浮动区间：1）将存款利率浮动区间的上限调整为基准利率的1.1倍。2）将贷款利率浮动区间的下限调整为基准利率的0.8倍。2012年7月6日再次下调金融机构人民币存贷款基准利率。其中，一年期存款基准利率下调0.25个百分点，由3.25%下调到3%；一年期贷款基准利率下调0.31个百分点，由6.31%下调到6%；其他各档次存贷款基准利率及个人住房公积金存贷款利率相应调整。同时，将金融机构贷款利率浮动区间的下限调整为基准利率的0.7倍。

（4）进一步放开金融机构外币业务的利率管制。2000年9月21日放开了境内外币贷款利率；300万（含300万）美元以上或等额其他外币存款利率由金融机构与客户协商确定。2002年3月统一了境内中、外资金融机构小额外币存款利率，并于2003年7月放开境内英镑、瑞士法郎、加拿大元的小额存款利率，只管理境内美元、欧元、港币和日元4种。2003年11月放开小额外币存款利率下限，实行上限管理。2004年11月放开1年期以上小额外币存款利率上限。

随着经济体制改革和金融体制改革的深入，利率市场化的改革会进一步推进，以便更好地发挥利率的经济杠杆作用。

第二节　外汇与汇率

一、外汇

通常，一般人在被问到“什么是外汇”这样的问题时，首先的反应就是“外国的货币”或是“外国的钱”，这个回答能够在一定程度上解释什么是外汇，但还不够准确和全面。

1. 狭义的外汇

众所周知，随着国际信用制度的发展，大量的国际支付是通过银行运用各种金融工具来进行的。因为如果通过运送现金来完成结算的话，不但要付出较高的运费和经历一段运送时间，而且可能遭受种种风险损失。所以在大多数情况下，人们是通过银行来完成跨国的货币结算和支付的。在这个过程中凡是能够被普遍接受的各种金融工具都可视为外汇资产，如银行存款凭证、支票和汇票等。

我们通常所说的外汇是指以外币表示的用于国际结算的支付手段，这是**狭义的外汇**概念。

2. 广义的外汇

各国外汇管理法令中所称的外汇一般是广义的外汇。例如，按照1996年1月发布、1997年修正的《中华人民共和国外汇管理条例》规定，外汇有以下几类构成：外国货币，包括纸币、铸币；外币支付凭证，包括票据、银行存款凭证、邮政储蓄凭证等；外币有价证券，包括政府债券、公司债券、股票等；特别提款权；其他外汇资产。

从这个广义的外汇构成中，外币现钞严格说来是不能算作外汇的，因为外币在其发行国虽然是法定货币，但是一旦流入他国，便立即失去法定货币的身份和地位，外币的持有者需将这些外币向当地银行兑换成当地货币才能使用。即使是银行，也须将这些外币向其发行国或在境外的外币市场出售，变为在国外银行的存款，才能用于国际结算。外币有价证券也不能直接用于结算。特别提款权只能用于官方结算，不能用于民间贸易。因此，**广义的外汇**包括狭义外汇以及不能用于国际结算的其他外汇资产。各国外汇管理法令中的外汇之所以范围较为广泛是出于监管的需要。

汇率与汇率制度

汇率是用一个国家的货币折算成另一个国家的货币的比率、比价或价格。也可以说是以本国货币表示的外国货币的“价格”。在国际汇兑中，不同的货币之间可以相互表示对方的价格。因此，汇率也就具有双向表示的特点，既可以用本币表示外币的价格，也可以用外币表示本币的价格。至于是用本币表示外币，还是用外币表示本币，则取决于一国所采用的标价方法。

1. 汇率的标价方法

（1）直接标价法。

直接标价法是以一定单位的外国货币为标准，用折算成若干本国货币来表示汇率的标价方法。即外币不动本币动，用本币数量的增减来表示外币价格的升降。在直接标价法下，单位外币所能换取的本国货币数量越多，说明外币币值越高，本币币值越低。

除英国、美国和欧元区以外，世界上大多数国家都采用直接标价法来公布汇率。我国人民币也采用直接标价法，参见表 3—1。

表 3—1　　**中国银行外汇牌价（2013 年 1 月 1 日）**　　100 外币/人民币元

货币名称	现汇买入价	现钞买入价	现汇卖出价	现钞卖出价	中行折算价
英镑	1 002.43	971.48	1 010.48	1 010.48	1 016.11
港币	80.15	79.51	80.46	80.46	81.08
美元	621.26	616.28	623.75	623.75	628.55
瑞士法郎	677.38	656.47	682.83	682.83	682.19
新加坡元	507.66	491.99	511.74	511.74	509.29
瑞典克朗	95.18	92.24	95.94	95.94	95.72
丹麦克朗	109.61	106.23	110.49	110.49	110.38
挪威克朗	111.1	107.67	111.99	111.99	111.59
日元	7.208	6.985 6	7.258 6	7.258 6	7.304 9
加拿大元	623.16	603.92	628.16	628.16	631.84
澳大利亚元	643.42	623.55	648.58	648.58	653.63
欧元	817.86	792.61	824.42	824.42	831.76
澳门元	77.86	75.25	78.16	80.67	78.04
菲律宾比索	15.12	14.66	15.25	15.71	15.16
泰国铢	20.29	19.66	20.45	21.08	20.38
新西兰元	509.74		513.84		512.98

（2）间接标价法。

间接标价法是以一定单位的本国货币为标准，用折合多少外国货币来表示汇率的标价方法。即本币不变外币变，用外币数量的增减来表示本币价格的升降。在间接标价法下，单位本币所能换取的外国货币数量越多，说明本币币值越高，外币币值越低。

目前世界上采用间接标价法的主要是英镑、美元以及欧元等。英国是资本主义发展最早的国家，英镑曾经充当世界货币，因此长期以来伦敦外汇市场上英镑就采用间接标价法。第二次世界大战后，美国经济实力迅速扩张，美元逐渐成为国际结算、国际储备的主要货币，为了便于计价结算，从1978年9月1日开始，纽约外汇市场也改用间接标价法，以美元为标准公布美元与其他货币之间的汇率，但对英镑的汇率仍然沿用直接标价法，对欧元也采用直接标价法。如某日纽约外汇市场美元兑部分外币的汇率为：USD1＝JPY116.73，USD1＝HKD7.793 7，USD1＝CHF1.283 9，GBP1＝USD1.640 7，EUR1＝USD1.142 0等。

（3）美元标价法。

非本币货币之间的汇价往往是以一种国际上的主要货币或关键货币为标准。第二次世界大战后，由于美元是世界货币体系中的中心货币，各国外汇市场上公布的外汇牌价均以美元为标准，这就是**美元标价法**。

银行汇价挂牌时，标出美元与其他各种货币之间的比价，如果需要计算美元以外的两种货币之间的比价必须通过美元进行套算，因此产生了套算汇率，又称交叉汇率（Cross Rate）。

例如，假定1美元＝1.601 0瑞士法郎，1美元＝1.801 0德国马克，则1德国马克＝1/1.801 0×1.601 0＝0.889 5瑞士法郎。由于美元是国际外汇市场上最主要的货币，美元标价法有利于比较不同外汇市场的汇率行情，便利交易的进行。

2. 汇率的种类

我们可以从不同的分析角度对汇率进行不同的分类和划分。

（1）按外汇管制的宽严程度不同，划分为官方汇率和市场汇率。

官方汇率（Official Rate）又称官定汇率或法定汇率，是指由一国货币当局确定并公布的汇率。**市场汇率（Market Rate）**是指由外汇市场供求状况自由决定的汇率。

（2）按外汇买卖交割的期限不同，划分为即期汇率和远期汇率。

外汇交割（Delivery）是指外汇买卖双方履行交易契约，进行钱汇两清的行为。

即期汇率（Spot Rate）又称现汇汇率，是买卖双方成交后，在两个营业日内办理外汇交割时所使用的汇率。它反映现时外汇汇率的水平。

远期汇率（Forward Rate）又称期汇汇率，是买卖双方事先约定的，据以在未来一定日期进行交割的汇率。它是在现行汇率基础上的约定，往往与现汇汇率不一致。

（3）按外汇交易的支付工具不同，划分为电汇汇率、信汇汇率和票汇汇率。

电汇汇率（Telegraphic Transfer Rate，T/T Rate）也称电汇价，是指银行以电讯方式买卖外汇时所使用的汇率。所谓电汇，是银行在买卖外汇时，用电讯方式通知国外分支机构或代理行付款。

信汇汇率（Mail Transfer Rate，M/T Rate）也称信汇价，是指银行以信函方式买卖外汇时所使用的汇率。所谓信汇，是银行买卖外汇时，用信函方式通知国外分支机构或代理行付款。

票汇汇率（Demand Draft Rate，D/D Rate）也称票汇价，是银行买卖外汇汇票、支票和其他票据时所使用的汇率。所谓票汇，是银行在买卖外汇时，开立一张由其国外分支机构或代理行付款的票据交给汇款人，由汇款人自带或寄往国外取款。

（4）按汇率制度不同，划分为固定汇率和浮动汇率。

固定汇率（Fixed Rate）是指政府用行政或法律手段选择一个基本参照物，并确定、公布和维持本国货币与该单位参照物的固定比价。

浮动汇率（Floating Rate）是指政府不确定本国货币与某一参照物的固定比价，也不规定汇率上下波动的界限，汇率水平完全由外汇市场上的供求决定。

（5）按汇率是否统一，划分为单一汇率和复汇率。

单一汇率（Single Rate）指一国货币对某一外币只有一种汇率，该国不同性质与用途的外汇收付均按此汇率计算。

复汇率（Multiple Rate）也称多种汇率，指一国货币对某一外币因性质与用途不同而规定两种或两种以上的汇率。双重汇率是复汇率的一种形式，例如，用于进出口贸易及其从属费用方面收付结算的贸易汇率（Commercial Rate）和用于资金转移、旅游等非贸易收付结算的金融汇率（Financial Rate）。

复汇率是外汇管制的产物，是一种歧视性汇率安排。国际货币基金组织要求成员国采用单一汇率，实行复汇率的成员国应在一定时期内过渡为单一汇率。

（6）从银行买卖外汇的角度，可分为买入汇率、卖出汇率与中间汇率。

商业银行等金融机构买进外币时所依据的汇率就是“买入汇率（Buying Rate）”，也称“买价”；卖出外币时所依据的汇率就是“卖出汇率（Selling Rate）”，也称“卖价”。买入汇率与卖出汇率相差的幅度一般为0.1%～0.5%，各国不尽相同，两者之间的差额即商业银行买卖外汇的利润。

买入汇率与卖出汇率相加除以2，则为中间汇率（Middle Rate）。中间汇率适用于银行同业之间买卖外汇，对一般顾客不适用。通常，在汇率分析中常用中间汇率，报纸杂志刊登的汇率也大多是中间汇率，银行以及涉外企业年终决算、制作报表时也使用中间汇率。

从表3—1中我们可以看到商业银行等金融机构在买进外汇时有两个价格：一个是现钞买入价，一个是现汇买入价。在表3—1中，100美元的现汇买入价是826.45元人民币，现钞买入价是821.48元人民币，中间相差4.97元人民币。这是因为商业银行等金融机构在收进外币现钞以后，由于外币现钞不能在本国境内流通和使用，必须运送到国外变成国外银行的存款后才能用于支付，这其中将有一定的利息损失以及运输、保管等费用。故此，外币现钞的价格就比现汇的价格低。

按照惯例，各国外汇银行公布的外汇牌价分为买入汇率和卖出汇率，且前面的数字小，后面的数字大。买入、卖出汇率的判断依据是报价银行贱买贵卖，买入外汇的价格要低于卖出外汇的价格。需要指出的是，在直接标价法下，前者是买入汇率，后者是卖出汇率；而在间接标价法下，前者是卖出汇率，后者是买入汇率。例如，某日纽约某银行挂出的英镑和加元的汇价如下：GBP1＝USD1.628 3/1.630 7，USD1＝CAD1.354 7/1.357 1美元。

在上面的报价中，英镑对美元的汇率是直接标价法，前面较小的数字1.628 3是买入价，表示银行买入1英镑付出1.628 3美元，后面较大的数字1.630 7是卖出价，表示银行卖出1英镑要收入1.630 7美元。而美元兑加元的汇率是间接标价法，前面较小的数字1.354 7是卖出价，表示银行卖出1加元要收入1/1.354 7美元，后面较大的数字是买入价，表示银行买入1加元支付1/1.357 1美元。

3. 汇率制度

汇率制度（Exchange Rate System or Exchange Rate Regime）是指一国货币当局对本国汇率变动的基本方式所做的一系列安排或规定。一种汇率制度应包含以下几个内容：第一，汇率确定的基础；第二，汇率波动的界限；第三，汇率应该如何调整；第四，维持汇率应采取的措施。

按照汇率变动的幅度，汇率制度可分为固定汇率制度（Fixed Exchange Rate System）和浮动汇率制度（Floating Exchange Rate System）。前者是指现实汇率受平价的制约，只能围绕平价在很小的范围内上下波动的汇率制度，后者则是指现实汇率不受平价的限制，随外汇市场供求状况变动而波动的汇率制度。

目前世界各国汇率制度呈现了多样化的局面。国际货币基金组织将当前各国的汇率制度分为八类：

(1) 放弃独立法定货币的汇率制度（Exchange Arrangements with No Separate Legal Tender）：一国不发行自己的货币，而是使用他国货币作为本国唯一法定货币；或者一个货币联盟中，各成员国使用共同的法定货币，如欧元区。

(2) 货币局制度（Currency Board Arrangements）：货币当局做出明确的、法律上的承诺，以一固定的汇率在本国（地区）货币与一指定外币间进行兑换，并且对货币发行当局确保其法定义务的履行施加限制。

(3) 通常的固定钉住汇率制度（Conventional Fixed Peg Arrangements）：一国将其货币以一固定的汇率钉住某一外国货币或一揽子外国货币，汇率在1%的狭窄区间内波动。

(4) 水平波幅内的钉住汇率制度（Pegged Exchange Rates with Horizontal Bands）：与第三类的区别在于，波动的幅度宽于1%的区间。比如，丹麦的波幅为2.5%，塞浦路斯为2.25%，埃及为3%，匈牙利则达到15%。

(5) 爬行钉住汇率制度（Crawling Pegs）：一国货币当局以固定的、事先宣布的值，对汇率不时进行小幅调整；或根据多指标对汇率进行小幅调整。

(6) 爬行波幅汇率制度（Exchange Rates within Crawling Bands）：一国货币汇率保持在围绕中心汇率的波动区间内，但该中心汇率以固定的、事先宣布的值，或根据多指标，不时地进行调整。如以色列的爬行波幅为22%，白俄罗斯的爬行波幅为5%，乌拉圭则为3%。

(7) 不事先宣布汇率轨迹的管理浮动汇率制度（Managed Floating with No Preannounced Path for Exchange Rate）：一国货币当局在外汇市场进行积极干预以影响汇率，但不事先承诺或宣布汇率的轨迹。

（8）独立浮动汇率制度（Independent Floating）：本国货币汇率由市场决定。货币当局偶尔进行干预，这种干预旨在缓和汇率的波动、防止不适当的波动，而不是设定汇率的水平。

需要指出的是，尽管中国政府宣布实行的是管理浮动汇率制度（即第七类），但国际货币基金组织根据汇率的实际表现，将中国大陆汇率制度归为第三类，也就是固定钉住汇率制度。

截至2001年年底，国际货币基金组织共有185个成员国（地区），各种汇率制度国家（地区）情况见表3—2。

表3—2　　国际货币基金组织成员国的汇率制度安排

类别	汇率制度名称	国家（地区）数
第一类	放弃独立法定货币	40
第二类	货币局制度	8
第三类	固定钉住	40
第四类	水平波幅钉住	5
第五类	爬行钉住	4
第六类	爬行波幅	6
第七类	管理浮动	42
第八类	独立浮动	40

资料来源：《International Financial Statistics Yearbook（2002）》。

汇率的决定

1. 金本位制度下的汇率决定

金本位制度（Gold Standard System）是从19世纪初到20世纪初资本主义国家实行的货币制度。金本位制度包括金币本位制、金块本位制和金汇兑本位制三种形式，其中金币本位制是典型的金本位制，后两种是削弱了的、变形的金本位制。

在金币本位制度下，各国流通领域中使用的是具有一定成色和重量的金币，尽管各国货币的名称不一、重量成色不等，但它们都有一定的黄金含量，两国间的货币汇率就取决于两国货币的含金量之比。我们通常把两个实行金本位制度国家单位货币的含金量之比称作**铸币平价（Mint Parity）**，两国货币汇率的决定基础就是铸币平价。

以英国和美国为例：在1929年经济危机之前，英国规定1英镑的含金量是113.001 6格令，美国规定1美元的含金量是23.22格令，由此英镑与美元的铸币平价即为：113.001 6/23.22=4.866 6，这就是在当时的条件下，英镑与美元之间汇率的决定基础。

铸币平价是汇率决定的基础，外汇市场上的汇率水平受外汇供求关系等因素的影响而出现波动，但汇率的变化被限定在铸币平价上下一定的界限范围之内，这个界限就是黄金输送点。

在金本位制度下，各国之间办理国际结算可以采用两种方式：一是汇票支付即非现金结算，二是直接运送黄金。具体来说，当外汇市场上外汇汇率上涨达到或者超过某一界限时，本国债务人用本币购买外汇的成本就会超过向国外输送黄金的成本，债务人就会选择输出黄金结算债务，而不会到外汇市场购买外汇，外汇市场外汇的价格就会随之降到某一界限之内，这个界限就是黄金输出点。同样的道理，当外汇市场上外汇汇率下跌，达到或者低于某一界限时，本国外汇债权人用外汇兑换本币所得就会少于用外汇在国外购买黄金再输送回国的所得，从而引起黄金的输入。外汇市场上外汇的价格随之上升到某一界限之内，这个界限就是黄金输入点。黄金输出入点的高低取决于在这两个国家之间输出入黄金的运输费、保险费、包装费、改铸费等费用。

以当时的英国和美国为例，两国之间输送黄金的费用约为黄金价值的 0.5%～0.7%，如按 0.6%计算，那么英镑兑美元的汇率就不会超过4.866 5×(1+0.6%)＝4.895 7 美元的上限，也不会跌破 4.866 5×(1－0.6%)＝4.837 3 美元的下限，参见图 3—5。

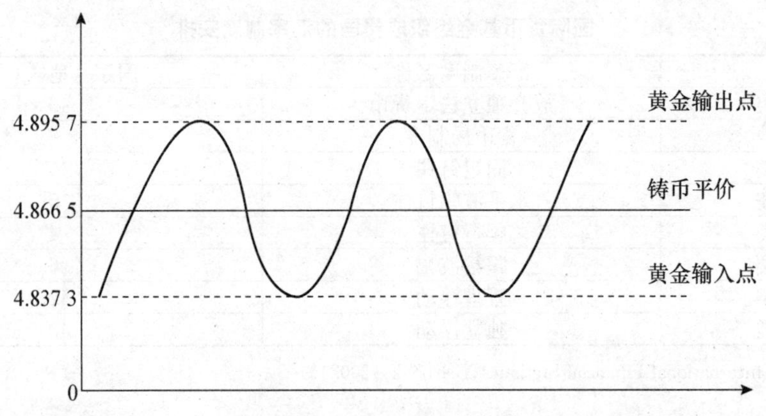

图 3—5　金币本位制下的汇率决定与波动（英镑/美元）

由此可见，在金币本位制度下，受制于黄金输送点的制约，外汇市场上的汇率波动总是限制在一定的范围之内，最高不超过黄金输出点，最低不低于黄金输入点。因此由供求关系导致的外汇市场上汇率的波动是有限度的，汇率制度也相对稳定，金本位制度也因此被认为是固定汇率制度。

2. 国际借贷理论

(1) 代表人物及主要观点。

国际借贷理论（Theory of International Indebtedness）又称外汇供求论，是由英国经济学家戈逊在 1861 年出版的《外汇理论》一书中提出来的。其主要观点是一国货币汇率取决于外汇的供给与需求，而外汇的供给与需求取决于国际借贷，国际借贷是指国际间各种经济往来所产生的债权债务关系。国际借贷分为固定借贷和流动借贷，前者指借贷关系已经形成，但未进入实际收付阶段的借贷，后者指已进入收付阶段的借贷。也就是说，一国的对外流动借贷是指该国在一定时期内处于实际收付阶段的对外债权与对外债务。一国国际收支平衡表中的经常项目和资本与金融项目的收支，构成该国的国际借贷。戈逊认为，只有流动借贷的改变才会对外汇供求产生影响。

流动借贷对外汇供求及汇率的影响关系：

第一，一国对外流动借贷出现顺差，即对外债权大于对外债务，则外汇供给大于需求，外汇汇率下降，本币汇率上升。

第二，一国对外流动借贷出现逆差，即对外债务大于对外债权，则外汇需求大于供给，外汇汇率上升，本币汇率下降。

第三，一国对外流动借贷相等，对外债权与对外债务相等，则外汇供求平衡，本币汇率不变。

（2）简要评价。

将国际借贷划分为固定借贷与流动借贷，并指出只有立即清偿的各种到期的收付差额，才能引起汇率的变动，这是比较符合客观现实的。但是它只是探讨了国际收支对汇率的影响，并没有触及汇率决定的基础。此外，它的适用条件比较严格，如：外汇市场比较发达，供求信息表达比较充分；外汇市场的自由度较高，基本不受国家干预；进行货币对比的两个国家经济发展阶段比较相似等。这些条件在现实中很难达到，从而影响了该理论的适用性。

3. 购买力平价理论

（1）代表人物及基本观点。

购买力平价理论（Theory of Purchasing Power Parity）早在16世纪已有萌芽，正式提出这一学说的是瑞典经济学家卡塞尔，他在1922年出版的《1914年以后的货币与外汇》一书中对这一理论做了系统的论述。其基本观点是：本国人需要外国货币，是因为用它可以在货币发行国购买商品或劳务；外国人需要本国货币，也是因为用它可以购买本国的商品或劳务。因此，本国货币与外国货币相兑换，就等于本国购买力与外国购买力的交换。所以，用本国货币表示的外国货币的价格即汇率，决定于两国货币购买力的比率。由于一国货币购买力实际上是该国物价水平的倒数，因此，两国之间的货币汇率可由两国物价水平之比来表示。

购买力平价有两种形式：绝对购买力平价和相对购买力平价。**绝对购买力平价**是指在一定的时点上，两国货币汇率决定于两国货币的购买力之比。如果用一般物价指数的倒数来表示各自货币购买力的话，则两国货币汇率决定于两国的一般物价水平之比。用公式表示即为：

$$E=P/P^{*} \tag{3.5}$$

上式表明，任何两国货币间的汇率，等于该两国一般物价指数之比。式中 E 表示均衡汇率（采用直接标价法，即以本国货币表示的外国货币的价格），P 表示国内一般物价指数，P^{*} 表示外国一般物价指数。

相对购买力平价是用来说明在一段时期内汇率的变动，它考虑到了通货膨胀因素，认为汇率应该反映两国物价水平的相对变化，因为通货膨胀会在不同程度上降低各国货币的购买力。因此，当两国都发生通货膨胀时，它们的名义汇率等于过去的均衡汇率乘以两国通货膨胀率之商。用公式表示为：

$$E_1=E_0\times\frac{(P_1-P_0)/P_0}{(P_1^{*}-P_0^{*})/P_0^{*}} \tag{3.6}$$

式中：E_0、E_1 表示基期和计算期的汇率；P_0、P_1 分别表示基期和计算期的本国一般物价水平；P_0^{*}、P_1^{*} 分别表示基期和计算期的外国一般物价水平；$(P_1-P_0)/P_0$、$(P_1{}^{*}-P_0{}^{*})/P_0{}^{*}$ 分别表示本国和外国的通货膨胀率。

与绝对购买力平价相比，学术界对相对购买力平价更感兴趣，因为它从理论上避开了一价定律的严格假设，可以用来预测实际汇率。在预测期内，如两国经济结构不变，两国货币间汇率的变化便反映着两国货币购买力的变化。

(2) 简要评价。

购买力平价理论说明了汇率与通货膨胀率之间的内在关系，揭示了汇率变动的长期原因，因此具有很强的生命力。自提出 80 多年以来，无论在理论上还是在实践中都具有广泛的影响，并成为 20 世纪最重要的汇率理论之一。

但是，该学说也存在一些缺陷。从理论上来说，它假定货币数量是影响货币购买力和物价水平的唯一因素，而事实上物价水平不仅受货币数量的影响，生产禀赋条件、投资、储蓄、资本流动等都会影响到物价水平。购买力平价理论假定存在一价定律，而这在理论上和实证中都存在很大的争论。此外，该理论忽视了影响汇率短期发展变化的一些因素，如非贸易商品的存在、国际资本流动、贸易壁垒的存在、利率变化等，因而对汇率短期变化趋势的说明难以令人满意。在实践应用中，该理论存在技术上的困难，主要体现在基期的选择、物价指数的编制等方面。

4. 利率平价理论

(1) 代表人物及主要观点。

利率平价理论（Interest Parities Theory）是在国际资本流动日益频繁的形势下发展起来的，是关于远期汇率的决定和变动的理论。20 世纪 20 年代之前经济学界的各种汇率理论都是关于即期汇率的决定和变动的，直到 1923 年英国经济学家凯恩斯在其《货币改革论》一书中较为系统地阐述了利率平价理论，填补了这一空白。后经英国的经济学家保罗·艾因齐格及其他经济学家的发展，系统揭示了利率与汇率之间相互作用的内在联系。

利率平价理论认为：高利率国家的货币远期汇率会下跌（或说远期汇价贴水），而低利率国家的货币远期汇率会上升（或说远期汇价升水），远期汇率与即期汇率的差价约等于两国间的利差。其原因在于，当本国利率低于 A 国利率时，投资者为追求较高收益，会将资金调至 A 国，但若汇率发生相反变动，投资者很可能会遭受损失，为避免这种情况发生，投资者会在远期外汇市场上同时卖出 A 国货币，买进本国货币。从而使得低利率国家货币远期汇率上升，高利率国家货币远期汇率下跌。这种情况会持续到两国收益相等时才会停止，此时的远期差价正好等于两国之间的利差。

(2) 简要评价。

利率平价理论比较准确地说明了远期汇率的决定及远期汇率与即期汇率之间的关系。但也存在一些缺陷，主要体现在：该理论假定交易成本为零、资本能自由在国际间流动，现实中这些假定都是不成立的。该理论还假定套利资金是无限的，于是投资者可不断进行套利，直至利率平价成立。事实上这一假定也是很难实现的。

小专栏

货币的四种价格

货币有四种价格。第一种价格是票面单位，即货币单位的法定价格——1 个铢，1 个里亚尔，1个比索等。第二种价格是1/P，它是货币对某些商品和劳务的购买力指数，按照票面单位或者账面价格计算的货币存量是名义存量，而按照商品和劳务相对价值计算的货币存量是实际存量。第三种价格形式是存款的实际利率d，即货币余额的名义利率$\underline{d}$与货币的第二种价格的变化率P的代数和，即$d=\underline{d}-P$。货币的第四种价格是汇率，即货币兑另一种货币的交换比率。

人民币汇率制度的演变

人民币汇率是人民币同外币的比价，是其对外价值的体现，长期以来由政府授权国家外汇管理局统一制定、调整和管理。

1. 人民币汇率制度的历史（1950—1994年）

从历史上来看，人民币汇率应该包含两个部分：一是人民币对西方货币的汇价；二是人民币对苏联、东欧国家货币之间的汇价。

1949年12月我国与苏联确定了人民币与卢布之间的法定汇价，之后又确定了非贸易汇价。1970年由于中苏之间结算货币用瑞士法郎计价结算，中苏之间法定汇价不再存在。1979年我国退出布拉格协定（即非贸易汇价协定），中苏之间的非贸易汇价也不复存在。1992年1月以后，我国与俄罗斯及其他独联体国家、东欧国家之间没有货币之间的任何比价。

最初的人民币对西方国家货币的汇率于1949年1月18日产生于天津，自此，人民币汇率制度的演变经历了六个阶段，参见表3—3。总的来看，新中国成立初期人民币汇率是先贬后升。1953—1973年人民币汇率基本保持稳定，只有当西方国家货币发生法定升、贬值时，才做相应调整。1973—1980年实行浮动汇率制度，钉住一揽子货币，根据这些货币在国际金融市场上的变动情况，加权计算出人民币汇率。1981—1984年，贸易内部结算价（适用于进出口贸易的结算）与官方汇率（用于非贸易外汇的结算）并行。1985—1993年国家外汇牌价和外汇调剂价并存。

表3—3　　1994年以前人民币汇率制度回顾

时　期	特　点
1949年1月—1950年3月	汇价不断上升，人民币对外不断贬值。
1950年3月—1952年12月	汇价不断下跌，人民币对外不断升值。
1953年1月—1973年3月	布雷顿森林体系起主导作用，人民币汇率制度坚持稳定的方针。
1973年3月—1980年12月31日	浮动汇率制度，钉住一揽子货币，定值偏高。
1981年1月1日—1984年12月31日	汇率双轨制，非贸易外汇实行公布牌价，仍沿用一揽子货币加权平均，贸易外汇实行贸易内部结算价。
1985年1月1日—1993年12月31日	国家外汇牌价与外汇调剂价并存的汇率双轨制，人民币对外不断贬值。

改革开放之初，我国一度存在非贸易外汇牌价（官方牌价）、贸易外汇牌价（内部结算价）和调剂外汇价三种汇价并存的局面，1985年内部牌价与官方结算价并轨后，一直

到1993年年底仍然存在官方牌价与调剂外汇价并存的局面，这实际上就是复汇率制。

随着改革开放的进一步深入，复汇率制的副作用越来越明显。主要体现在：第一，人民币币值的高估助长了外汇的过度需求，官方牌价与调剂价的差距助长了外汇黑市活动的猖獗。第二，复汇率制下，企业用汇成本不等，一方面一些企业盲目引进，浪费外汇；另一方面也造成了企业间的不平等竞争。第三，复汇率制在国际上被视为贸易倾销，因而影响不好。

汇率双轨制是我国在经济体制改革过程中的过渡性措施。随着经济体制改革的深入，双轨制依存的历史环境已不复存在，双轨制的弊端也不断暴露，汇率制度的改革是历史发展的必然。

2. 人民币汇率制度的现状（1994年至今）

1994年1月1日，我国进行了新的一轮外汇体制改革，有关人民币汇率制度的内容大致如下：

(1) 从1994年1月1日起，人民币汇率进行并轨，实行以市场供求为基础的、单一的、有管理的浮动汇率制度。

(2) 实行结售汇制。取消外汇留成和上缴，企业将外汇收入按当日汇价卖给银行，银行收取外汇兑给人民币（结汇），当企业需要外汇时，只要持有效凭证到银行用人民币兑换，银行售给企业外汇（售汇）。

(3) 建立银行间外汇交易市场，改进汇率形成机制。1994年4月，全国统一的外汇市场——中国外汇交易中心于上海正式运营。该市场由中国人民银行通过国家外汇管理局监督管理。中国人民银行对各外汇指定银行的结售汇周转头寸余额实行比例幅度管理。也就是说，当银行持有的结售汇周转头寸超过其界限时，该行必须通过外汇市场将超额的外汇周转头寸售与其他外汇银行或者中央银行，反之亦然，这就形成了外汇市场的供求。中央银行可以在外汇市场上吞吐外汇，调节外汇供求，以稳定汇率。

(4) 人民币汇价主要根据外汇供求关系决定。中国人民银行按照前一营业日银行间外汇市场形成的加权平均汇率，每日公布人民币兑美元、欧元、港元、日元四种货币的市场交易中间价。银行间外汇市场人民币兑这些货币的买卖价可以在中国人民银行公布的市场交易中间价上下的一定幅度内浮动。外汇指定银行在规定的浮动范围内确定挂牌汇率，对客户买卖外汇。

1994年以来，我国外汇体制改革也在不断完善。具体表现在：1996年7月1日，进一步完善结售汇体制，将外商投资企业纳入银行结售汇体系；在外汇管理方面，取消了经常账户下贸易和与贸易有关的非贸易项下的汇兑限制，1996年12月中国政府宣布提前实行人民币在经常项目下的自由兑换；1997年10月15日，允许部分出口和外贸企业保留15%的现汇账户；2001年6月1日，允许国内居民以外币（美元和港币）投资B股等。这些措施都有利于改善人民币汇率的形成机制。

(5) 2005年7月21日，我国进行了汇率制度改革，其主要内容有：

1) 自2005年7月21日起，我国开始实行以市场供求为基础、参考一揽子货币进行调节、有管理的浮动汇率制度。人民币汇率不再钉住单一美元，形成更富弹性的人民币汇率机制。

2）中国人民银行于每个工作日闭市后公布当日银行间外汇市场美元等交易货币兑人民币汇率的收盘价，作为下一个工作日该货币兑人民币交易的中间价格。

3）2005 年 7 月 21 日 19 时，美元兑人民币交易价格调整为 1 美元兑 8.11 元人民币，作为次日银行间外汇市场上外汇指定银行之间交易的中间价，外汇指定银行可自此时起调整对客户的挂牌汇价。

4）现阶段，每日银行间外汇市场美元兑人民币的交易价仍在人民银行公布的美元交易中间价上下千分之三的幅度内浮动，非美元货币兑人民币的交易价在人民银行公布的该货币交易中间价上下一定幅度内浮动。

始于 2005 年的人民币汇率形成机制改革是在中国双顺差规模持续增长、全球国际收支失衡日益加剧的环境下进行的一场意义深远的改革。它使我国成功地从固定汇率制中退出。从长远看，这也是人民币国际化的一个重要步骤。

此后，完善外汇体制的法律法规相继颁布。2005 年 8 月 2 日，中国国家外汇管理局发布通知，对经常项目外汇账户、服务贸易售付汇及境内居民个人购汇三项管理政策进行了调整。2005 年 9 月 23 日，我国扩大银行间即期外汇市场非美元货币兑人民币交易价的浮动幅度，从原来的上下 1.5%扩大到上下 3%，适度扩大了银行对客户美元挂牌汇价价差幅度，并取消了银行对客户挂牌的非美元货币的价差幅度限制。2006 年 1 月 4 日，银行间外汇市场推出做市商制度。自 2007 年 5 月 21 日起，银行间即期外汇市场人民币兑美元交易价浮动幅度由千分之三扩大至千分之五。这些法律法规使得我国的外汇体制更加成熟稳健。

受金融危机的影响，在 2008 年下半年至 2010 年上半年近两年时间内，人民币汇率重新钉住美元。从 2009 年年底起，随着世界经济的复苏，人民币面临着升值压力，中国政府在 2010 年 6 月 19 日重新启动了人民币汇率形成机制改革，增强人民币汇率弹性。重申了以市场供求为基础、参考一揽子货币、人民币兑主要货币日均波幅千分之五的管理浮动汇率制。2012 年 4 月 14 日，为顺应外汇市场发展的要求，增强人民币汇率双向浮动弹性，中国人民银行发布《中国人民银行公告》（〔2012〕第 4 号），决定自 2012 年 4 月 16 日起将银行间即期外汇市场人民币兑美元交易价浮动幅度由千分之五扩大至百分之一。

3. 目前人民币汇率制度存在的主要问题

第一，资本项目开放、汇率稳定与货币政策的独立性。根据三元悖论，资本项目开放、汇率稳定与货币政策独立性三者不可兼得。我国目前资本项目基本开放，汇率制度仍然希望保持汇率稳定，这就对货币政策独立性构成威胁。

第二，缩减国内利率与国际利率差异。在资本自由流动的情况下，如果本国利率与国际利率相差过多，便会导致国际资本为追逐高额利率而大量的流入或流出。对远期汇率产生升水和贴水的影响。在这种强大的压力下，由于我国国内金融市场不够健全，中央银行的干预调控能力不够完善，会影响消费者预期，导致经济增长乏力。

第三，本国金融风险加大，国际游资对汇率的冲击会影响经济稳定。目前我国仍然保持对短期资本流动的严格控制，相对降低了国际游资对汇率进行阻击的可能性。但是金融风险的加大仍然考验监管当局监管和防范风险的能力。

4. 近期的改革取向

（1）实行一定程度的意愿结售汇制，改善汇率的形成机制。

目前的强制结售汇制度比较缺乏弹性，束缚了企业的经营自主性。一方面它使得企业不能积极自主地支配外汇收支和规避汇率风险（相比较而言，外商投资企业在结售汇制问题上较为宽松，外商投资企业生产经营的回旋余地较国内企业要灵活一些），另外一方面使得人民币汇率缺乏必要的弹性。

不断扩大企业的用汇自主权，建立中央银行、外汇指定银行和企业三级蓄水池。既可以减轻大量外汇占款对货币投放的压力，又可以加大外汇市场供求的代表性，使人民币汇率建立在相对均衡的供求关系上。中国人民银行可根据实际情况逐步调节限额结汇的比例，最后实现完全的意愿结汇。

(2) 逐步完善外汇市场，增强外汇市场的自我调节能力。

中国人民银行货币政策的独立性已经在较为刚性的汇率制度和暂难放松的资本管制下受到了损害。应允许商业银行之间在一定比例内从事虚盘外汇交易，使中国人民银行从日常被动吸纳全额供应市场差额的运作中解脱出来。提高银行间的周转头寸并容许相互拆借头寸，以增强汇率的市场属性。增加外汇市场的参与主体，并放松银行、企业和个人持汇用汇的条件。这些都可以降低中国人民银行的出清压力。

目前我国的外汇市场还处于初级阶段，交易方式简单，交易品种单一，交易手段缺乏，不能与国际市场接轨，也不能满足全部外汇交易和清算的需要。可逐步增加外汇市场业务种类，建立即期与远期相协调的市场体系，提高外汇市场的市场化程度。

(3) 进一步放松对资本流动的限制，为人民币逐步实现资本项目下的可兑换创造条件。

目前我国对资本项目实施较为严格的管理，这有效地防止了国际短期资本流动突然逆转所可能产生的负面效应，并使国内外资本市场之间彼此分立，在一定程度上避免了汇率波动风险的传染和汇率崩溃。

但问题也是明显的，一是随着经济成长和金融深化，实施资本管制的成本将不断提高，而其效能则可能不尽如人意。至今三元悖论（The Impossible Trinity）定律，即固定汇率、资本自由流动和货币政策独立性三者不可兼得，并未被证伪，在不可能放弃货币政策的独立性和有管理的浮动汇率制度的前提下，唯一选择就是逐步放松资本管制。从长远来看，实现人民币的完全自由兑换，是一个必然的选择。

本章小结

1. 利息是与信用相伴随的一个经济范畴。它是指债权人贷出货币或货币资本而从债务人手中获取的报酬。利率即利息率的简称，是指用百分比表示的一定时期内利息额与本金的比率，其反映了利息水平的大小和高低。利率可以根据不同的标准划分为不同的种类。

2. 马克思认为利息是利润的一部分，是剩余价值的转化形式。因此利息率主要是由平均利润率和借贷资本供求关系这两个因素决定的。西方的利率决定理论可大致分为三种类型：一是古典学派的储蓄投资理论，二是凯恩斯学派的流动性偏好理论，三是新古典学派的借贷资金理论。西方经济学中关于利率决定的理论全都着眼于利率变动与供求关系的对比，但观察的角度则各不相同。

3. 金融市场上期限相同的不同债券的利率一般不同，而且相互之间的利差也不稳定，我们把这种利率差异称为利率的风险结构。金融市场上品质基本相同但期限不同的债券其利率水平也往往不同，这种差异我们称为利率的期限结构。

4. 外汇是指以外币表示的用于国际结算的支付手段，外汇有狭义与广义之分。汇率是用一个国家的货币折算成另一个国家的货币的比率、比价或价格。汇率的标价方法有：直接标价法，间接标价法，美元标价法。可以从不同的分析角度对汇率进行不同的分类和划分。按照汇率变动的幅度，汇率制度可分为固定汇率制度和浮动汇率制度。

5. 目前世界各国汇率制度呈现了多样化的局面。国际货币基金组织将当前各国的汇率制度分为八类：放弃独立法定货币的汇率制度，货币局制度，通常的固定钉住汇率制度，水平波幅内的钉住汇率制度，爬行钉住汇率制度，爬行波幅汇率制度，不事先宣布汇率轨迹的管理浮动汇率制度，独立浮动汇率制度。汇率决定理论包括铸币平价理论、国际借贷理论、购买力平价理论以及利率平价理论等。

6. 我国的利率基本上属于管制利率类型。随着我国社会主义市场经济体制的逐步建立，放开利率管理体制，使市场机制在利率形成方面的作用与经济改革的进程相匹配是必要的。目前的人民币汇率制度是以市场供求为基础的、单一的、有管理的浮动汇率制度。但从运行的实际情况来看，管理稳定有余，浮动不足。

复习思考题

1. 什么是基准利率？它起什么作用？

2. 什么是利率的期限结构？运用期限结构理论解释为什么收益率曲线会有不同的形状。

3. 什么是利率的风险结构？导致利率风险结构的主要原因有哪些？

4. 我国实施管制利率的原因是什么？对我国正在进行的利率市场化改革你是如何看待的？

5. 根据几种主要的外汇决定理论，概括决定汇率和影响汇率的主要因素。当前决定人民币汇率的主要因素有哪些？

6. 我国现行的人民币汇率制度的标准表达是怎样的？为什么国际货币基金组织把我国的汇率制度归入“固定钉住汇率制度”？

7. 对目前人民币汇率制度存在的主要问题以及未来改革和发展的方向你是如何看待的？

第四章 金融市场

要点提示

金融市场在我们的经济生活中扮演着越来越重要的角色。金融市场的发展为社会公众进行多元化资产组合、企业优化融资结构提供了可能。本章在介绍金融市场的功能与结构的基础之上，对比较重要的金融市场的子市场——货币市场、资本市场以及衍生工具市场进行了具体的介绍。本章最后还介绍了中国货币市场和中国资本市场的特征以及两者之间的关系。

第一节 金融市场概述

金融市场的功能

金融市场是交易各种金融产品的市场。狭义上的金融市场仅仅是指直接融资市场，而广义上的金融市场也包括间接融资市场。直接融资是指资金需求者直接从资金盈余者那里获得货币资金，不需要中介，比如我们熟悉的股票市场和债券市场都属于直接融资市场。间接融资是指资金盈余者将资金交给中介机构，再由中介机构把资金提供给资金需求者。为间接融资提供服务的中介机构主要是商业银行等。

第一，由金融市场的定义可以看到，金融市场最基本的功能是引导货币资金从资金盈余者流向资金赤字者，通过资金的调剂，实现资源配置。图 4—1 给我们描述了金融市场上资金融通的路径。

图 4—1 的左边是资金的盈余者，右边是资金的赤字者。从图中可以看到，货币资金可以通过两个途径从资金盈余者手中到达资金赤字者手中。图 4—1 的上半部分描述了第一种途径——间接融资。资金盈余者把他们多余的资金存入银行等间接融资机构，再由这些间接融资机构贷放给资金赤字者。此时，资金赤字者和资金盈余者之间没有债权债务关系：间接融资机构充当了资金盈余者的债务人和资金赤字者的债权人。图 4—1 的下半部分描述了第二种途径——直接融资。资金赤字者在金融市场上发行股票、债券等直接融资

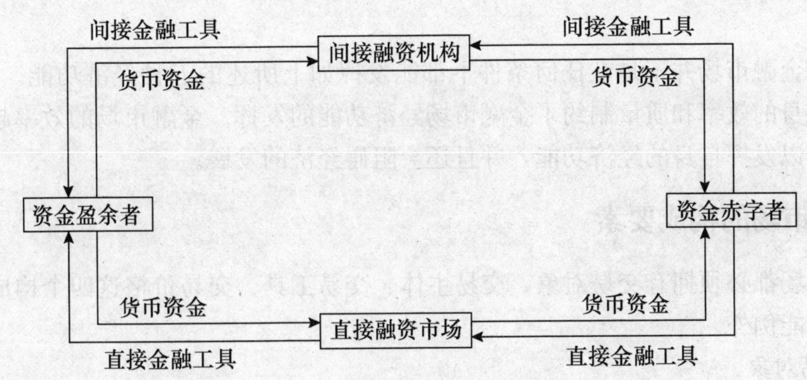

图 4—1　金融市场的资金融通

工具，直接从资金盈余者手中获得资金，此时资金赤字者和资金盈余者之间具有直接的债权债务关系。

通过金融市场的调剂，那些拥有投资机会但缺乏资金的机构、个人可以获得他们所需要的资金，而资金盈余者手中闲置的资金也可以发挥作用。这种余缺的调剂实现了生产要素的重新优化组合，提高了生产效益。此外，金融市场对资金的调剂还可以提高个人的福利。比如，房子、汽车等耐用消费品的消费可能需要一个家庭数十年的积累才能实现，但通过金融市场提供的抵押贷款等工具，我们可以提前享受到这些商品。

第二，金融市场还承担着分散风险的功能。

风险的存在，既可能使未来收益低于预期收益，也可能使未来收益高于预期收益。通过金融资产的交易，我们可以分散风险，达到消除风险的目的。例如，市场上农产品的价格总是起伏不定，很可能在收获时大幅下降。农民为了规避农产品价格变化带来的风险，就可以选择套期保值的方法，在金融市场上把风险转移出去。

第三，金融市场具有发现价格的功能，即金融资产的定价必须依靠金融市场来完成。

虽然股票、债券等金融市场上交易的金融资产往往都标有票面金额，但这一票面金额并不能代表该种金融工具的内在价值。只有通过金融市场上买卖双方的相互交易才能发现这些金融资产的内在价值，从而确定其价格。在真实有效的价格信号引导下，金融市场就可以实现资源的最佳配置了。

第四，金融市场可以满足金融资产流动性的要求。

出于对安全、收益等方面的担心，很少有投资者会愿意把自己手中的资金长期借给他人使用，于是需要长期占用资金的项目就会很难筹集到资金。金融市场的出现很好地解决了这一问题。在金融市场上，人们可以交易未到期的金融资产，从而使得金融资产具有的流动性变为现实。例如，住房抵押贷款往往会占用银行资产数十年，银行资金的流动性因此降低。而通过贷款证券化的方式，银行可以随时把贷款变现，于是长期贷款也具有很好的流动性。

第五，金融市场可以降低交易成本。

资金需求者和资金盈余者为了成功地进行交易，一般会产生两类成本：搜寻成本和信息成本。搜寻成本是指为了寻找合适的交易对象而产生的成本。信息成本是为了评价金融资产价值而产生的成本。而金融市场上各类专业金融机构的存在，可以极大地降低交易成本。

当然，金融市场并不是在任何条件下都能发挥如上所述的五种经济功能。一般认为，金融市场本身的效率和质量制约了金融市场经济功能的发挥。金融市场的效率越低，金融市场就越难以发挥自身的经济功能，并且还会阻碍经济的发展。

金融市场的构成要素

每个市场都必须拥有交易对象、交易主体、交易工具、交易价格这四个构成要素，金融市场也不能例外。

1. 交易对象

金融市场的交易对象是货币资金。

金融市场上每时每刻都在进行各种不同的交易。无论是哪一种交易方式——贷款也好，证券买卖也好，交易双方的目的无非是获取自己所需的货币资金和借出自己所余的货币资金，其交易对象都是货币资金。但是，金融市场上货币资金的交易有时仅仅表现为资金使用权的转移，资金的所有权并没有发生变化。而商品市场上大多是所有权和使用权同时转移。

2. 交易主体

金融市场上的交易主体包括任何参与交易的个人、企业、政府和金融机构。

由于金融市场的特殊性，各国法律都对进入金融市场进行交易的个人、企业、政府和金融机构资格做出了规定，只有符合法律规定的个人、企业、政府和金融机构才能进入相应金融市场进行交易。

金融市场上的交易主体有些是不专门从事金融活动的，如个人、企业和政府部门，他们只有在有资金供求方面的需求时才会进入金融市场。而另外一些交易主体则专门从事金融活动，这些交易主体包括各类银行、证券公司、保险公司、信托公司等。

3. 交易工具

金融市场上的交易工具是金融工具。

金融工具是在信用活动中产生，对交易的金额、期限、价格等条件加以说明，用以证明交易双方权利义务，并且具有法律约束力的书面文书。金融市场上的交易主体在金融工具的帮助下实现货币资金的融通。在金融创新的推动下，金融工具的品种日益增多。目前比较主要的金融工具有股票、债券、汇票、本票等。

一般地，金融工具都具有如下四个特征：

（1）流动性。

流动性是指金融工具能够立即变现而不致在价值上遭受损失的能力，又称为货币性、变现力。现金和活期存款这些金融工具本身就是货币，不存在变现的问题，流动性最强。其他金融工具在变现时，有的需要一定时间，有的会蒙受价值损失，流动性各有不同。变现的期限短、成本低的金融工具意味着流动性强；反之，则意味着流动性差。金融工具发行者的资信高低、金融工具交易时的买卖差价等都会对流动性产生影响。一般来说，金融工具发行者的资信等级越高，金融工具交易时的买卖差价越小，金融工具的流动性就越好。

(2) 偿还性。

如前所述，金融市场上往往只交易货币资金的使用权，因此金融工具一般都具有偿还期限。金融工具的偿还期是指债务人在偿还债务之前所经历的时间。金融工具上大多会注明发行日和到期日，比如一张债券的发行日是2000年1月1日，到期日是2009年12月31日，那么这张债券的偿还期就是10年。但是，金融工具持有者更为关注从持有金融工具日起到他卖出该金融工具止所经历的时间，他将以这段时间为依据来计算收益率。

金融工具的期限有两个极端：一个是零到期日，如活期存款，持有人随时都可以提取现金；另一个是无限长的到期日，如股票。

(3) 风险性。

风险性是指购买金融工具的本金是否会遭到损失的可能性。会导致本金受损的风险主要有两种：信用风险和市场风险。信用风险也称为违约风险，是指债务人不能履行合约，不按期归还本金的风险。这类风险往往取决于债务人的信誉以及经营状况。比如政府发行的债券就比公司发行的债券风险小；经营状况良好的大公司发行的债券总是比小公司发行的债券信用好。而金融工具的种类也对信用风险有影响。例如，优先股的风险就小于普通股。

市场风险是指由于金融工具市场价格下跌所带来的风险。股票、债券等金融工具的市场价格经常变化，一旦市场价格下跌，持有者的财富必然减少。

(4) 收益性。

收益性是指持有金融工具能够获得一定收益，通常用收益率来衡量金融工具的收益性。收益率是持有金融工具所取得的收益与本金的比率，一般有三种计算方法：

名义收益率，是指金融工具票面收益与票面金额的比率。例如，如果某种债券面值100元，偿还期为10年，每年支付利息一次，每次8元，则该债券的名义收益率即为8%。

即期收益率，是指金融工具的票面收益与当期市场价格的比率，又称现时收益率。如上例，如果债券的市场价格为95元，则即期收益率$=\frac{8}{95}\times 100\%=8.42\%$。

平均收益率，是指持有金融工具期间的实际收益与市场价格的比率，又称为实际收益率。即平均收益率$=\frac{\text{实际收益}}{\text{市场价格}}\times 100\%=\frac{\text{票面利息}+\text{资本损益}}{\text{市场价格}}\times 100\%$。其中，资本损益是把债券的卖出价与买入价之间的差值，按持有期限折算成每年收益而得到的；市场价格是按照债券的买入价计算。如上例，如果债券持有人在债券发行后的第2年按照95元的价格买入债券，持有两年后按照96元的价格卖出债券，那么其实际收益率$=\frac{8+(96-95)\div 2}{95}\times 100\%=8.95\%$。如果持有者没有提前卖出债券，那么在债券到期时将获得的实际收益$=\frac{8+(100-95)\div 8}{95}\times 100\%=9.08\%$。

由于平均收益率的计算既包括了现时收益，也包括了资本损益，因此能够比前两种收益率更准确地反映投资者的收益状况。

4. 交易价格

利率是金融市场上最主要的交易价格。

金融市场的各个子市场都会形成自己的利率，如贴现市场利率、银行同业拆借市场利率等。这些利率高低不同，但是在市场机制的作用下，往往具有同方向变化的趋势。

有效资本市场假说

如上所述，金融市场承担着多项重要的经济功能，而这些功能的实施，必须要以金融市场具有较高的效率为前提。一般认为，金融市场实现其功能必须具备两个理想条件：完整的信息和完全由市场供求决定的价格。完整的信息是指金融交易的买卖双方均可以迅速获得所需要的信息，以便依据它们进行决策。完全由市场供求决定的价格是指价格水平的形成除了取决于资金供给方和需求方的竞争之外，不受任何其他力量的干预。然而，即使是在发达的市场经济国家也很难完全具备这两个理想条件。

为了评价金融市场的效率，以美国经济学家尤金·费马为代表的经济学家提出了有效资本市场假说，该假说对市场定位证券价格的效率做出了评价。**有效资本市场假说**理论认为，如果金融市场能够迅速传递大量准确的信息，投资者就可以准确地做出判断，采取行动，使得证券的价格迅速回到正确的位置。而如果金融市场传递市场信息的速度慢，信息也不够准确，那么投资者就难以做出正确的判断，证券价格也会长期处于一个不适当的位置。所谓资本市场的有效性，就是指市场根据新信息迅速调整证券价格的能力。如果资本市场是有效的，那么有关某个资本品的全部信息都能够迅速、完整和准确地被某个关注它的投资者所得到，进而该资本品的购买者能够根据这些信息明确判断出该资本品的价值，从而以符合价值的价格买到该资本品。

根据资本市场的有效性，有效资本市场假说把资本市场划分为强式有效市场、半强式有效市场和弱式有效市场。

1. 强式有效市场

在**强式有效市场**上，有关资本产品的任何信息一经产生，就得以及时公开，一经公开就能得到及时处理，一经处理，就能在市场上得到反馈。信息的产生、公开、处理和反馈几乎是同时的。另外，有关信息的公开是真实的，信息的处理是正确的，反馈也是准确的。在强式有效市场上，每一位交易者都掌握了有关资本产品的所有信息，而且每一位交易者所掌握的信息都是一样的。因此，对于强式有效资本市场来说，在该市场上不存在因发行者和投资者的非理性所产生的供求失衡而导致的资本品价格波动。也就是说，证券的价格反映了所有即时信息所包含的价值。

2. 半强式有效市场

在**半强式有效市场**上，有关资本品的信息在其产生到被公开的过程中受到了某种程度的损害。即证券的发行者由于种种原因没有将所有有关发行证券的信息完全、真实、及时地公开，因此，发行者和投资者在信息的占有上处于不平等的地位。投资者获得的只是发行者公开出来的信息，而不是发行者自己所掌握的全部信息，而且，由于种种原因，在发行者公开的信息中，还可能有虚假的成分。在现实的市场上，那些未公开的信息被称为“内幕消息”。但是，在该市场上，所有投资者所占有的公开信息都是相同的。也就是说，除了未公开的“内幕消息”之外，只要是被公开的信息，就可以为每一位投资者所占有。

这样，在半强式有效市场上，极少数人控制着“内幕消息”，大部分人获得公开信息。

于是市场上就会出现两个价格：基于“内幕消息”的价格和基于公开信息的真正市场价格。

3. 弱式有效市场

在**弱式有效市场**上，存在信息的高度不对称，信息从产生到被公开其有效性都受到损害，证券价格只反映包括它本身在内的历史资料。此外，投资者对信息进行价值判断的有效性也受到损害。并不是每一位投资者对所披露的信息都能做出全面、正确、及时和理性的解读和判断，只有那些掌握专门分析工具的专业人员才能对所披露的信息做出及时的反映。

于是，在弱式有效市场上，除了通过掌握“内幕消息”可以获得超额利润之外，专业投资者可以利用他们在信息分析上的专业优势获得额外利润。

根据有效资本市场假说，证券的价格是以其内在价值为依据，高度有效的市场可以迅速传递所有相关的真实信息，使价格反映其内在价值。这样，要想保证资本市场的有效性，就必须保证各种与证券市场相关的信息能迅速而且完全地被披露、传输、解读和反馈。因此，提高资本市场的有效性，最关键的一个问题就是建立上市公司强制信息披露制度。

第二节　货币市场

货币市场的概念

金融市场是一个大系统，包括有许多相互独立但又紧密关联的子市场。对金融市场，可以有许多不同的分类标准，其中最常见的分类方法是按照金融交易的期限，把金融市场划分为货币市场和资本市场。

货币市场是短期融资市场，融资期限一般在一年以内，其功能在于满足交易者的流动性资金需求。在这个市场上交易的工具有政府发行的国库券、商业票据、银行票据、可转让存单、回购协议、超过中央银行法定准备金的超额准备金存款等，这些工具因为偿还期短、流动性高、风险小而与货币差别不大，被当做货币的代用品，因而交易这些工具的市场被称为货币市场。货币市场包括短期存贷市场、银行同业拆借市场、贴现市场、短期债券市场以及大额存单等短期金融工具市场。

资本市场是中长期融资市场，融资期限在一年以上，主要满足企业的中长期投资需要。资本市场包括债券市场、股票市场和中长期信贷市场，交易的工具主要有股票、债券、抵押贷款等，具有偿还期长、风险大、收益高的特点。

货币市场的特点

作为融资期限短于一年的金融市场，货币市场具有许多不同于资本市场的特点。

一是货币市场上融通资金的期限都比较短，最长不超过一年，短的一般是 1 天、2 天，最短的时候只有几个小时或隔夜。二是货币市场的交易主体以机构投资人为主，单笔交易的数量比较大，一般都在百万以上。三是货币市场上对资金的需求主要是为了应付短期、急需、临时性的需要，而提供资金的目的也是获得流动性，收益性并不是投资的主要目的。四是货币市场具有比较严格的市场准入条件，只有那些信誉良好的公司、企业和金融机构，才能够进入、参与货币市场交易。五是货币市场一般没有确定的交易场所，目前的交易主要通过计算机网络进行。

由于货币市场的信用风险低于资本市场，货币市场工具的流动性也比资本市场工具好，因此货币市场的利率一般会低于资本市场利率，是一国利率体系中的最低水平。因此，除了短期资金的供需双方，长期资金的供需双方也会进入货币市场参与交易。这是因为长期资金需求者会选择在资本市场利率最低、条件最优惠的时候借入资金，而当他们还没有确定最适当的时机之前，他们可以从利率较低的货币市场上筹措临时性的资金，以满足一时的需要。对于资金的供给者来说，也同样会在选择好新的投资方向之前，先通过货币市场使资金进行比较短期的周转，以充分利用手头闲置的资金。对于商业银行来说，货币市场是其调节日常头寸最重要的场所。中央银行则可以通过在货币市场上进行公开市场操作、再贴现业务，来控制、调节货币市场的利率，从而达到调节货币流通量的目的，最终实现货币政策目标。因此，货币市场不但是各机构进行短期资金交易的场所，也是中央银行实现其货币政策的重要场所。

货币市场的主要类型

按照交易的金融产品不同，可以把货币市场划分成如下几个子市场：银行同业拆借市场、票据市场、贴现市场、可转让大额定期存单市场、国库券市场、回购市场等。

1. 银行同业拆借市场

银行同业拆借市场是指银行及其他金融机构之间进行短期资金借贷的市场。市场的参与者为商业银行以及其他各类金融机构。

金融机构在日常经营活动中，每天资金存入和提取的数目变化不定。这样，金融机构在一个营业日内，可能会出现资金收支不平衡的情况，有时收大于支，有时支大于收。资金不足的金融机构当然需要借入资金，而资金有余的金融机构为了获得更多的盈利，也需要借出资金，从而产生了金融机构之间相互进行短期资金拆借的需要。资金不足者向资金多余者借入资金，称为资金拆入；资金多余者向资金不足者借出资金，称为资金拆出。资金拆入大于资金拆出的，称为净拆入；反之，则称为净拆出。同业拆借能够调剂各个金融机构的头寸，或者应付一些临时性的资金短缺。这样，商业银行不必保持大量超额准备金，就能满足意外的提款要求。

同业拆借市场具有如下特点：第一，同业拆借市场的拆借期限很短，一般是 1 天、2 天、1 个星期不等，最短的甚至只有几个小时。第二，参与拆借的金融机构，基本上都在中央银行开立了存款账户，资金的划拨主要通过中央银行的票据结算系统或是电子转账系统完成。第三，利率由交易双方商定，通常高于中央银行超额准备金利率，低于中央银行再贴现率。同业拆借市场利率变动很快，能够灵敏地反映出市场资金供求状况。第四，同业拆借市场交易额巨大，体现了其主要交易主体是银行的特点。

由于同业拆借市场的利率基本上代表了资金的市场价格，是确定其他资金价格的基础参照利率，因此中央银行可以通过调控同业拆借市场利率来影响其他利率，从而实现对经济的调控。这样，同业拆借市场就成为中央银行制定和实施货币政策的重要载体。

2. 票据市场

票据市场是交易票据的市场。在票据市场上交易的票据主要有商业票据和银行承兑汇票两类。

商业票据起源于商品交易中的延期支付，以商品交易为背景，是工商业者之间由于信用关系形成的短期无担保债务凭证。但商业票据只反映由交易产生的货币债权债务关系，不反映交易的内容，只要证实票据不是伪造的，付款人就必须履行义务，这叫做商业票据的无因性。因此，商业票据可以通过背书转让进行流通。

传统的商业票据主要指汇票和本票。汇票是出票人签发的，委托付款人在见票时或者在指定日期无条件支付确定的金额给收款人或者持票人的票据。本票是由出票人签发的，承诺自己在见票时无条件支付确定金额给收款人或者持票人的票据。

具有交易背景的票据被称为真实票据，与之相对应的是没有交易背景，只是为了融通资金而签发的融通票据。西方在 18 世纪后期 19 世纪前期曾经对这两种票据的优劣展开过长期的争论。如上所述，由于商业票据的无因性，因此商业票据是否能够进入金融市场，主要取决于出票人的资信状况，与票据本身是否具有交易背景没有关系。因此，融通票据逐渐为人们所接受。现在，融通票据已经占据了发达市场经济国家商业票据市场的主要地位。融通票据的出票人大多为大工商企业和金融机构，其票面金额已经标准化，以方便交易。

银行承兑汇票是在商业票据的基础上产生的。由于汇票只是出票人签发的付款命令，因此必须经过付款人的承认才具有效力。远期汇票在付款到期日前提示给付款人，由付款人确认到期付款责任的行为就称为承兑。银行承兑汇票是由银行承诺到期履行汇票规定的付款义务，商业承兑汇票是由非银行的其他机构承诺到期履行汇票规定的付款义务。和商业承兑汇票相比，银行承兑汇票改变了汇票的信用基础，使商业信用转换为银行信用，信用等级更高，增强了汇票的可接受性和流通性。在具体操作中，应由付款人申请，并于到期前把应付款项交给银行，银行还将收取一定的手续费。

3. 贴现市场

贴现市场是通过票据贴现来融通短期资金的场所。贴现市场有其特殊的运行机制。票据贴现是指票据持有人将未到期的票据转让给银行，银行扣除一定的利息之后把票面金额支付给持票人的一种票据行为。例如，票据持有者将一张 6 个月后到期、面额10 000元的商业票据贴现给银行，按照 8%的贴现率计算，银行将支付给持有者10 000－10 000×8%÷2＝9 600元。银行扣除的利息与票据票面金额的比率，就是贴现率。贴现市场上的贴现率高低取决于票据的质量。评级越高的票据，贴现率就越低。

当贴现银行将贴现的未到期票据转卖给其他银行时，就是转贴现；如果卖给中央银行，就是再贴现。

在贴现市场交易的金融工具，主要有国库券、短期债券、银行承兑汇票及其他商业票据。贴现市场的参与者有工商企业、商业银行和中央银行。

4. 可转让大额定期存单市场

可转让大额定期存单市场是指进行可转让大额定期存单交易的市场。可转让大额定期存单（Certificates of Deposit，CDs）是由商业银行发行的一种金融产品，是存款人在银行的存款证明。可转让大额定期存单与普通的存款单相比，一是不记名；二是存单上金额固定，而且面额较大，比如美国规定最低面额是 10 万美元，一般都在 50 万美元以上；三是可以转让和流通。可转让大额定期存单的期限，通常不得少于 14 天，一般在一年以内，以 3 个月～6 个月的居多。

可转让大额定期存单最早产生于美国。美国 Q 条例规定商业银行对活期存款不能支付利息，定期存款利率不能突破一定限额。20 世纪 60 年代，美国市场利率上涨，高于 Q 条例规定的上限，资金从商业银行流入金融市场。为了吸引客户，商业银行推出可转让大额定期存单，购买存单的客户随时可以将存单在市场上变现出售。这样，客户实际上以短期存款取得了按长期存款利率计算的利息收入。可转让大额定期存单提高了商业银行的竞争力，而且提高了存款的稳定程度：对于发行存单的银行来说，存单到期之前，不会发生提前提取存款的问题。

可转让大额定期存单市场的主要参与者是货币市场基金、商业银行、政府和其他非金融机构等机构投资者，市场收益率高于国库券。

5. 国库券市场

国库券市场是交易国库券的市场。国库券，又称短期政府债券，是一国政府发行的期限在一年以内的政府债券。国库券市场由国库券发行市场和流通市场两部分组成。

国库券发行市场可以有两种不同的发行方式：一是固定利率的发行，二是公开投标。

固定利率的发行又可有两种不同的发行模式：一是按照国库券的面额由购买者购买，二是折扣发行。

公开投标方式发行的国库券利率，由众多投标者投标决定。通常的做法是：国库券的发行者（财政部）预先公布将要发行的国库券的数量和期限，要求投资者，如各类银行、信托公司、证券交易商及其他相关单位，实行公开投标。

因为国库券是政府发行的债务凭证，而且期限很短，所以国库券被认为是安全性和流动性最好的信用工具，几乎所有的金融机构和一些非金融的公司企业都会参与这个市场的交易。由于国库券市场具有的流动性好、规模大的特点，因此许多国家的中央银行都选择国库券市场开展公开市场业务。

6. 回购市场

回购市场是对回购协议进行交易的市场。回购协议是指在证券出售时，卖方向买方承诺在未来的某个时间按照约定价格将证券买回来的协议。回购事实上是以相关证券为抵押品的贷款，提供资金的是证券的买方，买方的操作我们称为逆回购；借入资金的是证券的卖方，卖方的操作我们称为正回购。

例如，某公司 3 天后会有一笔资金到账，但该公司当天需要2 000万元流动资金。为解决流动资金不足的问题，该公司进入回购市场，寻找到交易对手，将自己持有的2 000万元国债以回购协议的方式出售，承诺 3 天后以2 005万元的价格购回。这家公司获得了为期 3 天、本金2 000万元、利息 5 万元的贷款。在实际操作中，用于抵押的证券实际价值往往高于交易价值，由此回购协议也被称为过度抵押贷款。

能够充当抵押品的证券信用等级较高，一般包括国债、银行承兑汇票等。回购交易的期限比较短，一般是1天（也称为隔夜）、7天、14天等。因此回购市场具有风险低、流动性高的特点。

第三节　资本市场

资本市场是政府、企业、个人筹措长期资金的市场，主要包括中长期借贷市场和中长期证券市场。中长期借贷市场是银行向资金需求者提供中长期贷款的场所，中长期证券市场是股票和中长期债券发行、流通的市场。狭义的资本市场主要指的是中长期证券市场。

股票市场是进行各种股票发行和买卖交易的场所。股票是一种有价证券，它是股份有限公司公开发行的用以证明投资者的股东身份和权益，并据以取得股息和红利的凭证。股票一经发行，持有者即为发行股票公司的股东，有权参与公司的决策，分享公司的收益，同时也要分担公司的责任和经营风险。股票一经认购，持有者不能以任何理由要求退换股本，只能通过股票市场将股票转让和出售。

中长期债券市场就是交易中长期债券，即期限在一年以上债券的市场。债券是发行人依照法定程序发行，并约定在一定期限还本付息的有价证券。按照发行主体的不同，可以分为中长期政府债券、金融债券和公司债券。

证券市场都是由初级市场和二级市场组成，二级市场也同样包括证券交易所市场和场所外交易市场。

一、初级市场

证券发行市场又称为一级市场或初级市场，是证券发行人发行证券、募集资金的场所。该市场由证券发行人、投资人和中介组成。发行人是指符合发行条件并且正在从事证券发行或者准备进行证券发行的政府组织、金融机构或者商业组织，它是构成证券发行市场的主要因素。为了保障投资者的利益，维护证券发行市场的秩序，防止各种欺诈舞弊行为，多数国家的证券法规都对证券发行人的主体资格、净资产额、经营业绩和发起人责任设有条件限制。投资人是指根据发行人的招募要约，已经认购证券或者将要认购证券的个人或社团组织。中介人主要是指媒介证券发行人与投资人交易的证券承销人，它通常是负担承销义务的投资银行、证券公司或信托投资公司。

1. 证券发行方式：公募、私募

在发行市场，证券的发行方式一般有公募和私募两种。公募发行是指向广泛的不特定的投资者发行证券。由于公募发行涉及众多的投资者，其社会责任和影响很大。为了保证投资者的合法权益，政府对证券的公募发行控制很严，要求发行人具备较高的条件。比如要求发行人必须向社会提供各种财务报表及其他相关资料等。公募证券可以上市流通，具有较高的流动性，因而易于被广大投资者接受。公募发行提高了发行人在证券市场上的知名度，扩大了社会影响，能够在较短时间内筹集到大量资金。但是公募发行对发行人的要求高，手续复杂，发行成本高，而且由于必须公开发行人的财务报表，不利于保守商业秘密。

私募发行是指仅向少数特定投资者发行证券，也称内部发行。发行对象一般是与发行人有特定关系的投资者，如发行人的职工或与发行人有密切关系的金融机构、公司、企业等。发行人的资信情况为投资者所了解，因此不必向公募发行那样向社会公开内部信息。私募发行手续简单，发行费用较低，但私募证券一般不能上市流通。由于私募发行面对的投资者范围较小，私募证券的流动性较差，私募发行所能筹集到的资金数量要小于公募发行。

2. 证券发行过程：直接发行、间接发行

发行人在发行证券时，可以选择直接发行的方式，也可以采取间接发行的方式。直接发行是指发行人不通过证券承销机构，依靠自己发行证券的一种方式。发行人选择自己直接发行股票方式，大多是在私募发行中。

间接发行是指发行人不直接参与证券的发行过程，把证券的发行委托给一家或几家证券承销机构承销的一种方式。间接发行对于发行人来说，虽然要支付一定的发行费用，但是筹资时间短。而且在发行巨额证券的情况下，相对于直接发行更能节约发行费用。《中华人民共和国公司法》规定，只要是公开募集的股票，都必须采取间接发行的方式。

间接发行又分为代销和包销两种方式。证券代销是指证券公司代发行人发售证券，在承销期结束时，将未售出的证券全部退还给发行人的承销方式。证券包销则是指证券公司将发行人的证券按照协议全部购入，在承销期结束时将售后剩余证券全部自行购入的承销方式。包销方式下证券公司承担了全部发行风险，相应的包销费也会高于代销费。

3. 证券发行价格的确定

(1) 股票发行价格的确定。

股票发行价格是指股份有限公司将股票公开发售给特定或非特定投资者所采用的价格。确定股票发行价格的方法有三种：市盈率法、净资产倍率法和竞价确定法。

第一，市盈率法。

市盈率是指股票市场价格与每股净收益的比率。通过市盈率法确定股票发行价格，首先应根据专业会计师审核后的盈利预测计算出发行人的每股净收益，然后根据二级市场上的平均市盈率、发行人所在行业同类公司的股票市盈率等确定出发行市盈率，最后计算发行价。即：

$$\text{发行价}=\text{每股净收益}\times\text{发行市盈率} \tag{4.1}$$

第二，净资产倍率法。

净资产倍率法又称为资产现值法，指通过资产评估和相关会计手段确定发行人拟募股资产的净现值和每股净资产值，然后根据证券市场的状况将每股净资产值乘以一定的倍率或一定折扣，以此确定股票发行价格的方法。即：

$$\text{发行价}=\text{每股净资产值}\times\text{溢价倍率（或折扣倍率）} \tag{4.2}$$

第三，竞价确定法。

竞价确定法是指投资者在指定时间内通过交易柜台或者证券交易所交易网络，以不低于发行底价的价格并按限购比例或数量进行认购委托，申购期满后，由交易所的交易系统将所有有效申购按照价格优先、同价位申报按照时间优先的原则，将投资者的申购委托由高价位向低价位排队，并由高价位到低价位累计有效认购数量，当累计数量恰好达到或超过本次发行数量的价格，即为本次发行的价格。如果在发行底价上仍不能满足本次发行股票的数量，则竞价的底价为发行价。

发行底价可以由发行人和承销商根据发行人的经营业绩、盈利预测、投资的规模、市盈率、发行市场与股票交易市场上同类股票的价格及影响发行价格的其他因素，共同协商确定。

(2) 债券发行价格的确定。

债券的发行价格即债券投资者认购新发行的债券时实际支付的价格。债券发行价格的高低直接影响债券发行人的筹资成本和投资者的收益。因此，确定合理的债券发行价格对债券的发行至关重要。

债券发行人在准备发行债券时，通常要提前确定债券的票面利率和票面价值。虽然票面利率的制定是以市场收益率为依据，但是市场利率在不断变化之中，从而导致债券的市场收益率也随之不断变化。这样。当债券开始发行时，事先确定的票面利率往往会偏离债券发行时的市场收益率。因此，在债券发行时，债券发行人需要根据市场收益率调整债券的发行价格，使得投资者得到的实际收益率与市场收益率相等，从而保证债券能够顺利发行。如果债券的发行价格等于债券面值，则是平价发行；如果债券的发行价格低于债券面值，则是折价发行；如果债券的发行价格高于债券面值，则是溢价发行。

债券发行价格的计算公式随利息支付方式的不同而不同。下面仅以按年付息的方式来说明债券发行价格的计算公式。

$$\text{债券发行价格} = \sum_{t=1}^{n} \frac{\text{债券年利息}}{(1+\text{市场收益率})^{t}} + \frac{\text{债券面值}}{(1+\text{市场收益率})^{n}} \tag{4.3}$$

式中：n 是债券的有效期限。

二级市场

证券二级市场是买卖已发行证券的市场，也被称为交易市场或次级市场。二级市场上的交易虽然不能为证券的发行人增加新的资产，但却为投资者提供了转让证券的场所，从而使得证券能够顺利发行。发行市场是交易市场的前提，交易市场是发行市场的保障，二者不可或缺。

证券交易市场由两种基本形式组成：证券交易所和场外交易市场。

1. 证券交易所

证券交易所是证券买卖双方公开交易的场所，是一个有组织、有固定地点、集中进行证券交易的市场。证券交易所本身并不买卖证券，也不决定证券价格，而是为证券交易提供一定的场所和设施，配备必要的管理服务人员，并对证券交易进行周密的组织和严格的管理，为证券交易顺利进行提供一个稳定、公开、高效的市场。

证券交易所作为高度组织化的有形市场，具有以下特征：

第一，证券交易所有固定的交易场所和交易时间。

第二，只有具备会员资格的证券经营机构才能进入证券交易所交易，一般投资者不能进入交易所买卖证券。一般投资者的交易采用经纪制，即委托会员作为经纪人间接交易。

第三，证券交易所交易的证券是上市证券，上市证券在上市之前必须符合交易所规定的各项标准，并且得到有关证券主管部门的批准。发行上市证券的上市公司要按规定定期真实地披露其生产经营状况和财务状况。

第四，证券交易所通过公开竞价的方式决定交易价格。所谓公开竞价，是指在对同一种证券有不止一个买方和卖方时，买方交易员和卖方交易员分别从当时成交价逐步向上或向下报价；当任一买方交易员与任一卖方交易员的报价相等时，这笔交易就成交。竞价成交后，还需要办理交割和过户的手续。

第五，证券交易所集中了证券的供求双方，具有较高的成交速度和成交率。

证券交易所组织形式有公司制和会员制两种。公司制的证券交易所是以股份有限公司形式组织并以营利为目的的法人团体。会员制的证券交易所是一个由会员自愿组成的、不以营利为目的的社会法人团体。

2. 场外交易市场

场外交易市场是在证券交易所以外的证券交易市场的总称。在证券市场发展初期，许多有价证券的买卖都是在柜台上进行的，因此称之为柜台市场或店头市场。随着通信技术的发展，目前场外交易市场很少直接在证券经营机构的柜台前进行，而是由客户与证券经营机构通过电话、电传、计算机网络进行交易，因此也被称为电话市场。

场外交易市场具有如下特征：

第一，场外交易市场是一个分散的无形市场，没有固定的、集中的交易场所。在场外交易市场上，各证券经营机构主要依靠电话、电报、电传、计算机网络进行联系，分别进行交易。

第二，场外交易市场的组织方式采取做市商制。在场外交易市场，投资者直接和证券商进行交易，不需要中介人，证券商先行垫入资金买入若干证券作为库存，然后开始挂牌对外进行交易，买卖的差价形成证券商的利润，同时也制造出了证券交易的机会，成为市场的组织者。因此，这些既直接参与交易又组织市场的证券商就被称为**做市商（Market Maker）**。

第三，场外交易市场上交易的证券种类非常多，通常以未能在证券交易所批准上市的股票和债券为主。由于证券种类繁多，因此每家证券商只固定经营若干种证券。

第四，场外交易市场通过议价方式进行证券交易。由于场外交易市场上证券买卖采取一对一的交易方式，对同一种证券的买卖不可能同时出现众多的买方和卖方，因此其价格由买卖双方协商议定。

第五，场外交易市场的管理比证券交易所宽松。场外交易市场比较分散，缺乏统一的组织和章程，不易管理和监督，而且交易效率也比较低。

第四节　衍生工具市场

金融衍生工具市场就是交易金融衍生工具的市场。**金融衍生工具**是指其价值依赖于原生金融工具的一类金融产品。也就是说，金融衍生工具的价值由原生金融工具预期价格的变化决定。这些原生金融工具一般指股票、债券、存单、货币等。

20 世纪 70 年代，伴随着布雷顿森林体系的崩溃，西方各国开始实行浮动汇率制，国际金融市场上的汇率波动既频繁又剧烈，外汇风险日益增加。此外，由于石油危机的爆发，西方国家通货膨胀率居高不下，不得不运用利率工具对付通货膨胀，又使金融市场的利率大幅波动。各经济主体都希望能够通过金融交易规避汇率风险和利率风险。与此同时，各国政府逐渐放松金融管制，金融创新成为可能。多方面的因素共同促使金融衍生工具迅速繁衍发展。

目前，金融衍生工具种类繁多，结构复杂，并且不断有新的成员加入。本章将介绍期货和期权这两个比较主要的衍生工具。

一、期货市场

期货市场就是进行期货交易的市场。

1. 期货的定义

远期合约是最简单的一种金融衍生工具。合约双方约定，在未来某一日期按照约定的价格买卖约定数量的某种资产。一般称呼双方约定买卖的资产为标的资产，约定的成交价格为期货价格、执行价格或协议价格，卖出资产的一方为空头，买入资产的一方为多头。

远期交易起源于农产品交易。农产品的生产周期比较长，而且农产品价格具有在收获季节下降、非收获季节上涨的季节性波动规律，无论是农民还是农产品需求者都面临粮价波动带来的风险。为了消除农产品价格波动风险，农民和农产品需求者希望能够提前确定农产品价格，于是诞生了以农产品为标的资产的远期交易。通过远期交易，农民和农产品需求者可以在播种时就商定农产品的销售价格和数量，等到收获之后再交货付款。

目前，远期合约主要在场外市场进行交易，标的资产的数量、质量、交货时间、交货地点等交易条件由交易双方自行商定。而期货则是标准化了的远期合约，主要在交易所市场进行交易。

期货合约是由期货交易所统一制定的、规定在将来某一特定的时间和地点交易一定数量和质量商品的标准化合约。其最大的特点就是每张合约所包含的内容，例如标的资产的种类、数量、质量、交货地点等都标准化了。

期货交易采取保证金制度。即交易双方在开始交易时，不需要支付全部款项，只需要在各自经纪商那里存入一定比例的保证金，用于结算。保证金一般占期货合约价值的5%～10%。期货交易所在每个交易日结束时，根据当天的收盘价，将投资者的损益记入其保证金账户，超过保证金的部分投资者可以支取使用，不足的部分必须由投资者在 24 小时内追加，否则经纪商就会强行平仓。

2. 期货的种类

根据标的资产的不同，我们可以把期货分成商品期货和金融期货。商品期货是以实物商品为标的资产的期货合约，例如交易大豆、玉米等的期货就属于商品期货。金融期货是以各种金融商品为交易对象的期货合约，例如外汇期货、利率期货、股票价格指数期货等。

（1）外汇期货。

外汇期货又称货币期货，是金融期货中最早产生的品种。外汇期货是为适应人们管理外汇风险的需要而产生的。通过外汇期货，交易者可以事先确定外汇汇率，以避免由汇率波动而带来的损失。虽然远期外汇交易和期货外汇交易非常类似，但大型金融机构一般采用远期交易，而规模较小的商户和投资者一般采用期货交易。

（2）利率期货。

利率期货是继外汇期货之后产生的又一个金融期货类别，其标的物是一定数量的某种与利率相关的商品，即各种固定利率的有价证券。当利率发生变化时，固定利率有价证券的价格就会随之发生变化，给证券持有者带来风险。利率期货能够帮助持有者规避国债等固定利率有价证券的利率风险。

（3）股票价格指数期货。

股票价格指数期货是金融期货中最晚产生的一个品种，是 20 世纪 80 年代金融创新中出现的最重要、最成功的金融工具之一。第一份股票指数期货是芝加哥商品交易所于 1982 年 4 月设计的标准普尔 500 股票指数期货合约。

股票价格指数是反映整个股票市场上各种股票的市场价格总体水平及其变动情况的一种指标，而股票价格指数期货即是以股票价格指数为标的物的期货交易。股票市场上的股票价格处于不断波动之中，股票价格指数期货是为适应人们管理股市风险，尤其是系统性风险的需要而产生的。股票价格指数期货采用现金结算的方式，其合约的价值通常是以股票价格指数值乘以一个固定的金额来计算。

3. 期货合约的价值

如上所述，期货作为一种金融衍生产品，其价值取决于标的资产价值的变化。具体地说，如果在即期市场①上标的资产的即期价格②高于期货价格，那么期货合约的多头方将从这份合约中获益。这是因为，虽然标的资产的即期价格已经上涨，但多头方仍然可以按照较低的期货价格购得该资产；反之，如果在即期市场上标的资产的即期价格低于期货价格，那么期货合约的空头方将从这份合约中获益，因为空头方能够按照高于即期价格的期货价格出售标的资产。我们可以用图 4—2 来说明。

当期货合约到期时，交易双方一般用现金来结清交易，而不是对标的资产进行实物交割。那么当即期价格高于合约约定的期货价格时，卖方向买方支付即期价格和期货价格之间的价差，而当即期价格低于期货价格时，则由买方向卖方支付即期价格和期货价格之间的价差。

---

① 即期市场上，商品的交割必须在交易之后的两个工作日内完成。即期市场也被称为现货市场。

② 即期市场上的成交价格被称为即期价格，或是现货价格。

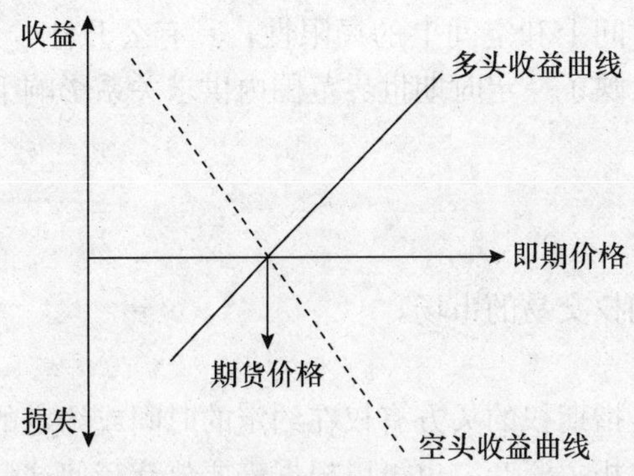

图 4—2　期货合约交易双方收益曲线

4. 期货的功能

(1) 套期保值功能。

套期保值是指在现货市场与期货市场同时做相反的交易，从而达到为其现货保值的目的。套期保值的操作原理是标的资产的期货价格和现货价格受相同经济因素的制约和影响，具有相同的变动趋势。操作方法是投资者在现货市场买进或卖出某种标的资产的同时，做一笔与现货交易品种、数量、期限相当但方向相反的期货交易，以期在未来某一时间通过期货合约的对冲，以一个市场的盈利来弥补另一个市场的亏损，从而回避现货价格变动带来的风险，实现套期保值的目的。

例如，一家美国公司从日本进口电子设备，双方约定货款为 1.25 亿日元，45 天后支付。此时 1 美元＝120 日元。这家美国公司担心 45 天之后，日元兑美元汇率升值，加大公司进口商品的成本。因此，公司进入期货市场，购买了如下内容的期货合约：约定在 45 天之后按照 1 美元＝120 日元的汇率，购买 1.25 亿日元。假设在交割日，日元兑美元的汇率上升到 1 美元＝115 日元，那么该公司在期货市场上将收入 1.25 亿÷115－1.25 亿÷120＝45 300美元。同时，日元汇率的上升会导致公司在现货市场上损失 1.25 亿÷115－1.25 亿÷120＝45 300美元。两相抵消，该公司通过套期保值的方法规避了汇率风险。

当然，只有在期货交易和现货交易完全匹配的情况下，套期保值才能规避所有的风险。

(2) 价格发现功能。

价格发现功能是指在一个公开、公平、高效、竞争的期货市场中，通过集中竞价形成期货价格的功能。由于期货价格与现货价格走向一致，并逐渐趋同，因此今天的期货价格可能就是未来的现货价格。这一关系使世界各地的套期保值者和现货经营者都利用期货价格来衡量相关现货商品的近远期价格发展趋势，利用期货价格和传播的市场信息来制定各自的经营决策。这样，期货价格就成为世界各地现货成交价的基础。

期货市场之所以具有价格发现功能，是因为期货市场将众多的、影响供求关系的因素集中在交易场所内，通过买卖双方公开竞价，集中转化为一个统一的交易价格。这一价格一旦形成，立即向世界各地传播，并影响供求关系，从而形成新的价格，如此循环往复，使价格不断趋于合理。

当然，期货价格并非时时刻刻都能准确地反映市场的供求关系。但这一价格克服了分散、局部的市场价格在时间上和空间上的局限性，具有公开性、连续性、预测性的特点。应该说，它比较真实地反映了一定时期世界范围内供求关系影响下的商品或金融资产的价格水平。

期权市场

期权市场就是进行期权交易的市场。

1. 期权的定义

期权又称选择权，是指期权的买方有权在约定的时间或约定的时期内，按照约定的价格买进或卖出一定数量的相关资产，也可以根据需要放弃行使这一权利。期权的买方为了取得这样一种权利，必须要向卖方支付一定数额的费用，这笔费用就是期权费。

期权交易实际上是一种权利的单方面有偿让渡。期权的买方以支付一定数量的期权费为代价而取得了这种权利，不必承担必须买进或卖出的义务；期权的卖方则在收取了一定数量的期权费后，在一定期限内必须无条件服从买方的选择，履行成交时的承诺。和期货不同，期权赋予买方将风险锁定在一定范围之内的权利，可以实现有限的损失（即期权费）和无限的收益。

2. 期权的种类

（1）看涨期权和看跌期权。

看涨期权又称为买入期权，是指期权的买方具有在约定期限内按约定价格买入一定数量标的资产的权利。投资者之所以会买入看涨期权，是因为他预期标的资产的价格将会上涨。如果判断正确，投资者可以按照约定价格买入该项资产并以市价出售，赚取市价与约定价格之间的差额。如果判断失误，则损失期权费。如图 4—3 所示，约定价格和 A 点之间的差额即为期权费。

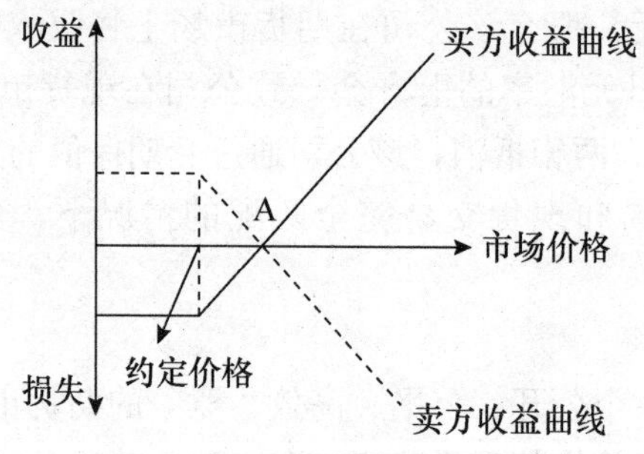

图 4—3 看涨期权收益曲线

看跌期权又称卖出期权，是指期权的买方具有在约定期限内按约定价格卖出一定数量标的资产的权利。投资者之所以会买入看跌期权，是因为他预期标的资产的价格将会下跌。如果判断正确，投资者可以按照市价买入该项资产并以约定价格出售，赚取约定价格与市价之间的差额。如果判断失误，则损失期权费。如图 4—4 所示，约定价格和 A 点之间的差额即为期权费。

（2）欧式期权和美式期权。

按照期权合约所规定的履约时间不同，可以把期权分为欧式期权和美式期权。欧式期

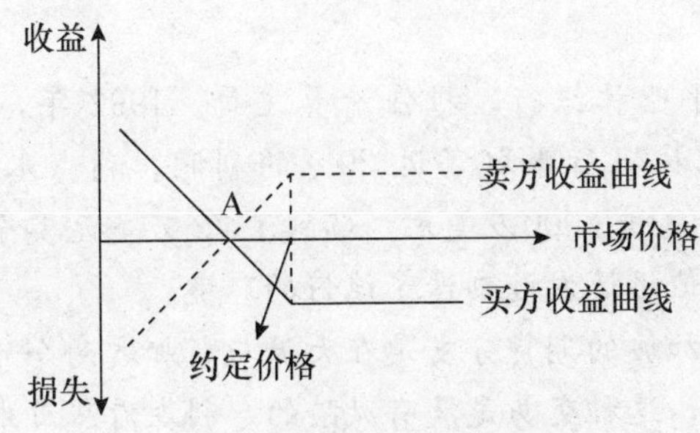

图 4—4　看跌期权收益曲线

权的买方只能在合约到期日行使权利，而美式期权的买方则可以在期权的有效期内任何时间行使权利。显然，美式期权赋予了期权买方更大的选择空间。

(3) 股票期权、股票指数期权、利率期权、货币期权、期货期权。

以金融商品或金融期货合约为标的物的期权合约主要有以下几类：

股票期权是以股票为标的物的期权。股票期权的买方获得的是以一定价格买入或卖出相关股票的权利。

股票指数期权是以股票指数为标的物的期权。股票指数期权没有可作为实物交割的具体股票，期权的买方取得的是以协定指数与市场实际指数进行盈亏结算的权利，结算时采取现金轧差的方式。

利率期权通常以债券、可转让大额定期存单为标的物。利率期权的买方取得的是以一定利率（价格）买入或卖出标的物的权利。

货币期权又称为外汇期权，通常以美元、日元、欧元等可兑换货币为标的物。货币期权的买方取得的是以一定汇率买入或卖出某种外汇的权利。

期货期权是以某种期货合约为标的物。期货期权的买方取得的是以一定价格买卖某种期货合约的权利。

3. 期权费的确定

通常，影响期权费的主要因素有：

(1) 距离期权到期日的时间越长，期权费就越高。

(2) 期权标的资产价值的波动幅度越大，期权费就越高。

(3) 看涨期权的期权费随着约定价格的上升而下降。

(4) 看跌期权的期权费随着约定价格的上升而上升。

4. 期权的功能

期权有着和期货类似的功能，同样具有套期保值和发现价格的作用。但是，期权能够更加有效地控制风险，从这种意义上说，期权是期货的延伸和发展。

小专栏

金融衍生产品交易与巴林银行的倒闭

巴林银行是伦敦一家历史悠久的商业银行，经历了第二次世界大战大空袭和无数次金融危机，但最终却因为一名名叫尼克·利森的交易商在衍生金融工具市场上的交易而倒闭了。

利森于1989年受雇于巴林银行，担任清算文员。1992年，他被调到新加坡。1993年，利森领导的小组为巴林银行赚取了近20%的利润。利森本人得了20万美元奖金。1994年，他又为巴林银行赚进3 000万美元，领到了72万美元奖金。新加坡国际货币交易所是利森成长的沃土，为他迅速发迹创造了绝好的环境。

通常，巴林银行在新加坡的期货分支是在大阪与新加坡两个市场间套利，从细微差价中赚钱。在巴林银行看来，这种交易是没有风险的。利森看涨日本股票市场，在没有获得授权的情况下购买了大量的日经指数期货，从而在日经225指数上积累了多头头寸，此时他没有采取套期保值的手段来防范风险。从表面上看利森的期货交易在赚钱，而实际上利森伪造了一个假账来掩盖亏损。利森之所以能蒙混过关，是因为他身兼二职，既是交易商又是会计师。这种做法在银行业是反常的。

利森的交易亏损不断加大。到1993年年底，账面上的亏损额为2 300万英镑，1994年年底则升为2.08亿英镑，1995年2月是8.27亿英镑。为弥补亏损，利森卖出期权，向账户中拨入期权费，试图平衡账目。利森的这一操作使得巴林银行面临更大的风险，因为一旦日经指数跌破18 500点，期权交易将产生巨额亏损。

1995年1月17日，日本神户发生了大地震。地震的巨大损失，以及人们对日本经济前景的担忧，使得市场开始动荡。但利森猜测市场会出现反弹，买进了更多期货。1月23日，日经指数跌至17 800点。利森不但没有收手，反而加倍下注，他孤注一掷，认为自己有回天之力。到了2月23日，利森手上有6万多份期货合同。在他的自传《疯狂的交易》一书中，利森这样回忆起当天的情况："我把市场上能卖的都买了。"这天晚上，利森离开了交易大厅，再也没有回来。他的亏损太大，拖垮了巴林银行。到了2月26日，巴林银行正式宣告破产，损失总额高达9.27亿英镑。

经过审判，利森承认了两项罪名，一是欺骗巴林银行的审计员，二是在新加坡国际货币交易所作弊。利森被判六年半监禁，在新加坡服刑。

第五节　中国的货币市场与资本市场

中国货币市场的特征

中国货币市场经历了一段相对漫长的演变发展历程。我国于1981年开始发行国库券，1984年开始建立同业拆借市场，1985年开始建立票据贴现市场，1986年开始发行大额可转让存单，1987年开始试点发行企业短期融资票据，1988年开始建立国库券的二级市场，1991年开始建立国债回购市场。目前我国货币市场主要包括同业拆借市场、短期债券市场、债券回购市场和票据贴现市场四个子市场。

1. 同业拆借市场

中国的拆借市场产生于20世纪80年代初期。但在1993年前后，拆借市场非常混乱，一些金融机构将拆借市场作为长期融资的渠道，将拆入的资金投入到证券市场和房地产市场，加大了金融风险。为此，中国人民银行对拆借市场进行了多次整顿。

1996年1月，中国人民银行开始建立全国银行间同业拆借市场。商业银行总行及其授权分行、城市商业银行等金融机构成为全国银行间拆借市场成员，直接通过全国银行间同业拆借中心提供的电子交易系统进行拆借交易，其他金融机构的拆借交易在当地进行，并须报中国人民银行分支行备案。从1998年开始，中国人民银行陆续批准了部分证券公司和财务公司成为全国银行间同业拆借市场交易成员，拆借市场覆盖的金融机构更加广泛。截至2012年年末，全国银行间债券市场的机构投资者达12 431家，其金融机构5 944家，非金融机构法人6 375家。同业拆借市场成员共965家，其中银行类金融机构719家，非银行类金融机构246家。

中央银行对各商业银行的拆借资金的期限和额度进行了限制。各商业银行拆借资金最长期限不得超过四个月，拆借额度根据存款余额按比例确定。1996年6月起，中国人民银行规定，金融机构可根据市场资金供求状况，自行确定拆借利率，并开始定期公布银行间拆借市场利率（CHIBOR）。这是中国利率改革的重要一步。CHIBOR的推出为培养基准利率，进一步推进利率市场化做出了一定的贡献。但是由于CHIBOR是由政府主导形成的，加上当时金融市场化程度较低，金融结构单一，制度不完善等原因，使得CHIBOR逐渐走向没落。2007年年初，央行推出了由信用等级较高的银行组成报价团自主报出的人民币同业拆出利率计算确定的算术平均利率，即上海银行间同业拆放利率（SHIBOR）。SHIBOR的推出对整个宏观基准面、股市、金融衍生品、债券价格都起到风向标的作用。

随着有关政策的实施，拆借市场交易日趋活跃，同业拆借市场已经成为金融机构之间调节短期头寸的重要场所。但拆借市场的交易规模相对于中国的金融体系的规模仍然偏低，其主要原因是我国对商业银行在中央银行的超额准备金付息，因此商业银行缺乏减少超额准备金的动机，从而使同业拆借，特别是隔夜拆借的需求不高。因此，拆借市场的发展，还有待于准备金制度的改革和央行支付系统效率的提高。

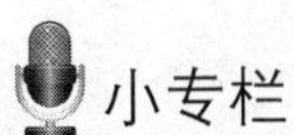

上海银行间同业拆放利率

市场基准利率作为金融市场产品定价的参照，是利率市场化最为重要的金融基础设施之一。2007年，上海银行间同业拆放利率（SHIBOR）建立。在技术安排上，SHIBOR借鉴了伦敦银行间同业拆借利率（LIBOR）、欧元区银行间同业拆借利率（EURIBOR）和新加坡银行间同业拆借利率（SIBOR）等国际主要货币市场基准利率的一些通行做法；在运行制度安排上，则更加注重与中国实际相结合，特别是重点加强了报价形成的市场约束和监督管理。

SHIBOR在生成方法和报价行选择等方面沿用了国际通行做法。SHIBOR是由信用等级较高的银行组成报价团自主报出的人民币同业拆出利率计算确定的算术平均利率，属于单利、无担保、批发性利率，包括从隔夜到1年的16个期限品种，目前对社会公布8个品种。在基准利率设计之初，SHIBOR的生成机制和报价行选择等方面借鉴了国际主要货币市场基准利率的通行做法。一是基准利率的计算均采用报价行每个交易日按时报价、剔除若干最高和最低报价、剩余报价算术平均生成最终利率的做法，并由作为第三方机构的全国银行间同业拆借中心对外发布。二是基准利率报价团均由信用等级较高、货币市场交易活跃以及具有较强利率定价能力的优质银行组成。目前，SHIBOR 有 18 家报价行，涵盖国有商业银行、股份制商业银行、城市商业银行和外资银行等类型，报价行资产规模、经营模式、竞争地位等方面的差异化保证了报价的代表性，有利于充分发现市场价格，全面反映市场的流动性状况。

经过五年的实践，在中央银行和市场成员的共同努力下，SHIBOR 已经确立并逐步夯实了货币市场基准利率的地位。3 个月以内的短端 SHIBOR 充分反映了市场资金供求的变化，呈现以下三个特点：一是具有市场代表性，与拆借、质押式回购（简称回购）利率高度相关；二是与货币市场利率之间的利差稳定性不断增强；三是以 SHIBOR 为基准的市场交易不断扩大。82%以上的拆借、回购交易都以 SHIBOR 为基准成交。3 个月及其以上中长端 SHIBOR 更多地反映了市场对未来利率走势的预期，交易主要集中在债券市场、票据市场和衍生品市场。

SHIBOR 是进一步推进利率市场化的突破口。一是 SHIBOR 是重要的金融基础设施，直接关系到利率市场化和国债等收益率曲线的建设。SHIBOR 的建设，明确了利率市场化的方向，为存贷款利率改革提供了以市场为基础的参照系。推进 SHIBOR 建设是现阶段利率市场化改革的关键。二是 SHIBOR 有利于促进商业银行经营机制的转型。SHIBOR 的推出，为商业银行的内外部定价提供了更好的基准，大大提高了其内外部定价的透明度，可以有力地促进商业银行利率定价机制和经营管理机制的转型，推动我国商业银行从传统银行向现代化银行转变。三是 SHIBOR 推进货币政策向价格型调控转变。SHIBOR 建设将进一步深化货币市场、资本市场，有利于完善以 SHIBOR 为核心的人民币市场利率体系，建立中央银行运用价格手段调控 SHIBOR，并通过 SHIBOR 影响金融机构、企业和居民等微观主体行为的利率形成和传导机制，推进货币政策由数量调控向价格调控转变。

资料来源：中国人民银行 2012 年第三季度货币政策执行报告。

2. 短期债券市场

我国的短期债券市场由两个交易系统组成：银行间债券市场和证券交易所债券市场（即以深沪证券交易所为依托的债券交易系统）。银行间债券市场的成员是金融机构，其他非金融机构和个人投资者在证券交易所市场交易，短期债券的交易品种包括短期国债、短期政策性金融债、短期企业债券、中央银行融资票据和企业短期融资票据，其中以国债和政策性金融债为主，企业债券发行量很少。中国人民银行曾允许企业发行过一年期的短期融资票据，实行滚动发行、余额控制，但没有形成二级市场。

在银行间债券市场建立以前，商业银行主要通过证券交易所进行国债买卖。1997 年 6 月，银行间债券市场建成，商业银行全部退出交易所，进入银行间债券市场进行交易。1998 年，中央银行对政策性银行债券发行机制进行改革，开始推动债券发行的市场化。当年，国家开发银行采用招标等市场化的方式发行政策性金融债。1999 年 10 月，财政部首次在银行间债券市场招标发行国债。2000 年，财政部在银行间债券市场上发行的国债全部采用市场化招标方式发行。目前，银行间债券市场上的债券的发行利率和买卖价格完全由市场决定。2005 年 5 月中国人民银行发布了《短期融资券管理办法》，支持企业在银行间债券市场发行短期融资券，以期拓宽企业直接融资的渠道。这一管理办法的出台也打破了我国银行间债券市场和证券交易所债券市场长期割裂的局面，促进了短期债券市场的统一和融合，同时增加了短期债券市场的流动性，推动了短期债券市场的发展。2012 年全年共发行短期融资券 1 025 只，发行金额总计 11 197.27 亿元，2012 年年末银行间债券市场短期融资券余额为 8 326.97 亿元。

银行间债券市场已构成中国债券市场的主体。但是，由于参与银行间债券市场的投资者主要是金融机构，市场主体有限，这就降低了债券市场的流动性，对债券发行产生不利影响。同时，也使银行间市场债券收益率的代表性不够充分。

3. 债券回购市场

依托于银行间债券市场的发展，我国债券回购市场发展非常迅速。

和短期债券市场一样，我国的债券回购市场由两个交易系统组成：证券交易所债券市场和银行间债券市场。能够进入银行间债券市场进行回购业务的主要是金融机构，包括中资商业银行及其授权分行、在华外资银行分行、中外资保险公司、证券公司、基金公司、农村信用社联社，全部成员金融资产总额占中国金融体系的 95%以上。其他非金融机构和个人投资者在证券交易所市场交易。目前回购利率已经市场化。

由于参加银行间债券市场成员比拆借市场的机构更为广泛，而债券回购的风险又低于信用拆借，与拆借相比，回购交易更为活跃，回购利率也更加稳定。因此，在反映金融市场流动性松紧方面的代表性也更加充分。目前，债券回购的交易量明显高于拆借，成为市场上交易最活跃的交易品种。

由于拆借和回购已成为商业银行等金融机构之间流动性管理的主要方式，银行间市场的同业拆借和回购利率开始成为货币市场的基准利率。

4. 票据贴现市场

票据贴现市场的成员主要是商业银行，交易对象是真实票据，没有融资票据。在真实票据结构中，银行承兑汇票所占比重很高，商业承兑汇票在票据市场中处于被排斥的地位。目前我国票据贴现市场工具单一，票据业务由各银行分散经营，没有形成一个全国性的有形市场。

虽然我国的货币市场近年来得到了快速发展，交易品种逐渐增加，交易规模持续增长，市场成员不断扩大，中央银行的货币政策间接调控方式的有效性也随之不断提高。但我国的货币市场还处于发展的初期，由于多方面的原因，可供交易的货币市场工具还比较少，交易规模偏低，货币市场的变化对其他金融市场的影响还相对有限。

中国资本市场的特征

19 世纪 70 年代清政府洋务派开始兴办企业。随着这些股份制企业的出现，企业股票和债券应运而生，随之产生了证券市场。我国最早的证券交易市场是 1891 年由上海外商经纪人组织的上海股份公所和上海众业公所，这两个交易所买卖的主要是外国企业股票、公司债券、南洋一带的橡胶股票、中国政府的金币公债以及外国在华机构发行的债券等。1918 年，成立了第一家由中国人自己创办的北平证券交易所；1920 年，上海证券物品交易所成立。此后，全国各地陆续成立了证券交易所，形成了旧中国的证券市场。中华人民共和国成立后，证券交易所停止活动。

改革开放以来，企业及政府开始发行股票、债券等有价证券。从 1986 年 8 月到 1989 年间，一些不规范的、属于尝试性的证券交易市场开始运行。1990 年 12 月，上海证券交易所建成，1991 年 6 月，深圳证券交易所建成。这两个证券交易所的交易和结算网络覆盖了全国各地，交易技术手段处于世界先进水平，股票、基金、债券全部采用无纸化发行和交易。

1. 中长期债券市场

我国的中长期债券市场由银行间市场和证券交易所市场组成，交易品种有国债、政策性金融债和企业债等，其中国债所占比重最大。交易所市场主要发行和交易企业债券及部分国债，银行间市场主要交易国债。

经过 20 余年的发展，我国债券市场打破了国债单一品种和期限结构的局面，形成了国债、企业债券和金融债券不同期限、不同品种并存的多元化结构，债券市场规模日益扩大。虽然如此，债券市场上的债券工具依然不够丰富，债券期限结构搭配不够合理，企业债数量很少。随着我国债券市场的进一步发展，市场布局会有所调整。

2. 股票市场

我国股票市场从无到有，已经日益成为国民经济重要组成部分，股票市场所实现的直接融资功能正在发挥越来越大的作用。通过股票市场，许多企业完成了股份制改造和上市融资，初步具备了现代企业制度的雏形，并在股票市场的支持下开展了收购兼并等资本运作，增加了微观经济的活力；通过股票市场，企业和居民拓宽了投资渠道，分享了中国经济快速增长的成果；通过股票市场，政府增加了税收收入，获得了更广阔的经济调控的空间。

但是也应该看到，股票市场用 20 余年想要实现发达国家百年时间才实现的规模和水平，不可避免地会有许多不完善的地方。从前制约我国股市发展的主要问题是股权割裂的制度安排。针对这一弊病，2005 年 4 月 29 日中国证监会宣布启动股权分置改革试点工作，5 月 9 日“五一”节后首个股市开盘日，证监会推出了股权分置改革 4 家试点上市公司。股权分置解决之后，大股东和小股东的利益至少有一个共同的基础，这种共同基础为完善公司治理提供了基本市场环境。在股权分置改革结束后的今天，股票市场仍然面临着许多其他方面的问题，最主要的有上市公司资格的审核规范性，投机者居多，上市公司缺乏责任心，政府监管不成熟等。继股权分置改革完成之后，备受市场关注的创业板市场在 2009 年 10 月 30 日正式开市交易。创业板市场在上市门槛、监管制度、信息披露、交易者条件、投资风险等方面和主板市场都有较大的区别，它的推出有助于高成长性中小企业的发展，成为我国应对金融危机的新举措，标志着我国境内多层次资本市场的初步形成。

随着政府和各界对于股票市场认识的加深，股票市场的改革正在逐步进行。通过市场化改革，股票市场有望建立科学、有效的运行机制，发挥股票市场应有的功能和作用，成为真正的“经济晴雨表”。

小专栏

中期票据在我国的发展

中期票据（Medium Term Note，MTN）是由非金融企业在银行间市场发行的一种债务融资工具，无担保，期限3～5年，可以一次注册额度、分期发行；募集资金可用于满足发行人的多种资金需求，包括补充流动资金、调整债务结构、固定资产投资等，具有期限结构合理、发行便利、资金用途灵活等优点。

2007年第三次全国金融工作会议提出对国内企业进一步开放债券市场。在多层次资本市场建设中，提出要加快发展债券市场，特别是要把扩大企业债券、大力发展公司债券发行作为扩大直接融资的重要方式。在随后的2008年4月9日，中国人民银行发布了《银行间债券市场非金融企业债务融资工具管理办法》，重新规范了银行间债券市场的定义、交易规则、规章制度等。随后，银行间交易商协会颁布了《银行间债券市场非金融企业债务融资工具注册规则》以及《银行间债券市场中期票据指引》，规定了发行注册规则、信息披露规则、中介服务规则，明确了中期票据在计划内可灵活设计各期票据的利率形式、期限结构等要素。

2008年4月，银行间市场交易商协会接受了中国核工业集团公司、中国交通建设股份公司、中国电信股份有限公司、中国中化集团公司、中粮集团有限公司等7家央企发行中期票据的注册，注册额度共1 190亿元，首期发行392亿元。此举标志着中国银行间债券市场中期票据业务的正式开启，它结束了企业中期直接债务融资工具长期缺失的局面。

在西方发达国家的市场中，企业的债券融资规模远远大于股票融资。而在我国，长期以来企业的债务融资发展缓慢，2008年中期票据的推出得到了众多大中型企业的青睐，丰富了企业的融资方式，特别是期限在3～5年期的中期债务融资得到很好的满足。

中国货币市场与资本市场之间的关系

从社会资金总量看，货币市场和资本市场的资金客观上存在此消彼长的关系。在追求利润的动机驱动下，货币市场资金往往通过多种渠道流向资本市场，资本市场资金也通过上市公司在商业银行存款以及证券公司在商业银行的保证金存款形成信贷资金来源。市场参与者为了获得高收益，使资金频繁地在货币市场和资本市场流动，哪个市场的收益高，资金就流向哪里。货币市场和资本市场二者之间由于存在这种互动、竞争的关系，金融市场才能形成合理的资金价格，在此基础上资金的流动才能引导资源的有效配置。因此，货币市场和资本市场之间的价格存在一种均衡关系。

利率是货币市场的价格，股票价格是资本市场的典型价格，因此货币市场与资本市场的均衡关系就表现为利率与股票价格的均衡关系。一般认为，股票价格与货币市场利率成反向关系，利率越高，股票市场价格指数就会越低，反之亦然。当股票市场价格指数和货币市场利率两者之中任何一个发生变化时，必然引起另一个价格不同程度的变化。

目前，中国货币市场与资本市场处于割裂状态，主要表现在两个方面：

第一，现行金融分业的法律架构将两个市场截然分开。《中华人民共和国商业银行法》、《贷款通则》、《中华人民共和国证券法》均规定：商业银行在境内不得从事信托投资和股票业务，证券公司也不得经营商业银行业务。银监会、证监会、保监会的分设，从组织体系上构建了我国金融业分业经营、分业监管的格局。

第二，在市场体系上，中央银行推出银行与非银行金融机构的分业管理措施、设立银行间债券市场后，形成了两个分割、封闭的债券市场，一个是银行间债券市场，另一个是沪、深证券交易所的债券市场。由此产生了市场参与者不同、发行券种不统一、融资期限不一致、回购抵押券种不相同、债券抵押定价方式不相同、结算方式不相同和债券价格也不同的市场格局，大大减弱了两个市场之间的利率关联度。市场分割的体制壁垒，致使多数非银行金融机构难以获取市场准入资格，或者是市场操作受限。

中国货币市场和资本市场的相互分割，对中国金融体系的建设和完善造成了一定的负面影响。首先，货币市场和资本市场的割裂，致使资金不能在货币市场和资本市场之间顺畅流动，这就导致社会资源不能按市场化的要求进行优化配置。虽然资本市场的风险比较高，但完全可以通过市场和上市公司的规范运作来加以防范。其次，在金融市场处于分割的状态下，居民的资产选择行为受到约束，难以对金融商品的成本与收入变化做出灵敏反应，这样就会影响到中央银行货币政策的实施效果。再次，由于市场分割，货币市场不能为资本市场主体提供合适的资金来源，资本市场的投资者无法通过货币市场进行流动性管理，融资渠道的狭窄会迫使金融机构进行体制外融资和违规操作。或者是把货币市场当做资本市场，短期资金长期占用；或者是把资本市场当做货币市场，利用闲置资金进行短期炒作。

目前，我国已经开始重视货币市场与资本市场之间的相互联通。1999 年 8 月，中国人民银行正式下发了《证券公司进入银行间同业市场管理规定》，允许银行与证券商进行一对一合作，以拆借等方式划拨资金，进入全国银行间同业拆借市场，开展最长期限为 7 天的拆借业务和最长期限为 1 年的债券回购业务。2000 年 2 月《证券公司股票质押贷款管理办法》出台，自营的证券公司可以到银行办理股票质押贷款。2002 年，中国人民银行发出第五号公告，境内的商业银行及其授权分行、信托投资公司、企业集团财务公司、金融租赁公司、农村信用社、城市信用社、证券公司、基金管理公司及其管理的各类基金、保险公司、外资金融机构，以及经金融监管当局批准可投资于债券资产的其他金融机构加入全国银行间债券市场，实行准入备案制。准入备案制的建立，标志着中国货币市场和资本市场的融合迈出了实质性的一步。自从 2003 年 2 月《国务院关于推进资本市场改革开放和稳定发展的若干意见》（俗称“国九条”）颁布以来，各有关部门出台了多项吸引合规资金进入资本市场的政策措施，这些政策进一步打通了货币市场与资本市场的通道。

本章小结

1. 金融市场是交易各种金融产品的市场。狭义的金融市场仅指直接融资市场。金融市场最基本的功能是引导货币资金从资金盈余者流向资金赤字者，通过资金的调剂，实现资源配置。此外，金融市场还发挥着分散风险、发现价格、发挥资产流动性、降低交易成本的功能。

2. 金融市场的交易对象是货币资金，交易主体是金融机构、非金融机构和个人，交易工具是各种金融工具，交易价格主要表现为利率。金融工具具有流动性、偿还性、风险性和收益性这几个基本特征。

3. 有效资本市场假说对市场定位证券价格的效率做出了评价，将资本市场按照有效性划分为强式有效市场、半强式有效市场和弱式有效市场。强式有效市场是最大限度的市场效率概念，该市场上所有相关信息都反映在证券价格中。半强式有效市场上证券价格只反映公开信息，而弱式有效市场上证券价格只反映过去的历史资料。

4. 货币市场是短期融资市场，融资期限一般在一年以内，其功能在于满足交易者的流动性资金需求。货币市场包括银行同业拆借市场、回购市场、票据市场、贴现市场、国库券市场，以及大额可转让定期存单等短期金融工具市场。

5. 资本市场是长期融资市场，融资期限一般在一年以上，其功能在于满足交易者的长期资金需求。资本市场主要包括中长期借贷市场和中长期证券市场。中长期借贷市场是银行向资金需求者提供中长期贷款的场所，中长期证券市场是股票和中长期债券发行、流通的市场。狭义的资本市场主要指的是中长期证券市场。

6. 衍生工具市场就是交易金融衍生工具的市场。金融衍生工具是指其价值依赖于原生金融工具的一类金融产品。这些原生金融工具一般指股票、债券、存单、货币等。衍生金融工具的种类非常多，其中，期货和期权的出现比较早、规模比较大，已经形成了比较成熟的交易市场。

7. 经过20余年的改革探索，我国已经建立起了有相当规模的货币市场和资本市场，有力地推动了我国经济的发展。但是，无论是货币市场还是资本市场都存在许多亟待解决的问题，有待进一步的发展完善。

复习思考题

1. 金融市场的功能是什么?
2. 金融工具有什么特征?
3. 根据有效资本市场理论，谈谈我国的资本市场的有效性如何。
4. 列出几种主要的货币市场。
5. 证券交易所交易和场外交易有什么区别?
6. 如何理解期货的金融功能?
7. 比较期货和期权在风险收益上的区别。
8. 近几年来，我国资本市场大起大落，取得了很大的成绩，也暴露出了许多问题。如何解决这些问题，以进一步完善中国资本市场?

第五章 金融资产的组合与选择

要点提示

在现实经济生活中，微观经济主体总是面临着投资与融资的决策。作为投资者，人们持有资产的目的就是实现其资产的市场价值最大化，那么哪些因素影响着人们购买哪种资产、购买多少以及何时购买的决定呢？作为融资者，企业筹集资金的方式包括股权融资与债权融资两种基本形态，企业为了使现有股东财富最大化，将如何安排这些资金来源之间的相互组合关系呢？本章将要介绍金融市场的不确定性以及由此而来的金融投资结构的决策问题。

第一节　风险与投资

不确定性与风险

风险[①]是人们在日常生活当中经常会使用到的词汇。提起风险，人们的第一反应往往是要回避风险，似乎风险就等同于危险，会损害人们的利益。但是，我们又常常会说风险越高、收益越高，这样看来风险又好像并不总给人们带来损失。事实上，从经济学的意义上说，**风险**就是不确定性，就是未来结果的不确定性。不确定的程度越高，风险就越大。

在理解风险的含义时，需要注意以下两点：

第一，风险仅指不确定性。金融资产的收益率可能高于投资者的预期值，也可能低于预期值。只要出现收益与预期值不一致的现象，我们就可以认为存在风险。

第二，风险不仅指可能的损失，而且指可能的获利。在证券投资理论中，风险的概念还包括未预期到的收益。只有这样，才能有风险损失和风险回报、风险回避者和风险偏好者这样的说法。换句话说，在判断是否存在风险时，其衡量标准不是投资是否能够获利，

---

① 关于风险，一般有两种理解：一种是指未来结果的不确定性；另一种是指出现损失的可能性。本书作者将风险界定为不确定性。

而是实际收益和预期收益之间是否存在差距。因此，如果我们说某个项目的风险很大，那么不仅意味着该项目可能会带来很大的损失，也意味着该项目可能会带来很高的收益。

在现代经济生活中，所有的投资活动就必然会存在风险，只是不同投资项目的风险大小不同而已。股票市场上的股票价格波动频繁，某只股票的价格在短短数天之内可能会发生数倍的变化，投资于股票的人就必须要承受股价波动带来的风险。房地产的价格波动没有股票市场那么频繁，但是投资于房地产，也同样要承受房价波动带来的风险。和投资于股票、房地产比较起来，选择将钱存入银行似乎全无风险。然而一旦银行倒闭，储户也会出现损失。即使人们不投资，把钱藏在家里，也会因为通货膨胀而造成财富贬值。

每个人能够承受的风险程度不一样，从而导致其对风险的偏好也不一样。一般来说，年轻人、敢于冒险的人、高收入者承受风险的能力较强，会倾向于做高风险的投资。一旦成功，可以获得高额的回报。我们称这一类人为风险偏好者。而中老年人、低收入者承受风险的能力则比较低，倾向于进行低风险，当然也是低回报的投资。我们称这一类人为风险厌恶者，或者是风险回避者。

风险分散的三种方法

只要未来存在不确定性，就一定存在风险。从这个角度说，任何一项投资活动都会带来一定的风险，风险是无法回避的。虽然风险无法回避，但是人们希望在收益一定的情况下，能够尽可能地减少风险。为此，我们可以利用某些金融工具，通过风险管理的方式，将风险转移给他人，从而降低所拥有资产的风险。

分散风险的方法主要有三种，即套期保值、保险和分散投资。

1. 套期保值

如果某一种行为不仅减少了未来可能发生的损失，也减少了未来可能产生的收益，那么这种行为就是**套期保值**。在第四章中我们已经介绍了期货等衍生金融工具所具有的套期保值功能。例如，农民为了减少农作物收获时价格降低的风险，可以运用远期、期货等金融工具，在收获之前以固定价格出售未来收获的农作物。通过这一操作，虽然在农作物价格下降时农民可以减少损失，但是如果出现农作物价格升高的情况，农民也无法获得额外的收益。

2. 保险

所谓**保险**，是指保险人向投保人收取保险费，建立保险基金，并对投保人负有合同规定范围的赔偿和给付责任的一种商业行为。人们通过购买保险，以一项确定的损失（为保险而支付的额外费用）替代了如果不保险而遭受更大损失的可能性。例如，拥有汽车的人会担心自己的车辆被盗、被损害，或者因交通事故而对自己或他人造成伤害。而一旦购买保险，我们只需要支付一定数额的保险费，就可以在发生意外情况时避免损失。当然，意外情况不一定会发生。

保险和套期保值之间有着本质的区别。运用套期保值的方法，我们以放弃潜在收益为代价降低了发生损失的可能性。而运用保险的方法，我们只需要支付保险费就可以降低发生损失的可能性，并不需要放弃潜在收益。

3. 分散投资

分散投资是指人们分散投资于多种风险资产之上，而不是将所有的投资集中于一项资产。分散投资降低了人们拥有任何单一资产所面临的风险。不要将所有鸡蛋装在同一个篮子里讲的就是这个道理。如果我们把鸡蛋放在同一个篮子里，万一这个篮子掉到地上，所有的鸡蛋可能都会摔碎。而如果把鸡蛋分别放在不同的篮子里，一个篮子掉了，不会影响到其他篮子里的鸡蛋。

因为分散投资可以降低风险，因此投资者希望能够构建一种资产组合，在投资收益和投资风险中找到一个平衡点，即在风险一定的条件下实现收益的最大化，或在收益一定的条件下使风险尽可能地降低。这样，如果我们只能用高、中、低这样的定性标准来衡量风险，就很难建立一个比较有效的资产组合，实现对风险的精确管理。1952 年，美国经济学家、诺贝尔经济学奖获得者马科维茨提出资产组合理论，首次对风险的衡量做出数量化的描述，成为研究金融资产组合与选择的基础，开创了对投资进行整体管理的先河。马科维茨用数量化方法提出了确定最佳资产组合的基本模型，此后经济学家利用数量化方法，不断丰富和完善组合管理的理论和实际投资管理方法，并使之成为投资学中的主流理论。

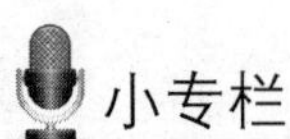

小专栏

彼得·林奇的价值投资策略

投资界的传奇人物彼得·林奇在 1977 年加入麦哲伦共同基金（Fidelity Magellan Mutual Fund）时，麦哲伦共同基金的市值才 2 000 万美元，而在他随后担任基金经理的 13 年期间，该基金每年的表现均超出市场的 13.4%，最终其增长幅度超过了 2 700%，成为世界上最大的基金。而这一奇迹的创造与他独特的投资策略密不可分。

彼得·林奇认为投资成功的关键之一：把注意力集中在公司上而不是股票上，任何一种股票及产业，只要是好的公司，价格合理皆可能成为投资标的，而不需判断市场的时机。购买之前要做好公司分析研究的功课，对以下一些重要的财务比率：市盈率、现金头寸、负债因素、股息、账面价值、税后利润和隐蔽资产等要引起重视。

林奇强调：不要把当前股票价格变化看作公司基本价值变化的指示器。当前的股票价格变化根本没有告诉我们关于一家公司发展前景变化的任何消息。当他看中一个成长股时，即便这只股票已经涨了 40%，甚至 70%，只要他认为这个公司还有成长空间，股价还没有完全反映公司价值，他就不会理会市场的变动。要根据股票价格相对于公司基本面的变化情况来决定买入和卖出以调整投资组合中不同股票的资金分配。

进而，林奇认为：一般股票的长期平均投资收益率为 9%～10%。而且在股票投资中，一直持有股票的长期投资人的收益率，要远远超过那些频繁买进卖出股票的短期投资人。频繁买进卖出股票要支付很多交易成本。他觉得对于一个小的投资组合来说持有 3～10 只股票比较适合，这样适当分散投资会有好处。

同属于价值投资流派的格雷厄姆也曾说过：投资者的注意力不要放在行情机上，而要放在股票背后的企业身上。通过注意赢利情况、资产情况、未来远景等诸如此类的因素，投资者可以对公司独立于其市场价格的内在价值形成一个概念，来选取那些价值被市场严重低估的企业。

有效资产组合

资产组合理论用数量化的方法衡量投资的预期收益水平和风险，通过建立均值方差模型来阐述如何全盘考虑风险和收益这两个目标，从而使得投资者可以在风险和收益之间做出权衡取舍。

1. 模型建立

马科维茨选择以期望收益率来衡量未来实际收益率的总体水平，以收益率的方差（或标准差）来衡量收益率的不确定性，即风险。并假设投资者希望获得高收益和低风险，因此会选择期望收益率越高越好而方差越小越好的投资组合。

（1）期望收益率。

期望值是一个数学概念，反映一个不确定性的变量以不同的可能性（概率）取各种可能值时，其平均取值水平。所谓期望收益率就是未来收益率的各种可能结果，乘以它们相对出现的概率，然后相加。如表 5—1 所示，某项投资可能会具有多种投资结果，每种投资结果出现的可能性都不一样。那么期望收益率的计算公式如下：

$$\bar{r}=\sum_{i=1}^{n} p_i \cdot r_i \tag{5.1}$$

式中：r_i 是投资的未来第 i 种可能的收益率；p_i 是第 i 种收益率出现的概率。

表 5—1　　未来收益率状况的估计

收益率（r）	r_1	r_2	…	r_n
概率（p）	p_1	p_2	…	p_n

例如，如果某项投资可能会出现三种投资结果：第一种结果是收益率 50%，出现的可能性是 20%；第二种结果是收益率 30%，出现的可能性是 50%；第三种结果是收益率 10%，出现的可能性是 30%。那么这项投资的期望收益率就是：

$$\bar{r}=\sum_{i=1}^{n} p_i \cdot r_i = 50\% \times 20\% + 30\% \times 50\% + 10\% \times 30\% = 28\%$$

而投资收益率可以用这样一个公式计算：

$$r=\frac{C+(P_1-P_0)}{P_0} \tag{5.2}$$

式中：C 表示投资的资产收入，如利息、股息等；P_1 表示资产的期末价格；P_0 表示期初价格；两者相减表示资本收入——资产市价变化所带来的收入，也就是资本溢价。

例如，某投资者以每股 20 元的价格购买了某公司股票，一年之后以每股 22 元的价格卖出，同时在当年获得每股 0.5 元的股息。那么该投资者的投资收益率 $r=\frac{0.5+(22-20)}{20}\times 100\%=12.5\%$。

（2）收益率的方差或标准差。

和期望值一样，方差也是一个数学概念，反映不确定性变量的各种可能值的分散程度，在一定意义上也反映了该变量取值的不确定性程度。把方差开方就可以得到标准差。

既然我们将风险定义为未来结果的不确定性，也就是说投资风险就是各种未来投资收益率与期望收益率的偏离程度，那么，如果用数理统计的语言来描述，风险就是收益率与期望收益率的偏离度。这样，我们就可以用方差 σ^2 或标准差 σ 来表示风险，也就是收益率与期望收益率的偏离度。计算公式是：

$$\sigma = \sqrt{\sum_{i=1}^{n}(r_i - \bar{r})^2 \cdot p_i} \tag{5.3}$$

把上例的数字代入公式，我们可以计算出该项目的风险是：

$$\sigma = \sqrt{(50\%-28\%)^2 \times 20\% + (30\%-28\%)^2 \times 50\% + (10\%-28\%)^2 \times 30\%}$$
$$= 0.337$$

（3）资产组合的风险。

将资金按一定的比例投资于不同的资产就形成一个资产组合。资产组合的收益率相当于组合中各类资产期望收益率的加权平均，权数是各资产价值在资产组合总价值中所占的比重。计算公式是：

$$r_p = \sum_{i=1}^{n} \omega_i \cdot \bar{r}_i \tag{5.4}$$

式中：r_p 指的是资产组合的期望收益率；ω_i 是第 i 种资产所占的比重；$\bar{r}_i$ 是第 i 种资产的期望收益率。其中，$\sum_{i=1}^{n} \omega_i = 1$ 。

尽管资产组合的期望收益率等于各个资产期望收益率的加权平均，但是资产组合的方差不但与各资产的权重和方差相关，还与资产之间的相关系数或协方差有关。在统计中采用相关系数与协方差来表达变量之间的关系。如果两个资产的收益率之间表现为同向变化，那么它们之间的相关系数或协方差就是正值；如果两个资产的收益率之间表现为反向变化，那么它们之间的相关系数或协方差就是负值；如果两者之间没有关系，那么相关系数或协方差就等于零。

计算资产组合风险的一般公式是：

$$\sigma_p = \sqrt{\sum_{i=1}^{n} \omega_i^2 \sigma_i^2 + 2 \sum_{0 \leqslant i < j \leqslant n} \omega_i \omega_j \sigma_i \sigma_j \rho_{ij}} \tag{5.5}$$

式中：σ_p 表示组合的风险度；下标 j 表示第 j 种资产；ρ_{ij} 表示第 j 种资产的收益率与第 i 种资产的收益率之间的相关系数。

2. 风险分散原理

从资产组合的方差公式中可以看出，只要组成资产组合的各种资产之间不是完全正相关，那么组合的总体方差就会改善，资产组合的风险就会降低。这就是通常所说的风险分散原理，即随着资产数量的增加，资产组合分散程度的增加，资产组合的风险将会不断趋于下降。

虽然可以通过投资的分散化来降低资产组合的风险，但是却并不能把资产组合的风险完全清除。这是因为分散投资无法消除系统风险。资产组合的风险分为两类：系统风险和非系统风险。所谓非系统风险，是一项资产特有的风险，可以通过增加持有资产的种类数来相互抵消。而系统风险则是无法通过增加持有资产的种类数量而消除的风险。例如，可能某一家上市公司由于某一种原材料涨价而导致成本上升，股票价格下跌，但是某一种原材料涨价不会导致所有上市公司出现成本上升、股价下跌的现象。如果该种原材料由另一家上市公司生产，那么涨价会导致该公司股票价格上涨。假设投资者正好持有这两个公司的股票，那么两个公司的利好、利空相互抵消，这个人的投资总收益可能不升也不降。这里描述的就是非系统风险相互抵消，分散投资降低资产组合风险的例子。但如果出现中央银行提高利率的预期，可能所有股票的价格都会下跌，各个资产的风险无法相互抵消，整个资产组合的价值也会下降。这种风险就是系统风险。

3. 有效资产组合

马科维茨的资产组合理论假定投资者偏好期望收益率而厌恶风险，因而在给定相同方差水平的那些组合中，投资者会选择期望收益率最高的组合；而在给定相同期望收益率水平的组合中，投资者会选择方差最小的组合。这些选择会导致产生一个有效边界。

假定投资者选择 n 种资产进行投资，对它们的任何一种组合都会形成一个风险和一个收益。如图 5—1 所示，横坐标为投资组合的标准差，代表投资组合的风险；纵坐标为投资组合的期望收益率，代表投资组合的收益，那么所形成的每一种投资组合都可以用坐标系中的点来表示。在图中，落在 $BACD$ 区间内的任何一点都代表在 n 种资产范围内所组成的某一特定组合的组合风险与组合收益关系。

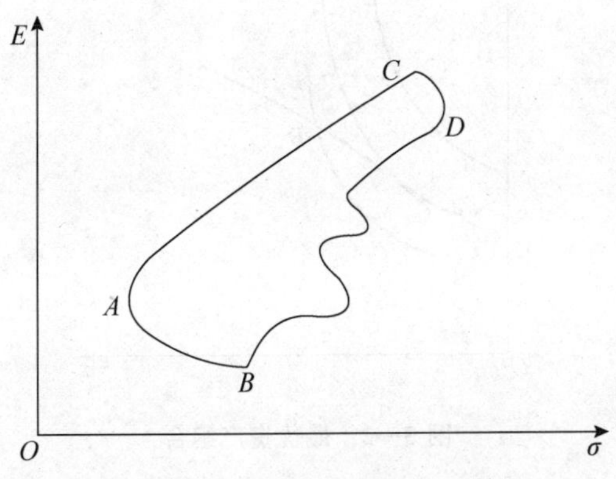

图 5—1　资产组合的有效边界

按照资产组合理论，在所有期望收益率水平相同的组合中，投资者会选择标准差最小的组合，这些组合正好构成可行区域的左边界，即 BAC 线段；而在所有标准差水平相同的组合中，投资者会选择期望收益率最大的组合，这些组合正好构成可行区域的上边界，即 ACD 线段。综合上述两个方面，投资者实际上选择位于可行区域的左边界和上边界的公共部分，即 AC 线段。我们将这一部分称为有效边界，有效边界上的点所对应的资产组合即为**有效资产组合**。有效边界之外的点不具备这样一种组合效果，则是无效的资产组合。

有效资产组合的提出正是资产组合理论精髓之所在。

最优资产组合的选择

有效资产组合向我们揭示，投资者总会在有效边界上选择投资组合，追求同样风险下的最高收益。但是有效边界只是提供了一个有效的区间 AC 线段，而不是哪一个确定的点。这就是说，这一原理所提示的是可供选择的一组有效组合，但具体选择哪一个点作为投资组合，则取决于投资人对风险的偏好。如果风险承受能力低，那么对他来说，最好的组合位于效益边界偏低的一端；如果投资人富于冒险精神，那么，以低的风险取得相对低的收入不是他的理念——理想的组合点位于效益边界偏高的一端。

马科维茨通过建立无差异曲线来寻找最优资产组合。如图 5—2 所示，对一个特定的投资者而言，任意给定一个资产组合，根据他对期望收益率和风险的偏好态度，即按照期望收益率对风险补偿的要求，可以得到一系列满意程度相同的资产组合。所有这些组合在均值方差坐标系中形成一条曲线，这条曲线就成为该投资者的一条无差异曲线。当在均值方差坐标系中，将某投资者认为满意程度相同的点连成无差异曲线时，我们便得到无穷多条无差异曲线，即图中的 I_1、I_2、I_3。所有这些无差异曲线的全体便成为该投资者的无差异曲线族。每个投资者都有自己的无差异曲线族，它反映了该投资者的偏好态度。不同投资者因为偏好不同，会拥有不同的无差异曲线族。无差异曲线越陡，表明投资者对风险越厌恶。

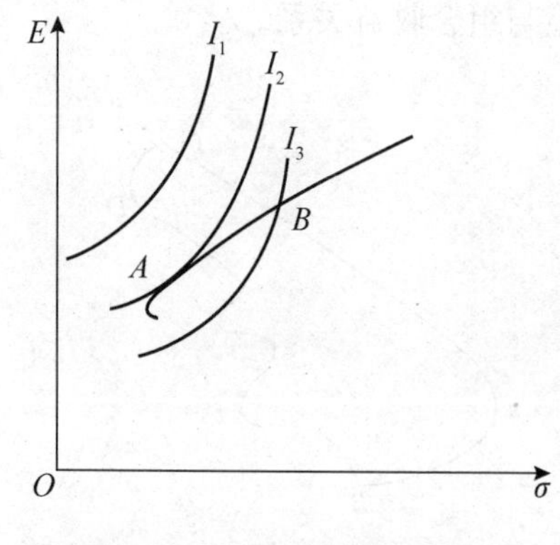

图 5—2　最优资产组合

有了无差异曲线族，该投资者能够对所有的资产和资产组合进行比较：同一条无差异曲线上的组合满意程度相同；无差异曲线位置越高，该曲线上的组合的满意程度越高，即 I_1 的满意程度高于 I_2，I_2 的满意程度高于 I_3。通过无差异曲线，投资者能够对任何资产之间的满意程度做出比较，因此他也就能够对有效边界上不同组合的满意程度做出比较。图中无差异曲线族与有效边界相切于 A 点，相交于 B 点。显然 A 点的满意程度高于 B 点，而且 A 点是无差异曲线族与有效边界的最高交点，因此投资者会选择 A 点，也就是无差异曲线族与有效边界的切点。因此所谓的**最优资产组合**事实上就是无差异曲线族与有效边界相切的切点所对应的组合。

第二节　资产定价模型

资本资产定价模型

马科维茨的资产组合理论使用期望收益率和方差来选择最优资产组合，这种方法虽然完全精确，但是计算量太大。在面临大规模市场上成千上万种资产的情况下，哪怕是借助高速计算机也难以计算，更无法满足实际市场上对时间的要求，严重阻碍了马科维茨方法在实践中的应用。**资本资产定价模型（CAPM）**则用比较简化的计算方式，探讨均衡条件下风险与预期收益率之间的关系，使得资产组合理论应用于实际市场成为可能。该模型最早是由威廉·夏普、林特纳和莫辛在马科维茨资产组合理论的基础上分别独立提出的。夏普因此获得了诺贝尔经济学奖。

资本资产定价模型的导出需要依赖一定的假设。这些假设忽略了现实生活中的各种复杂现象，大大简化了模型的建立过程。这些假设可以概括为：

第一，投资者是风险回避者，并以期望收益率和风险（用方差和标准差衡量）为基础选择投资组合，而且投资者的行为遵循最优化原则。

第二，所有投资者的投资仅为单一投资期，投资者对投资回报率的均值、方差以及协方差具有相同的预期，因此他们以最优的方式按同样的相对比例持有风险资产。

因为资本资产定价模型已经假设所有投资者对投资回报率的均值、方差以及协方差具有相同的预期，每位投资者所持风险资产的相对比例都是一样的，这样，如果要使资本市场达到均衡状态时，投资者持有风险资产的最优相对比例就应该是风险资产的市场价格比例。按市场价格的同比例持有所有资产的投资组合，称为市场投资组合。因此，在资本资产定价模型中，任何投资者所持风险资产的相对比例等于市场投资组合的比例。

在资产组合理论中，我们假设构造的组合中所有资产都是风险资产，而资本资产定价模型则引入了无风险资产的概念。无风险资产是指没有风险的资产，通常是指政府债券。根据人们对风险的厌恶程度不同，投资者会持有不同比例的无风险资产和风险资产，但是每个投资者持有的风险资产的相对比例都相同，等于市场投资组合。

资本资产定价模型说明，所有的投资者，无论他们的具体偏好如何不同，都会将市场投资组合与无风险资产混合起来作为自己的最优组合。这种在无须确知投资者偏好之前，就可以确定风险资产最优组合的特性就被称为分离定理。

因为投资人持有的是一组而不是单一资产。因此对于每一项资产，投资人所关心的不是该资产本身的风险，而是持有该资产后，对整个资产组合风险的影响程度。因此，资本资产定价模型引入β系数来表示单个资产与整个市场组合风险之间的关系。这一系数相当于资产i与市场组合的协方差，除以市场组合方差。β系数反映了资产收益率受市场组合收益率变动影响的敏感性，衡量了单个资产系统风险的大小。

这样，单个资产的期望收益率就可以用下面的公式表示：

$$\bar{r}_i = r_f + \beta_i(\bar{r}_m - r_f) \tag{5.6}$$

式中：$\bar{r}_i$ 是第 i 种资产期望收益率，r_f 是无风险利率，β_i 是第 i 种资产的 β 值，$\bar{r}_m$ 是市场投资组合的期望收益率。该公式即为资本资产定价公式。

从资本资产定价公式中可以知道，无风险资产的 β 系数为零，即 $\beta_f=0$；市场组合的 β 系数为 1，即 $\beta_m=1$。

资本资产定价模型反映的是一个特定资产的风险与其期望收益率的关系。公式右边的第一项表示投资的机会成本补偿，用无风险利率表示，第二项表示投资的风险补偿，用对于市场风险溢价调整以后的数据表示。通过资本资产定价模型，只要给定特定资产的 β 值，以及无风险利率和市场风险溢价，就可以得到该资产的期望收益率。

需要注意的一点是，资本资产定价模型是一个一般均衡模型，给出的是期望形式下的风险与收益关系。在事后关系中，有时我们会发现高 β 值资产的实际收益率会低于低 β 值资产的实际收益率，这并不能说明资本资产定价模型的无效性。资本资产定价模型只是表明我们期望高 β 值资产会获取较高的收益，并不说明高 β 值的资产能在任何时候都能获得比低 β 值资产高的收益。如果真是这样的话，高 β 值就成为风险较低的资产。正因为高 β 值资产的风险较大，因此有时收益较低也就是一种正常现象。不过，长期而言，高 β 值资产会取得较高的平均收益，这才是“期望”关系的真谛。如果某一特定资产和资产组合的期望收益率与资本资产定价模型所预期的收益不一致，该理论会认为市场是非均衡的，而资本资产定价模型本身则是正确的。

不难看出，在均衡条件下，某一特定资产和资产组合的期望收益率为资本资产定价模型所内生决定，而在前面的马科维茨模型中，资产和资产组合的期望收益率则是外生给出的。

资本资产定价模型表明在风险和收益之间存在一种简单的线性替代关系，从而在投资收益与风险之间建立了一种非常明确的关系。而过去投资管理关注的主要是投资的收益方面，资本资产定价模型使得基金管理发生了从过去的收益管理模式向现代的风险管理模式的根本性转变。此外，由于资本资产定价模型提供了计算资产期望收益率的公式，因此可以用来评价证券的定价是否合理。资本资产定价模型是现代金融学研究中具有里程碑意义的成果，使现代投资管理日益科学化、系统化。

但是，资本资产定价模型在应用上也存在一些问题。比如，资本资产定价模型对风险—收益率关系的描述是一种期望形式，因此本质上是不可检验的；资本资产定价模型的假设不符合现实；选取不同的市场指数，会得到不同的 β 值，而且证券和投资组合的 β 值在考察期内并非一成不变；β 值作为解释收益的唯一因子过于简单化。

套利定价模型

虽然资本资产定价模型已经在实践中获得了认可，但是一些经济学家认为，资本资产定价模型中资产的预期收益率仅仅由该资产的 β 值来决定的分析过于笼统。影响经济生活中总体市场风险变化的因素很多，除了资本资产定价模型中所考虑的系统风险以外，还有诸如通货膨胀、能源价格等其他风险。耶鲁大学教授斯蒂芬·罗斯在 1976 年提出了套利定价模型，是另一个有关资产定价的均衡模型，为说明证券价格的均衡过程提供了另一个视角。

套利定价模型认为经济中不能用多样化来消除的风险有几种，这些风险来源于整体经济领域，因此不止系统风险一项会影响资产的预期收益率。所以，套利定价模型需要计算多个β值，即计算资产的期望回报率对各种因素变动的敏感程度。假定有k个因素会影响资产的期望回报率，那么资产的期望回报率公式将在资本资产定价公式的基础上被改写为：

$$\begin{aligned}\bar{r}_i &= r_f + \beta_1(\bar{r}_1 - r_f) + \beta_2(\bar{r}_2 - r_f) + \cdots + \beta_k(\bar{r}_k - r_f) \\ &= r_f + \sum_{j=1}^{k}\beta_j(\bar{r}_j - r_f) \end{aligned} \tag{5.7}$$

式中：$\bar{r}_i$是第i种资产期望收益率，r_f是无风险利率，β_j是该种资产对第j种因素的β值，$\bar{r}_j$是第j种因素的期望收益率。

影响资产期望收益率的因素可以是国民生产总值、通货膨胀率、失业率、国债利率、市场指数等，但套利定价模型并不在意一共会有多少系统因素以及这些因素是什么的问题。

假设某一证券的收益率受经济增长率和通货膨胀率两个因素的影响，其收益率对这两个因素的敏感性分别是1.2和0.8。假设人们普遍预测今年的经济增长率为7%，通货膨胀率为4%，但实际公布的经济增长却是7.5%，通货膨胀率为6%，不难得出由于共同因素的意外变化而给证券带来的收益影响将是2.2%。如果将风险因素固定为一种，而这一因素就是市场因素本身，套利定价模型就会与资本资产模型在形式上取得高度一致。但应该注意的是，市场组合在套利定价模型中并没有任何特别的作用。

在资本资产定价模型中，证券的风险只与市场组合的敏感系数β相关，它只能告诉投资者市场风险的大小，却无法告诉投资者市场风险来自何处。与此不同，套利定价模型承认有多种因素影响股票价格，因此扩大了资产定价的思考范围。在实践中，经验表明确实存在多个重要因素影响证券的回报率，从而也就为识别影响证券回报率的主要来源、风险的大小以及组合分析提供了新的工具。

套利定价模型在应用上的问题主要体现在，该模型表明在决定风险资产的均衡价格上可能存在多种影响因素，但却不能确定这些因素是什么以及这些因素的可能数量。在实践中，相关风险因素的选择是以它们过去是否对证券收益产生影响以及是否具有预测性为基础的。

第三节 资本结构

企业的资金来源有两种：一种是内部融资，即企业通过运营获得资金，例如留存的收益等；另一种是外部融资，即企业通过向外部借款或是发行股票等方式来获得资金。资本结构（Capital Structure）是指企业取得长期资金的各项来源、组合及其相互关系。企业的长期资金来源一般包括权益资本和长期负债，因此，资本结构主要指这两者的组合和相互关系。和个人投资者一样，企业也必须对其资本结构进行选择，构建最优资本结构。所谓最优资本结构，是指在充分权衡融资成本和融资风险的情况下，能使企业价值最大的资本结构。在现代企业融资活动中，如何通过融资方式选择来实现企业市场价值最大化，即如何确定最优资本结构，一直是财务理论和实践中人们十分关注的问题。在这个领域的探索和研究已形成较完整的理论体系，即资本结构理论，它是现代企业财务经济学的核心内容之一。

MM 定理

现代企业资本结构理论以美国著名财务经济学家、诺贝尔经济学奖获得者费朗科·莫迪利亚尼（Franco Modigliani）和金融学家默顿·米勒（Merton H. Miller）所建立的**资本结构模型**（即著名的**MM 定理**，也称 **MM 模型**）为代表。1958 年，莫迪利亚尼和米勒在《美国经济评论》上共同发表了"资本成本、公司财务和投资理论"一文，得出了 MM 定理，创建了现代资本结构理论。

1. MM 定理的假设条件

MM 定理建立的假设条件主要有：

（1）资本市场是完善的，股票债券无交易成本；

（2）投资者个人的借款利率与企业的借款利率相同，且无负债风险；

（3）投资者可按个人意愿进行各种套利活动，不受任何法律的制约，无公司和个人所得税；

（4）企业的经营风险是可以计量的，经营风险相同的企业可看做是同类风险企业；

（5）投资者对企业未来经营利润和取得经营利润的风险有同样的预期；

（6）企业的增长率为零，即息税前盈利固定不变，财务杠杆收益全部支付给股东；

（7）各期的现金流量预测值为固定量，构成等额年金，且会持续到永远。

2. MM 定理的内容

简单地说，MM 定理的内容就是在以上假设条件下，企业的价值与它们所采取的融资方式，即资本结构无关。因此 MM 定理又称为"资本结构无关论"。

MM 定理实际上是两个命题的通称，其内容主要包括：

（1）定理Ⅰ。

定理Ⅰ的内容是：任何企业的市场价值与其资本结构无关，取决于按照与其风险程度相适应的预期收益率进行资本化的预期收益水平。

（2）定理Ⅱ。

定理Ⅱ的内容是：股票每股预期收益率应等于处于同一风险程度的纯粹权益流量相适应的资本化率，再加上与其财务风险相联系的溢价。其中财务风险是以负债权益比率与纯粹权益流量资本化率和利率之间差价的乘积来衡量的。

3. 修正的 MM 定理

由于 MM 定理是在严格的假定条件下得出的结论，它与现实经济相差较远。在现实经济中，不同行业里每个企业的最优资本结构都是各不相同的，例如几乎所有的航空公司、公用事业和房地产开发公司及大部分资本密集型工业企业的负债比例都很高，而制药公司和广告公司几乎全依赖于自有资金。出现这种情况的原因是，这些不同的行业都有各自特定的资产结构和收益的稳定性，从而决定不同产品生产具有不同的内部风险性。这样，MM 定理问世以来就受到许多学者的批评。如针对负债无风险这一假定，舒尔茨就提出，负债与所有者权益并非可完美替代，风险因素会使负债的成本高于权益的成本。而且，随着负债对权益比例的提高，无论是债权人还是股东的风险都要增加。因此，只要企业资产的边际收益率是递减的，在企业目标是使股东的股票长期价值最大化的假设下，每个单独的企业都存在一个最优的资本结构。例如，舒尔茨与阿罗森通过分析 1923—1961 年 4 个行业（铁路、电力和燃气公用、矿业和工业）、32 家企业（每个行业 8 家）的资本结构发现：(1) 同行业企业具有相似的资本结构，不同行业的资本结构有差别；(2) 近四十年来，尽管税收和经济结构有所变化，但行业的资本结构仍然呈现相对稳定性。

MM 定理中没有公司和个人所得税这一假定与现实经济相差更远。那么，在存在所得税的情况下，MM 定理还会成立吗？对这个问题的回答就是 MM 定理的修正结论。所谓 MM 定理的修正结论是指在引入公司所得税后资本结构对企业市场价值的影响，也称为修正的 MM 定理，或 MM 公司税模型。修正的 MM 定理的要点是，由于负债会因利息具有减税作用，从而使企业价值随着负债融资程度的提高而增加，因此，企业负债率越高越好。MM 公司税模型也提出了两个命题。

命题 1：无负债企业的价值等于企业所得税后利润除以企业权益资本成本率；负债企业的价值则等于同类风险的无负债企业的价值加上负债节税利益。负债节税利益等于公司所得税率乘上负债总额。

命题 2：负债企业的权益资本成本率等于同类风险的无负债企业的权益资本成本率，加上风险报酬，风险报酬则取决于公司的资本结构和所得税率。

关于所得税对企业价值的影响，米勒在 1977 年建立了一个包括公司所得税和个人所得税在内的模型，并得出以下结论：如果普通股收益的个人所得税少于债券收益的个人所得税，则在其他条件相同的情况下，债券的税前收益必须要大到足以补偿普通股收益的个人所得税和债券收益的个人所得税之间的差额；否则，没有人愿意持有债券。同理，对于一个负债融资的企业来说，虽然企业可以通过利息减少企业所得税，但因为利息是支付给债券持有者个人，他们必须支付与普通股收益不同的个人所得税。因此，一个层次上税收减免的好处正好被另一个层面上税收增加的劣处所抵消。这样，米勒又得出与 MM 定理相一致的结论。即负债的节税利益恰好被个人所得税所抵消，不论企业是使用债务融资还是权益融资，都无法获得税收上的利益好处。在这种情况下，资本结构对企业价值或资本成本无影响。

4. MM 定理的意义

MM 定理的提出标志着现代资本结构理论的确立。MM 定理力图通过企业资本结构的表面现象，探寻企业资本结构的规模，最终目的是要探求在风险资产定价的基础上通过价格体系来就稀缺资源分配做出决策，从而找出企业价值与资本结构的内在联系。随着 MM 定理的不断修正与完善，资本结构理论逐步完成了从传统观点向现代理论的过渡，这是资本结构理论史上一次质的飞跃。有经济学家甚至认为 MM 定理对财务经济学的影响可以与凯恩斯对宏观经济学的影响相比较。

J-M 模型

J-M 模型就是**詹森和麦克林模型**，也就是新资本结构理论的一个主要代表——代理成本说，它是通过引入代理成本这个概念来分析企业最优资本结构的决定。詹森和麦克林认为，债权融资和股权融资都存在代理成本，最优资本结构由所有者愿意承担的总代理成本决定，该成本包括债务发行和新股发行的代理成本。

詹森和麦克林认为资本结构的选择源于利益冲突形成的代理人成本。主要有两种利益冲突：一是股东和管理层之间的冲突，二是股东和债权人之间的冲突。他们认为，最优的资本结构由两种代理人成本的相互作用来决定。当较多使用债务融资时，管理层的代理成本下降，而债务融资的代理成本上升；反之亦然。因此，能够找到一个债务水平，在此水平上，管理层代理成本和债务融资代理成本之和为最小，此债务比例就是最优资本结构。

根据詹森和麦克林的理论，债务之所以被使用是由于所有者为了获取因自身的资源限制无法得到的潜在有利可图的投资机会，但是，债务的发行在债权人和所有者之间形成一种代理关系，从而产生代理成本。代理成本包括主人监督费用、代理人受限制费用和剩余损失之和，它会随着负债水平的增加而增加。发行新股则等于是现有所有者以股权来换取新所有者的资金，新旧所有者之间不可避免地会引发利益冲突。这样，新的所有者为保证他们的利益不受原所有者的损害，也必须付出监督费用等代理成本。因此，所有者必须在债务的代理成本和股票的代理成本之间进行权衡，以使其所承担的总代理成本最小。使所有者承担的总代理成本最小的债权与股权比例就是最优资本结构。

资本结构的选择

虽然根据 MM 定理，在无摩擦的经济环境下，资本结构与公司的价值无关。然而，现实社会存在许多摩擦因素，MM 定理的假设无法成立。例如，对于投资者和公司而言，债券和权益证券的利息所得税及费用是不一样的。而且，在所有的情况下都坚持不同等级债券的持有人获得同样的现金流，它的成本非常高。因此在现实社会中，资产结构会对公司的价值产生很大的影响。此外，由于法律以及规章条例会随时间和地点的改变而改变，因此不存在一个适用于所有企业的最佳资本结构。所以，必须根据公司所处的特定法律和税收环境，为公司选择最佳的资本结构。

根据现实社会中存在的有关公司融资方面的因素，管理者可以通过三条途径来调整资本结构以实现增加公司价值的目的：

1. 通过资本结构的选择可以削减公司成本，增加公司价值

企业的利润除了要向股东和债权人分配之外，还需要缴纳税收。税收的存在，使得企业的资本结构会影响企业的价值。这是因为企业在缴纳所得税时，利息等财务费用是在税前从利润中扣除，而向股东支付的股利则是在税后扣除。因此，如果企业选择债务融资的方式，那么就可以减少所得税的支出。因此企业的管理者可以通过增大资本结构中的负债比例来减少企业的税收支出。

不过，虽然债务融资可以获得降低税收的好处，但是随着企业资本结构中债务所占的比例逐步提高，企业会面临越来越大的违约风险。公司管理者必须花费大量的时间和精力对企业债务进行管理，而且过高的负债率会使得外界对企业的经营状况充满疑虑，不利于企业经营。为了对违约风险进行管理，企业必须承担种种成本，如财务危机成本，最终可

能使得债务融资的弊大于利。

2. 通过资本结构的选择，可以减少公司内部各风险承担者之间潜在的、会造成较大成本的利益冲突

企业的管理者与股东、股东与债权人之间的利益有时并不一致。当企业管理者在决定如何分配公司空闲的现金流时，可能会选择一些虽然不能增加股东财富，但是对自己有利的项目。例如，管理者可能会投巨资装修办公场所。负债可以强迫管理者按预先约定的方式把现金以还本付息的方式分配给债券持有人，从而减少管理者能够支配的空闲现金流，避免出现损害股东利益的现象。

如果公司破产清盘，那么公司的财产将优先分配给债权人，剩余部分才会在股东之间进行分配。因此，一旦公司的负债金额很大时，和债权人相比，公司的股东并不关心公司破产清算之后剩余的价值。这样股东和债权人之间就会存在利益冲突。公司管理层代表的是股东的利益，他们会选择风险很大的投资，从而以损害债权人的利益为代价来增加股东的财富。因此，当债权人向此类公司提供贷款时，会面临潜在的道德风险，此时债权人会不愿意提供贷款。因此公司管理者也会避免出现负债比率过大的状况。

3. 通过资本结构的选择，公司可以向股东提供一些原本不能得到的金融资产，为股东创造价值

在不改变公司营运资产的构成或大小的情况下，公司通过改变发给股东的索求权，也可以为公司创造出价值。例如，如果公司把养老金计划作为一种融资形式，那么公司通过向员工提供一种原来没有的退休福利，激励员工为公司创造更多的价值。此时公司股东获取劳动力成本的现值将低于原有成本的现值。

本章小结

1. 风险是指不确定性，就是未来结果的不确定性。不确定的程度越高，风险就越大。我们可以选择套期保值、保险或是分散投资的方式来分散风险。

2. 马科维茨的资产组合理论用数量化的方法衡量投资的预期收益水平和风险，通过建立均值方差模型来阐述如何全盘考虑上述两个目标，从而使得投资者可以在风险和收益之间做出权衡取舍。

3. 威廉·夏普等人在马科维茨的资产组合理论基础上提出了资本资产定价模型，通过一种经过简化的数量方法，使得资产组合理论应用于实际市场操作成为可能，开创了资产组合理论数理化分析的时代。

4. 套利定价模型是建立在对资本资产定价模型的批判和吸收之上，在资本资产定价模型基础上增加了一些风险因素，提出了多要素模型，使模型的表达更加准确。

5. 资本结构理论研究的是公司的资本结构对于公司价值的影响。著名的MM定理提出，在无摩擦金融环境下，公司的资本结构对于公司的价值没有影响。J-M模型引入了代理成本这一摩擦因素，指出最优资本结构取决于所有者愿意承担的总代理成本，包括债务发行和新股发行的代理成本。现实经济生活不存在无摩擦的金融环境，因此公司可以通过改变资本结构来提高公司价值。

复习思考题

1. 风险一定代表损失吗?
2. 在现实经济生活中，风险分散的方法有哪些?
3. 什么是有效资产组合? 最优资产组合如何确定?
4. MM 定理在现实生活中成立吗? 为什么?
5. 如果考虑代理成本这一因素，公司管理者将如何确定公司的最佳资本结构?

第六章 金融中介体系

要点提示

金融中介机构是资金盈余者和资金不足者相互联系，进而实现资金余缺调剂的桥梁或纽带，在金融活动中发挥着重要作用。在银行之外，证券公司、投资基金、养老基金等金融中介机构为什么蓬勃发展？银行的相对重要性为何在不同时期及不同国家表现为不同的特点？由此引出了对金融机构演变发展规律和融资效率的极大关注。本章主要讨论金融中介体系的结构、产生与发展的原因和趋势，中外金融中介体系的不同特点等。

第一节 金融中介体系概述

金融中介及其类型

从广义上说，凡是专门从事各种金融活动的组织，均统称为**金融中介**、金融中介机构或金融机构，意指经济生活中起中间媒介作用的金融活动主体；狭义上说，金融中介是以银行为典型，特指信用关系中的借者与贷者之间的中介：从贷者那里借入，再向借者那里贷出。

在现代经济体系中，金融中介体系极其庞杂，可以按不同的角度进行不同的划分。

1. 联合国统计署和国民核算体系（SNA）的分类

联合国统计署和国民核算体系对金融中介的划分是从广义角度进行的。

联合国统计署在其国际标准产业分类法（ISIC）中，按经济活动类型的分类，把金融中介归为一大类，包括的内容主要有：

(1) 不包含保险和养老基金的金融中介活动。

1) 货币中介（Monetary Intermediation）。

——中央银行的活动；

——其他货币中介，主要指存款货币银行性质的活动。

2) 其他金融中介。

——金融租赁活动；

——其他提供信用的活动，主要指如农业信贷、进出口信贷、消费信贷等专业信贷活动；

——其他金融中介活动。

（2）保险和养老基金，不包括强制性社会保障。

1）生命保险活动。

2）养老保险活动。

3）非生命保险活动。

（3）辅助金融中介的活动。

1）金融市场组织，如证券交易所的活动。

2）证券交易活动，包括投资银行、投资基金之类的活动。

3）与金融中介有关的其他辅助活动。

国民核算体系对金融业的分类是按交易主体或资金收支角度进行，划分为五类：第一，中央银行；第二，其他存款公司；第三，不是通过吸收存款的方式而是通过在金融市场上筹集资金利用这些资金获取金融资产的其他金融中介机构，如投资公司、金融租赁公司，以及消费信贷公司等；第四，金融辅助机构，如证券经纪人、贷款经纪人、债券发行公司、保险经纪公司以及经营各种套期保值的衍生工具的公司等；第五，保险公司和养老基金。

2. 直接融资中介与间接融资中介

由于融资方式分为直接融资和间接融资，相应地，金融机构也有两类：一类是在直接投资领域中，为筹资者和投资者牵线搭桥或提供某种服务的组织，如证券公司、证券交易所等；另一类是在间接融资领域中，为资金余缺双方进行金融交易发挥媒介作用的金融中介机构，如各种类型的银行和非银行金融机构。间接融资领域的金融机构，以商业银行为代表，通常被狭义地称为金融中介机构。

（1）直接融资及其机构。

在直接融资中，资金短缺者在金融市场上向资金盈余者出售股票、债券等金融工具，直接向盈余者借取资金，盈余者以此为凭证而获得债券利息收入或股息分红。对于短缺者来说，这些证券意味着一种负债，对于盈余者来说，则是其拥有的一笔资产。这些证券的发行和流通都是在金融市场上进行的。证券发行市场，直接完成了资金从盈余者向赤字者转移，其重要性毋庸置疑。而证券交易流通市场，仅仅是盈余者之间的资金融通，并不创造新的金融资产和实际资产，但是它依然和真正的资金短缺者存在联系。比如，某家企业发行股票以后，虽然在二级市场上的交易与它没有直接关系，但它必须关注自己股票在二级市场上的表现。如果该股票在二级市场上表现出色，口碑很好，那么对它的配股和发行新股都十分有利；反之，如果在二级市场上表现不尽如人意，不仅对其再融资不利，而且还可能被别的企业恶意收购或兼并。作为上市企业来说，为了使自己的股票在二级市场上有一个亮丽的表现，企业管理者必须首先练好“内功”，尽可能提升本企业的经营业绩，这就赋予了证券二级市场对上市企业进行监督的功能。所以，证券交易市场不仅为发行市场提供保证，而且在公司治理结构中扮演着重要角色。

直接融资，相对于间接融资来说，其好处在于资金供求双方直接交易，避开了金融中介机构，在某种程度上可以节约一定的融资成本，资金盈余者可以得到更多的投资回报。但是其劣势也是显而易见的，表现在：第一，它要求盈余者有一定的专业投资技巧和知识，有判断和决策能力，并付出大量的时间和精力；第二，它要求盈余者对高风险有一定的承受能力，金融市场瞬息万变，一夜之间暴富或倾家荡产都有可能发生；第三，对于资金短缺者来说，进入直接金融市场的门槛较高。一个企业要想上市，就必须在许多方面满足条件，而且还要有一定的知名度，否则，其证券往往得不到盈余投资者的认可和青睐，难以获得好价钱。一般地，直接融资往往是政府和一些大企业的专利。

注意，直接融资虽然是资金供求双方直接进行交易，没有银行等金融中介的参与，但并不意味着没有任何金融机构为之服务。相反，这种融资必须借助于证券公司、投资银行、证券交易所等直接融资领域的金融机构，这种金融机构主要是为盈余者和短缺者双方牵线搭桥，提供交易场所，帮助各方各得其所，为其提供各种服务，如为买卖双方撮合、代客买卖证券（有时本身也参加买卖），并不是在盈缺双方之间进行资产负债业务的运作。因此，其收入主要是佣金和手续费，其身份是买卖双方的代理人。这是它们和以银行为代表的金融中介机构的显著不同之处。

（2）间接融资及其机构。

在间接融资中，资金的盈缺双方并不直接交易，而是分别同金融中介机构发生一笔独立的交易：资金盈余者购买金融中介发行的次级证券（如银行的储蓄存款、保险公司的人寿保险单等）成为债权人，金融中介获得资金成为债务人；然后金融中介再去购买短缺者发行的原始证券（债券、借款单等）而成为债权人，短缺者成为债务人。可见金融中介机构通过资产负债业务的运作，发挥着吸收资金和分配资金的功能，它是最终借款人（短缺者）和最终贷款人（盈余者）之间的中介，以中间借款人和中间贷款人的信用中介人身份出现。银行经营过程的实质就是先把盈余者的“资产”变成自己的“负债”，向盈余者承诺随时保证他的提款要求；然后再以这一负债为基础创造出新的金融产品，即把负债再变成其资产，向资金短缺者提供期限更长的贷款，这样银行就把更具流动性的负债转换为更不具有流动性的资产，从而使盈缺双方的需要完好地得到满足，而这一转换过程中的风险则主要由银行承担下来，银行被看成是一个有效的风险分担装置。因此，对于银行来说，其收入主要表现为存贷款的利差，这是银行经营风险的报酬。在各种各样的金融中介机构中，银行是最重要的环节，居于支配性的地位，以后的分析大多数是以银行为代表来阐述的。

（3）直接融资与间接融资的相对重要性。

现代社会的资金，绝大部分是通过金融中介机构来融通的。尽管我们从新闻媒体上得到的金融信息主要是证券市场的价格信息，好像证券公司比银行重要。但事实上银行等金融中介机构的融资量要远远大于证券市场。一项国际权威调查表明，公司融资格局虽然在各国不尽相同，但有一点是相同的，即当公司企业为其活动寻找资金来源时，通常都是从金融机构取得资金。发达的工业化国家如此，发展中国家更是如此。如在美国，虽然其证券市场非常发达，在公司融资方面举足轻重，但是在公司融资总量中，金融机构的贷款几乎相当于证券市场融资量的2倍；德国、日本通过金融机构的融资量几乎是证券市场的10倍。可见，从融资量来看，金融机构在任何国家都比证券市场重要。

金融中介机构存在和发展的原因

1. 充当真正的信用中介

资金盈余方即投资者希望将盈余资金投资出去，以增加收益，同时又希望保持随时运用资金的权利，但是个体的小额资金很难实现两者的有效结合。银行等金融中介机构通过吸收存款和发行金融债券的形式，将社会上的各种不同数量和不同期限的闲散资金集中起来，就可以预测资金需求的规律，既可以满足不同期限的借款需求，又为投资者提供了不同期限的投资选择。由于投资者总是对长期投资的风险较难把握，他们往往要求长期借款人支付较高的利息。而金融中介则凭借其源源不断的后续存款，在满足投资者的流动性需求，实现较高的投资收益的同时可以向长期借款人提供任何单一投资者无法提供的低成本长期资金，即可以降低长期借款的成本。所以，银行在此一身兼二任，既是借者，又是贷者，成为真正的信用中介。

2. 分散风险

金融中介将高风险资产转换成低风险资产的功能叫做分散风险，通俗地说，就是“不要把鸡蛋放在一个篮子里”，强调的是进行多样投资，以降低风险。但如果你只有一个鸡蛋，资金量太小，你怎么把它放在不同篮子里呢？即使你有很多鸡蛋并放入不同的篮子，你是否有足够的精力同时照看好它们呢？看来，单个投资者的多样化策略会有一定的困难。引入银行、投资基金后，就可解决这些困难。因为银行有足够的资金、大量的专家专门看管这些“鸡蛋”，通过联合经营足以减少贷款的风险。如假设 100 笔贷款中预计有 99 笔会偿还，只有一笔会有麻烦，于是每个贷款人都会提心吊胆害怕成为那个倒霉者，但如果银行联合发放这 100 笔贷款，则每个人最多损失其资金的 1%，避免了巨大的风险。

3. 节约交易成本

任何投资者和筹资者无论进行多大金额的交易，都要花费时间和金钱去收集、加工和分析信息，然后决策、谈判、办理手续，交易成本很高。这些成本包括信息成本、监督成本、法律合约成本等。而银行等金融中介机构具有专业化和规模经济优势，拥有专门的组织、人才、设备、网络、技术、经验等，相对于直接融资来说，银行在分辨企业的投资价值上比个人更胜一筹，他们在甄别贷款风险、防范由逆向选择造成的损失方面，经验和办法很多。在签订合约之后，银行在监督贷款人从而减少道德风险所造成的损失方面也有着专长。

尽管银行等金融中介机构并不能完全消除直接融资中出现的逆向选择和道德风险问题，但由于银行引入了一些制度性的措施，从而可以极大地减少或缓解信息不对称所造成的交易费用与风险。这些措施主要有：（1）抵押，当借款人不能归还贷款时，银行可以出卖抵押品来减少损失；（2）要求借款人有一定量的自有资本金，一旦借款人破产，必须要用其资本金来清偿银行的债务；（3）贷款合约的一些限制性条文；（4）监管和强制执行。

4. 提供支付机制和流动性

现代交易的支付手段绝大多数并不使用现金，而是通过支票、信用卡、储蓄卡和资金电子划拨系统等各种各样的结算方式和工具来结算的。而这些结算工具和方式都是由银行等特定的金融中介机构所提供。由商业银行和中央银行的结算支付机制所构成的支付体系在国民经济中占有十分重要的地位。由于金融机构的信誉高，拥有大量的分支机构和代理行关系，通过其提供的服务网络进行支付有利于加速结算过程和货币资金的周转，促进再生产的顺利进行。

银行存款变现迅捷容易，不会遭受名义价值损失。而其他的直接金融工具在变现时或者会支付一定的佣金，或者会遭受价格损失，相比之下，银行存款就有利得多。这也是许多人在权衡利弊后，仍愿意将自己财富的一部分存放在收益率相对较低的银行的主要原因。

金融机构体系的发展趋势

随着世界范围内的金融创新、管理规则、公众偏好的变化，以及整个经济社会财富的不断积累，各国资金融通的格局有了明显的变化。这些变化趋势主要有以下几方面。

1. 直接金融与间接金融合二为一，出现了全方位全能型的金融中介机构

传统上，实行职能分工型金融体制的国家，金融中介机构是高度专业化的，他们各自在特定的封闭范围内从事活动。如在美国，商业银行只能吸收存款并发放短期贷款，储蓄机构只能专门从事长期固定利率的抵押贷款，禁止从事商业或消费者信贷，投资银行只能包销公司股票和债券，不能接受居民存款及进行商业性贷款，人寿保险公司只能发行保险单和购买公司债券等，这些机构分门别类，各司其职。而现在的发展趋势是金融机构之间的界限日益模糊，其间的业务相互渗透，难分彼此。将来有一天，也许中国工商银行会通过电话系统销售商品，君安证券也提供支票户头，中国联通也在发行信用卡。如果说现在，你需为支票账户去一个地方，为抵押贷款再去一个地方，为买辆车贷款再去一个地方，以及买保险一个地方，买上市股票再去一个地方的话，那么很有可能将来你就不会这么麻烦，专业化的金融小店被全能化的金融百货公司或金融超级市场所取代。他们会为你提供全方位的金融中介服务。

2. 养老基金和投资基金为代表的契约型储蓄机构和投资型中介机构的重要性日益加强

发达国家最近三四十年间各类中介持有总资产的结构发生了变化，显著的特征是个人养老基金、州和地方政府退休基金、投资基金等呈现快速增长势头，并极大地改变了家庭金融资产分配的结构。比如在美国 20 世纪 50 年代初期，在家庭金融资产中仅有 6%以养老基金方式持有，而货币市场共同基金更只占 1%，到 1995 年这些数字分别上升到 31%和 10%。与此同时，人们直接持有的证券占家庭金融资产的比例从 32%降至 21%，人寿保险的比例从 12%降至 3%，储蓄存款的数量也极大降低，甚至出现负储蓄，即人们从直接拥有股票、人寿保险和储蓄存款转向通过养老基金和投资基金间接拥有股票和债券。到 2010 年，美国家庭金融资产中占比最高的为养老基金，约为 38.1%；其次为组合投资基金，占比约为 15%；人寿保险和定期存款的比例分别只有 2.5%和 3.9%。在我国现阶段，虽然人们仍然是以储蓄存款、持有股票、债券、保单等方式保有其金融资产，但也出现了一些苗头，开放式的证券投资基金蓬勃发展，保险公司推出了投资连结保险的险种。可以预计，随着市场经济体制的不断建立与健全，适应人们贮藏财富的需求，新的金融工具和品种必将被创新出来，以养老基金和投资基金为代表的契约型机构和投资型中介机构必将占据更多的金融市场份额。

3. 以商业银行和储蓄机构为代表的金融中介机构的相对重要性下降

养老基金、投资基金的迅猛发展，对商业银行、储蓄机构和投资银行的市场份额和经营方式无疑造成了很大的冲击和挑战。如在美国货币市场共同基金的出现，使银行融资成本提高，盈利水平下降，给银行造成的威胁是实实在在的。货币市场共同基金鼓励大公司发行商业票据代替从银行借款，从而降低了银行从其资产上获得的回报。

商业银行等存款机构在资金成本提高、回报下降、市场份额减少的压力下，要想生存下去必须进行新的创新和尝试。

第二节　西方国家的金融中介体系

西方国家的金融中介体系规模庞大，种类繁多，结构复杂，是适应其高度发达的市场经济的产物。简略地概括，银行体系与非银行体系并存是其共同特征，其中，银行机构居支配地位。

传统上，银行类金融机构，主要从事存款、放款和汇兑等典型的银行业务。大多数非银行金融机构，多不经营存款业务。由于经营体制和监管体制的不同，各国对不同金融机构的业务经营所施加的限制也是不同的，如在实行全能型体制的德国、瑞士等国，金融机构几乎不受限制，银行可以经营存放汇银行业务和证券业务等各种金融业务；美英日等国在实行分业经营和管理的时期，则对银行、证券、保险等各类金融业务则是分门别类，各有专司。

近年来，随着世界范围内的分业经营向混业经营的转化，西方主要国家的金融机构的业务呈现出不断交叉、重叠的趋势，金融机构之间的差异日趋缩小。

一、银行体系

西方国家的银行体系包括中央银行、商业银行、专业银行和政策性银行四种类型。在现代金融中介机构体系中，中央银行是这个体系的核心，商业银行是主体和基础，专业银行及其他金融机构则起补充作用，它们相互协调，共同发展。

1. 中央银行

在现代金融中介体系中，中央银行和各种金融监管机构也包括在其中，但是中央银行是一国金融管理和调节的特殊金融机构，它不对一般客户和公众开办业务，而只与金融机构进行管理性业务往来，并执行货币政策，它实质上是政府的一个职能机构，处于金融体系的中心环节。

2. 商业银行

商业银行也称为普通银行、存款货币银行或存款银行。在金融机构体系中，商业银行以其机构数量多、业务渗透面广和资产总额比重大等优势居于重要地位，是西方各国银行体系中的骨干。从一般意义上讲，商业银行是以经营工商业存放款为主要业务，并提供多种金融服务的金融机构。其中，通过办理转账结算实现着国民经济中的绝大部分货币周转，同时起着创造存款货币的作用。近年来，随着西方各国对金融管制的放松，各国商业银行又纷纷涉足证券业务、投资银行业务、保险业务、外汇业务、租赁、信托业务等。商业银行的业务非常广泛和重要，在第七章有更详细的阐述。

3. 专业银行

在西方国家，**专业银行**是指专门经营指定范围内的业务和提供专门性金融服务的银行机构。它主要包括储蓄银行和不动产抵押银行等。

（1）储蓄银行。

储蓄银行是指专门办理居民储蓄，以储蓄存款为主要资金来源的银行。储蓄银行通过储蓄形式将社会各阶层的闲散资金汇集在一起，然后再以购买政府债券、公司债券或股票的形式进行投资，也可发放不动产抵押贷款。在西方国家，储蓄银行大多是专门设立的。为了保护小额储蓄者的利益，这些国家对储蓄银行一般都有专门的立法，限制其通过吸收储蓄所筹集资金的投资领域。

储蓄银行在各国的名称不一样，英国主要是信托储蓄银行和房屋互助协会，美国称储蓄放款协会和互助储蓄银行，法国、意大利、德国则称储蓄银行。

20 世纪 80 年代以来，西方国家的储蓄银行陷入了困境，主要原因在于 20 世纪 70 年代后期开始的短期市场利率上升使融资成本大幅度上涨，而储蓄银行的大部分资产是长期限的固定利率抵押贷款，致使大批储蓄银行纷纷倒闭。由于储蓄银行在协助政府实现经济目标时起了很大作用，西方国家采取了不少措施来扶持储蓄银行。

（2）不动产抵押银行。

不动产抵押银行，简称抵押银行，是指专门以不动产作抵押，办理长期放款业务的银行。作为抵押品的不动产，一般为土地和房屋，但也收受股票、债券和黄金等作为贷款的抵押品。抵押银行的资金来源主要是通过发行不动产抵押债券筹集到的长期性资金。其长期贷款业务主要有两类：一类是以土地为抵押的长期贷款，贷款对象是土地所有者或购买土地的农场主；另一类是以城市不动产为抵押的长期贷款，贷款对象是房屋所有者和建筑商。不动产抵押银行在不同国家有不同称谓，如美国称为联邦土地银行、联邦中期信贷银行，法国称房地产信贷银行。这些银行多数都依靠国家财政的支持，都不同程度地带有国有的性质。

4. 政策性银行

政策性银行是指由政府设立，以贯彻国家社会经济政策或意图，不完全以营利为目的的金融机构，一般有三种类型：一是支持国家重点产业发展和新兴产业开发方面的金融机构；二是农业信贷方面的金融机构；三是外贸信贷方面的金融机构。其主要特点是：（1）由政府出资组建，业务上由政府的相应部门领导；（2）一般不接受存款，也不从民间借款，主要依靠财政拨款、发行政策性金融债券等方式获得资金；（3）专业性较强，与政府的产业政策密切配合；（4）政策性银行一般不设立普通分支机构，其业务通常由商业银行代理。

非银行金融中介体系

非银行金融中介体系在整个金融中介体系中是非常重要的组成部分，它的发展状况是衡量一国金融体系是否成熟的重要标志之一。这类金融机构主要包括保险公司、养老基金、投资信托类金融机构、投资银行、合作金融机构、金融租赁公司、财务公司等。

1. 保险公司

保险公司是一种专门经营保险业务的非银行金融机构。在西方国家，保险业的发达反映在“无人不保险、无物不保险、无事不保险”上。保险公司是一国社会保障制度的重要组成部分，能分散风险、补偿损失，同时又是一种重要的金融中介机构。西方各国按照保险种类分别建有形式多样的保险公司，其中以人寿保险公司、财产和灾害保险公司最为重要。

（1）人寿保险公司。

人寿保险公司是为人们因意外事故或死亡而造成经济损失提供保险的金融机构。其主要资金来源是按一定标准收取的保险费。人寿保险对投保人来讲兼有储蓄的性质，因为即使是定期人寿保险，投保人在投保期内未发生任何意外也可以得到一笔可观的偿付，所以，人寿保险公司可以说是一种特殊形式的储蓄机构。由于人寿保险具有保险金支付的可预测性，并且只有当契约规定的事件发生时或到约定的期限时才支付保险金的特征，因此，保险公司的保费收入远远超过它的赔付金额，保险费实际上是一种稳定的资金来源。人寿保险公司主要通过购买公司债券、股票、发放长期抵押贷款等进行长期投资。其短期资产相对较少。

传统上，人寿保险公司在资金运用方面不太涉足对公司股票，特别是对普通股的投资，但随着环境的变化，西方国家的人寿保险公司改变了投资策略，特别是加强了对有价证券的投资，开始更多地涉足风险较大的普通股投资和房地产贷款，从而使人寿保险公司成为金融市场上最大、最活跃的机构投资者。

（2）财产和灾害保险公司。

财产和灾害保险公司是对法人单位和家庭提供财产意外损失保险的金融机构。财产保险的保险费率是根据事故发生的概率和损坏程度来计算的。由于财产保险投保对象的事故发生可能性很不确定，随机性很强，不可能像人寿保险那样精确计算，所以财产保险费率的确定通常要受到政府的某些制约。例如，在日本，财产保险费率由按照法律设立的财产保险费率计算委员会确定。在美国，则由各州保险委员会规定费率的浮动幅度以及经营标准，并对财产保险公司的政策实施全面监督。

由于灾害事故的发生较难以预料，因此在资金的运用上，财产保险公司经营转存款、短期拆借、购买货币市场金融工具等项目的比重明显高于人寿保险公司。它们的资金多投资于市政债券、高级别公司债券和少数股票等。西方各国财产保险公司的大宗业务依国情有别，日本和美国财产保险中最重要的业务形式是汽车责任保险，而英国的海运保险则举世闻名。

2. 养老基金

养老基金是一种类似于人寿保险公司的专门金融组织。养老基金的资金来源主要是雇主的缴纳和雇员工资的扣除，养老基金可以分为私人养老基金和政府退休基金。私人养老基金通常是由企业为其雇员设立的，养老金预付款由雇员和雇主共同分担，同时政府还给予某些税收上的优惠。政府退休基金包括各级政府为其雇员所设立的养老基金和社会保障系统。

西方国家关于养老基金的立法和税收优惠对它的发展起了很大的推动作用。由于人均寿命的延长和出生率的下降，西方国家人口中老年人比重不断上升，这使得养老基金的发展很快。到20世纪80年代末，美国养老基金的资产规模已经超过人寿保险公司。

3. 投资信托类金融机构

投资信托类金融机构包括投资公司、信托投资公司和投资基金。它们通过发行股票、债券和受益凭证等来筹集资金，用来购买股票、公司债券、政府债券等各种有价证券，也可投资不动产和实业。信托投资公司凭借其在投资领域中的信息、经验，汇集中小投资者的资金，进行组合投资，在使投资风险降至最低水平的同时，给中小投资者带来较高的、安全的收益。西方国家投资信托类金融机构实际上就是经营各种投资基金的金融机构。如股票基金、债券基金、货币市场基金、股价指数基金、基金中的基金等。

4. 投资银行

投资银行是专门从事发行长期融资证券和企业资产重组的金融机构。投资银行这一名称是美国和欧洲大陆等国家的称呼，在英国称为商人银行，在日本称为**证券公司**。在其他国家和地区，还称为实业银行、金融公司、投资公司等。

投资银行和证券公司主要以发行自己的股票和债券的办法来形成资金来源。有的国家规定投资银行可以吸收定期存款。此外，投资银行的资金来源也可以是从其他金融机构获得的贷款。一般来讲，它们只拥有较小金额的自有资本，因为投资银行的主要收益来自代理发行各种证券的佣金和服务费等收入，而不是来自于资金的运用。

投资银行和证券公司的主要业务有：对工商企业的股票、债券进行直接投资；为工商业企业代办发行或包销股票与债券，参与企业的创建、改组、收购、并购活动；包销本国政府和外国政府的公债券；提供有关投资方面的咨询服务等。有些投资银行也兼营黄金、外汇买卖及资本设备或耐用商品的租赁业务等。

5. 合作金融机构

合作金融是指由个人集资联合组成，以互助合作为主要宗旨的金融活动，由此建立的金融机构称为**合作金融机构**。信用合作社是最主要的合作金融机构。

信用合作社，是吸收城市手工业者和农民的存款，并办理放款业务的一种信用组织，通常分为城市信用社和农村信用社两种。信用合作社一般规模不大，其资金主要来自合作社成员缴纳的股金和吸收的存款，贷款主要对象也是信用社成员，其基本的经营目标是以简便的手续和较低的利率向社员提供信贷服务，帮助经济力量薄弱的个人解决资金困难。信用合作社强调合作原则，自愿入社和退社，每个社员都应提供一定限额的股金并承担相应的责任，信用合作社实行民主管理，社员也拥有平等权利，信用社股票不上市，实行等价交换，盈利主要用于增进社员福利。

6. 金融租赁公司

金融租赁也称为“融资租赁”，一般指企业、公司（承租人）需要更新或添置设备时，不是以直接购买的方式投资，而是以付租的形式向出租人借用设备。经营这种租赁业务的出租人就是**金融租赁公司**。金融租赁公司的业务范围很广，涉及从单机设备到成套设备，从生产资料到消费品、工商业设施、办公用品等各个领域。租赁方式也有多种。金融租赁公司的运作方式灵活、成本低，可以获得税收等方面的优惠，是现代金融中的一个重要组成部分。

7. 财务公司

财务公司又称“财务有限公司”或“金融公司”，是一种经营部分银行业务的非银行金融机构。财务公司在 18 世纪始于法国，后英国、美国相继开办。其最初是为产业集团内部各分公司集资，宗旨和任务是为本企业集团内部筹集、融通资金提供便利，但现在财务公司的经营领域不断扩大，种类不断增加，除传统业务外，大的财务公司还兼营外汇、联合贷款、包销证券、不动产抵押、财务及投资咨询服务等。财务公司的短期资金来源主要是通过银行借款和卖出公开市场票据（商业票据），长期筹资主要靠发售企业股票、债券和发行公司本身的证券。资金运用主要是消费信贷和企业信贷。

第三节　中国金融中介体系

中国金融中介体系的演变

新中国成立以前，我国并存着两个对立的金融中介机构体系：国民党统治区的金融中介机构体系和共产党领导下的解放区的金融中介机构体系。前者由官僚资本银行、帝国主义银行、民族资本银行和在广大农村存在的高利贷性质的金融机构所组成。其中，官僚资本的“四行二局一库”占垄断地位；后者主要由银行和农村信用合作社构成，根据地和解放区曾建立过 30 多家银行。

新中国金融中介体系的建立是通过下列途径实现的：(1) 合并解放区银行，组建中国人民银行；(2) 没收官僚资本银行，改造民族资本银行；(3) 建立和发展其他金融机构，包括建立和发展农村信用合作社与建立中国人民保险公司等。在 1953 年以前，新中国的金融中介体系基本上是以中国人民银行为核心，但仍保存几家专业银行和其他金融机构的体系格局。在当时特定的历史条件下，这种格局有利于国民经济的迅速恢复和发展。

1953—1979 年，与高度集中的计划管理体制相适应，我国形成了高度集中的金融中介体系，称为“大一统”的银行体系模式。这种体系实际上是中国人民银行集货币政策、银行、监管于一身的“大一统”的金融体制，其优点是便于政策协调，利于控制全局，但不适应社会生产力的发展，暴露出了很多弊端，使整个金融系统缺乏活力。

1979—1993 年，我国金融机构改革主要是突破了过去高度集中的特点，开始向多元化体系方向发展。概括说来，主要包括以下几个方面：(1) 恢复和建立专业银行，并在此基础上将其改革和向国有商业银行转制。(2) 成立投资信托类金融机构。(3) 城市信用合作社的建立和发展。(4) 允许外国金融机构在华设立分支机构。(5)“大一统”银行体制转变为中央银行体制，中国人民银行完全摆脱了具体银行业务，开始进行宏观调控和监管。(6) 在国有商业银行之外，陆续成立了 10 余家全国性的和区域性的股份制商业银行。

1994 年至今，适应建立社会主义市场经济体制的要求，以中央银行为领导，政策性金融和商业性金融相分离，以国有独资商业银行为主体，多种金融机构并存的现代金融体系初步形成。主要的改革措施有：(1) 组建政策性银行。1994 年，经国务院批准，国家开发银行、中国进出口银行和中国农业发展银行三家政策性银行先后组建，承担原来由国家专业银行办理的政策性金融业务。(2) 20 世纪 90 年代中期，伴随着政策性业务的分离，我国在推进交通银行等其他商业银行进一步发展的同时，又对各大中城市的信用合作社进行了调整，组建了近百家城市商业银行。(3) 银行、证券、保险分业经营与管理体制形成。(4) 中国人民银行机构设立的重大改革。(5) 建立金融资产管理公司，专门处理国有商业银行的不良资产。

中国现行的金融中介体系

我国现行的金融中介体系是以中国人民银行为核心，以中国银行业监督管理委员会（简称“中国银监会”）、中国证券监督管理委员会（简称“中国证监会”）、中国保险监督管理委员会（简称“中国保监会”）为监管机构，以工农中建四大国有商业银行为主体，多种金融机构并存的格局。

1. 中央银行和金融监管机构

(1) 中国人民银行。中国人民银行是我国的中央银行，是在国务院领导下制定和实施货币政策、对金融业实施监督管理的国家机关。

中国人民银行的主要职责是：依法制定和执行货币政策；发行人民币，管理人民币流通；监督管理银行间同业拆借市场和银行间债券市场；实施外汇管理，监督管理银行间外汇市场；监督管理黄金市场；持有、管理、经营国家外汇储备、黄金储备；经理国库；维护支付、清算系统的正常运行；指导、部署金融业反洗钱工作，负责反洗钱的资金监测；负责金融业的统计、调查、分析和预测；作为国家的中央银行，从事有关的国际金融活动；国务院规定的其他职责。

1998 年以前，中国人民银行的分支机构按行政区划设置，1998 年后按经济区域设立了九个跨省（自治区、直辖市）的大区分行，各大区分行下设若干中心支行，并将中国人民银行北京分行和重庆分行改为两个营业部，作为总行的内部。这些分支机构根据中国人民银行的授权，负责其辖区内的金融监督管理，承办有关业务。

(2) 中国银行业监督管理委员会。中国银行业监督管理委员会根据授权，统一监督管理银行、金融资产管理公司、信托投资公司以及其他存款类金融机构，维护银行业的合法、稳健运行。中国银行业监督管理委员会自 2003 年 4 月 28 日起正式履行职责。银监会的主要职责：制定有关银行业金融机构监管的规章制度和办法；审批银行业金融机构及分支机构的设立、变更、终止及其业务范围；对银行业金融机构实行现场和非现场监管，依法对违法违规行为进行查处；审查银行业金融机构高级管理人员任职资格；负责统一编制全国银行数据、报表，并按照国家有关规定予以公布；会同有关部门提出存款类金融机构紧急风险处置意见和建议；负责国有重点银行业金融机构监事会的日常管理工作；承办国务院交办的其他事项。

(3) 中国证券监督管理委员会。1992 年 10 月，国务院证券委员会和中国证券监督管理委员会宣告成立，标志着中国证券市场统一监管体制开始形成。国务院证券委员会是国家对证券市场进行统一宏观管理的主管机构。中国证监会是国务院证券委员会的监管执行机构，依照法律法规对证券市场进行监管。1998 年 4 月，根据国务院机构改革方案，决定将国务院证券委员会与中国证监会合并组成国务院直属正部级事业单位。经过改革，进一步明确中国证监会为国务院直属事业单位，是全国证券期货市场的主管部门，进一步强化和明确了中国证监会的职能。

(4) 中国保险监督管理委员会。中国保险监督管理委员会成立于1998年，为国务院直属事业单位，是全国商业保险的主管机关，由国务院授权履行行政管理职能，依照法规、法律统一监督管理保险市场。主要的任务是：拟定有关商业保险的政策法规和行业规划；依法对保险企业的经营活动进行监督管理和业务指导，依法查处保险企业违法违规行为，保护被保险人的利益；维护保险市场的秩序，培育和发展保险市场，完善保险市场体系，推进保险市场改革，促进保险企业公平竞争；建立保险业风险的评价与预警系统，防范和化解保险业风险，促进保险企业的稳健经营和业务的健康发展。

2. 商业银行

商业银行是我国金融中介机构体系的主体，主要由国有独资商业银行、股份制商业银行、城市商业银行等构成。

(1) 国有商业银行。国有商业银行是由国家专业银行演变而来的，包括中国工商银行、中国农业银行、中国银行、中国建设银行，是金融中介机构体系的主体。1994年之前，这四家银行在服务对象上各有侧重，随着金融体制改革的不断深化，几家银行的传统分工开始被打破，各行的业务交叉增多，竞争日益激烈。近几年来，这几家银行营运机制有所改善，内部管理得到加强。

(2) 股份制商业银行。随着金融体制改革的不断深化，我国陆续组建和成立了一批股份制商业银行。1987年4月，交通银行重组为我国改革开放后第一家股份制商业银行。随后，按现代企业制度又成立了股份制的深圳发展银行、中信实业银行、中国光大银行、华夏银行、招商银行、广东发展银行、福建兴业银行、上海浦东发展银行、中国民生银行等。

(3) 城市商业银行。城市商业银行的前身是城市信用社。由于城市信用社规模太小，数量太多，以及管理水平较低，金融监管机构的监管成本很高，且监管难以到位，导致由信用社引发的信用风险频频发生。1995年，国务院决定，在城市信用社基础上组建城市合作银行，其服务宗旨为发展地方经济服务，为中小企业发展服务。虽然城市合作银行名字中保留了“合作”两字，但它已经不再是合作金融的性质，而是地方性的、股份制的商业银行。自1999年开始，为进一步明确城市合作银行的股份制性质，城市合作银行陆续更名为城市商业银行。

(4) 邮政储蓄银行。随着我国金融体制改革的不断深化，邮政储蓄管理体制已不能满足银行业监管法制化、规范化的管理要求。为了理顺邮政储蓄管理体制，有效防范和化解金融风险，促进邮政储蓄持续健康发展，经银监会批准，中国邮政储蓄银行有限责任公司于2007年3月20日正式挂牌成立。邮政储蓄银行是我国连接城乡的最大金融网，也是农村金融服务体系的重要组成部分。中国邮政储蓄银行成立后的市场定位是：充分依托和发挥邮政的网络优势，完善城乡金融服务功能，以零售业务和中间业务为主，为国民经济和社会发展，为广大居民群众提供金融服务；经监管部门批准，办理零售类信贷业务和公司业务，与国内其他商业银行形成良好的互补关系，有力地支持社会主义新农村建设。目前，中国邮政储蓄银行主要是利用覆盖城乡的网络资源，大力发展零售业务，稳健经营低风险资产业务。主要的资产业务包括：协议存款、同业存款、债券投资、票据贴现、银团贷款、小额贷款、消费信贷等。负债业务将从吸收本外币存款逐步扩展到对公存款业务、发行金融债券等。中间业务将逐步发展基金托管业务、理财服务、代理买卖外汇、公司结算等业务。

（5）村镇银行。我国农村金融市场长期被农村信用社和只存不贷的邮政储蓄所垄断，金融服务的水平越来越无法满足农民的需求，因此建设村镇银行成为监管层大力推动的目标。自2006年年底银监会开始村镇银行试点以来，在国家政策扶持和监管机构的大力推动下，村镇银行获得了快速发展。截至2012年9月末，已核准开业的村镇银行达到799家。而随着银监会《关于加快发展新型农村金融机构有关事宜的通知》的发布，大型商业银行和资产管理公司开始大规模参与发起设立村镇银行，村镇银行的设立速度将进一步加快。村镇银行主要为当地农民、农业和农村经济发展提供金融服务，功能相当齐全，而且信贷措施灵活，决策快。毫无疑问，村镇银行的设立将在很大程度上弥补我国农村金融服务的不足，提升农村金融服务水平，促进农村经济的发展。

3. 政策性金融机构

（1）政策性银行。1994年以前，我国无专门的政策性金融机构，政策性金融业务分别由四家国有专业银行承担。1994年，为适应经济发展的需要，以“把政策性金融和商业性金融相分离”为原则，我国相继组建了三家政策性银行，即国家开发银行、中国进出口银行和中国农业发展银行。国家开发银行于1994年3月17日正式成立，其总部设在北京。其资金来源于财政部拨款形成的资本金、中央银行的短期贷款、发行金融债券、向国外筹资等。其中，向金融机构发行政策性债券是其主要资金来源，其资金运用的领域主要包括：制约经济发展的“瓶颈”项目；直接增强综合国力的自主产业的重大项目；高新技术在经济领域应用的重大项目；跨地区的重大政策性项目等。中国进出口银行于1994年7月1日成立，总行设在北京。中国进出口银行主要通过提供优惠出口贷款，增强我国商品的出口竞争能力，促进我国对外贸易的发展。其主要资金来源是发行政策性金融债券，也从国际金融市场筹措资金。其业务范围主要是为机电产品和成套设备等资本性货物出口提供出口信贷；办理与机电产品出口有关的各种贷款、混合贷款和转贷款，以及出口信用保险和担保业务。中国农业发展银行于1994年11月18日正式成立，总行设在北京，在全国设有分支机构。主要资金来源是财政拨款、向中国人民银行的再贴现，同时发行少量的政策性金融债券。其业务范围主要是办理粮食、棉花、油料等主要农副产品的国家专项储备和收购贷款，办理扶贫贷款和农业综合开发贷款，以及国家确定的小型农、林、牧、水基本建设和技术改造贷款。

（2）金融资产管理公司。我国的金融资产管理公司是1999年由国家投资组建的，专门用来剥离和处理国有商业银行不良资产的金融机构。这些公司将负责收购、管理和处置国有商业银行存在的不良资产，并将部分企业的贷款转化成为对企业的股权。债权转股权后，金融资产管理公司将成为企业阶段性的持股人，参与企业的决策，但不干预企业的日常生产经营。金融资产管理公司与企业的关系将从原来的借贷关系变成持股与被持股、控股与被控股的关系。待企业生产效益好转后，金融资产管理公司将采取上市转让、兼并、分立、企业回购等方式退出。信达、华融、长城、东方资产管理公司注册资本都为 100 亿元，均为财政拨款。

（3）中国投资公司。中国投资公司是依据《公司法》设立的国有独资公司，2007 年 9 月 29 日正式挂牌成立。作为专门从事外汇资金投资业务的国有投资公司，中投公司的成立被视为中国外汇管理体制改革的标志性事件。中投公司注册资本金为2 000亿美元，由财政部发行 1.55 万亿元特别国债予以购买。中央汇金投资有限责任公司作为全资子公司整体并入中投公司。中投公司对外以境外金融组合产品为主开展多元投资，实现外汇资产保值增值；对内则继续代表国家履行国有金融机构出资人的职能，进行国有金融机构改革，实现国有金融资产的保值增值。

4. 非银行金融机构

（1）保险公司。改革开放以来，我国保险业迅速发展，基本形成了以中国人民保险公司为主体、多种保险形式并存、多家保险公司竞争和共同发展的保险机构体系，并成为金融业中最具活力、发展最快的行业。

保险公司的业务范围分为两大类：一是财产保险业务，主要包括财产损失险、责任保险、信用保险等业务；二是人身保险业务，包括人寿保险、健康保险、意外伤害保险等业务。《中华人民共和国保险法》规定，同一保险人不得兼营上述两类保险业务。

截至 2012 年年底，我国共有保险机构 182 家，共有专业保险中介机构 2 532 家，保险从业人员 354 万，全国保费收入 1.55 万亿元，保险公司总资产共计 7.35 万亿元。

（2）证券公司。我国证券公司的业务范围有：代理企业发行各种有价证券，代理客户买卖证券，证券自营，代办股票红利支付和债券的还本付息，证券的代保管和签证，证券投资咨询等。我国的证券业在最初发展时可分成两大类：一类是由若干金融机构和非金融机构投资组建的股份制证券公司，经营全部证券业务；另一类是由银行、信用社、企业集团、租赁公司和信托公司等金融机构设立的证券营业部，仅经营证券代理买卖业务。近年来，随着规范证券公司发展工作的落实，证监会在要求证券机构彻底完成与其他种类金融机构脱钩的同时，鼓励经营较好的证券公司通过增资扩股、收购和兼并业务量不足的证券机构，组建较大规模、更为规范的现代证券机构。截至 2012 年年底，我国共有证券公司 114 家，总资产达到 1.72 万亿元，2012 年全年实现净利润 329.30 亿元。①

（3）投资基金。我国目前有两种基金：一种是在 1998 年以前设立的基金，主要投资于实业、上市与未上市公司的股票、债券等，我们称之为“老基金”；另一种是在 1998 年以后设立的基金，主要投资于上市公司的股票、债券以及国债投资，称之为“新基金”，即证券投资基金。按照中国证券监督管理委员会的规定，我国证券市场从 1999 年 4 月对“老基金”进行全面的清理规范，根据资产流动性的不同，“老基金”分别被转化为证券投资基金、金融债券或者被清盘。2001 年以前我国的投资基金都是封闭式投资基金。从 2001 年我国开始发行开放式投资基金。开放式投资基金在我国的推出，意味着我国证券市场的进一步成熟。截至 2012 年年底，我国共有基金管理公司 72 家，管理着 1 173 只基金，基金业资产规模达到 3.62 万亿元，基金管理费收入在 260.11 亿元左右，基金持有人

---

① 数据来源：http://www.csrc.gov.cn/pub/newsite，中国证监会。

账户总数已超过 8 869.1 万户。①

（4）信托投资公司。我国的信托制度有近百年的历史。改革开放以后，信托业务逐步恢复。1979 年 10 月，新中国成立以后第一家信托投资机构——中国国际信托投资公司成立。此后，金融信托业在全国范围内快速发展起来。自 1995 年以来，根据分业经营与规范管理的要求，展开对信托投资公司的调整改组、脱钩及重新登记工作。据统计，截至 2012 年年底，我国持牌信托公司共有 67 家，信托业资产总额约为 7.47 万亿元。②

（5）财务公司。我国的财务公司是指为企业集团及其内部各成员单位办理相互之间资金融通业务的金融机构。财务公司在业务上接受中国人民银行领导、管理、监督与稽核，在行政上隶属于各企业集团，是实行自主经营、自负盈亏的独立法人。截至 2011 年年底，全国已有财务公司 127 家。③

（6）信用合作组织。我国的城市和农村信用合作社是群众性合作制金融组织，是对国家银行体系的必要补充和完善。它的本质特征是：由社员入股组成，实行民主管理，主要为社会提供信用服务。目前，我国所有的城市合作信用组织都已通过合并、改组的方式成为地方城市商业银行，使合作金融机构得到了更大的发展。截至 2011 年年底，我国还有农村信用社 2 265 家。

（7）金融租赁公司。中国金融租赁业的发展始于 1981 年，当时是从国外引进，但是由于当时国内缺乏相应的诚信体制，管理水平有限等问题，发展速度非常缓慢。20 世纪 90 年代前，银行曾获准开展金融租赁业务。但由于行业发展不规范，投资股市、地产市场等违规业务，使银行金融租赁积聚了高风险。在 1997 年亚洲金融危机冲击下，不良贷款率迅速上升，为隔离金融风险，银行被责令退出金融租赁业务领域，禁止从事金融租赁业务。2007 年 3 月 1 日中国银监会颁布了新《金融租赁公司管理办法》，允许商业银行作为主要出资人发起设立金融租赁公司，这标志着金融租赁行业对商业银行解禁。截至 2012 年年末，银监会监管下的 20 家金融租赁公司总资产规模近 8 000 亿元，其中由商业银行投资或控股的金融租赁公司共 10 家，背靠实力雄厚的银行大股东，规模优势显著。各商业银行的大举进入，为行情低迷的金融租赁行业注入了新的活力，其行业规模有望大大扩展，其行业秩序也有望得到进一步规范。

（8）小额贷款公司。针对在国际金融危机冲击下，我国中小企业生产经营困难、资金短缺的情况，2008 年 5 月 4 日由中国银监会、中国人民银行联合发布了《关于小额贷款公司试点的指导意见》，小额贷款公司大面积试点推广工作正式拉开了序幕。小额贷款公司是由自然人、企业法人与其社会组织投资设立，不吸收公众存款，经营小额贷款业务的有限责任公司或股份有限公司。我国小额贷款公司业务主要投向私营经济等微型企业，并为个体工商户、农户提供信贷服务。目前，江苏省拥有小额贷款公司数量最多，达到 485 家。截至 2012 年年底，我国小额贷款公司达 6 080 家，从业人数 7 万多，资金来源达到 5 146.97 亿元，各项贷款余额超过 5 921 亿元。小额贷款公司的发展对改善我国金融资源

① 数据来源：http://www.amac.org.cn，中国证券投资基金协会。

② 数据来源：http：//www.xtxh.net，中国信托业协会。

③ 数据来源：2011 年银监会年报。

的有效配置将发挥重要作用。

5. 外资金融机构

随着中国加入 WTO，在华外资金融机构得到了较大的发展。截至 2011 年年底，共有 45 个国家和地区的 181 家银行在华设立 209 家代表处；14 个国家和地区的银行在华设立 37 家外商独资银行（下设 245 家分行）、2 家合资银行（下设 7 家分行，1 家附属机构）、1 家外商独资财务公司；26 个国家和地区的 77 家外国银行在华设立 94 家分行。在华外资银行营业性机构资产总额（含外资法人银行和外国银行分行）2.15 万亿元，占银行业金融机构总资产的 1.93%。35 家外资法人银行、45 家外国银行分行获准经营人民币业务，25 家外资法人银行、25 家外国银行分行获准从事金融衍生产品交易业务，5 家外资法人银行获准发行人民币金融债。外资银行已成为我国银行业体系的重要组成部分。

小专栏

外资银行在中国

目前，在中国注册的外资法人银行业务范围以及监管标准与中资银行一致，可以经营对企业和个人的外汇及人民币业务，并遵守与中资银行相同的资本充足、授信集中度限制、存贷比、流动性和拨备计提等审慎监管要求。外国银行分行可以经营外汇业务以及对除中国境内公民以外客户的人民币业务，获准经营人民币业务的外国银行分行还可以吸收中国境内公民每笔不少于 100 万元人民币的定期存款。

与加入 WTO 前相比，外资银行机构设置进一步优化，合理布局趋于形成。第一，外资银行在中国的营业网点数量稳步增加，服务便利性得到提升。截至 2011 年 9 月末，外国银行在华已设立 39 家外资法人银行（下设 247 家分行及附属机构）、1 家外资财务公司、93 家外国银行分行和 207 家代表处。与加入 WTO 前相比，外资银行分行数增加 175 家，支行数则从 6 家增加到 380 家。第二，法人化趋势明显，已成为在华主要经营形式。为实现本地化发展，31 家外国银行将在华分行改制为本地注册法人银行。截至 2011 年 9 月末，外资法人银行数已是加入 WTO 前的 3 倍，外资法人银行资产占外资银行整体份额从加入 WTO 前的 5.24%跃升至 87.66%，排名前五的外资法人银行资产均超过千亿元，达到全国性股份制商业银行水平。第三，来源国和经营类型丰富，为中国银行体系提供了有益的补充。目前，中国已吸引来自 47 个国家和地区的银行来华设立机构，还增加不少经营中小企业融资、农业金融、航空航运融资、大宗商品贸易融资、资产及财富管理、托管、结算等专项领域业务的银行。第四，网点布局范围广阔，逐步深入内陆省份及二、三线城市。除西藏、甘肃、青海和宁夏外，外资银行已在全国其他省（自治区/直辖市）的 48 个城市设立营业网点。

外资银行业务经营持续发展，促进了银行服务的多样化。第一，资产规模稳步增加，整体经营稳健有序。截至 2011 年 9 月末，外资银行资产总额为 2.06 万亿元，与加入 WTO 前 3 730 亿元的资产规模相比，年均复合增长率达 19%。在资产规模稳步增加的同时，外资银行经营基本面健康，目前资产质量良好，不良贷款率为 0.41%，低于全国银行业平均水平。第二，产品日益丰富，综合服务和品牌效应逐步显现。外资银行依托产品设计、风险定价和国际化优势，注重业务发展的专业化和多样性。据统计，外资银行在华经营的业务品种已超过240种，服务能力与加入WTO前比有了质的飞跃。外资银行还凭借全球网络积极为中资企业"走出去"提供咨询与服务，跨境人民币结算业务也成为经营亮点。第三，本地化经营程度提高，发展潜力较大。与加入WTO前主要服务于外资企业、外籍人士和极少数中资企业相比，外资银行已拥有相当比例的中资企业和中国居民客户，约占全部客户数量的54%；人民币业务份额稳步攀升。有35家外资法人银行和45家外国银行分行获准在华经营人民币业务，外资银行人民币资产份额从加入WTO前的12%已稳步提高到70.44%。第四，法人银行资金结构得到实质改善，经营稳定性加强。中国在加入WTO时取消了对外资银行境内吸收资金比例的限制，并逐步取消了对外资银行经营地域和客户对象的限制，大大改善了外资法人银行资金结构。目前，外资法人银行存款占负债比例为71.44%，比加入WTO前提高47个百分点。

随着银行业逐步对外开放，外资银行在中国的机构数量和经营范围将不断扩大，日益融入中国银行业的各个层面，提升中国金融市场的功能，活跃同业竞争。

资料来源：http://www.cbrc.gov.cn。

第四节　国际金融机构体系

国际金融机构是维持国际货币制度正常运转及国际间的货币合作、协调各国货币政策或从事国际金融事务的金融机构。国际性金融机构主要有两大类：全球性的金融机构和区域性的金融机构。全球性的国际金融机构有国际货币基金组织、世界银行集团、国际清算银行等，区域性的机构主要有亚洲开发银行、非洲开发银行等。

一、国际货币基金组织

国际货币基金组织（International Monetary Fund，IMF），是为协调国际间的货币政策和金融关系，加强货币合作而建立的政府间的金融机构，是联合国的一个专门机构，于1945年12月成立，总部设在华盛顿。1947年3月开始运作，同年11月15日成为联合国的一个专门机构。基金组织的创始成员国只有39个，目前增至182个国家和地区。我国是国际货币基金组织的创始国之一，我国的合法席位是1980年4月18日恢复的。

国际货币基金组织的宗旨是：通过成员国共同研讨和协商国际货币问题，促进国际货币合作；推动国际贸易的扩大和平衡发展，开发成员国的生产性资源；保持各成员国之间有秩序的汇兑安排，促进各国货币间汇率的稳定；协助成员国建立多边支付制度，消除阻碍世界贸易增长的外汇管制；向成员国提供暂时性融资，以利于各成员国在采取无损于国内经济繁荣和国际发展的情况下，纠正国际收支失衡；尽可能帮助成员国缩短国际收支失衡的时间，减轻失衡的程度。

基金组织是以成员国入股方式组成的经营性的金融机构。其最高权力机构是理事会，由成员国选派的理事和副理事各一人组成。理事会对有关国际金融重大事务的方针、政策做出决策，并就一些重大问题提交 IMF 的常设机构——执行董事会处理。执行董事会负责处理基金组织的日常事务，由 22 人组成，董事由占有基金份额最多的国家及地区推选任命，其中 7 人分别由美、英、德、法、日、沙特阿拉伯和中国单独指派，其余则在成员国中选举。总裁是基金组织的最高行政领导人，总管基金组织的业务工作。

基金组织的资金来源主要由成员国认缴的份额、借入资金和出售黄金所得的信托基金组成。基金组织有权自行决定借款的来源、时间、数量、期限及条件，但它不能向非成员国借入资金。而且，为了保证 IMF 贷款的优惠性质，一般不从市场借款，而是从各国政府或政府集团及其他金融机构借款。

成员国在基金组织认缴份额大小的重要性表现在两方面：一是份额多少决定一国的地位和投票权；二是份额的多少决定成员国获得基金组织贷款的多少。

国际货币基金组织的主要业务是向成员国政府提供贷款，以调整成员国暂时性的国际收支不平衡，避免国际收支失衡的成员国采取有损于本国经济或世界经济的政策措施。国际货币基金组织贷款的种类较多：普通贷款、中期贷款、出口波动补偿贷款、缓冲库存贷款、石油贷款、信托基金贷款、补充贷款、扩大贷款和追加的结构调整贷款。IMF 的贷款对象只限于成员国的中央银行、财政部、外汇平准基金等政府部门，而不与任何私营企业进行业务往来。贷款用途只限于弥补成员国国际收支逆差或用于经常项目的国际支付。贷款额度有限制，与借款国认缴份额的大小成正比。

世界银行

世界银行（International Bank for Reconstruction Development，IBRD），全称为“国际复兴开发银行”，是 1945 年与 IMF 同时成立的联合国专门金融机构，于 1946 年 6 月正式营业，总部设在华盛顿。其附属机构包括国际开发协会和国际金融公司，三个机构统称为世界银行集团。世界银行的创始成员国有 39 个，目前增至 184 个成员国。

世界银行的宗旨，是通过提供和组织长期贷款和投资，解决会员国恢复和发展经济的资金需要，资助它们兴办特定的基本建设工程。具体地说，世界银行主要是向成员国提供长期的优惠贷款；国际开发协会则致力于向低收入国家提供长期低息援助性贷款；国际金融公司主要是向成员国的私人部门提供贷款。

世界银行的组织结构与国际货币基金组织基本相似，也设有理事会和执行董事会。理事会是世界银行的最高机构，由各会员国选派理事和副理事一名组成。

世界银行的资金主要有成员国认缴的股金、向国际金融市场借款、债权转让、经营中的业务收入四个方面。与 IMF 一样，世界银行最主要的资金来源是认缴份额。其认缴份额的确定与投票权的规定也与 IMF 相同。

世界银行的主要业务活动是向发展中国家提供长期生产性贷款。贷款条件一般比国际金融市场上的贷款条件优惠。世界银行的贷款对象可以是成员国官方、国有企业和私营企业，如果借款人不是政府，则要由政府担保；世界银行的贷款用途较广，它包括工业、农业、能源、运输、教育等，一般都是与特定的工程项目相联系。

国际开发协会

国际开发协会（International Development Association，IDA），是专门对较穷的发展中

国家发放条件较宽的长期贷款的国际金融机构，属世界银行集团，于 1960 年 9 月正式成立。

国际开发协会的宗旨，主要是为最贫穷的成员国提供比世界银行贷款条件更优惠的贷款，借此减轻其国际收支负担，促进它们的经济发展和居民生活水平的提高。这种贷款具有援助性质。

国际开发协会的组织结构与世界银行相同，其资金来源主要有成员国认缴的股金、捐助国捐款、世界银行拨款和协会业务经营的净收益，其中最主要的是认缴份额。

国际开发协会的贷款称为软贷款，其贷款对象按规定是官方和公私企业，但实际上只贷给最贫穷的成员国政府。协会的贷款一般是针对特定项目，如农业和乡村发展、交通运输、能源等项目，同时提供技术援助和进行经济调研。贷款条件优惠，不收利息，只对每笔贷款的支付部分每年收 0.75%的手续费，贷款期限可长达 50 年，宽限期为 10 年，且贷款额度与世界银行相似。

国际金融公司

国际金融公司（International Finance Corporation，IFC），是专门向经济不发达会员国的私营企业提供贷款和投资的国际性金融组织，属世界银行集团，其组织机构和管理方式与世界银行相同。国际金融公司成立于 1956 年 7 月，申请加入国际金融公司的国家必须是世界银行的会员国。

国际金融公司的主要宗旨是专门对不发达成员国的私营企业的新建、改建和扩建等项目提供无须政府担保的中期贷款或投资，促进不发达国家的私营经济的增长和这些国家资本市场的发展，以作为世界银行贷款的辅助来源。

国际金融公司的资金来源主要有成员国认缴的股本、公司逐年累计的收益、在国际金融市场上筹资、世界银行对公司的贷款等。

国际金融公司提供贷款的期限为 7～15 年，贷款利率视资金风险和预期收益等因素而定，一般为 6%～10%，近年已与市场利率接近。贷款额度一般不大，且主要考虑借款人的资信，力求不与私人资本竞争，而是补充和扶植私人资本。

国际清算银行

国际清算银行是由英国、法国、意大利、德国、比利时、日本的中央银行，和代表美国银行界的摩根保证信托投资公司、纽约花旗银行和芝加哥花旗银行共同组成。其宗旨是促进各国中央银行间的合作，为国际金融往来提供额外便利，以及接受委托或作为代理人办理国际清算业务等。对银行实施国际监管的著名的《巴塞尔协议》及随后的相关文件就出自于这个银行。

国际清算银行的业务范围是：商讨国际金融合作问题；从事货币和金融问题研究；为各国中央银行提供各种金融服务；作为协助执行各种国际金融协定的代理和受托机构，为执行协定提供便利。

国际清算银行成立时只有 7 个成员国，现已发展到 45 个成员国和地区。中国人民银行于 1996 年 11 月成为该行股东并积极参与该行的各项活动。

亚洲开发银行

亚洲开发银行是部分西方国家与亚洲及太平洋地区发展中国家合办的政府间的国际金融机构。1966 年在东京成立，总部设在菲律宾的马尼拉，简称亚行。最初会员国有 34 个，到 2003 年年末增加到 63 个国家和地区，我国于 1986 年 3 月正式恢复合法席位。

亚洲开发银行的宗旨是：筹集官方及私人资金，通过发放贷款、进行投资和提供技术援助，促使亚洲及太平洋地区的经济发展与合作。

亚洲开发银行的组织和管理机构与世界银行相似。

亚洲开发银行的资金来源主要是会员国和地区认缴的股本，其次是借款、发行债券以及某些国家的捐赠款和由营业收入积累的资本。

它的主要业务是向亚太地区加盟银行的成员国和地区的政府及其所属机构、境内公私企业以及发展本地区有关的国际性或地区性组织提供长期贷款。其贷款分为普通贷款和特别基金贷款两种：普通贷款期限为 12～25 年，年利率为 7.5%；特别基金贷款期限为 25～30年，有的长达 40 年，年利率为 1%～3%。

非洲开发银行

非洲开发银行是非洲国家政府合办的互助性国际金融机构。它成立于 1964 年 11 月，1966 年 7 月正式开业，总部设在科特迪瓦首都阿比让。1985 年 5 月，我国正式参加了非洲开发银行。截至 2001 年，非洲地区成员包括非洲 53 个独立国家，此外还有 25 个区外国家。

非洲开发银行的宗旨是，通过提供投资和贷款，利用非洲大陆的人力和资源，促进成员国经济发展和进步，优先向有利于地区经济合作和扩大成员国间贸易的项目提供资金和技术援助，帮助研究、制定、协调和执行非洲各国的经济发展计划，以逐步实现非洲经济一体化。

非洲开发银行的资金来源，主要是成员国认缴的股本。它的主要任务是向成员国提供普通贷款和特别贷款。特别贷款条件优惠，期限很长，贷款不计利息，期限最长可达 50 年，主要用于大型工程项目建设，贷款对象仅限于成员国。

本章小结

1. 金融中介有广义与狭义之分。联合国统计署和国民核算体系属于广义的范畴，狭义的金融中介特指银行等中介机构，其特征是主要以发行间接证券（存款单、保险单等）的方式形成资金来源，然后把这些资金投向贷款及直接证券（公司股票、债券等）。随着金融对经济影响的日益加深，金融中介被赋予了更广阔的含义。

2. 直接融资中介与间接融资中介分别适用于不同的融资途径、方式、条件、环境等，具有明显不同的特点。现代社会的资金，绝大部分是通过金融中介机构来融通的。

3. 金融中介机构之所以能够存在和发展，主要是因为它在金融市场中发挥着充当真正的信用中介、分散风险、节约交易成本以及提供支付机制和流动性等重要作用。

4. 金融中介机构的发展趋势主要表现为直接金融与间接金融的合二为一、养老基金和投资基金为代表的契约型和投资型中介机构的重要性日益加强、以商业银行为代表的存款机构的相对重要性日渐下降。

5. 西方国家的银行体系包括中央银行、商业银行、专业银行和政策性银行四种类型。在现代金融中介机构体系中，中央银行是这个体系的核心，商业银行是主体和基础，专业银行及其他金融机构则起补充作用，它们相互协调，共同发展。

6. 非银行金融中介体系在整个金融中介体系中是非常重要的组成部分，它的发展状况是衡量一国金融体系是否成熟的重要标志之一。这类金融机构主要包括保险公司、养老基金、投资信托类金融机构、投资银行、合作金融机构、金融租赁公司、财务公司等。

7. 我国金融机构体系的建立和发展过程包括旧中国的金融中介体系、新中国金融中介体系的建立、1979 年以来金融中介体系发展和改革等几个阶段。

8. 我国现行的金融机构体系是以中国人民银行为核心，国有独资商业银行为主体，政策性金融与商业性金融分离，多种银行机构与非银行机构并存发展的多元化的金融机构格局。

9. 国际性金融机构有全球性金融机构和区域性金融机构之分。全球性的国际金融机构有国际货币基金组织、世界银行、国际清算银行等，区域性的国际金融机构有亚洲开发银行、非洲开发银行等。

复习思考题

1. 什么是金融中介？金融中介有哪些类型？
2. 金融中介机构存在和发展的原因是什么？
3. 简述西方国家的金融中介体系的基本构成。
4. 简述我国金融中介体系演化和改革的过程。
5. 我国现行金融中介体系的框架是什么？
6. 世界上有哪些重要的国际性金融机构？其主要宗旨和业务有何异同？

第七章 商业银行

要点提示

商业银行作为历史最悠久的金融中介机构，其业务范围不断与时俱进。在现代经济生活中，商业银行依然是各国金融机构体系中最主要的组成部分，在经济生活中发挥着重要的作用。本章将全面介绍商业银行的起源与发展、商业银行的主要业务以及现代商业银行的经营理念与管理方法，并对我国经济变迁中的国有商业银行的作用与行为特征进行分析。

第一节　商业银行概述

“商业银行”这一名词发源于英国，原是指专门融通短期性工商业资金的金融机构。早期的商业银行专门从事短期商业性信贷，完全体现了商业性特点。作为现代的商业银行用这个名称并不贴切，原因在于：第一，现代商业银行的业务范围已经远远超出了短期自偿性放款的范围；第二，商业银行在现代经济生活中是唯一能接受、创造和收缩活期存款的金融媒介体；第三，商业银行从称谓上看好像是一种专业性银行，其实它是一种综合性或多功能银行。由于以上原因，所以国际货币基金组织用存款货币银行这种方法来重新定义商业银行，以强调这一类银行的本质特征。但由于“商业银行”一词已沿用已久，在国际金融和学术文献及惯例上已约定俗成，所以，一般情况下仍沿用商业银行这种称谓。

商业银行的历史

1. 古代的货币兑换业与银钱业

现代商业银行是从古老的货币兑换和银钱业逐步发展起来的。银钱业的历史非常久远，在古巴比伦和中世纪的一些文明古国，早期的银钱业就已经存在。据记载，公元前500年在希腊，公元前400年在雅典已有银钱业者的活动。金属铸币的产生及发展带动了金属铸币的鉴定和兑换行为的出现，而能够完成这种鉴定和兑换工作的不能是任意的个人，必须是有一定货币贮藏同时具有较高信誉的机构。同时，货币的持有者由于种种的原因常常需要把货币存于一个安全处。这种情况下，他们往往愿意支付一定的保管费用以求资金的安全可靠。这种业务也往往是通过银钱业主来进行。往来于各地的商人，为了避免长途携带货币的风险，委托钱庄进行汇兑，即在此地把货币交给他们，然后持有他们的汇兑文书到彼地所指定的处所提取货币。

随着兑换、保管和汇兑的发展，这些古老的银钱业主手中聚集了大量的货币。在这样的基础上，存款由全额准备变成部分准备时，自然而然地发展了贷款业务。当银钱业主不仅仅依靠上述古老的业务所聚集的货币资金贷款，而且还要靠向货币持有者以提供服务和支付利息为条件吸收存款来扩展贷款业务时，则意味着古老的银钱业向现代银行业的转变。

2. 现代银行业的兴起

国际贸易和国际经济的发展是金融业产生和发展的基础。银行业的萌芽，起源于文艺复兴时期的意大利。中世纪地中海沿岸各国，尤其是意大利的威尼斯、热那亚等城市王国都是国际贸易中心，在那里出现了最早的银行业。货币的流通是伴随着商品的流通进行的，在贸易愈发达的地区，货币的流通与汇兑也就愈频繁。西欧地中海沿岸的国家由于天然的地理优势，国际贸易活动非常集中。16 世纪，西欧开始进入资本主义发展时期，1580 年，在当时世界商业中心意大利建立的威尼斯银行成为最早出现的近代银行，也是历史上首先以“银行”为名的信用机构。此后相继出现了许多银行如米兰银行、阿姆斯特丹银行、汉堡银行、德国纽伦堡银行、鹿特丹银行等。从 16 世纪末开始，银行遍及欧洲大陆。这些银行最初只接受商人存款并为他们办理转账结算，后来开始办理贷款业务。但它们所经营的仍然是那些有高利可图，并且主要从事以政府为对象的贷款业务。显然，这仍然不能适应资本主义工商企业发展的需要。

现代资本主义银行体系的建立主要通过两条途径：一是旧的高利贷性质的银行业逐渐适应新的经济条件而转变为资本主义银行；二是按资本主义原则组织起来的股份制银行。起主导作用的是后一条途径。1694 年在英国政府支持下，由私人创办的英格兰银行是最早出现的股份制银行，英格兰银行的成立标志着现代银行制度的建立。它的正式贴现率一开始就定为 4.5%～6%，大大低于早期银行业的贷款利率，也意味着高利贷在信用领域的垄断地位已被动摇。随后，从 18 世纪末到 19 世纪初这段时期，各主要资本主义国家在工业革命完成之后，纷纷适应现代化大生产对融资的需要建立起规模巨大的股份制商业银行。

商业银行的性质与职能

1. 商业银行的性质

（1）商业银行是一种企业，它具有现代企业的所有基本特征。商业银行与一般工商企业一样，需要自有资金以维持其正常的经营，是具有法人资格的经济组织，追求利润最大化是其经营的目标。利润最大化既是商业银行产生和发展的前提，也是商业银行经营的内在动力。

（2）商业银行是一种特殊的企业。商业银行经营的对象和内容具有特殊性。一般工商企业经营的是物质产品和劳务，从事商品的生产和流通；商业银行是以金融资产和负债作为经营对象，经营的是特殊的商品——货币，经营内容包括货币收付、借贷以及各种与货币运动有关的或者与之联系的金融服务。

（3）商业银行是一种特殊的金融企业。商业银行作为金融企业与其他金融机构相比较，其业务具有广泛性和综合性。随着商业银行向全能型方向的发展，现代商业银行已经发展成为“金融百货公司”和“万能银行”，业务触角遍及社会经济生活的各个角落。同时，商业银行是唯一能够进行存款货币派生的金融机构，信用创造是商业银行所特有的职能，也是其区别于其他金融机构的重要特征。

2. 商业银行的职能

商业银行作为金融体系中最重要的金融机构，其职能表现为：

（1）信用中介职能。商业银行通过负债业务，将社会上的闲散资金集中到银行，再通过商业银行的资产业务，投向社会经济各部门，由此充当社会上资金余缺双方的中间人。商业银行通过信用中介职能实现资金余缺的调剂，在没有增加社会上资金总量的基础之上对资本进行了再分配，使社会上闲置的资金集中起来转化为现实的资本，使资本得到有效的运用，从而大大提高了社会金融资源配置的效率。

（2）支付中介职能。商业银行执行支付中介职能是以活期存款账户为基础的。商业银行通过存款在账户上的转移代理客户支付，在存款的基础上为客户兑付现款等，成为工商业团体和个人的货币保管者、出纳者和支付代理人。这样，以商业银行为中心，形成了经济社会中无始无终的支付链条和债权债务关系。商业银行支付中介职能的发挥大大减少了现金的使用，节省了社会交易费用，加速了结算过程和资金的周转速度，促进了经济的发展。

（3）信用创造职能。商业银行信用创造的职能是基于其信用中介与支付中介的职能基础上产生的。商业银行在利用所吸收的存款基础上，发放贷款，在支票流通和转账结算的基础上，贷款又转化为存款，由此创造出数倍于原始存款的派生存款，形成经济中货币供给量的扩张。商业银行创造存款货币的实质是流通工具的创造，它的意义在于满足了社会再生产对流通手段和支付手段的需要。

（4）金融服务职能。在现代经济生活中，商业银行有其独特的信息优势、技术优势和专业化人员优势。商业银行可以根据客户需求提供多样化的金融服务，业务范围也随着金融竞争的加剧以及金融创新的发展而不断拓展，各类中间业务应运而生。商业银行综合性多功能的业务体系使其成为真正的“金融超市”，商业银行金融服务的功能大大加强，对经济生活的影响力也不断强化。

3. 商业银行在经济生活中的地位

商业银行的性质与职能决定了其在经济生活中的地位。

（1）商业银行业务内容的广泛性使其成为整个金融体系和经济运行的重要环节。

由于现代经济生活中，社会各行业对信用的依赖日益深化，所以银行信用中介的地位使商业银行与广大工商业者有着直接而密切的信用联系。同时商业银行的支付中介职能，形成了以商业银行为中心经济社会中无始无终的支付链条和债权债务关系，商业银行成为联系社会各个阶层、不同经济部门的纽带。商业银行依据自己的业务优势不断开发新的金融服务种类和工具，为工商企业、机关团体和个人提供多样化、个性化服务，它在经济生活中的重要性无可替代。

(2) 商业银行作为信息中心极大地改善了资源分配的有效程度。

银行在提供存、贷、汇基本业务时，拥有借贷双方客户的有关资料和信息，通过信息的有效处理过程，收集、整理、分析和监测各种信息。商业银行的信息既包括客户在某一时间横截面上的静态财务和经营信息，又包含了它们在延续时间上的动态资料。据此，商业银行成为关于银行往来客户资料和管理状况的权威机构，并扮演了商业信息中心的角色。事实上，银行所拥有的信息的数量和质量在相当程度上决定银行资产的流动方向和安全程度。银行信息的研究先于资金的流动，而信息的准确与全面则直接影响资金的安全性。在这种意义上，银行作为市场经济的信息中心，极大地改善了资源分配的有效程度。

(3) 商业银行业务活动的信用创造功能对整个社会的货币供给量具有重要影响。

迄今为止，在整个金融体系中商业银行是唯一能接受活期存款、进行存款派生的金融机构。在现代二级银行体制之下，货币供给的创造要以商业银行吸收的原始存款作为基础，派生倍数受到商业银行超额准备金提取意愿的影响。商业银行通过存贷业务，放大或缩小自己的信用规模，由此对整个社会上的货币供给量产生影响。货币供给是社会总需求的载体，货币供给量的变化必然影响到社会总需求的变化，对生产规模产生直接的影响，这对宏观经济生活意义深远。

(4) 商业银行是中央银行货币政策传导的神经中枢。

现代经济生活中，货币政策的传导主要有两条渠道：信贷渠道和利率渠道。信贷渠道传导就是通过商业银行来进行的。因此，中央银行货币政策的顺利实施，离不开商业银行的支持和配合。具体来看，央行三大货币政策工具即调整存款准备金比率、再贴现政策和公开市场业务的作用发挥，都需要商业银行的配合。其他选择性货币政策工具诸如消费者信用控制、不动产信用控制等，还有直接信用控制，像利率最高限、信用配额、流动性比率和直接干预等，以及间接信用指导，像道义劝告、窗口指导工具，都能间接影响商业银行的信用创造。所以商业银行是中央银行货币政策实施和传导机制上的重要一环。

商业银行的组织制度

1. 商业银行的产权结构

商业银行的产权结构是多种多样的。依据产权结构的不同，商业银行可以分为股份制商业银行、私人商业银行和国有商业银行等。早期的商业银行多为私人所有，随着现代银行制度的确立，股份制商业银行越来越多地在各国商业银行制度中占据了主导地位，成为现代商业银行最主要的形式。一些国家和地区的银行法规定，商业银行只能是股份制银行，例如日本银行法规定：银行必须是拥有依据政令规定的资本金的股份有限公司。中国香港规定银行必须是股份公司，否则不能称为银行，只能称为银号。而欧洲则存在多种形式的商业银行，既有合伙制或者被家族控制的私人银行，也有股份制银行，同时还存在由国家持股的国有商业银行。我国内地的银行体系之中既包括四大国有商业银行，也包括众多的上市的和未上市的股份制商业银行。随着银行业改革的深入，四大国有商业银行也将逐步完成股份制改造，逐步成为由国家控股的多元产权主体的金融机构。

2. 商业银行的外部组织形式

商业银行的外部组织形式的形成与一国的政治、经济以及金融机构历史演进的传统有关。商业银行的外部组织制度从全球银行业来看，主要有四种类型：

（1）单元制。**单元银行制**又称为单一银行制，其特点是银行业务完全由各自独立的商业银行经营，不设或者限设分支机构。这种银行制度在美国最为典型。美国是各州独立性比较强的联邦制国家，经济发展不平衡，为了适应各地的需要，特别是中小企业的需要，防止金融垄断和银行合并，各州都通过银行禁止或者限制银行开设分支机构。随着经济形势的发展，地区间的经济联系日益紧密，现在对开设分支机构的限制已经有所放松。单元银行制的优点在于：有利于更好地协调银行与本地政府之间的关系，从而更好地适应本地区经济发展的需要，集中全力为本地区服务；有利于维护公平竞争，限制银行业的垄断；各银行独立性和自主性很大，经营较为灵活；管理层较少，有利于中央银行管理和控制。其不利之处在于：商业银行不设分支机构，与现代经济横向与纵向联系的不断扩大存在矛盾；在电子技术广泛发展的面前，其业务发展与金融创新受到限制；银行业务多集中于某一地区、某一行业，容易受到经济波动的影响，风险也不易分散；银行规模小，经营成本相对较高，不易取得规模经济效益。

（2）分支行制。**分支行制**也称为总分行制，是指在银行除总行外，还在国内外各地设立分支机构。总行一般设在各大中心城市，所有分支机构统一由总行领导指挥。目前世界上大多数国家都采取这种银行组织制度，尤其以英国、日本、德国最具代表性，我国也主要采取分支行制度。分支行制的优点在于：分支机构多，分布广，业务分散，因而易于吸收存款以及合理调剂资金，能够更为有效地利用资本；由于放款分散，风险也就分散，容易提高银行的安全性；银行通过设立分支机构，规模增大，易于采取现代化的设备，提供多种便利的金融服务，取得规模经济效益。其缺点是：容易造成大银行对小银行的吞并，使银行业过分集中，形成垄断，妨碍竞争；银行规模过大，内部层次多，机构复杂，管理较为困难。

（3）银行持股公司制。**银行持股公司制**一般是指由某一集团成立一个股份有限公司或者持股公司，在由该公司收购和控制两家以上的银行股票。在法律上，这些银行是独立的，但其业务和经营策略同属于同一持股公司控制。这种商业银行的组织形式在美国最为流行。从形式上看，持股公司拥有银行，但是实际上持股公司往往是由银行建立并受其操纵，大银行通过持股公司将众多的小银行置于其控制之下。这种制度成为回避银行开设分支机构的一种策略。最早的银行持股公司制是商业银行为了规避银行法规中不能在州内或者跨州开设分支机构的地域限制而出现的，随着银行控股公司的发展，这种组织制度不仅突破了地域限制，也逐渐被用来突破业务的限制，成为银行介入其他金融行业如证券业和保险业等的桥梁。银行持股公司制的优势在于：通过对地域与行业限制的突破，扩大了经营规模和业务领域，增强了自身的实力；在银行资金不足时，可以从多种渠道来筹集资金，扩大了资金来源。

（4）连锁银行制。**连锁银行制**又称为联合银行制，其特点是由某个人或者某一集团购买若干独立银行的多数股票，这些银行在法律上是独立的。连锁银行在表面上看相互独立，但在业务上相互配合、相互支持，其业务和经营政策均由一个人或一个决策集团控制。形成连锁银行的原因与银行持股银行制一样都是为规避对设立分支机构的种种限制性规定而采取的办法。连锁银行制与银行持股公司制的区别就在于不需要设立独立的控股公司来控制资本。

3. 商业银行内部组织结构

商业银行内部组织结构是指银行内部各部门的设置、功能及其相互关系。商业银行内部组织结构究竟如何设置，并没有一个统一的模式。在国际上商业银行以股份公司作为主要形式，下面就以股份制商业银行为例加以说明。商业银行内部组织结构分为决策系统、执行系统、监督系统和管理系统四个部分。

商业银行的决策系统主要由股东大会、董事会和董事会以下设置各种委员会构成。股东大会是商业银行的最高权力机构。银行每年召开一次或几次股东大会，股东们有权听取和审议银行的一切业务报告，并有权提出质询，有权对银行的经营方针、管理决策和各种重大议案进行表决。商业银行董事会是由股东大会选举产生的决策机构。其职责是：确定银行的经营目标和经营决策；选择银行高级管理人员；设立各种委员会或附属机构，以贯彻董事会决议，监督银行的业务经营活动；通过稽核委员会对银行业务进行检查。

商业银行的执行系统由行长、副行长以及各业务职能部门所组成。行长是银行的行政首脑，职责是执行董事会的决定，组织银行的业务活动。副行长及各业务职能部门在行长的领导下进行日常的管理工作。

商业银行的监督系统由股东大会选择产生的监事会及银行的稽核部门组成。监事会由监事组成。当选为银行监事的一般都是具有丰富银行管理经验的人员，他们熟悉银行业务的各个环节，能及时发现银行经营活动中存在的问题。监事会和稽核部门的职责就是对银行的一切经营活动进行监督和检查。

商业银行的管理系统由业务拓展系统、风险控制系统和支持保障系统三个方面组成。

业务拓展系统是由市场营销、前台处理和后台处理组成的业务流程运行体系。它们面对由政府、金融同业、公司和个人客户组成的细分市场，形成相对独立的业务运行系统，其职责是拓展市场、服务和维护老客户、吸引新客户，直接为银行创造利润。风险控制系统包括信贷管理、项目管理、风险控制、审计、法理事务等部门。一般西方商业银行设有专门的规则遵守部门，负责落实和满足政府监管机构对银行提出的各种要求。支持保障系统包括信息技术（IT）、人力资源（HR）、研究与开发（R&D）、公共关系（PR）、财务管理（FM）等部门，这些部门为商业银行的业务拓展和风险防范提供了保证。

商业银行的发展趋势

20世纪80年代以来，商业银行随着金融全球化、电子网络技术的发展、竞争程度的加剧以及金融结构的变迁，其业务范围、资金来源方式、资产运用方向、技术手段、服务地域也都发生了深刻的变化，不断朝着全能化、集中化、电子化和国际化的方向发展。

1. 全能化

在商业银行发展的早期阶段，政府部门对于商业银行的经营范围并没有做明确的法律界定。许多商业银行是可以经营包括证券业务在内的综合性业务。1929—1933年大危机造成银行大量倒闭破产，货币供给量急剧减少，酿成了历史上最大的一次货币信用危机。

大危机之后，以美国为代表的许多国家认为危机的发生源于商业银行业务范围过宽而导致风险过大，逐步以立法的形式将商业银行的经营范围做出了限制。1933年危机之后，美国通过了《格拉斯—斯蒂格尔法》规定商业银行不能从事投资银行业务。大危机及其之后各国所采取的不同的银行管理办法，形成了商业银行发展的两种模式：全能型和职能分工型模式。全能型模式下，商业银行可以经营一切金融业务，这种模式以德国、奥地利以及瑞士为代表；职能分工型体制之下法律规定各类金融机构各司其职，商业银行与投资银行业务严格分离，采取这种模式的国家以美国、英国、日本为代表。

自20世纪80年代以来，伴随着金融自由化和金融创新的浪潮，商业银行不断利用金融创新绕开管制，从事更为广泛的业务活动，逐渐渗透到证券、保险等行业之中。1986年英国开始允许商业银行进入投资银行领域，加拿大于1987年取消了银行、证券业务分离制度，日本在1998年实施了全面的金融改革，进一步放松对金融机构业务范围的限制。1999年10月美国通过了《金融服务现代化法案》，允许商业银行混业经营。法定业务范围被大大拓展。因此，从全球范围来看，上述全能型与职能分工型两种模式的业务分工以及之间的界限越来越模糊，商业银行逐步趋向全能型、综合化的运作模式，这已成为一个不可阻挡的趋势。

2. 集中化

第二次世界大战以后银行业的集中趋势就已经显现，许多国家的银行业已主要由少数几家大银行所控制。德国的银行业主要集中在德意志银行、德累斯顿银行、商业银行三大银行手中，英国的国民西敏寺、米兰、巴莱克和劳合社四大银行所吸收的存款则占全国存款的一半以上。即使在一贯强调自由竞争的美国，1953—1978年的25年间，被合并的银行也达3 819家之多。

20世纪90年代以来，国际银行业的兼并、收购风起云涌，这种兼并浪潮直接导致银行业向高度集中的方向发展。美国银行业从20世纪80年代以后就开始了放松金融管制的浪潮。以此为契机，美国出现了银行业并购的热浪。在欧洲和日本，并购浪潮也盛况空前，国际银行业出现了一些巨型并购案。例如，1997年12月，瑞士联合银行、瑞士银行合并成立瑞士联合银行；1998年4月，美国花旗公司与旅行者集团宣布合并成立花旗集团；1998年12月，德意志银行收购信孚银行的全部股权；2000年10月日本第一劝业银行、日本兴业银行、富士银行合并成立瑞穗金融控股集团，成为日本第一大金融集团公司。银行业的并购不但使银行业趋于高度集中、银行的规模越来越大，而且实现了业务方式的多样化，产生了“金融百货公司”的运行方式。

3. 电子化

在网络和通讯技术的推动之下，金融电子化在短短十几年间席卷全球，网络银行已成为全球金融市场一种崭新的运作模式，引导着银行业走向新的制度变迁之路。商业银行的组织结构、经营理念、运作模式、服务方式、企业文化以及业务流程都随着电子化的进程而发生了深刻的变化。现代商业银行已不再单纯地追求铺点设摊式的外延扩张，而是更加重视和依靠现代信息技术和网络环境提供更为高质量的金融服务。商业银行的电子化趋势扩大了其市场覆盖范围，拓展了市场业务领域，优化了商业银行的市场组织机构体系，创新了支付工具，扩大了客户群体，降低了服务成本，也使得银行之间的竞争更为激烈、银行业的监管面临新的挑战。

4. 国际化

第一次世界大战至20世纪60年代，由于各国政府对国际资本流动的限制，尤其是对货币兑换的管制，大大制约了国际银行业的发展。20世纪60年代以后，银行业务的国际化速度明显加快。以美国为例，在1960年，美国只有8家商业银行在国外设有124家分支机构；到20世纪90年代初已经有100多家美国银行在国外设立了近1 000家分行或者附属机构。与此同时，其他发达国家商业银行的国际化步伐也在加快。

银行业国际化发展的原因在于：第一，由于国际贸易与国际投资的迅速发展，商业银行要不断追随其客户跨国公司在全球范围活动的足迹，满足其融资与其他金融服务的需要而向国外拓展，否则就会面临被客户淘汰的危险。第二，商业银行竞争压力的加大以及规避金融管制的现实需要使得商业银行不得不实行一种国际分散和扩张的战略，以提升其核心竞争能力。第三，欧洲货币市场的发展也为商业银行开拓国际业务提供了环境和机遇。由于欧洲货币市场不受政府的管制，存款利率比较高而贷款利率比较低，这样对存款者和贷款者都比较具有吸引力，许多的国内资金也转移到欧洲货币市场上。银行为了竞争资金来源便竞相在各大国际金融中心，如纽约、伦敦、东京等设立分支机构，从而加快了银行业的国际化步伐。

小专栏

招商银行：中国银行业发展零售业务的典范

招商银行成立于1987年，总部位于广东省深圳市，是中国境内第一家完全由企业法人持股的股份制商业银行，也是国家从体制外推动银行业改革的第一家试点银行。公司于2002年4月在上海证券交易所上市，2006年9月在香港联合交易所上市。截至2012年12月底，招商银行资产总额约为3.41万亿元，贷款和垫款总额1.9万亿元，客户存款总额2.5万亿元。招商银行在“2010英国《金融时报》中国银行业成就奖”评选中被评为“最佳商业银行”和“最佳零售银行”；2010年被《欧洲货币》杂志评为“中国区最佳私人银行”。在英国《银行家》杂志发布的2011年“全球1 000家大银行”排名中居第60位。

在招商银行的发展历史上，具有转折意义的是1995年7月向社会公众推出的“一卡通”。“一卡通”是我国银行业在个人理财方面的一个创举，现已成为中国著名的金融产品品牌。截至2001年年末“一卡通”发卡量已超过1 800万张，卡均存款额近4 000元，居全国银行卡之首，是全国银行卡平均存款额的5倍，并且“一卡通”功能之齐全稳居全国银行卡首位。在“一卡通”之前，招商银行只是一家地区性的小商业银行，正是“一卡通”引导着招商银行从一家地方性的小商业银行成长为全国性的商业银行。除了进行金融产品创新来扩大业务规模之外，招商银行还善于利用科技优势实现跨越式发展。1997年4月招商银行开通了自己的网站。1998年4月一网通推出了“网上企业银行”。1998年6月招商银行在国内建立第一个B2C网上支付系统。然后从尝试企业网上银行业务，到丰富个人网上银行功能，逐步建立起来网上银行业务优势。显然，这对于物理网点较少的招商银行来说其意义是巨大的。

目前招商银行的"一网通"已经形成了网上企业银行、网上个人银行、网上商城、网上证券和网上支付等在内的较为完善的网上金融服务体系。"一网通"使招商银行在一定程度上摆脱了网点较少对规模发展的制约，为招商银行实现传统银行业务与网上银行业务的有机结合，进一步加快发展步伐奠定了坚实的基础。信用卡便于整合个人客户的资产信息、信用信息和消费信息，被公认是个人信贷业务最好的起点和载体。2001 年下半年，招商银行敏锐地意识到信用卡业务的巨大利润潜力，决定重兵出击信用卡项目。为了成功，招商银行不惜重金从台湾批量引进外援，这是一支高达 60 人的管理团队，其在台湾已经成型 10 年。花旗银行在世界各地的信用卡市场份额占有率几乎都是第一名，唯台湾例外。而率领台湾银行挫败花旗银行的正是这一支团队。

2004 年，招商银行在国内同业中率先实施经营战略调整，降低信贷资产比重，增加主动负债，加快发展零售业务、中间业务和中小企业业务，逐步形成了有别于国内同业的业务结构与经营特色。这次转型成果斐然。在零售银行方面，招行打造了一卡通、一网通、信用卡、金葵花理财、私人银行等受到客户喜爱的产品与品牌，搭建起了完整的零售银行体系，从理财产品为单一的业务结构转向个人信贷、私人银行、银行卡、外汇买卖、外汇兑换等多样化的零售银行形态。在服务渠道方面，招行在加快发展物理网点的同时，构建了网上银行、自助银行、远程银行、手机银行、网络互动银行等电子服务渠道，零售、对公柜面业务的替代率分别达到 88%和 47%，遥遥领先国内同业。

经过几年的努力，招商银行的业务结构、客户结构和收入结构不断优化，截至 2012 年年末，招商行储蓄存款占自营存款的比重超过 36%，零售贷款占自营贷款的比重超过 36%，非利息收入占营业净收入的比重超过 20%，中小企业贷款占对公贷款的比重超过 53%，均居国内股份制银行首位，初步形成了有别于国内同业的独特的资产负债结构。

在 2009 年，受金融危机、降息周期等外部因素以及自身独特资产负债结构的影响，招行的业绩出现了下滑。2009 年全年盈利 182.35 亿元，同比下降 13.48%。招行行长马蔚华多次解释业绩下滑的原因，表示是招行特殊的资产结构所致。其存款以活期居多，贷款则以零售和票据居多，这在过去 5 年的高息差时代给招行带来了丰厚回报，但这次降息周期中，反而成为业内息差收窄最为严重的银行，利润由此被侵蚀。

招商银行在业务重心转向零售和中小企业贷款的基础上，2010 年开始了旨在"用最小的资本消耗，实现盈利最大化"的"二次转型"。加快实现由主要依靠增加资本、资源消耗的外延粗放型经营方式向主要依靠管理提升、科技进步和员工效能提高的内涵集约型经营方式的转变。二次转型的根本目标是实现经营效益的最大化，保证盈利的持续稳定增长，具体目标是降低资本消耗、提高贷款风险定价、控制财务成本、增加价值客户、确保风险可控。

目前，我国人均国民收入和人均信贷余额与发达国家相比还有明显差距，因此，传统零售银行业务这块蛋糕对各家商业银行仍存在巨大诱惑。通过经营战略的调整和信息技术的发展，招商银行正在用自己的方式捍卫自己"最佳零售银行"的头衔，并逐步树立起了自己的个人金融服务框架。招商银行的这种转型，值得国内其他商业银行思考和借鉴。

第二节 商业银行的资产负债业务

商业银行的资产负债表

资产负债表是商业银行最重要的财务报表，它综合反映了商业银行在某一时点上资金来源与运用的情况。对商业银行的资产负债表的考察能反映商业银行资产与负债业务的规模及结构。

请看表 7—1，我们以工商银行为例，说明商业银行资产负债表的构成及其所体现的各类业务。

表 7—1 中国工商银行资产负债表

2012 年 12 月 31 日 单位：百万元

资产		负债及股东权益	
现金及存放中央银行款项	3 174 943	向中央银行借款	1 133
存放同业及其他金融机构款项	411 937	同业及其他金融机构存放款项	1 232 623
贵金属	55 358	拆入资金	254 182
拆出资金	224 513	以公允价值计量且其变动计入当期损益的金融负债	319 742
以公允价值计量且其变动计入当期损益的金融资产	221 671	衍生金融负债	13 261
衍生金融资产	14 756	卖出回购款项	237 764
买入返售款项	544 579	存款证	38 009
客户贷款及垫款	8 583 289	客户存款	13 642 910
可供出售的金融资产	920 939	应付职工薪酬	25 013
持有至到期投资	2 576 562	应交税费	68 162
应收款项类投资	364 715	已发行债务证券	232 186
长期股权投资	33 284	递延所得税负债	552
固定资产	110 275	其他负债	348 221
在建工程	22 604	负债合计	16 413 758
递延所得税资产	22 789	股本	349 620
其他资产	260 003	资本公积	128 524
资产合计	17 542 217	盈余公积	98 063
		一般准备	189 071
		未分配利润	372 541
		外币报表折算差额	—12 822
		归属于母公司股东的权益	1 124 997
		少数股东权益	3 462
		股东权益合计	1 128 459
		负债及股东权益总计	17 542 217

资产负债表是商业银行的主要会计报表之一，包括的三大类项目：资产、负债和所有者权益（或股东权益）。它们满足下列关系：

资产＝负债＋所有者权益

商业银行通过负债业务取得资金，再将这些资金运用出去形成其资产业务，之间的差额构成商业银行的利润来源。考察商业银行资产负债表的各个项目可以帮助我们分析商业银行的各类业务。对于那些在资产负债表中不能反映出来的业务我们将其称为表外业务。

商业银行的负债业务

商业银行的负债业务是指形成其资金来源的业务。商业银行的全部资金来源包括两部分：自有资本和外来资金，其中外来资金又包括存款和借入款。银行有资金来源才能有资金运用，因此，负债业务决定资产业务，负债规模制约着资产规模。

1. 自有资本

商业银行作为金融企业也与一般企业一样，在设立之初必须有一定数额的原始资金来源，即资本金，它是银行得以成立和发展的前提与基础。商业银行作为具有较强外部性的特殊企业，各国都采取高额注册资本金要求的方式来提高该行业的准入门槛。自有资本金显示了银行实力，有利于增强客户对银行的信心。同时，资本金也是银行自身吸收外来资金的基础，是银行抵御损失风险的最后屏障。

关于自有资本的构成，《巴塞尔协议》对股份制商业银行有明确的规定。该协议将自有资本划分为核心资本和附属资本两大类。

（1）核心资本。**核心资本**包括股本和公开储备，其中股本包括普通股和优先股。股本等于股票发行数量乘以每股面值，是股东行使所有权的依据。公开储备是指通过保留盈余或其他盈余的方式在资产负债表上明确反映的储备，如股票发行溢价、未分配利润和公积金等。

（2）附属资本。**附属资本**包括未公开储备、重估储备、普通准备金、混合资本工具，如可转换债券工具、永久性债务工具，以及长期附属债务等。

《巴塞尔协议》的核心思想就是，商业银行的最低资本额由银行资产结构的风险程度所决定，资产风险越大，最低资本额越高；银行最低资本额为银行风险资产的8%，其中核心资本不能低于风险资产的4%。

2. 存款类负债

吸收存款是商业银行与生俱来的基本特征，是其他业务展开的基础，没有存款的吸收也就谈不上贷款与投资的展开，甚至不可能有以此为基础的其他各类服务性业务。存款类负债是商业银行最传统的负债形式，直到今天仍然是银行最基本的资金来源。因此，任何商业银行总是千方百计地吸收存款，以此为基础扩大其他的业务形式来实现利润。一般而言，存款可以分为交易账户和非交易账户两种类型。

（1）交易账户。所谓**交易账户**是指个人或企业为了交易目的而开立的支票账户，客户可以通过支票、汇票、电话转账、自动出纳机等提款或对第三方进行款项支付。它包括活期存款、可转让支付命令账户、货币市场存款账户、自动转账制度等种类。

交易账户是为支付而使用的账户，是商业银行吸收存款类资金来源中成本最低的一类存款。交易账户的存款户可以随时开出支票命令银行对第三者进行支付而不用事先通知银行，因此其交易和流通速度极高，银行需要用相当多的人力、物力来处理业务。所以在绝大多数国家，银行对活期存款惯例上不付利息。在有些国家，甚至对活期存款的客户征收手续费，以补偿银行为存款户所提供的服务。所以，银行在吸收活期存款时，不能以利率作为竞争工具，只能以提高服务质量来争取客户。

(2) 非交易账户。**非交易账户**包括储蓄存款和定期存款。储蓄存款一般是个人为积蓄货币和取得利息收入而开立的存款账户。储蓄存款一般不能签发支票，包括活期、定期等不同种类。定期存款是指存款人在银行存款时要约定存款期限，到期存款户才能提取存款。由于定期存款期限长，到期前一般不能提取，所以银行给予较高的利息。为了获得稳定的资金来源，银行特别注意吸收定期存款。

3. 借入类负债

商业银行在自有资金和存款不能满足其放款需要的时候，就要考虑通过借入资金的方式来满足日益增长的放款需要，以扩大其经营规模。商业银行主要通过以下途径来弥补资金来源的不足。

(1) 同业拆借。银行同业拆借是指银行之间相互的资金融通，借入的目的主要是用以解决本身临时资金周转困难，期限一般较短，有的只是今日借，明日还。同业拆借的利率水平一般较低。

同业拆借一般通过各银行在中央银行的存款账户进行，即通过中央银行把款项从拆出行账户划到拆入行账户。

(2) 回购协议。所谓**回购协议**是指银行在向他人出售证券的同时，同意在某一时间以商定的价格购回这批证券。大多数回购协议以政府债券作担保，从形式上来看是证券的买卖行为，而实际上是银行以证券作为担保资金的借贷行为。

(3) 向中央银行的贴现或借款。当银行资金来源不足时，也可向中央银行借款。一般情况下，商业银行向中央银行借款的主要原因在于缓解本身资金暂时不足的情况，而非用来放贷营利。向中央银行借款主要采取再贴现和直接借款两种形式。再贴现就是把自己办理贴现业务时买进的未到期的票据，转卖给中央银行；直接借款则是通过有价证券的抵押向央行取得抵押贷款。

(4) 在公开市场上发行金融债券和存单。商业银行可以在公开市场上通过发行大额定期存单以及发行金融债券等方式来筹集资金，这是典型的主动负债方式。商业银行的规模以及信誉会直接影响其在公开市场上融资的价格。

(5) 结算过程中的短期资金的占用。商业银行在为客户办理转账结算等业务中可以占用客户的资金。每笔资金占用的时间很短，但由于资金周转数额巨大，因而占用的资金数量也就相当地可观，从时点上看，总会有那么一些处于结算过程中的资金，构成商业银行合法运用的资金来源。

商业银行的资产业务

商业银行的资产业务就是将自己通过负债业务聚集起来的货币资金加以运用的业务。这是商业银行取得收益的重要渠道。商业银行的资金运用主要有以下用途：现金资产、贷款、证券投资及其他资产。

1. 现金资产

现金资产是商业银行资产中最具有流动性的部分，属于一级储备资产，基本上不给银行带来收益。银行管理从本质上说就是解决利润最大化与资产流动性之间的矛盾，现金资产是直接满足流动性需求的资产，其虽然不给银行直接带来收益，但是对商业银行的正常运转至关重要。现金资产包括库存现金、在央行的存款、存放同业的资金以及托收中的现金。正是因为现金资产并不给银行带来利润，因此，商业银行总是在流动性能够得到保证的情况下，尽量压低现金资产在总资产中的比例。

2. 贷款

贷款是银行将其所吸收的资金按照一定的利率贷给客户并约定归还期限的业务。贷款与其他业务相比较风险较大，但是利率较高，是银行获取收益的主要来源之一。贷款业务可以密切银行与企业的关系，有利于稳定存款和拓展其他业务方式。

贷款的种类很多，按期限不同可分为短期（1 年以内）放款、长期（10 年以上）放款和中期（介乎二者之间）放款；按照保证程度不同可以分为担保贷款和信用贷款，担保贷款又可进一步分为抵押、质押和保证贷款；按放款的用途不同可分为工业放款、商业放款、农业放款、消费放款、房地产放款等。

3. 证券投资

证券投资业务是指银行购买有价证券的经营活动。商业银行从事证券业务的目的主要有三个：第一，获取收益。成功的投资策略有助于商业银行将暂时闲置的资金利用起来，增加收益。证券投资的收益包括利息收益和资本收益。第二，分散风险。证券投资可选择的投资对象广泛，不像贷款那样受到地域与行业的限制。银行可以在全球金融市场上进行证券投资组合，有利于风险分散。而且，证券有较好的二级市场，比贷款的流动性强。第三，补充流动性。银行为了维持流动性而保留过多的现金资产将会直接损害营利性，证券的流动性介于现金资产和贷款之间，证券投资为商业银行保持流动性与营利性的平衡提供了可能，银行所进行的短期的证券投资由于可以迅速变现，具有较强的流动性，因而被视为商业银行的二级储备资产。

银行购买的有价证券包括债券和股票，债券又包括国库券、公债券和公司债券。目前各国商业银行的投资主要用于购买政府债券，还有一些评级级别较高的公司债券。对于股票的购买各国一般多加限制，这一方面是为了限制银行对企业的控制，防止出现垄断；另一方面是为了防止商业银行投资风险过大。在实施混业经营的国家，一般对商业银行投资股票会有一些具体数量上的限定，而在实施分业经营的国家更是严格限制银行涉足证券买卖和持有股票。

第三节　商业银行的表外业务

商业银行表外业务概述

商业银行的表外业务（Off-Balance Sheet Activities，OBS）是指商业银行所从事的不列入资产负债表的业务。表外业务有狭义与广义之分。狭义的表外业务是指银行所从事的虽然没有列入资产负债表却存在风险的金融活动，主要是担保、备用信用证、商业跟单信用证、承诺以及和利率及汇率相关的金融衍生业务等。狭义表外业务是指那些在一定条件下会转化为现实的资产与负债的或有资产与负债。广义的表外业务除风险类狭义表外业务之外，还包括提供金融服务获取手续费收益的无风险类表外业务。

在金融创新的发展与金融管制放松的浪潮推动之下，近年来国际商业银行的广义表外业务发展迅速，其所带来的收入在商业银行总收入中所占的比重不断攀升，譬如，1999年美国银行表外业务收入占总收入的比重达42%，瑞士为53.4%，德国为60%。表外业务在带来巨额收益的同时，也为商业银行带来了很大的风险。为此各国都加强了对表外业务的监管力度。

在我国习惯上称表外业务为中间业务，其发展以没有风险的表外业务为主导，狭义有风险的表外业务的发展起步较晚，发展速度缓慢。为了支持我国商业银行表外业务的发展，完善中国银行业的金融服务功能，中国人民银行在2001年发布了《商业银行中间业务的暂行规定》。该规定不仅列出商业银行可以开办的无风险的表外业务，如结算类、代理类和其他无风险的中间业务类型，而且还列出了银行可以从事的有风险的中间业务，如担保类、承诺类和交易类等中间业务，它的发布对于我国商业银行表外业务发展起到了积极的推动作用。

商业银行表外业务种类

1. 支付结算类业务

这类业务是指银行为客户办理因债权债务关系引起的与货币支付、资金划拨有关的收费业务。结算业务是由商业银行的存款业务派生出来的一种业务。结算业务通过结算工具来完成。结算工具是银行用于结算的各种票据，主要包括汇票、本票和支票。汇票是由出票人签发的，委托付款人在见票或在指定日期无条件支付确定金额给收款人或持票人的票据。本票是由出票人签发，承诺自己在见票时无条件支付确定金额给收款人或者持票人的票据。支票是由出票人签发的委托办理支票存款业务的银行或其他金融机构在见票时无条件支付确定金额给收款人或持票人的票据。根据结算方式的不同，结算业务可以分为同城结算和异地结算两种。在同城结算中，银行主要采用支票结算的方式；在异地结算中，银行主要采取汇款、托收、信用证和电子资金划拨等方式。

2. 银行卡类业务

银行卡是由经授权的金融机构，主要是商业银行向社会发行的具有消费信用、转账结算、存取现金等全部或部分功能的信用工具。银行卡的功能包括：转账结算、储蓄、汇兑以及消费贷款等。银行卡按照不同的分类标准可以分为多种类型。根据清偿方式的不同可以分为贷记卡、准贷记卡和借记卡；按照结算币种的不同可以分为人民币卡、外币卡；按照发放对象的不同可以分为消费者个人卡、公司卡；按照从属关系可以分为主卡、附属卡等。随着银行卡使用范围的扩大，不仅可以减少现金和支票的流通，还将使银行业务突破时间和空间的限制，发生根本性变化。

3. 代理类业务

代理类业务是指商业银行接受客户委托代为办理指定的经济事务，提供金融服务并收取一定费用的业务，包括多种类型。其中，代理政策性银行业务是指商业银行接受政策性银行委托，办理后者无法办理的业务；代理央行业务包括代理财政性存款、代理国库；代理银行业务是指代理行之间互为代理的业务；代理证券业务是指银行接受委托，办理代理发行、兑付、买卖各类有价证券的业务，还包括接受委托、代办债券还本付息、代发红利、资金清算（国债、公司债、金融债券、股票）；代收代付业务是指代理各项公用事业收费、行政事业性收费、学费、财政性收费，代发工资；代理保险业务是指商业银行接受保险公司的委托，代办保险业务，包括代售体系、代拨保险费，以及其他代理业务等。

4. 基金托管业务

基金托管业务指有托管资格的商业银行接受基金管理公司的委托安全保管所托管的基金资产。具体来说包括：办理基金清算、会计核算、基金估价及监督管理基金投资运作。托管资格由中国人民银行审定。

5. 咨询顾问类业务

商业银行依靠自身在信息、人才、技术、信誉等方面的优势，收集和整理有关信息，并通过对这些信息以及银行与客户资金运动的记录和分析，形成系统的资料和方案，提供给客户，满足客户业务经营与发展的需要。咨询顾问类业务包括以下几类业务：资产管理顾问业务，即为机构投资者或个人投资者提供全面的资产管理服务，包括投资组合建议、投资分析、税务服务、信息提供和风险控制；财务顾问业务，为大型建设项目的顾问业务、企业并购的顾问业务、融资结构、融资安排等方面提供方案；现金管理业务，帮助企业合理科学地管理现金或头寸，以此达到提高投资流动性和收益性的目的等。

6. 担保类业务

担保类业务是商业银行为客户清偿能力提供担保、承担客户违约风险的业务，包括：银行承兑汇票，即由收款人、付款人（统称为承兑申请人）签发的，由他们向开户银行申请，经银行审查通过并承兑的商业汇票；备用信用证，是一种特殊形式的光票信用证，是银行开出的具有保函性质的支付承诺，以保证申请人履行某种合约规定的义务，并在该申请人没有履行该义务时，向受益人支付一定金额的款项；贷款担保，是担保银行应借款人的要求，向贷款人出具的一份保证借款人按照贷款人协议的规定偿还贷款本息的书面保证文件；履约担保，是银行应客户要求向受益人开立的保证申请人履行某项合同的书面保证文件；投标保证书，是银行为客户开立的保证投标人履行招标文件所规定的各项义务的书面担保文件；等等。

7. 承诺类业务

承诺类业务是商业银行在未来某一日期按事先约定的条件向客户提供信用的业务。这类业务可分为可撤销的承诺和不可撤销的承诺两种。可撤销的承诺是指附有客户在取得贷款之前客户必须履行的特定条款，在商业银行承诺期内，客户没有履行相应条款时，商业银行就可以撤销承诺；不可撤销的承诺是指商业银行不经过客户允许，不得随意取消承诺，承诺具有法律约束力。承诺类业务具体包括信用额度、循环贷款承诺、票据发行便利等形式。信用额度是银行与老客户之间的一种非正式信贷协议，在某一额度之内，银行将随时根据企业需要放款。循环贷款承诺是指银行与客户之间的一种较为正式的贷款协议，根据协议，银行有义务根据约定的利率、期限等条件向客户提供可循环使用的信贷额度。票据发行便利是指一种具有法律约束力的中期周转票据发行融资的承诺，在该承诺之下，银行允许在一定期间内为其客户的票据融资提供各种便利条件。银行从事票据发行便利业务，是利用自身在票据发行中的优势帮助客户售出短期票据以实现筹集资金的目的。

8. 交易类业务

交易类业务是指商业银行为满足客户价值或自身风险管理等方面的需要，利用各种金融工具进行的资金交易活动。主要包括金融衍生产品的交易服务，如远期合约、金融期货、互换、期权等。交易类表外业务是随着金融工具的不断创新而发展起来的，商业银行从事金融衍生产品交易是为客户同时也是为自身规避风险的需要，此类业务对于银行进行风险管理和增加收益都有积极的意义。

9. 其他类

除了以上的各种业务之外，商业银行也积极开展其他类型的表外业务，如保管箱服务、信托业务以及租赁业务等。

第四节　现代商业银行的经营与管理

一、商业银行经营与管理的一般原则

商业银行作为金融企业，在经营管理过程中，遵循企业利润最大化的一般准则。但是，作为具有特殊性的金融企业，利润最大化并不是其唯一的经营目标，流动性与安全性对商业银行而言也具有特殊重要的意义，盈利性、流动性与安全性三性统一是各国商业银行所普遍认同的经营与管理的一般原则。

1. 盈利性原则

盈利性是商业银行经营活动的最终目标，也是其不断改进服务、开拓业务和改善经营管理的内在动力。商业银行的盈利来源是各种生息资产的收益和提供金融服务的手续费收益与各种存款和负债的利息支出及银行管理费用总和之间的差额，商业银行总是力求在增加收益的同时减少成本来使利润最大化。商业银行只有在保持盈利的基础上，才能不断充实资本金，巩固信誉，在竞争中发展壮大。因此，盈利性原则在三性原则中占据核心地位。

2. 流动性原则

流动性是指商业银行能够随时应付客户的提取存款和必要贷款需求的支付能力。商业银行必须保持流动性的要求来自银行资金来源与资金运用的特点。银行的资金来源大部分是客户的存款和借入款，存款是以能够按时提取和随时对客户开出的支票支付为前提的，借入款是要按期或者随时兑付的。而同时银行资金的运用又具有不确定性，各类资金运用逐步收回，在不同的时点上又会产生各种各样的贷款需求和投资需求，因此，贷款与投资所形成的资金的收与付在数量上不一定相等，时间上不一定对称，具有很大的不确定性。因此，资金来源与资金运用的属性决定了银行必须保持流动性。流动性保持的核心是银行要力求以最小的成本来获得所需要的资金。为此，银行一方面要保持资产的流动性，另一方面就是力求优化负债的结构，并保持自己拥有较多的融资渠道和较强的融资能力。

3. 安全性原则

安全性原则是指商业银行应努力避免各种不确定性因素对它的影响，保证商业银行的安全运作和稳健发展。商业银行强调安全性原则的原因在于商业银行的特殊性。首先，商业银行作为金融企业，自有资本较少，经受不起较大的损失。8%的自有资本金比率的要求决定了商业银行比一般企业具有更高的资金杠杆比率，由此，也决定了商业银行承受损失的能力是较差的。其次，商业银行资产负债约束的不对称性决定了安全性是其运行的根基。对商业银行而言，对居民的负债具有还本付息的硬性约束。而其资产一方，银行对借款人缺乏硬性约束机制，如果资金运用出现了损失，资金就无法收回。因此，安全性是保证银行不被储户挤兑的重要条件。再次，商业银行在经营管理过程中面临着各种风险也需要强调安全性的重要。商业银行在运行过程中面临着信用风险、市场风险和操作风险，各类风险的存在使商业银行必须审慎对待资金运用，保持安全性。最后，商业银行在社会经济生活中处于特殊的地位决定了其安全性尤为重要。在现代信用经济条件下，商业银行是信用货币的创造者，是中央银行货币政策传导机制的重要环节，如果商业银行失去安全性就会导致银行体系的崩溃，信用工具消失，损害宏观经济的运行。

4. 商业银行经营原则之间的矛盾及其协调

商业银行三性原则之间存在统一的一面，也存在矛盾与冲突的一面。从根本的意义上来讲，商业银行的盈利性、流动性与安全性是一致的，牺牲流动性与安全性而获得暂时的盈利性是不可取的，只有在流动性、安全性得到保证的情况下，盈利性才具有可持续性。但是在日常的经营管理过程中，商业银行三性原则之间的矛盾与冲突是现实的，也是银行管理者所必须面对的。收益与风险总是相伴而生的，高收益伴随高风险，低风险伴随低收益，因此，流动性与安全性往往需要付出损失盈利性的代价，而盈利性又驱使银行增大风险程度。商业银行的经营与管理的实质就是要从银行所面对的客观现实情况出发，不断协调三性原则之间的矛盾与冲突，寻求最佳的平衡点。

商业银行经营管理理论的演变

资产负债管理是商业银行为实现安全性、流动性和盈利性“三性”原则的统一而采取的经营管理方法。在商业银行漫长的发展过程中，由于各个历史时期经营环境的变化及商业银行自身业务种类的不断拓展，其具体的管理理论经历了不断发展与演变的过程。

1. 资产管理理论

资产管理是商业银行传统的管理方法。在20世纪60年代以前，商业银行是最重要的金融机构，间接融资是经济活动中最主要的融资方式。商业银行的资金来源以活期存款为主，资金来源水平和结构被认为是独立于银行决策的外生变量。在这种环境下，商业银行管理的中心是放在资产负债表的资产方，银行应主要通过资产项目的管理和组合来保持适当的流动性和实现其经营目标。资产管理理论经历了三个阶段的发展过程。

（1）商业贷款论。

商业贷款论起源于商业银行发展的早期阶段。当时，从资金需求上看，由于生产力低下，社会化大生产尚未普遍形成，企业规模较小，企业主要依靠内源融资，需要向银行借的资金多属于周转性流动资金。从银行自身安全性来看，此时中央银行体制尚未建立，没有作为最后贷款人角色的银行在银行发生清偿危机时给予救助。银行经营更强调维护自身的流动性。

商业贷款论是最早的资产管理理论，又称为自偿性贷款理论，源于亚当·斯密 1776 年发表的《国富论》。该理论认为银行的资金来源主要是流动性很强的活期存款，因此银行的资产业务应主要集中于短期自偿性贷款，以保持与资金来源高度流动性相适应的资产的高度流动性。商业贷款论确定了现代商业银行经营管理的一些重要原则。该理论强调了资金运用受制于资金来源的性质和结构，这一原则已成为商业银行进行资金运用所遵循的基本原则。该理论强调了银行应保持资金的高度流动性，以确保商业银行安全运行。随着社会化大生产的发展，商业贷款论的局限性逐渐显露出来。该理论没有认识到活期存款余额具有相对稳定性。按照续短为长的原理，在活期存款的存取之间，总会存在一个相对稳定的余额，这部分资金来源可用于发放长期贷款。该理论忽视了贷款需求的多样性。这就限制了商业银行自身业务的发展和营利能力的提高。该理论忽视了贷款偿还的外部条件。贷款的清偿受制于贷款的性质也受制于外部市场状况。在经济萧条时，短期贷款也难以自动清偿，因此，短期贷款的自偿能力是相对的而不是绝对的。

(2) 资产转移理论。

20 世纪 20 年代，金融市场的发展尤其是短期证券市场的发展为银行保持流动性提供了新的途径，**资产转移理论**应运而生。该理论被认为是美国经济学家莫尔顿于 1918 年在《政治经济学杂志》发表的“商业银行及资本形成”一文中提出的。该理论认为，银行要考虑资金来源的性质和保持资产的高度流动性，但可以放宽资金运用的范围。银行流动性强弱取决于资产迅速变现能力，因此银行在其资金运用中可持有信誉高、期限短、容易变现的可转换资产。在社会经济条件的变化以及理论发展的刺激之下，商业银行资产组合中的票据贴现和短期国债比重迅速上升。资产转移理论扩大了银行资金运用的范围，丰富了银行资产结构，突破了商业银行贷款论拘泥于短期自偿性贷款资金运用的限制，是银行经营管理理念的一大进步。资产转移理论过分强调银行通过运用可转换资产来保持流动性，从而限制了银行高盈利性资产的运用。同时，可转换资产的变现能力在经济危机或者证券需求不旺的情况下会受到损害。

(3) 预期收入理论。

第二次世界大战之后，西方国家经济处于恢复和发展时期。此时，从政策导向上来看，当时凯恩斯的国家干预经济理论非常盛行，该理论主张政府应该扩大公共项目开支，进行大型基础设施建设，鼓励消费信用发展以扩大有效需求从而刺激经济发展。因此，中长期贷款和消费贷款的需求扩大了。从市场竞争来看，随着金融机构多元化的发展，商业银行和非银行金融机构的竞争加剧了，这迫使银行不得不拓展业务种类，增加回报较高的中长期贷款的发放。**预期收入理论**是由美国经济学家普鲁克诺于 1949 年在《定期存款及银行流动性理论》一书中提出的。该理论认为，银行流动性的保证取决于借款人的预期收入而非贷款的期限长短。借款人的预期收入有保证，期限较长的贷款可以安全地收回；借款人的预期收入不稳定，期限短的贷款也会丧失流动性。因此，预期收入强调的是贷款偿还与借款人未来预期收入之间的关系，而不是贷款的期限与流动性之间的关系。预期收入理论依据借款人的预期收入来判断资金投向，突破了传统的资产管理理论依据资产的期限和可转换性来决定资金运用的做法，丰富了银行的经营管理思想，为银行开拓盈利性的新业务提供了理论依据，使商业银行资金运用的范围更为广泛，巩固了商业银行在金融业中的地位。但是银行对借款人未来收入的预期值是银行主观判断的经济参数，随着客观经济条件及经营状况的变化，借款人实际未来收入与银行的主观测量之间会存在偏差从而使银行的经营面临更大的风险。

总之，资产管理理论强调银行经营管理的重点是资产业务，强调流动性为先的管理理念。这种管理思想在20世纪60年代以前的100多年里，对整个商业银行业务的发展及商业银行在金融业地位的巩固起到了重要作用。

2. 负债管理理论

负债管理理论兴起于20世纪50—60年代。该理论的基本思想是依靠借入资金的办法来保持银行资金的流动性，从而增加资产业务，增加银行收益。负债管理的思想开创了保持资金流动性的新途径，由单纯靠吸收存款的被动型负债方式，发展成向外借款的主动型负债方式，可以让负债来适应和支持资产，从而为银行扩大业务规模和范围创造条件。

负债管理理论的兴起是与20世纪50—60年代经济、金融环境的变化相适应的。第二次世界大战之后西方国家金融市场发展迅速，非银行金融机构与银行在资金来源的渠道和数量上展开了激烈的竞争，投资方式的多样化使得商业银行的资金来源面临“脱媒”的压力。在这种情况下，银行必须及时调整资金配置战略，从各种渠道来筹措资金。金融创新的发展又为商业银行扩大资金来源提供了可能性。大额可转让定期存单以及回购协议等新型融资工具的出现极大地丰富了银行的资金来源，为银行采取主动式负债的方式提供了条件。西方各国存款保险制度的建立也激发了银行的冒险精神和进取意识。在此背景之下，负债管理理论盛行一时。

负债管理理论主张以负债的方式来保证银行的流动性需要，扩大了银行的资金来源，减轻了对资产流动性的要求与压力，可将一部分资产投放到高盈利、流动性差的方向上去，可更好地提高资金的盈利性；同时也使银行在管理手段上有了质的变化，将管理的视角由单纯的资产管理扩展到负债管理，使银行能够根据资产的需要来调整负债的规模和结构，增强了银行的主动性和灵活性。

但是不容忽视的是负债管理依赖于借入资金来保持流动性，如果不能及时从金融市场上借到资金，银行就会陷入困境，从而增加了银行经营的风险；用借入资金来保持流动性的方式提高了银行的融资成本，这与盈利性的原则是相违背的。因此，负债管理不利于银行的稳健经营。

3. 资产负债综合管理理论

负债管理改变了针对资产业务进行管理的传统思想，而是从负债的角度对银行进行管理，侧重于其盈利性，这种管理方式过分强调依赖外部借款，从而增大了银行的经营风险；资产管理偏重于资金的安全性和流动性，往往以牺牲盈利为代价。因此这两种管理方式各有千秋，也各有弊端。那么既对资产进行管理，同时又对负债进行管理，使盈利性、流动性和安全性三者的组合更有效率、更协调合理的管理方式就是资产负债管理了。

资产负债管理产生于20世纪70年代中后期。该理论从资产和负债两个方面来考虑利率风险的规避和如何提升银行资本的价值。资产负债管理并不是对资产管理和负债管理理论的简单扬弃，而是继承和发展的关系，包含了资产和负债管理理论中合理的要素。资产负债管理缓和了资产管理和负债管理的矛盾，从资产负债平衡的角度去协调银行安全性、流动性、盈利性之间的矛盾，提高了商业银行抵御风险发生的能力，使银行管理更加现代化与科学化。

4. 资产负债外管理理论

在 20 世纪 80 年代各国日益放松金融管制、金融自由化浪潮席卷全球的背景下，商业银行之间以及商业银行与非商业银行之间的竞争更加激烈，这些因素不可避免地对银行利率的提高和业务经营规模的扩张产生了抑制作用，从而导致银行传统存贷利差收益的日益萎缩。因此，以利差管理为核心的资产负债管理理论使商业银行难有更大的作为。为了摆脱困境，商业银行必须寻找新的经营管理理论。在技术进步、金融创新的推动之下，新的融资工具、新的业务方式层出不穷，为银行业务范围的拓展提供了新的可能性。正是在这种情况下，资产负债外管理理论悄然兴起，并为越来越多的银行所推崇。

资产负债外管理理论主张，商业银行应从正统的负债与资产业务之外寻找新的经营领域，从而开辟新的盈利源泉。这种理论认为，存贷业务只是商业银行经营的一条主轴，在其旁侧可以延伸发展其多样化的金融服务。同时，这种理论还提倡将原来资产负债表内的业务转化为表外业务，以降低成本。例如，商业银行通过贷款出售、存款转售、资产证券化等方法，使表内业务经营规模维持现状甚至缩减，银行收取转让价格差额，既增加收益，又可以合法规避审计部门和税务部门的检查。

资产负债外管理理论的兴起不是对资产负债综合管理的否定，而是一种补充。前者用于管理银行的表外业务，后者用于管理银行的表内业务，目前二者都被用于发达国家商业银行的业务管理之中。

第五节　金融创新

金融创新始于 20 世纪 60 年代后期，至 70 年代各种创新活动日益活跃，到 80 年代已形成全球趋势和浪潮。其内容是突破金融业多年的传统模式，在金融工具、金融方式、金融技术、金融机构以及金融市场等方面均进行了明显的创新、变革。金融创新浪潮的兴起及迅猛发展，对金融微观主体商业银行的影响是直接的，同时也对整个金融体制、金融宏观调节乃至整个经济都带来了深远的影响。

一、金融创新的动因

金融创新的发展具有复杂的历史背景与经济条件。从直接的动因上看，有以下几个方面。

1. 规避市场风险

20 世纪 60 年代以后，西方商业银行所面临的经济环境发生了巨大的变化，尤其是利率、汇率和通货膨胀率变动无常所带来的市场风险显著上升。20 世纪 60 年代末开始，西方国家利率在通货膨胀所带来的费雪效应之下开始不断攀升，货币学派的兴起使得西方国家普遍以货币供应量取代利率作为货币政策的中介指标，从而放松了对利率的管制，利率变动频繁，由此使金融市场上的借贷双方暴露于高利率风险之中，也使得资金借贷的媒介体商业银行面临巨大的利率风险。从国际货币体系的变化来看，1973 年布雷顿森林体系的崩溃使得以美元为中心的固定汇率制完全瓦解，西方国家纷纷实行浮动汇率制，汇率波动成为必然。加之 20 世纪 70 年代国际资本流动加速，特别是在欧洲美元和石油美元的冲击之下，使得外汇市场的汇率变动无常，汇率风险凸现。此外，20 世纪 70 年代的两次石油危机导致了世界能源价格上涨，引发了全球性成本推进型的通货膨胀。第二次世界大战之后的长期扩张性政策导致 70 年代中后期西方国家普遍陷入了“滞胀”泥潭，通货膨胀率不断攀升。70 年代末和 80 年代初，英美等国的通货膨胀率均在两位数以上，例如，美国 1979 年的消费物价指数上涨率为 11.3%，英国为 12.7%。在巨大的市场风险面前，金融市场行为主体不断寻求规避市场风险的创新方法，由此带动了诸如浮动利率的债权债务工具、金融期货以及金融期权的广泛运用。

2. 金融自由化浪潮

20 世纪 70 年代以来，世界经济形势发生了巨变，国际金融市场迅猛发展，导致了世界范围内出现了放松金融管制的金融自由化浪潮。金融自由化的主要内容包括：利率自由化，20 世纪 80 年代美国、日本等主要发达国家先后取消了存款利率的限制；金融机构业务的自由化，银行和非银行金融机构业务不断交叉；金融市场自由化，20 世纪 80 年代国际资本流动的加剧使各国放松了对金融市场的管制，开始了金融市场的对外开放过程。金融自由化实际上是各国不断放松金融管制的过程，这种变化本身就是一种金融制度的创新，这种制度创新又为金融工具创新、业务创新、机构与技术创新提供了宽松的外部环境。

3. 市场竞争的加剧

市场竞争是金融机构不断向前发展的永恒推动力。金融机构总是要在经济环境发生变化的前提下，不断创新才能在激烈的市场竞争中立于不败之地。经济全球化带动之下的金融市场国际化，使得金融机构竞争的平台由国内拓展到国外，而金融自由化的趋势，又使得金融机构之间竞争的深度与广度也在不断加深与拓展。竞争是市场经济的不二法则，由此实现优胜劣汰机制，金融机构如想在激烈的市场竞争中求得生存和发展、能够立于不败之地，就需要不断地改革与创新。回顾历史，可以发现，金融业的发展史就是一部创新史。

4. 科技的进步

20 世纪 70 年代以来以计算机和网络技术为代表的科技进步为金融业的创新发展提供了技术支撑。科技进步不仅使金融机构能够更便利地提供金融服务，也促使金融业务向纵深发展。技术进步引起银行结算、清算系统和支付系统的创新，进而引起金融服务的创新；技术的进步也为设计运用新的创新工具提供了技术保证；新技术的应用推动了全球金融市场一体化的进程，加快资金流动速度，使金融交易快速突破了时间与空间的限制，扩展了创新金融产品的运用与推广的范围与速度。

金融创新的内容

金融创新的范围较为广泛，涉及金融制度、金融市场以及金融机构等各个方面。在这里我们主要分析与商业银行相关的**金融创新**，主要包括业务创新、工具创新和服务创新等。

1. 金融业务创新

商业银行业务的创新表现在负债业务、资产业务及表外业务上面。在负债业务方面表现为存款工具多样化、存款证券化，出现了新型存款账户来满足客户的多样化金融需求等；在资产业务的方面，表现为资产证券化、贷款表外化、证券投资品种多样化等；在表外业务方面，结算业务日益向电子转账发展、信托业务与私人银行业务兴起、现金管理业务发展迅速、表外业务的种类丰富多样。

2. 金融工具创新

金融工具的创新是金融创新的重要内容，业务的创新往往也是以工具创新作为载体的。金融工具的创新包括：(1) 创造更为灵活的原生性债权债务工具，如可转让支付命令、可变利率的存贷款、票据发行便利、自动转账账户、货币市场存款账户、牛市定期存单、扬基定期存单、欧洲或亚洲美元存单等；(2) 衍生性金融工具的创新，如远期金融工具、金融期货、金融期权、期权互换等。

3. 金融服务创新

电子、网络技术在银行业中的广泛运用使得银行的金融服务进入了电子化、自动化的阶段。不间断的24小时全天候金融服务，使商业银行服务方式发生了巨大的变化。银行卡业务、自助银行、网络银行、自动柜员机、资金管理终端系统等已日益普及，这些创新既方便了客户，又使得商业银行改变了传统的金融服务方式，拓展了服务的渠道，极大地降低了服务成本，增加了金融服务的透明度。

金融创新的效应

1. 金融创新的正面效应

金融创新促进了金融业务、金融工具的多元化发展，拓展了商业银行的发展空间。首先，金融创新中所带来的一系列兼具流动性和收益性的新型金融工具，使商业银行大大拓展了资金来源渠道，在与非银行金融机构的竞争中获得了新的资金来源。其次，在资金运用方面，传统的业务分工和机构分工不断被打破，商业银行不再局限于传统的存、放、汇等资产业务，不断向证券、租赁、信托、保险等业务领域拓展，资产证券化业务将商业银行与资本市场紧密地联系在一起，商业银行通过各类新型金融工具在与资本市场的链接中获得了新的盈利增长点。最后，金融创新应对多样化的金融需求创造了多样性的金融工具，使得商业银行吸引到更多的投资者、筹资者与金融服务的需求者，交易量迅速增大，大大降低了金融工具的交易成本，提高了交易效率，提升了商业银行在经济生活中的地位。

2. 金融创新的负面效应

不容忽视的是，金融创新为金融机构带来发展机遇的同时，也带来了风险与挑战。首先，金融创新增大了金融机构运作风险。为了获得稳定的资金来源，银行为各类新型负债支付了更高的利息，银行融资成本大大提高，这使得银行为获取更多的收益而被迫去承担风险更大的资产业务。其次，金融创新提高了金融机构之间的竞争程度，导致银行体系的稳定性下降。在竞争压力之下，商业银行竞相进行金融创新活动，金融创新促进了包括衍生金融工具在内的金融资产多样化的发展。衍生金融工具具有与生俱来的双刃性特征，它能够为客户提供规避风险的功能，但是也可能会放大投资风险，带来极大的损失。衍生金融交易的高杠杆性，使得交易一旦失败就会损失巨大，1995 年英国巴林银行的倒闭案就是一个典型的案例。

小专栏

金融衍生产品创新与美国次贷危机

从 2007 年开始的美国次贷危机，以雷曼兄弟的倒闭为序曲，进入了多米诺骨牌倒塌式的高潮，我们见证了这场金融风暴的翩然而至并逐步席卷全球的全过程。以债务抵押债券（Collateralized Debt Obligation，CDO）为代表的金融衍生产品的过度发展是此次危机出现的重要原因之一。CDO 是一种金融创新产品，通过把不同的债务（如公司债券、银行贷款、资产证券化产品、违约互换等）打包组合在一起，以这些债务的现金流或权利金收入为支撑，通过内部信用增级，重新分割投资风险和回报所发行的债券。

美国在经历了“9·11”事件后 13 次连续降息，美国的房地产业迎来了发展的黄金时期。“让所有的美国人都能圆住房梦”这一新口号非常地鼓动人心，大量信用程度较差的贷款者通过次级贷款方式获得了购买新房的机会，从而促使房地产价格逐步高涨。

由于创新发展了诸如 CDO 等信用衍生产品，次级贷款的风险不再单纯地保留在贷款银行内部，而是扩散到不同的金融主体。

首先，整体的次级贷款规模因为 CDO 等风险转移工具的存在而增加。银行本来只是次级按揭贷款的贷款人，然而 CDO 形成以后，整体 CDO 市场非常活跃，银行能够轻易地将持有的次级按揭贷款证券化，再形成 CDO 出售。这样银行就将大部分高风险得次级按揭贷款从资产负债表上删除，从而实现了风险的控制，同时实现了盈利性目标。这促使银行不再关注贷款的实际风险程度，而是鼓励按揭公司寻找潜在的低信用等级的借款人，不断扩张次级按揭贷款的规模，使得风险程度和风险涉及面扩大。

其次，CDO 等金融衍生产品的存在使得间接参与次贷危机的金融主体增加。由于 CDO 实现了不同风险级别的出售，满足了不同风险偏好主体的投资要求，大量原本投资于证券的投资者逐步进入这一市场，市场参与者涵盖了贷款银行、投资银行、对冲基金、养老基金、保险公司等。

最后，CDO 以较高风险的次级贷款和包含 MBS、ABS、CDO 多层次结构的组合债券产品为标的，由于其结构和定价机制的复杂性，市场参与者难以真正衡量其投资风险，虽然评级公司通过评级能够部分地减少这种信息不对称，但是由于评级机构本身存在的可靠性问题，往往不能给投资者提供正确的风险估计，而监管也难以对其真正发挥作用。

当 2006 年经济开始放缓，房地产逐渐回落时，即使信用良好的人也开始想着赖账来逃脱沉重的还款负担，以便在市场上买到更廉价的相同资产时，投资抵押贷款成为赔钱的买卖，大量的隐藏于次级按揭贷款中的风险造成大量的投资损失，而CDO等金融衍生产品的推波助澜更是大大放大了次贷危机的影响，发展成为波及全世界的金融危机。

本章小结

1. 商业银行具有悠久的发展历史，在现代经济生活中商业银行的性质与功能决定了其仍然是金融体系中最重要的部分，在宏观经济运行中占据重要地位。商业银行随着金融全球化、电子网络技术的发展、竞争程度的加剧以及金融结构的变迁，不断朝着全能化、集中化、电子化和国际化的方向发展。

2. 商业银行的产权结构是多种多样的。依据产权结构的不同，商业银行可以分为股份制商业银行、私人商业银行和国有商业银行等。商业银行的外部组织形式包括单元制、分支行制、银行持股公司制和连锁银行制四种类型。商业银行内部组织结构分为决策系统、执行系统、监督系统和管理系统四个部分。

3. 商业银行的表内业务包括形成其资金来源的负债业务与对资金加以运用的资产业务。表外业务包括有风险的表外业务及无风险的表外业务。商业银行在经营管理过程中遵循盈利性、流动性与安全性三性统一的基本原则，具体的管理理论经历了资产管理、负债管理、资产负债综合管理以及资产负债外管理的发展与演变的过程。

4. 金融创新的发展具有复杂的历史背景与经济条件。其直接的动因包括：规避市场风险、金融自由化浪潮推动、市场竞争的加剧以及科技进步的支持。与商业银行相关的金融创新，主要包括业务创新、工具创新和服务创新等。金融创新具有正面和负面双重效应。

复习思考题

1. 现代商业银行的基本职能是什么？
2. 如何理解商业银行在社会经济生活中的重要地位？
3. 现代商业银行未来的发展趋势是什么？
4. 《巴塞尔协议》对商业银行的自有资本是如何规定的？资本要求的核心思想是什么？
5. 商业银行的资金来源主要有哪些渠道？
6. 商业银行资金运用的方式有哪些？
7. 商业银行的表外业务有哪些类型？
8. 商业银行经营原则之间的矛盾对商业银行的意义是什么？如何进行协调？
9. 商业银行经营管理理论的发展演变过程是什么？
10. 金融创新的直接动因与影响是什么？

第八章 中央银行

要点提示

中央银行在现代经济体系中的地位和作用非常突出，它是整个金融运行的核心和全社会货币、信用的调节者，也是经济与社会稳定、健康发展的主要组织者和保证者。本章将介绍中央银行的产生和发展历史，中央银行的性质和职能及中央银行的资产负债业务，同时介绍了中国的中央银行制度。

第一节 中央银行的产生与发展

中央银行产生的必要性

中央银行的产生有两个基本前提：一是商品经济的发展比较成熟，二是金融业的发展对此有客观需求。在银行业发展的初期，并没有中央银行。随着商品生产和流通的发展，市场不断扩大，银行业的竞争也日趋激烈。在这一背景下，建立中央银行制度的必要性逐渐凸现出来，于是，在一些商品经济较为发达的国家，一些原本是商业银行的金融机构开始承担起中央银行的职能，并逐步向中央银行转化。以后，中央银行制度越来越受到各国的认同和重视，各国纷纷建立本国的中央银行，中央银行不断产生和发展。

一般地，建立和发展中央银行的必要性主要体现在以下四个方面。

1. 统一货币的需要

在中央银行制度确立之前，众多银行都有权发行自己的银行券，市场上流通的是五花八门的银行券。随着货币信用业务的迅速扩展，银行数量不断增多，这种分散的银行券发行也越来越暴露出它的严重缺陷：

(1) 如果各家银行的银行券都能随时兑换，它们之间的比价就只需简单地根据各自所代表的金属货币量加以确定。但事实上为数众多的中小银行信用能力薄弱，其发行的银行券常常不能兑现，这不仅导致这些银行券以低于面值的价值流通，使得各银行券之间的比价难于确定，扰乱货币流通的秩序，更严重的是，由兑现引起的信用纠葛还很容易引发银行业的挤兑风潮，给社会和经济的发展带来混乱。

(2) 大量的不同种类的银行券同时在市场流通，迫使交易双方不得不花费大量的精力去辨别它们的真伪，社会流通成本大大提高，也为许多不法之徒的欺诈行为提供了机会。

(3) 一般中小银行的业务和影响都局限在一定的地区内，其发行的银行券也很难为外地所接受，因而不利于大范围的商品流动。

这些问题表明，多家银行分散发行银行券的做法已经对迅速发展的商品经济构成障碍，由一家大银行来统一发行银行券势在必行。事实上，这一过程在最开始时是自发的，某些大银行依托自身的优势，在银行券的发行中不断排挤其他的中小银行，并最终在政府的扶持下，成为独占银行券发行权的中央银行。早期的中央银行大都有这一经历。英国的中央银行英格兰银行便是一个典型的例子。

2. 票据清算的需要

银行制度的建立和发展带来了支票等银行票据的流通，依托于银行的转账结算也成为货币流通的主要渠道。资金是经济运作的血液，票据交换及清算若不能得到及时、合理的处置，就会严重阻碍经济的顺畅运行。因此，需要有一个更权威的、全国性的、统一的清算中心。中央银行建立起来后，这一职责非常自然地就由有政府背景的中央银行承担起来。

3. 最后贷款人的需要

商业银行在经营过程中，经常会出现某些临时性的资金不足，这时，它也许可以通过发行银行券、同业拆借或回购协议方式筹资，但有时这些方式并不能满足需要。这时，客观上就需要一个经济实力雄厚的部门向商业银行提供资金支持，充当商业银行的最后贷款人，以帮助银行渡过暂时的难关，这对于维护银行体系的稳定是非常重要的。中央银行由于其特殊的地位及资金来源在承担最后贷款人职能上义不容辞。

4. 金融宏观调控与监管的需要

现代经济是货币信用经济，货币信用的运行状况对国民经济的稳定与发展具有至关重要的影响，因而对货币信用的调控也成为政府宏观调控的主要内容。通过制定和实施货币政策，对经济运行进行干预和调节，是中央银行的主要职责。同时，银行业经营竞争激烈，银行的破产倒闭会给经济造成极大的震动和破坏。为了建立公平、效率和稳定的银行经营秩序，尽可能避免和减少银行的破产和倒闭，政府需要对金融业进行监督管理。中央银行是最早承担起金融监管职责的机构，也是目前许多国家金融监管的主要机构。

中央银行制度的历史演进

中央银行的产生和发展经过了一个漫长的过程，最早设立的中央银行是瑞典银行，它原是 1656 年由私人创办的欧洲第一家发行银行券的银行，于 1668 年由政府出面改组为国家银行，对国会负责，但直到 1897 年才独占发行权，开始履行中央银行职责，成为真正的中央银行。其次是 1694 年成立的英格兰银行，它虽然成立晚于瑞典银行，但被公认为近代中央银行的鼻祖。英格兰银行的演变过程是典型的中央银行演变过程。

英格兰银行是最早的私人股份银行，其成立标志着现代银行制度的产生。由于特殊的股权结构，该行在成立之初就在接受政府存款、向政府提供贷款，以及发行银行券方面享有一定的特权。1833 年，国会规定英格兰银行发行的银行券具有无限清偿资格。1844 年，英国通过了《英格兰银行条例》，明确规定英格兰银行发行银行券必须有十足的黄金储备，以政府证券充作发行准备的发行额不得超过 1 400 万镑，以后又规定新设的银行和改组的银行不具有银行券的发行权，英格兰银行可以增发这些银行券减少的 2/3 部分，诸多举措进一步确立了英格兰银行的特殊地位。随着英格兰银行地位的提高，许多商业银行便把自己的一部分准备金存入英格兰银行，并用该部分准备金来结清与其他银行之间的各种债权债务关系。这样，英格兰银行便逐渐取得了清算银行的地位，并在 1854 年成为英国银行业的票据交换中心。1847 年、1857 年和 1866 年英国爆发了三次大的金融危机。在危机中，英格兰银行以大银行的实力支撑了存款的支付和债务的清偿。英国经济学家巴吉特总结这一段的历史经验教训，在其 1873 年出版的名著《伦巴第街》中，极力主张作为规模最大的、信誉最可靠的半官方的英格兰银行在金融危机中有责任全力支持资金周转困难的银行和其他金融机构，以免银行挤提风潮的蔓延而最终导致整个银行业的崩溃，这就是**最后贷款人原则**。最后贷款人原则的提出及其实践，奠定了现代中央银行的又一基石，英格兰银行向中央银行的演变也因此基本成型。在英格兰银行的示范作用下，从 19 世纪初到第一次世界大战爆发前，出现了成立中央银行的第一次高潮，如法国、德国等。1913 年美国联邦储备系统的建立，是这一阶段最后建立的中央银行制度。

第一次世界大战后，面对世界性的金融恐慌和严重的通货膨胀，1920 年在布鲁塞尔举行了国际经济会议，会议要求尚未成立中央银行的国家尽快建立中央银行，以共同维护国际货币体制和经济稳定，在这一背景下，掀起了中央银行成立的第二次高潮。第二次世界大战结束后，一批原来的殖民地国家摆脱了宗主国的统治，这些已经取得政治独立的国家认识到了成立中央银行的重要性，也纷纷建立自己的中央银行，使中央银行的成立再次达到高潮。由于有老的中央银行创立和发展的经验可资借鉴，后成立的中央银行大都是利用政府力量直接设立，并且一开始就在法律上对其特殊的权责职能有明确的定位。

中央银行制度在世界各国日渐普及的同时，中央银行的各项职能不断明确和完善，中央银行的货币政策成为政府干预经济的主要工具。而且，中央银行的国有化趋势十分明显，其作为政府机构的色彩更加浓厚。

中央银行制度的类型

中央银行制度根据各国具体国情的不同而存在较大差异。根据中央银行组织形式和组织结构不同，可以将中央银行制度大致分为四种类型。

1. 单一的中央银行制度

单一的中央银行制度是最主要的也是最典型的中央银行制度形式。它是指国家设立专门的中央银行，使之与一般的商业银行业务相分离，纯粹地行使各项中央银行职能。单一的中央银行制又有两种类型，即一元制和二元制。

（1）一元制，是指一国由独家中央银行及其众多的分支机构来执行中央银行职能。这种由总分行构成的中央银行的特点是：权力集中，职能齐全，分支机构众多。世界上大多数国家，如英国、日本、法国的中央银行都采用这种模式。中国自 1984 年明确由中国人民银行承担中央银行职能后也实行这种中央银行制度。

(2) 二元制，是指在一国内部建立中央和地方两级中央银行机构，中央级机构是最高权力或管理机构，地方级机构受中央级机构的监督管理，但它们在各自的辖区内有较大的独立性。实行联邦制的国家多采用这种中央银行制度，如美国、德国等。

美国的联邦储备体系将全国划分为 12 个联邦储备区，每个区设立一家联邦储备银行作为该地区的中央银行。每家联邦储备银行在其辖区内的一些重要城市设立分行。各联邦储备银行是由该储备区内作为联邦储备体系成员的私人商业银行所拥有的私营公用事业的股份机构，不受州政府和地方政府的管辖，它们各有自己的理事会，有权发行联邦储备券，并根据本地区的实际情况执行中央银行的特殊信用业务。在各联邦储备银行之上设联邦储备委员会，其主要职责是制定、实施全国的货币信用政策，并对联邦储备银行进行领导和管理，包括任命联邦储备银行的部分理事、提名联邦储备银行行长的人选、审查和决定再贴现率。

2. 复合的中央银行制度

复合的中央银行制度是指在一国之内，不设立专门的中央银行，而是由一家大银行来扮演中央银行和商业银行两个角色，即“一身两任”。复合中央银行制度主要存在于过去的苏联和东欧国家。我国在 1983 年以前也实行这种中央银行制度。

3. 跨国中央银行制度

跨国中央银行制度是指两个或两个以上的国家设立共同的中央银行，通常是由参加某一货币联盟的国家共同设立。第二次世界大战后，许多地域相邻、经济上与某一发达国家联系密切的欠发达国家，为促进共同的经济发展，组建了货币联盟，并在联盟内成立参加国共同拥有的统一的中央银行。这种跨国的中央银行发行共同的货币，执行一致的金融政策。如西非货币联盟、中非货币联盟等设立的跨国中央银行以及欧盟成员国设立的欧洲中央银行。

4. 准中央银行制度

准中央银行制度是指某些国家或地区没有建立通常意义的中央银行，而只设立类似中央银行的机构，或由政府授权某个或某几个商业银行行使部分中央银行职能的制度。如新加坡、香港、马尔代夫、利比里亚等国家和地区。实行这种制度的，通常都是国家和地区较小，同时又有一家或几家银行在本国处于垄断地位。

欧洲中央银行

欧洲中央银行是根据 1992 年《马斯特里赫特条约》规定于 1998 年 7 月 1 日正式成立的，其前身是设在法兰克福的欧洲货币局，总部仍设在法兰克福。首任行长是荷兰人杜伊森贝赫。

欧洲中央银行组建的目的是组织和推动欧洲统一货币——欧元在 1999 年 1 月 1 日的如期启动，以及今后有关欧元的发行及管理。欧洲中央银行是世界上第一个管理超国家货币的中央银行。它的职能是维护货币的稳定，管理主导利率、货币的储备和发行以及制定欧洲货币政策。它独立于欧盟机构和各国政府之外，不接受欧盟领导机构的指令，也不受各国政府的监督。

欧洲中央银行的组织机构主要包括执行董事会、欧洲央行委员会和扩大委员会。执行董事会由行长、副行长和4名董事组成，负责欧洲央行的日常工作；由执行董事会和12个欧元国的央行行长共同组成的欧洲央行委员会，是负责确定货币政策和保持欧元区内货币稳定的决定性机构；欧洲央行扩大委员会由央行行长、副行长及欧盟所有15国的央行行长组成，其任务是保持欧盟中欧元国家与非欧元国家接触。欧洲央行委员会的决策采取简单多数表决制，每个委员只有一票。货币政策的权力虽然集中了，但是具体执行仍由各欧元国央行负责。各欧元国央行仍保留自己的外汇储备。欧洲央行只拥有500亿欧元的储备金，由各成员国央行根据本国在欧元区内的人口比例和国内生产总值的比例来提供。

第二节　中央银行的性质与职能

一、中央银行的性质

中央银行的性质是指中央银行自身所具有的特有属性，这是由其在国民经济中的地位所决定的，并随着中央银行制度的发展而不断变化。它已由过去集中发行银行券、解决国家财政困难的政府银行，逐步发展成为代表国家调节宏观经济、管理金融的特殊机构，处于一国金融业务的核心和领导地位。总体说来，中央银行的性质可从以下几个方面分析。

1. 中央银行是特殊的金融机构

首先，中央银行的主要业务活动具有银行固有的办理“存、贷、汇”业务的特征；其次，它的业务活动又与普通金融机构有所不同。主要表现在：

（1）其业务对象仅限于政府和金融机构，不是一般的工商客户和居民个人。

（2）享有政府赋予的一系列特有的业务权利，如发行货币、代理国库、保管存款准备金、制定金融政策等。

（3）与政府有特殊关系。中央银行既要与政府保持协调，又要有一定的独立性，可独立地制定和执行货币政策，实现稳定货币的政策目标。

2. 中央银行是保障金融稳健运行、调控宏观经济的工具

（1）中央银行通过改变基础货币的供应量，保障社会总需求和总供给在一定程度上的平衡。

（2）承担着监督管理普通金融机构和金融市场的重要使命，保障金融体系稳健运行。

（3）中央银行是最后贷款者。它通过变动存款准备率和贴现率对商业银行和其他信用机构进行贷款规模和结构的调节，间接地调节社会经济活动。

3. 中央银行是国家最高的金融决策机构和金融管理机构，具有国家机关的性质

中央银行国家机关的性质与一般国家行政机关有很大不同：

（1）中央银行履行其职责主要是通过特定金融业务进行的，对金融和经济管理调控基本上是采用经济手段，这与主要靠行政手段进行管理的国家机关有明显不同。

（2）中央银行对宏观经济的调控是分层次实现的。通过操作货币政策工具调节金融机构的行为和金融市场运作，然后再通过金融机构和金融市场影响到各经济部门，市场回旋空间较大，作用也较平缓，而国家机关一般是用行政手段直接作用于各微观主体。

（3）中央银行在政策制定上有一定的独立性。

总之，中央银行既是为商业银行等普通金融机构和政府提供金融服务的特殊金融机构，又是制定和实施货币政策、监督和管理金融业、规范与维护金融秩序、调控金融与经济运行的宏观管理部门。

中央银行的职能

中央银行的职能，一般被概括为发行的银行、银行的银行和政府的银行三方面。

1. 发行的银行

中央银行是**发行的银行**，具有两方面的含义：首先，它是指垄断银行券的发行权，是全国唯一的现钞发行机构；其次是指中央银行作为货币政策的最高决策机构，在决定一国的货币供应量方面具有至关重要的作用。

目前，世界上几乎所有国家的现钞都由中央银行发行。至于硬辅币的铸造、发行，有的由中央银行进行；有的则由财政部负责，发行收入归财政。

发行银行券是中央银行最重要的资金来源。由中央银行发行出来的银行券，一部分形成银行等金融机构的库存现金，大部分则形成流通中现金，它们与存款机构在中央银行的准备金存款一起，共同构成了基础货币，它是中央银行货币控制的主要方面之一。

中央银行拥有货币发行权，其在创造资金来源上具有任何机构都无法比拟的优势。但是，滥用货币发行权的结果必然是通货膨胀，货币贬值，最严重的情况下中央银行所发行的纸钞甚至可能无法行使货币的基本职能，成为废纸。因此，必须对中央银行的货币发行进行适当的控制。在金本位制下，银行券的发行要求有一定比率的黄金准备，因此，中央银行集中的黄金储备成为支持庞大的货币流通的基础，成为稳定的关键，黄金储备增多，银行券及整个货币流通才可能扩大；黄金储备减少，则必须紧缩货币供给。当货币流通转化为不兑现的纸币流通后，银行券的流通首先靠政府的强制力支撑，但如果银行券购买力不稳定，它仍然难以发挥货币的职能，因此，控制货币供给量，确保货币购买力的实现是央行的重要职责。这也正是央行货币政策的目的所在。

2. 银行的银行

中央银行作为**银行的银行**主要体现在：中央银行也像其他银行一样，办理存款、贷款等业务，只不过它的业务对象不是一般的企业和个人，而是商业银行和其他金融机构；中央银行各项业务活动的目的不仅在于为商业银行和其他金融机构提供服务，以提高金融服务的效率，更在于对商业银行和其他金融机构的活动施加有效的影响。具体说来，这一职能主要包括：

（1）集中存款准备。

为了保证存款机构的清偿能力，也为了利于中央银行调节信用规模和控制货币供应量，各国的银行法律一般都要求存款机构必须对其存款保留一定比率的准备金，即法定准备金。这些准备金（包括一部分超额准备金）除一小部分可以库存现金的形式持有外，大部分要交由中央银行保管，即各存款机构在中央银行开立准备金账户，存入准备金。这样做有两个好处：一是便于中央银行了解和掌握各存款机构的准备金状况，为货币政策的制定和实施提供参考依据；二是可使中央银行组织全国的资金清算。在多数国家，存款机构在中央银行的存款是没有利息收入的，但在我国，中央银行对存款机构的存款支付利息。

（2）组织全国范围的资金清算。

由于各存款机构都在中央银行设有准备金账户，中央银行就可以通过借记或贷记它们的准备金账户来完成存款机构之间的款项支付。例如，当需要由 A 银行向 B 银行支付时，中央银行只需根据其付款票据或指令借记 A 银行的准备金账户，贷记 B 银行的准备金账户即可。通常，同城或同地区银行间的资金清算，主要通过票据交换所进行。票据交换所，在有些国家是由各银行联合开办的，在有些国家则由中央银行直接主办。但无论哪种，票据交换的应收应付最后都通过中央银行集中清算交换的差额。对于异地银行间资金划拨，都由中央银行统一办理，由于各国使用的票据和银行组织方式的不同，异地间资金划拨的具体清算做法也不一样，甚至差异很大。

（3）最后贷款人。

当某一金融机构面临资金困难，而别的金融机构又无力或不愿对其提供援助时，中央银行将扮演最后贷款人的角色。传统上，中央银行对商业银行贷款主要以再贴现方式进行，此外在某些情况下再抵押或直接取得贷款也是商业银行从中央银行融资的形式。

3. 政府的银行

所谓**政府的银行**，并非指中央银行一定归政府所有，而是指它同政府有着密切的联系，包括为政府提供各种金融服务，代表政府执行金融管理职责等。具体表现在以下几个方面：

（1）代理国库。

所谓代理国库即经办政府的财政预算收支，充当政府的出纳。政府的收入和支出都通过财政部在中央银行开设的各种账户进行。

（2）充当政府的金融代理人，代办各种金融事务。

中央银行作为政府的金融代理人，可以代理国债的发行和还本付息，代理政府保管黄金及外汇储备或代理政府黄金外汇的买卖业务；代表政府参加国际金融组织，出席国际会议，从事国际金融活动；充当政府的顾问，提供有关金融方面的信息和建议、对金融实施监管等。

（3）为政府提供资金融通，以弥补政府在特定时间的收支差额。

为政府提供资金融通的方式有两类，即直接向国家财政提供贷款或透支，以及在证券市场上购买国债。通常，中央银行对财政的直接贷款或透支在期限和数额上都受法律的严格限制，以避免中央银行沦为弥补财政赤字的工具，导致货币发行失控。因此，政府弥补赤字的主要手段是发行国债。中央银行可以在一级市场或二级市场上买入国债。若中央银行在一级市场上购买国债，资金直接形成财政收入，流入国库；若中央银行在二级市场上购买国债，则资金是间接流向财政。在二级市场买卖国债的行为即是所谓的公开市场业务，它是中央银行调控货币供给的重要方式。

（4）制定和实施货币政策。

由于中央银行垄断了货币发行和具有“银行的银行”的特殊性质，因此中央银行也就具备了实施货币政策的手段。虽然货币政策具有相对独立性，但是货币政策也需要与政府的总体宏观经济政策相配合，所以，制定和实施货币政策也是中央银行作为“政府的银行”的具体体现。

中央银行的独立性

1. 中央银行独立性的含义

中央银行的独立性是指中央银行履行自身职责的法律赋予或实际拥有的权力、决策与行动的自主程度。独立性问题集中反映在中央银行与政府的关系上，这种关系具有两层含义：一是中央银行应对政府保持一定的独立性；二是中央银行对政府的独立性是相对的。

因此，中央银行的独立性是指相对独立性，即中央银行不能完全独立于政府控制之外，不受政府的约束，也不能凌驾于政府之上，而应接受政府的一定监督和指导，并在国家总体经济政策的指导之下，独立地制定和执行国家的货币金融政策，并且与其他政府机构相互配合。

2. 中央银行独立性的主要内容

中央银行独立性的内容大致可以归纳为以下三个方面：

(1) 垄断货币发行权。

中央银行必须建立符合国家实际经济状况的货币发行制度，维持货币币值的稳定。一是中央银行必须垄断货币发行权，不能搞多头发行。二是中央银行发行货币的多寡、发行货币的时间和发行方式应该由中央银行根据货币政策的目标以及经济发展和货币信用规律自行决定，而不能受政府或其他利益团体的干扰。三是中央银行应按经济原则发行货币，不能搞财政发行，不能在国债发行市场上直接购买长期国债，也不能代行应由财政行使的职能。

(2) 独立制定货币政策目标。

中央银行必须遵从经济发展的客观规律和货币信用规律，独立制定货币政策目标。在制定货币政策目标时，必须考虑政府的宏观经济目标，尽可能保持货币政策目标与宏观经济目标一致。万一发生分歧，中央银行与政府必须本着相互信任、相互尊重的态度进行充分的沟通，防止双方目标不一致造成经济政策和货币政策的失败。

(3) 独立选择货币政策手段。

货币政策目标能否顺利实现，完全依靠货币政策的具体操作手段。因此，货币政策目标决定以后，中央银行独立选择实现货币政策目标的手段，也就是说货币政策的操作权必须掌握在中央银行手中。同时各级政府和政府的其他部门必须配合中央银行运用好货币政策操作手段，而不应采取直接和间接的方法抵消货币政策的作用和效果。

3. 保持中央银行相对独立性的必要性

中央银行之所以应对政府保持独立性，原因是：(1) 中央银行在制定和执行货币政策以及实施金融监管时，都需要具备必要的专业理论素养和长期的从业经验积累。中央银行调控对象是货币、信用、金融机构与金融市场，调控手段是技术性很强的经济手段，这就要求中央银行的机构与人员具有专业技术经验和一定程度的独立性和稳定性。如果政府进行不适当的干预，会导致整个经济陷入困境。（2）中央银行独立于政府，保持超然地位，以稳定货币为天职，可以对通货膨胀起抑制作用。政府往往关注短期利益，通过扩大财政支出，自觉不自觉地实行通货膨胀政策。（3）中央银行是负有社会责任的机构，其货币政策应保持稳定性和连续性，不受党派和政府的干扰。而政府往往出于政治需要，过分关心大选，讨好选民。（4）中央银行与政府所处的地位不同，工作侧重点也不同。在现代社会中，政府的目标是多元的，不仅有经济目标，更有社会目标。经济目标也不仅仅是物价稳定，更关注的是失业率和经济增长率。而对于失业与经济增长问题，有时货币政策是无能为力的。这时为了实现中央银行稳定币值的目标，就必须使中央银行与政府保持一定的独立性。

但是，中央银行对政府的独立性不是绝对的，而是相对的。原因是：（1）中央银行货币政策目标不能背离国家总体经济发展目标。中央银行对货币政策的制定与实施，不仅要考虑自身担负的任务和责任，还必须重视国家利益。（2）货币政策是国家宏观经济政策的一部分，它必须服从、配合、服务于整个宏观经济政策的制定和实施。（3）中央银行具有国家行政机关的性质，其业务活动和监管都是在国家授权下进行的，其主要负责人一般由政府委任，其资本结构具有国有化趋势，这些也决定了中央银行不可能绝对独立于政府之外。（4）在特殊情况下，如遇到战争、特大灾害时，中央银行必须完全服从政府的领导和指挥。

第三节　中央银行的业务

一、中央银行的资产负债表

1. 中央银行资产负债表的一般构成

现代各国中央银行的任务和职责基本相同，其业务活动大同小异，资产负债表的内容也基本相近。下面将中央银行最主要的资产负债项目简化成表8—1。

表 8—1　　中央银行资产负债表

资　产	负　债
国外资产	流通中通货
贴现和放款	商业银行等金融机构存款
政府债券和财政借款	国库及公共机构存款
外汇、黄金储备	对外负债
其他资产	其他负债和资本项目
合计	合计

中央银行的资产负债表与其三大职能的对应关系是：作为发行的银行反映在其负债方“流通中通货”科目中；作为银行的银行，反映在负债方的“商业银行等金融机构存款”和资产方的“贴现和放款”等科目上；作为政府的银行，反映在负债方的“国库及公共机构存款”和资产方的“政府债券和财政借款”、“外汇、黄金储备”等科目上。

2. 中央银行资产负债表主要项目间的关系

从对货币供应影响的角度分析，资产方主要项目和负债方主要项目之间存在一定的对应关系。这种对应关系大致可以概括为以下三点：

（1）对金融机构债权和对金融机构负债的关系。对金融机构的债权包括对存款货币银行和非货币金融机构的再贴现和各种贷款、回购等；对金融机构的负债包括存款货币银行和非货币金融机构在中央银行的法定准备金、超额准备金等存款。这两个项目反映了中央银行对金融系统的资金来源与运用的对应关系，也是一国信贷收支的一部分。当中央银行对金融机构的债权与负债总额相等时，不影响资产负债表内的其他项目；当债权总额大于负债总额时，若其他对应项目不变，其差额部分通常用货币发行来弥补；反之，当债权总额小于负债总额时，则会相应减少货币发行量。由于中央银行对金融机构的债权比负债更具主动性和可控性，因此，中央银行对金融机构的资产业务对于货币供应有决定性作用。

（2）对政府债权和政府存款的关系。对政府的债权包括对政府的贷款和持有的政府债券总额；政府存款在中国还包括部队存款等财政性存款。这两种项目属于财政收支的范畴，反映了中央银行对政府的资金来源与运用的对应关系。当这两种对应项目总额相等时，对货币供应影响不大。但在其他项目不变的情况下，若因财政赤字过大而使中央银行对政府债权大于政府存款时，会出现财政性的货币发行；反之，若政府存款大于政府的债权，则将消除来自财政方面的通货膨胀压力，并为货币稳定提供支持。

（3）国外资产和其他存款及自有资本的关系。当上述两个对应关系不变时，若中央银行国外资产的增加与其他存款及自有资本的增加相对应，不会影响国内基础货币的变化；反之，则将导致国内基础货币的净增加。因此，中央银行国外资产业务是有条件限制的，对基础货币有重要影响。

需要说明的是，这三种关系的分析也是相对而言的，在现实的资产负债业务活动中，中央银行可以在各有关项目之间通过冲销操作来减轻对货币供应的影响，也可以通过强化操作来加大对货币供应的作用。

中央银行的资产业务

中央银行资产业务是指其资金运用业务，即对政府、商业银行等金融机构提供特殊金融服务，实现宏观调控的业务。主要包括贴现及放款、各种证券、黄金外汇储备和其他资产。

1. 再贴现业务

在商业票据流通盛行、贴现市场发达的国家，这是中央银行向商业银行融通资金的重要方式。

所谓**再贴现**，是商业银行买进客户未到期的票据，请求中央银行再办理贴现的资金融通行为。在这里，中央银行买进商业银行的票据，形成了自己的资产，并作为“最后贷款人”向商业银行融通了资金；商业银行获得了资金，就可以为自己购买新的资产。再贴现利率是中央银行购进其资产——票据的“价格”，换句话说，就是商业银行获得资金的成本。这样中央银行通过对再贴现率的调节，来影响商业银行借入资金的成本，刺激或抑制资金需求，实现对货币供应量的控制。

2. 贷款业务

中央银行的贷款主要有以下几类：第一，对商业银行的贷款。这种贷款一般是短期的，而且多是以政府债券或商业票据作为担保的抵押贷款，这是中央银行贷款中最主要的部分。第二，对财政部的贷款。主要包括对财政部的正常借款和透支。第三，其他放款。其中包括中央银行对外国银行和国际性金融机构的贷款以及对国内工商企业少量的直接贷款等。

中央银行在贷款时，要注意：第一，中央银行发放贷款不能以营利为目的，而只能以实现货币政策为目的；第二，中央银行应尽量避免直接对个人或工商企业发放贷款，而应集中精力发挥其最后贷款人的职能；第三，中央银行放款应坚持以短期为主，一般不得经营长期性放款业务，以防中央银行资产的高度流动性受到影响，从而妨碍其有效而灵活地调节和控制货币供应量；第四，中央银行应控制对财政的放款，以保证其相对独立性。

3. 证券买卖业务

在证券市场比较发达的国家，证券买卖业务是中央银行最重要的资产业务。买卖证券的种类主要有政府公债、国库券以及其他市场性很高的有价证券。中央银行在公开市场上买卖证券，一是可以调节和控制货币供应量，进而对整个宏观经济产生积极的影响；二是可以与准备金政策和再贴现政策进行配合运用，并抵消或避免后两种效果猛烈的政策对经济金融的强烈震荡和影响。

一般地，中央银行在公开市场上买卖证券时，应注意：第一，中央银行买卖证券只能在二级市场上进行，这是保持中央银行相对独立性的需要；第二，中央银行只能购买市场属性好、流动性强的证券，以保证其资产的高度流动性；第三，中央银行一般不能购买外国的有价证券。

4. 保管黄金外汇储备

中央银行作为政府的银行，替政府保管黄金外汇储备是其基本职责之一，也是中央银行主要的资产业务。中央银行在保管黄金外汇储备时，必须从安全性、收益性、可兑现性三个方面考虑其构成比例问题。中央银行保管黄金外汇储备，可以起到稳定币值和汇率，调节国际收支的作用。

中央银行的负债业务

中央银行的负债指金融机构、政府、个人和其他部门持有的对中央银行的债权。中央银行的负债业务主要有存款业务、货币发行业务以及其他负债业务。

1. 中央银行的存款业务

存款业务是中央银行的主要负债业务之一，中央银行的存款一般可分为商业银行等金融机构的准备金存款、政府存款、非银行金融机构存款、外国存款、特定机构和私人部门存款等。

（1）准备金存款业务。

准备金存款是中央银行存款业务中最主要的一项。**存款准备金**分为法定准备金和超额准备金两部分。根据法律规定，商业银行按某一比例转存中央银行的部分叫做法定准备金，而在中央银行存款中超过法定准备金的部分称为**超额准备金**。

（2）中央银行的其他存款业务。

一是政府存款。政府存款的构成各国有些差异。有些国家政府存款就是指中央政府的存款，而有的国家则将各级地方政府的存款、政府部门的存款也列入其中，即使如此，政府存款中最主要的仍是中央政府存款。

二是非银行金融机构存款。非银行金融机构在中央银行存款的主要目的在于清算。目前我国各种非银行金融机构在中国人民银行都有存款，主要也是用于清算。

三是外国存款。这项存款或是属于外国银行或者属于外国政府，其持有的这些债权构成本国的外汇，随时可以用于贸易结算和清算债务。

四是特定机构和私人部门存款。特定机构是指非金融机构，中央银行收存这些机构的存款，或是为了特定的目的，如对这些机构发放特别贷款而形成的存款，或是为了扩大中央银行资金来源。中国人民银行收存的特定机构存款主要有机关团体部队的财政性存款。私人部门的存款多数国家法律规定不允许中央银行收存，但也仅限于特定对象，并且数量很小。

2. 中央银行的货币发行业务

货币发行有两重含义：一是指货币从中央银行的发行库通过各家商业银行的业务库流到社会；二是指货币从中央银行流出的数量大于从流通中回笼的数量。

货币发行按其性质划分，一般分为经济发行和财政发行两种。货币的经济发行是指中央银行根据国民经济发展的宏观需要增加现金流通量。货币的财政发行是指因弥补国家财政赤字而进行的货币发行。财政性质的货币发行有两种情况：在国库可以直接发行货币的情况下，政府可以通过发行货币直接弥补财政赤字；在现代信用货币制度下，国家财政发生赤字，不再是以直接发行货币来弥补，而是通过向银行借款或发行公债，迫使银行额外增加货币发行。

中央银行的货币发行通过再贴现、贷款、购买证券、购买金银和外汇等中央银行的业务活动，将货币注入流通，并通过同样的渠道反向组织货币的回笼，从而满足国民经济发展以及商品生产与流通的扩张和收缩对流通手段和支付手段的需求。

3. 中央银行的其他负债业务

（1）发行中央银行票据。

发行中央银行票据是中央银行的一种主动负债业务。中央银行发行票据的目的：一是针对商业银行和其他金融机构超额储备过多的情况，发行票据以减少它们的超额储备，以便有效地控制货币供应量；二是以此作为公开市场操作的工具之一，通过中央银行票据的市场买卖行为，灵活地调节货币供应量。许多发展中国家在由直接调控转向间接调控的过程中，由于金融市场不发达，尤其是国债市场不发达，中央银行票据往往成为公开市场操作的主要工具。

（2）对外负债。

中央银行的对外负债业务主要包括从国外银行借款，对外国中央银行负债，向国际金融机构贷款，在国外发行中央债券等。各国中央银行对外负债的目的一般是：平衡国际收支，无论何种原因出现国际收支逆差时，都需要采取措施弥补。

（3）资本业务。

中央银行的资本业务实际上就是筹集、维持和补充自有资本的业务。中央银行自有资本的形成主要有三个途径：政府出资、地方政府或国有机构出资、私人银行和部门出资。

需要指出，由于中央银行拥有特殊的地位和法律特权，其资本金的作用实际上比一般金融机构要小得多，有的国家中央银行甚至没有资本金。

第四节　中国的中央银行制度

一、中国中央银行体制的建立与发展

1. 中国人民银行的建立

新中国的中央银行为中国人民银行。1948 年 12 月 1 日，在原解放区的华北银行、北海银行、西北农民银行的基础上在石家庄正式成立了中国人民银行，同时发行了第一套人民币。1949 年 2 月，中国人民银行随军迁入北京。随后，各解放区银行逐步合并改组为中国人民银行的分行。中华人民共和国成立后，采取有效措施，接管了敌伪金融机构，没收了官僚资本银行，取缔了外国资本银行在华的一切特权，整顿改造了民族资本银行，并在全国各地设立了中国人民银行的分支机构。中国人民银行作为发行的银行和政府的银行成为新中国的中央银行。

2. 中国人民银行的发展

中国人民银行成立 60 多年来，经历了几个不同的发展阶段。

（1）新中国成立初期至 1978 年年底以前的中国人民银行。这段时期。我国实际上只有中国人民银行一家银行，虽然也出现过一些专业银行和金融机构，如中国农业银行、中国银行、中国人民保险公司，但时间都不长，它们也没有真正意义上的金融业务。中国人民银行同时具有中央银行和商业银行的双重职能，既执行中央银行职能如发行货币、代理国库、管理金融等，又从事一般商业银行业务如信贷、储蓄、结算、外汇等，并在金融业中具有高度垄断性。因此，这一时期的中国银行体系被称为“大一统”的银行体系。从中央银行制度来看，属于复合性的中央银行制度。这种“大一统”的银行体系和复合的中央银行制度是与当时国家实行的高度集中的计划经济体制相适应的。

（2）1979 年至 1983 年的中国人民银行。党的十一届三中全会以后，随着经济体制和金融体制改革的不断深入，各专业银行以及其他金融机构相继恢复和建立。1979 年 2 月，原中国人民银行农村业务部和国外业务部分别独立出去，成立了中国农业银行和中国银行。1980 年 1 月 1 日，中国人民保险公司从中国人民银行中独立出来，并恢复了中断 20 年之久的国内保险业务。同时还成立了信托投资公司和城市信用社等其他金融机构，中国人民银行的经营性业务逐渐减少，双重职能开始逐步剥离，中央银行职能逐步增强。1983 年国务院做出《关于中国人民银行专门行使中央银行职能的决定》，对中国人民银行的基本职能、组织机构、资金来源及其与其他金融机构的关系做出了比较系统的规定，以利于中央银行职能的强化。

（3）1984 年至今的中国人民银行。1984 年 1 月 1 日，中国工商银行正式成立，承办原来由中国人民银行办理的城市工商信贷和储蓄业务。至此，我国结束了复合的中央银行体制，转而实行单一的中央银行制度。1986 年 1 月 7 日，国务院发布《中华人民共和国银行管理暂行条例》，首次以法规形式规定了中国人民银行的性质、地位与职能。1995 年 3 月 18 日，第八届全国人民代表大会第三次会议通过了《中华人民共和国中国人民银行法》，标志着中国现代中央银行制度正式形成并进入了法制化发展的新阶段。这一阶段，中国人民银行的基本特征是：

第一，有了明确的货币政策目标及宏观金融调节手段。彻底改变了过去中国人民银行货币政策模糊的状况，明确提出了"稳定币值、发展经济"的货币政策目标，并根据经济发展状况，于 1995 年将货币政策目标修订为"保持货币币值稳定，并以此促进经济的增长"。同时先后实行了存款准备金制度、再贴现等宏观金融控制手段。

第二，宏观调控方式逐渐由直接控制转向间接控制。过去由于中国人民银行"一身二任"，所以金融控制主要依赖严格的计划管理指标进行直接控制，随着经济体制改革和对外开放的推进，中国人民银行的宏观调控更多地使用经济手段和法律手段，更好地发挥市场机制的作用，从而实现以直接控制为主向以间接控制为主的转变。

中国金融体制的完善与中国人民银行职能的转变

随着我国金融市场的建立与健全，金融机构的多元化发展，我国的金融体制正处于不断完善的过程之中，中国人民银行的职能也在这一过程中不断地发生转变。1995 年 3 月 18 日颁布的《中华人民共和国中国人民银行法》，是中国人民银行履行职责的权利来源和依法行政的行为准则。2003 年 12 月 27 日，第十届全国人大常委会第六次会议通过了修改《中华人民共和国中国人民银行法》的决定，适应了形势的发展，体现了金融法制的完善。在金融监管职能被转移到中国银监会之后，中国人民银行新的职能设置已确定。按照调整后的规定，中国人民银行是在国务院领导下的"制定和执行货币政策、维护金融稳定、提供金融服务"的宏观调控部门。中国人民银行将新设立金融市场局、金融稳定局和征信管理局。

"一个强化、一个转换和两个增加"，概括了中国人民银行职能方面的主要变化，即强化与制定和执行货币政策有关的职能，由过去直接监管的职能转换为履行对银行业宏观调控和防范与化解系统性金融风险的职能，增加了反洗钱和管理信贷征信业等两项职能。

本章小结

1. 中央银行的产生有两个基本前提：一是商品经济的发展比较成熟，二是金融业的发展对此有客观需求。建立和发展中央银行的必要性主要体现在以下几个方面：统一货币的需要；票据清算的需要；最后贷款人的需要；金融宏观调控与监管的需要。

2. 中央银行制度根据各国具体国情的不同而存在较大差异。根据中央银行组织形式和组织结构不同，可以将中央银行制度大致分为四种类型：单一的中央银行制度；复合的中央银行制度；跨国中央银行制度；准中央银行制度。

3. 中央银行的职能，一般被概括为发行的银行、银行的银行和政府的银行三方面。中央银行正是通过这些职能来影响货币供给量、利率等指标，实现其对金融领域乃至整个经济的调节作用。

4. 所谓中央银行的独立性应该是指独立于政府的相对独立性。中央银行独立性的内容大致可以归纳为以下三个方面：垄断货币发行权；独立制定货币政策目标；独立选择货币政策手段。在保持中央银行相对独立性的同时，也需要对中央银行的行动进行某些监督。

5. 中央银行的主要业务包括资产业务与负债业务。资产业务包括：再贴现业务、再贷款业务以及有价证券买卖等；中央银行的负债业务主要有存款业务、货币发行业务以及其他负债业务。

6. 我国处于市场经济初级阶段，中央银行的职能也在随着市场经济进一步发展变化。不断强化与制定和执行货币政策有关的职能，由过去直接监管的职能转换为履行对银行业宏观调控和防范与化解系统性金融风险的职能，增加了反洗钱和管理信贷征信业等两项职能。中国人民银行随着市场经济进一步发展，其职能也将面向整个金融体系，金融市场和宏观经济不断强化与发展。

复习思考题

1. 建立和发展中央银行的必要性是什么？
2. 请分析中央银行的性质。
3. 中央银行的职能有哪些？
4. 为什么说中央银行保持相对独立性是必要的？
5. 简述中央银行资产负债业务。
6. 中央银行贷款的原则是什么？
7. 公开市场业务的特点是什么？
8. 中央银行存款业务有哪些特点？

第九章 货币需求与货币供给

要点提示

货币是影响实质经济增长的一个重要因素。货币的需求与供给以及它们之间的均衡是金融学研究的重要内容。实际经济生活对货币到底提出多大要求？现代经济条件下，货币供给是如何产生的？本章将就货币需求与供给的形成，从理论和实践两个方面进行阐述。研究货币需求与供给的货币理论是经济理论的重要部分，本章内容是后面进行货币供求均衡与失衡以及货币政策制定研究的理论起点。

第一节 货币需求

货币的职能决定了货币在经济生活中的重要地位。经济行为的微观主体对货币的主观需求是无止境的，但是从客观上看，不是所有的货币需求都需要得到满足。影响货币需求的因素是多种多样的，对此不同的货币需求理论做出了不同的解释。准确判断社会总体货币需求的数量变化是货币当局确定合理的货币供给，进而进行货币操作的重要依据。

一、货币需求的含义

1. 货币需求：需求能力与需求愿望的结合

对于经济个体而言，货币代表着财富、流动性和支付能力，人们总是希望货币越多越好，从主观上讲，微观个体对货币的需求是无限的。但是经济学意义上的“货币需求”是需求愿望与需求能力的结合，是一种有效需求。经济学是残酷的，只承认有支付能力的需求，正如对实际商品的需求一样，只有那些有支付能力的需求才构成经济学意义上的有效需求，不具有支付能力的需求不成为经济学所要研究的问题。在货币需求问题上也是同样：我们要研究的不是一般意义上社会大众对货币的主观心理占有的需要，而要研究需求能力与需求愿望相结合的货币需求。**货币需求**是指社会公众（个人、企业、政府）愿意以货币形式（现金和存款货币）持有其拥有的财富的一种需要。如果把所有社会公众的货币需求加总起来，就形成全社会的货币需求。

2. 理解货币需求的多种角度

人们研究货币需求的角度是多方面的，可以从宏观上考虑，一国的社会财富对应着多大的货币需求，也可从微观角度分析每个社会个体的货币需求；考虑到物价因素，可以把货币需求区分为名义货币需求和实际货币需求；货币需求量是一个具有弹性的区域。

（1）宏观货币需求与微观货币需求。

宏观货币需求是一个国家从宏观和全社会的角度出发，把货币视为交易的媒介，探讨为完成一定时期商品和劳务的交易量，需要多少货币来支撑，根据一定时期经济发展目标，确立合理的货币供给增长率。货币需求的宏观分析视角是一种从总体上判断货币需求的方法。**微观的货币需求**，是从微观经济主体角度出发，分析微观主体的持币动机、持币行为来考察货币需求变动的规律性。把货币视为众多资产：实物、股票、债券、保单中的一种，持有货币是其贮藏财富的一种形式，在一定时点上，人们因生产或生活、投资需要而应该保留多少货币。对货币需求的微观分析，其着力点在于建立更充分反映客观实际的模型并据以剖析货币需求变化的原因，对货币需求的宏观分析则在于根据可解释货币需求的变量，其中包括国民经济总量指标和一些重要机会成本变量，来估算总体货币需求作为货币供给决策的依据，在实践中要将二者有机地结合起来。

（2）名义货币需求和实际货币需求。

名义货币需求是指个人、家庭或企业等经济单位或整个国家在不考虑价格变化时的货币需要量，即用货币单位来表示的货币数量。而在现实经济生活中，物价上涨、通货膨胀是经济运行的常态，**实际货币需求**就是扣除了通货膨胀因素以后的货币需要，即各经济单位所持有的货币量在扣除物价因素之后的余额，其实质是以实物价值所表示的货币需求。亦即用货币所能购买到的物品及劳务所表示的货币数量，因此也被称为实际余额需求。名义货币需求一般被记作 M_d，实际货币需求余额通常记作 M_d/P；在统计计算上，将名义货币需求以具有代表性的物价指数（如 GDP 平减指数）进行平减之后，就得到实际货币需求。

（3）货币需求量是一个弹性区域。

货币需求量是一个由经济系统内部决定的内生变量，经济运行总是处于不断变化之中，由此所决定的货币需求量也总是处于不断的变化之中。进行货币需求量测度的实践意义在于依此制定相应的货币政策。如果从事后角度来分析，货币需求可以认定是个确定的量。但当进行事前分析时，不应机械地将货币需求视为一个确定的量，而把其视为具有可调弹性区间将更有利于宏观货币政策的科学决策。这是因为，经济生活中各类复杂的因素都将会从不同的角度对货币需求产生影响，考虑到经济与政治的不确定性、微观个体心理预期的变化等因素会影响货币本身的增值性、流动性、容纳弹性以及货币流通速度，在进行货币政策决策时更现实的考虑是把货币需求量视为一个具有一定弹性的区域。

货币需求理论的发展

1. 古典政治经济学的货币需求理论

从重农学派开始，许多西方经济学家都探讨了货币需求问题。法国重农学派的创始人和古典政治经济学的奠基人魁奈在其名著《经济表》中明确指出了商品流通决定货币流通的观点，并考察了货币流通在社会再生产过程中的作用。英国重商主义的后期代表人物之一詹姆斯·斯图亚特指出一国的流通只能吸收一定的货币量，这个货币需求量由用来支付债务和购买东西的两部分组成。商业和工业的状况、居民的生活方式和日常开支，调节并决定所需货币的数量。

在古典政治经济学家中马克思对于货币需求理论的分析达到了一个崭新的高度。马克思的货币需求理论被称为是**货币必要量公式**，他是以完全的金币流通为假设条件展开分析的。他的论证是：(1) 商品价格取决于商品的价值和黄金的价值，而价值取决于生产过程，所以商品是带着价格进入流通的；(2) 商品价格有多大，就需要有多少金来实现它，比如值 5 克金的商品就需要 5 克金来购买；(3) 商品与货币交换后，商品退出流通，金却留在流通之中可以使另外的商品得以出售，从而一定数量的金流通几次，就可使相应倍数价格的商品出售。因此，有：

$$\text{执行流通手段职能的货币量}=\frac{\text{商品价格总额}}{\text{同名货币的流通次数}} \tag{9.1}$$

或者　$$M=PQ/V \tag{9.2}$$

式中：P 代表价格，Q 代表商品数量，V 代表货币流通速度。

公式表明：流通中所需要的货币量取决于价格的水平、进入流通的商品数量和货币的流通速度三个因素。马克思货币必要量公式具有重要的理论意义。它反映了商品流通决定货币流通这个基本原理。货币是适应商品交换的需求而产生的，因商品的交换进入流通，并且流通中所需要的货币量取决于待交换商品的价值量。

马克思在分析这个问题时还有一个极其重要的假设，即在该经济中存在一个数量足够大的黄金贮藏：流通中需要较多的黄金，金从贮藏中流出；流通中有一些黄金不需要了，多余的金退出流通，转化为贮藏。也正是由于假设存在有这样一个调节器，所以流通需要多少货币，就有多少货币存在于流通之中。但在实际经济生活中，并不一定必然存在这样的假设条件。

马克思进而分析了纸币流通条件下货币量与价格之间的关系。他指出，纸币是由金属货币衍生来的。纸币所以能流通是由于国家的强力支持。同时，纸币本身没有价值，只有流通，才能作为金币的代表。如果说，流通中可以吸收的金量是客观决定的，那么流通中无论有多少纸币也只能代表客观所要求的金量。也就是说，纸币流通规律与金币流通规律不同：在金币流通条件下，流通所需要的货币数量是由商品价格总额决定的；在纸币为唯一流通手段的条件下，商品价格水平会随纸币数量的增减而涨跌。

值得注意的是，马克思对于货币需要量的研究是从宏观角度出发的，研究的是一个国家在某一阶段社会上需要货币量的总体情况。

2. 传统的货币数量论

货币数量论有传统的货币数量论和现代货币数量论之分。其中传统货币数量论在 20 世纪 30 年代之前发展成熟，研究了货币数量与商品价格的关系；现代货币数量论则是在 20 世纪 50 年代中期以后才开始发扬光大的。传统货币数量论以费雪的交易方程式和剑桥的现金余额方程式为代表，而现代货币数量论则以弗里德曼为首的货币学派为代表。

（1）费雪方程式。

美国耶鲁大学教授欧文·费雪于 20 世纪初集前人之大成，创立了现金交易学说。他用一个高度概括的数学方程式把直接影响物价变化的各个因素归纳在一起，将货币数量论基本观点表达出来。这个方程式就是交易方程式，也被称为费雪方程式，成为货币数量论发展历史上的一个重要理论。

费雪将货币视为融通交易的工具，假设以 M 为一定时期内流通货币的平均数量；V 为货币流通速度；P 为各类商品价格的加权平均数；T 为各类商品的交易数量，则有：

$$MV=PT$$

或

$$P=MV/T \tag{9.3}$$

这个方程式是一个恒等式，其中 P 的值取决于 M、V、T 这三个变量的相互作用。不过费雪分析，在这三个经济变量中，M 是一个由模型之外的因素所决定的外生变量；V 由于制度性因素在短期内不变，因而可视为常数；交易量 T 对产出水平常常保持固定的比例，也是大体稳定的。因此，只有 P 和 M 的关系最重要。所以，P 的值取决于 M 数量的变化。

费雪虽然关注的是 M 对 P 的影响，但是反过来，从这一方程式中也能导出一定价格水平之下的名义货币需求量。也就是说，由于 $MV=PT$，则

$$M=\frac{PT}{V}=\frac{1}{V}PT \tag{9.4}$$

这说明，仅从货币的交易媒介功能考察，全社会一定时期一定价格水平下的总交易量与所需要的名义货币量具有一定的比例关系。这个比例是 $1/V$，即货币流通速度的倒数。

一般认为，费雪方程式存在的主要问题表现在：第一，费雪方程式仅从宏观上研究全社会的货币需求量，没有考虑微观经济主体对货币需求的影响；第二，该方程式着眼于货币的流通手段职能，认为货币只是纯粹的交易工具，而忽略了货币作为贮藏财富手段的职能；第三，该方程式的假定前提是货币流通速度与商品交易量不变，而在经济生活的实践中，这二者都会或多或少发生变化。

（2）剑桥方程式。

费雪方程式没有考虑微观经济主体动机对货币需求的影响，许多经济学家认为这是一个缺陷。以阿尔弗雷德·马歇尔与庇古为代表的学者，在研究货币需求问题时，提出了现金余额方程式，由于主张此学说的学者大多在剑桥大学执教，因此又被称为剑桥方程式。

他们认为，处于经济体系中的个人对货币的需求，实质是选择以怎样的方式保持自己资产的问题。决定人们持有货币多少的，有个人的财富水平、利率变动以及持有货币可能拥有的便利等诸多因素。但是，在其他条件不变的情况下，对每个人来说，名义货币需求与名义收入水平之间总是保持着一个较为稳定的比例关系。对整个经济体系来说，也是如此。因此有：

$$M_d=kPY \tag{9.5}$$

式中：Y 为总收入，P 为价格水平，k 为以货币形态保有的财富占名义总收入的比例，M_d

为名义货币需求。

比较费雪方程式与剑桥方程式，前者为$M=\frac{1}{V}PT$，后者为$M=kPY$。假若把费雪方程式中的T等同于剑桥方程式中的Y，即用交易商品量等同于收入量，再把V视做既代表交易货币的流通次数，又代表与收入水平对应的流通速度，即$1/V=k$，就容易产生这样的看法：费雪方程式与剑桥方程式是两个意义大体相同的模型。实际上，两个方程式存在显著的差异主要有以下几点：第一，对货币需求分析的侧重点不同。费雪方程式强调的是货币的交易手段功能，而剑桥方程式则重视货币作为一种资产的功能。第二，费雪方程式把货币需求与支出流量联系在一起，重视货币支出的数量和速度，而剑桥方程式则是从用货币形式保有资产存量的角度考虑货币需求，重视这个存量占收入的比例。第三，两个方程式所强调的货币需求决定因素有所不同。费雪方程式是从宏观角度用货币数量的变动来解释价格；反过来，在交易商品量给定和价格水平给定时，也能在既定的货币流通速度下得出一定的货币需求结论。而剑桥方程式则是从微观角度进行分析的产物。他们的思路是，出于种种经济考虑，人们对于保有货币有一个满足程度的问题。但保有货币要付出代价，比如不能带来收益的特点就是对保有货币数量的制约。这就是说，微观主体要在比较中决定货币需求。显然，剑桥方程式中的货币需求决定因素多于费雪方程式，特别是利率的作用已成为不容忽视的因素之一。

3. 凯恩斯的货币需求理论

约翰·梅纳德·凯恩斯在早期是剑桥学派的一员。他于1936年出版了划时代名著《就业、利息及货币通论》，提出了一种独特创新的货币需求理论，即后人所称的流动性偏好理论。他从资产选择的角度来考察货币需求，更为精细地研究了个人的持币动机，发展了一种强调利率重要性的货币需求理论。

凯恩斯认为货币需求是指特定时期公众能够而且愿意持有的货币量。人们所以需要持有货币，是因为存在流动偏好这种普遍的心理倾向，人们愿意持有现金而不愿意持有其他缺乏流动性的资产。这一流动性偏好构成了对货币的需求。因此，凯恩斯的货币需求理论又被称为流动性偏好理论。凯恩斯对货币理论基本的贡献是从货币需求的动机入手，把人们对货币的需求分为交易性需求、预防性需求和投机性需求三种，并将货币需求看做是一种函数关系。

交易性货币需求是指企业或者个人出于交易动机为进行日常交易而产生的货币需求。凯恩斯指出，交易性货币需求相对稳定，可以预计，对利率变化不太敏感，这部分用于交易媒介的货币需求量主要取决于收入的多少，它们之间存在稳定的比例关系。

预防性货币需求是指企业或者个人出于预防或谨慎动机为了应付可能遇到的、意外支出而产生的货币愿望。预防性货币需求也主要取决于收入水平的高低。

投机性货币需求是指人们根据对市场利率变化的预测，需要持有货币以便满足从中获利的动机而产生的货币需求。投机动机是货币需求三个动机中最重要也是最复杂的一个，投机动机分析是凯恩斯货币理论中最有特色的部分。

凯恩斯把用于贮藏财富的资产分为两类——货币和债券。货币是不生利的资产，而债券是生利资产。凯恩斯在解释人们为什么不愿意持有债券而宁愿选择货币牺牲利息的理由时，认为问题在于债券未来市场价格的不确定性。人们不愿意持有债券。因选择货币而牺牲的债券利息收入就是持有货币的机会成本。利率越高，机会成本就越大，作为资产持有的货币量也就越少。因此，作为资产持有的货币量是利率的函数，两者呈现相反方向的变动。在极端的情况下，当利率水平低到所有人都认为它肯定将上升的时候，货币的投机性需求就变得无限大，任何新增的货币供给都会被人们所持有，而不会增加对债券的需求，也不会使利率进一步下降。这便是所谓的**流动性陷阱**。

由于交易动机和预防动机所决定的货币需求取决于收入水平，基于投机动机的货币需求则取决于利率水平，因此，凯恩斯的货币需求函数就是：

$$M=M_1+M_2=L_1(Y)+L_2(r) \tag{9.6}$$

式中：M_1 为交易性动机和预防动机所决定的货币需求，是收入 Y 的函数；M_2 为投机性货币需求，是利率 r 的函数；L_1、L_2 是作为“流动性偏好”的函数符号。

从上述分析可以看出，凯恩斯货币需求理论的显著特点是将货币需求看做一种函数关系，并特别强调利率在决定货币需求中的作用，这对于古典货币数量学派将货币需求看做是由制度和技术决定的常数，货币供给的变动只是简单地影响物价的论点，无疑是一个进步。

凯恩斯认为，不仅商品交易的规模与价格总额影响货币需求，而且利率变动也会影响货币需求。由于利率是货币资金市场供求状况的反映，货币供给量的变化能够迅速影响利率，所以，货币供给不仅通过价格的变动，使货币供求达到新的均衡，而且，通过利率的变动调节货币需求，使货币供求均衡。根据这一思想，凯恩斯提出了廉价货币政策与赤字财政政策的政策主张。一方面，国家可以在社会有效需求不足的情况下扩大货币供应量，降低利率，从而诱使企业家扩大投资进而增加就业，增加支出。这样做的结果，并不会对价格产生较大的冲击。因为前提是社会有效需求不足。另一方面，当利率降到某一水平的“流动性陷阱”区域时，货币供应无论怎样增加，都会被流动性偏好所吸收，从而使中央银行企图通过增加货币供应降低利率来刺激投资的政策失效，这时适时启动财政政策是必要的。通过政府发国债，把社会公众闲置的货币借过来，搞公共工程和基础设施建设，以带动民间投资与消费，使经济走出衰退与萧条。

4. 货币学派的货币需求理论

货币学派最杰出、最具影响的代表是米尔顿·弗里德曼，他在 1956 年发表的名作《货币数量说之重申》一文中，系统地阐述了其货币需求理论。弗里德曼理论的特色是：一方面他基本上肯定了传统货币数量说的长期结论，即货币量的变化反映于物价变动之上。或简言之，货币变动从长期而论只能影响总体经济中货币领域的名义量，如物价、名义利率、名义所得等，但不能影响实质领域的真实量，如就业、实质所得或产量、实质利率、生产率等。另一方面他接受了剑桥学派和凯恩斯以微观主体行为作为分析起点和把货币看做是受到利率影响的一种资产的观点。对于货币需求的决定问题，他用下列函数式表示：

$$\frac{M_d}{P}=f\ (y,\ w;\ r_m,\ r_b,\ r_e,\ \frac{1}{P}\cdot\frac{\mathrm{d}P}{\mathrm{d}t};\ u) \tag{9.7}$$

式中：M_d/P 为实际货币需求；y 为实际恒久性收入；w 为非人力财富占个人总财富的比率或得自财产的收入在总收入中所占的比率；r_m 为货币预期收益率；r_b 为固定收益的债券利率；r_e 为非固定收益的证券利率；$\frac{1}{P}\cdot\frac{\mathrm{d}P}{\mathrm{d}t}$为预期物价变动率；$u$ 为反映主观偏好、风尚及客观技术与制度等因素的综合变数。

y、w 是收入变量。**恒久性收入** y 是弗里德曼分析货币需求中所提出的概念，可以理解为预期未来收入的折现值，或预期的长期平均收入，货币需求与它正相关。强调恒久性收入对货币需求的重要作用是弗里德曼货币需求理论的一个特点。弗里德曼把财富分为人力财富和非人力财富两类。他认为，对大多数财富持有者来说，他的主要资产是个人的能力。但人力财富很不容易转化为货币，如失业时人力财富就无法取得收入。所以，在总财富中人力财富所占的比例越大，出于谨慎动机的货币需求也就越大；非人力财富所占的比例越大，则货币需求相对越小。这样非人力财富占个人总财富的比率 w 与货币需求负相关。

r_m、r_b、r_e 和$\frac{1}{P}\cdot\frac{\mathrm{d}P}{\mathrm{d}t}$是机会成本变量，从这几个变量的相互关系中可以衡量出持有货币的潜在收益或损失。物价向上的变动率越高，其他条件不变，货币需求量越小。把物价变动纳入货币需求函数，是通货膨胀的现实反映。在其他条件不变时，货币以外的其他资产如债券、证券收益率越高，货币需求量也越小。

u 是一个代表多种因素的综合变量，因此可能从不同的方向上对货币需求产生影响。

弗里德曼认为由于恒久性收入的波动幅度比现期收入小得多，且货币流通速度（恒久性收入除以货币存量）也相对稳定，因而货币需求也是比较稳定的。

弗里德曼货币需要理论的总体思路是，在决定实际产出的生产条件不变的情况下，物价水平及名义国民收入的高低是由货币供应和货币需求共同作用的结果。由于货币供应是取决于货币制度的外生变量，是由中央银行和有关立法来控制的，而货币需求函数是比较稳定的，因此，货币供应量的不规则变动是经济波动和通货膨胀的根本原因。因此，其政策意义表现为：要控制通货膨胀，并实现经济稳定增长，中央银行或货币当局必须实行“单一规则”的货币政策，将货币供应量作为唯一的政策工具，并制定货币供应量增长的数量法则，使货币增长率同预期的经济增长率保持一致。

凯恩斯的货币需求理论与弗里德曼的货币需求理论都讨论了收入与利率对货币需求的影响，二者都以微观主体行为作为分析的起点，并把货币看做是受利率影响的一种资产。两种理论的不同在于：凯恩斯强调利率对货币需求的主导作用，主张采取积极的货币政策来改变利率，影响经济的实质产出增长；弗里德曼则更强调恒久性收入对货币需求的影响，认为货币需求的随机波动很小，货币需求函数相当稳定，主张实行单一规则的货币政策；凯恩斯的货币需求函数中，将货币作为不生利资产看待，考察的基本是对 M_1 层次的货币需求；弗里德曼考察的货币层次扩展至 M_2，这类大口径的货币相当部分有收益。

中国对货币需求问题的研究

货币需求的测定是货币政策制定与执行的重要前提，随着我国经济体制向市场经济体制的渐进转轨，利用货币政策来间接调控经济变得越来越重要。制度变量是影响货币需求的基础因素，对我国货币需求问题的分析要结合制度变迁所带来的经济环境的变化而展开。

1.“1：8”公式：基于货币必要量公式的经验数据

在改革开放以前，经济学界关于货币需求的研究主要是围绕着对马克思货币必要量公式的解释而展开的，“1：8”公式的诞生就是运用这个公式所进行的应用性研究。

“1：8”的含义就是每8元零售商品供应需要1元现金实现其流通，以此比例作为货币流通是否正常的标志。“1：8”的公式是个经验数据，是20世纪60年代初由银行工作者根据对多年商品流通与货币流通之间的关系进行实证分析的结果。直到改革开放之前，凡是货币流通量与商品零售总额之比为或接近1：8的年份，货币流通就比较正常；凡是不符合这个公式的年份，经济状态就很不正常。例如，第一个五年计划期间，比值均高于8，而这几年，经济建设恢复的较好，物价平稳；20世纪60年代初，比值一直都低于8，我国遭遇经济的极度困难，市场供应极为紧张，自由市场（黑市）价格涨得很厉害；1963年之后，随着经济的逐渐恢复，这个比值渐渐恢复到1：8的水平。“文化大革命”期间，市场上商品供应严重不足，比值明显低于8，其间发生了隐形通货膨胀，国民经济生活极不稳定；粉碎“四人帮”之后的两三年内比值又有所恢复，说明经济状况的迅速好转；改革开放政策实施之后，我国市场环境发生了很大的变化，经济发展很快，市场供求状况较好，而这一比值却在不断下降，显然这已经不能够作为衡量货币流通是否正常的标准。

制度环境的变化直接导致了衡量标准的改变，市场经济体制改革的深化，带来了一系列的变化。农村改革的成功以及非国有经济的快速发展推动了我国货币化程度的不断提高、货币流通速度逐步放慢，这一过程刺激了货币需求的急剧上升。经济体制的制度变迁使得过去长期使用的货币存量与零售商品总额流量固定比值的衡量方法已经不能说明货币需求与经济增长之间的关系。

2. $\dot{M}=\dot{Y}+\dot{P}$ 公式及其发展

随着经济环境的变化，在实际货币政策的操作过程中，为了确定年度货币供给增长率的问题，一个直观的宏观模型开始进入人们的研究视野，即：

$$\dot{M}=\dot{Y}+\dot{P} \tag{9.8}$$

式中：$\dot{M}$代表货币供给增长率，$\dot{Y}$代表经济增长率，$\dot{P}$代表预期物价上涨率。

这一公式在20世纪80年代前期提出后，成为我国货币需求的概略估计以及制定货币政策的主要依据。后来随着人们分析问题的不断深入，这个模型得以丰富、完善，所涉及的变量进一步增加，将货币流通速度纳入到公式之中，使之更加贴近我国改革开放之后经济运行的现实。由于货币流通速度与货币需求负相关，因此有：

$$\dot{M}=\dot{Y}+\dot{P}-\dot{V} \tag{9.9}$$

这一公式依然是从马克思货币必要量公式得出的。从马克思的货币必要量公式（9.2）出发，用Y来代替经济规模变量Q，则有：

$$MV=PY \tag{9.10}$$

对$MV=PY$两边同时取对数微分，就有：$\dot{M}+\dot{V}=\dot{P}+\dot{Y}$。将$\dot{V}$移项，即得公式

(9.9)。

3. 对我国货币需求主要影响因素分析

货币需求是一个多元影响因素的函数，受到规模变量、机会成本变量以及综合变量等的影响。我国改革开放以来，货币需求总量大幅上升，这是受到多种因素综合影响的结果。

(1) 规模变量。

自改革开放以来，我国经济体制发生了巨大的变化，市场经济体制的确立塑造了多层次的市场结构、多元化的市场经济行为主体以及市场导向的竞争规则。市场经济极大地释放了经济发展的活力，1978—1998 年，改革开放 20 年人均国民收入水平增长了 7 倍。2000 年，我国 GDP 首次超过 1 万亿美元，成为当年世界第七大经济体。2008 年至 2012 年我国 GDP 增长率分别为 9.6%、9.2%、10.3%、9.2%和 7.8%，2012 年我国 GDP 已达 51.93 万亿元。

按经济普查修订前数据计算，2003 年我国人均 GDP 首次突破 1 000 美元（按当年汇率折算为 1 101 美元/人）。数据修订后，我国首次突破人均 1 000 美元的时间提前了两年。2001 年我国人均 GDP 为 8 621 元，按当年汇率折算为 1 042 美元/人。① 2012 年人均 GDP 达到 6 100 美元。

(2) 机会成本变量。

机会成本是指持有货币，尤其是持有现金和活期存款等狭义形式货币所放弃的收益。机会成本变量包括：存款利率、债券利率、非固定收益的证券利率、通货膨胀率等。存款利率上升与货币需求呈现正相关关系；债券利率与非固定收益证券的回报率与货币需求呈现负相关关系；通货膨胀率则直接构成微观经济行为主体的持币成本，因此其与货币需求是负相关关系。我国目前尚未实现利率市场化改革，在金融资产种类尚不丰富的情况下，货币需求的利率弹性不是很大。

(3) 综合变量。

我国改革开放以来出现了“超额货币”的现象，即货币供给增长的速度远远快于真实经济增长率与通货膨胀率之和。对“超额货币”现象的解释，要从影响我国货币需求的综合变量入手进行分析，这些因素包括货币化进程、地下经济的发展以及证券市场的发展等。货币化进程是指以货币为媒介的经济活动的比例不断增长，衡量一国经济货币化程度的重要指标是 M_2/GDP。1978 年我国 M_2/GDP 为 0.25，1991 年为 0.97，1992 年为 1.06，1998 年为 1.34，2007 年为 1.63，2012 年为 1.88。随着经济货币化进程的推进，对相同规模的经济提出了更多的货币需求。随着我国非国有经济的发展，民营经济在经济发展中起到了重要的作用，但是不可否认的是，由于我国市场经济的法律法规尚未完善，民营经济的不规范发展也导致了地下经济活动的蔓延，走私、贩毒、制造假冒伪劣产品等，这些活动为了逃避监管，往往很难在国民经济的统计口径中表现出来，但是这部分经济也实实在在地产生了对货币的需求。20 世纪 90 年代以后，我国证券市场的发展也刺激了资产性货币需求的增长。综合变量从不同的角度提示了我国超额货币存在的原因，这些因素最终

---

① 资料来源：www.stats.gov.cn，《经济普查后中国 GDP 数据解读之一：GDP 总量、增长速度及人均 GDP》。

导致了货币流通速度的减慢。

第二节　货币供给

货币最终要用来实现实际经济财富的价值，在金属铸币流通时期，金属铸币不足是制约经济发展的重要因素，金矿、银矿的发现与开采的速度没有实际财富增长得快，社会上缺乏必要的支付与交易媒介，表现为银荒、金荒，货币供给不足。信用货币的广泛普及彻底解决了货币供给不足对经济发展的制约。在信用货币制度之下，中央银行通过控制基础货币，控制了货币供给的源头，可以根据经济发展的需要来放松或紧缩银根满足经济发展的需要。

一、货币供给的形成机制

货币供给是一个动态的概念，是指货币供给主体向货币需求主体供给货币的过程。货币供给会形成一定的货币数量，即货币供应量。货币供给量是一个静态的概念，是指某一时点上流通中所存在的货币数量。在现代经济生活中，货币好比人体的血液，其数量多少的变动直接影响到经济体系的健康。现代信用经济条件下的货币供给机制是由两个层次构成的货币供给系统。第一个层次是中央银行的基础货币提供；第二个层次是商业银行的存款货币创造。这个系统发挥作用是以存在中央银行和商业银行二级银行体制为前提。政府、企业以及社会公众等经济行为主体也会在不同的角度对货币供给机制产生影响。

1. 商业银行的存款货币创造过程

在商业银行体系中，存款的增加有两个渠道：人们以现金的形式存入或者来自中央银行的各种贷款，这时增加的存款属于**原始存款**；由银行以贷款或证券投资所引申出来的存款是**派生存款**。在银行体系中绝大多数的存款都是派生存款。

（1）商业银行创造派生存款货币的前提条件。

在现代经济生活中，各国普遍建立起**法定准备金**制度，即国家以法律形式规定商业银行吸收存款之后，要提留一定比例准备金存入中央银行作为应对客户提现要求的准备。法定准备金制度的建立本质上是为了防止商业银行为追求盈利过多地进行贷款，以保持银行的清偿力和流动性，但同时也使中央银行拥有了调节商业银行信贷能力的有力工具。

商业银行进行存款货币的创造是基于部分准备金制度以及支付清算功能而展开的。银行并不需要为其所吸收的存款保持100%的存款准备是前提条件之一；否则，银行吸收多少存款保留多少存款准备，那就根本没有可能从存款中拿出一部分提供贷款或持有证券，也就谈不上存款货币的创造过程。基于活期存款业务商业银行拥有了支付清算功能。由于支票的多次周转而不提现，商业银行才能够贷款引申存款，存款货币的创造才有可能。如果银行发放的贷款全部被客户提现，而且这笔现金始终被公众持有，不再存入银行，这时存款也不会有多倍的派生。

（2）多倍存款的创造：最抽象的模型。

为了进行更为清晰的分析，在商业银行存款货币创造过程的分析中，我们首先抽象掉一些复杂的因素，建立最简单的模型。首先假定：第一，法定存款准备金比率为20%；第二，商业银行不保留超额准备金，银行除提留必要的法定准备金之外，剩余部分全部贷出；第三，结算全部采取非现金结算的方式，不存在提现行为，没有现金从银行系统中漏出；第四，没有支票存款向定期存款或储蓄存款的转化。

在此假设前提下，假定A银行的客户甲现金存款1 000元，从而A银行在中央银行的准备存款增加1 000元，而甲在A银行账户上的存款等额增加1 000元。

这时A银行的资产负债状况用T形账户来表示，见表9—1。

表9—1　　**A银行**

资　产		负　债	
在中央银行的准备存款	1 000元	支票存款	1 000元

A银行吸收了存款，按照法定准备率为20%的要求，提取法定准备金不得低于1 000×20%＝200元。此时，A银行有了资金来源可以据此发放贷款。A银行向请求贷款的客户发放贷款1 000－200＝800元，假定A银行发放的贷款800元，借款人用它来向某一供货单位购买原材料，供货单位获得销货款之后将其以支票存款的方式存入B银行，因此，A银行、B银行的资产负债状况分别见表9—2和表9—3。

表9—2　　**A银行**

资　产		负　债	
在中央银行的准备存款	200元	支票存款	1 000元
贷　款	800元		

表9—3　　**B银行**

资　产		负　债	
在中央银行的准备存款	800元	支票存款	800元

B银行在中央银行有了800元的准备存款，按照20%的法定准备率，则它的最高可贷数额不得超过800×(1－20%)＝640元。向其借款客户贷出640元后，则B银行的资产负债状况见表9—4。

表9—4　　**B银行**

资　产		负　债	
在中央银行的准备存款	160元	支票存款	800元
贷　款	640元		

假定B银行贷放出去的640元成为C银行的支票存款，那么C银行在中央银行就有了640元的准备存款，按照20%的法定准备率，则它的最高可贷数额不得超过640×(1－20%)＝512元，向客户贷出512元后，则C银行的资产负债状况见表9—5。

表9—5　　**C银行**

资　产		负　债	
在中央银行的准备存款	128元	支票存款	640元
贷　款	512元		

以此类推，随着商业银行存贷机制的不断展开，存款货币派生出来，其派生过程见表9—6。

表 9—6　　存款货币的派生过程　　单位：元

银　行	存　款	准备存款	贷　款
A	1 000	200	800
B	800	160	640
C	640	128	512
	…	…	…
合计	5 000	1 000	4 000

如以 ΔD 表示包括原始存款在内的经过派生的存款增加总额，以 ΔR 表示原始存款或准备存款的初始增加额，r_d 表示法定存款准备率，则三者关系式如下：

$$\Delta D=\Delta R\cdot\frac{1}{r_d} \tag{9.11}$$

设 K 为存款货币派生倍数，则

$$K=\frac{\Delta D}{\Delta R}=\frac{1}{r_d} \tag{9.12}$$

(3) 多倍存款的创造：更为现实的考察。

以上的分析是基于最为抽象的条件进行的，现在还原实际经济生活中的诸多复杂情况，从而得出更为现实的存款派生过程。

首先，将活期存款还原为活期、定期两种存款形式。为了便于分析，我们初始的分析是将全部存款都视为活期存款。当我们将活期存款还原为活期、定期两种存款形式时，设 ΔD 为活期存款量的增额，r_d 为活期存款的法定准备率；再假定 ΔT 为定期存款量的增额，r_t 为定期存款的法定准备率，ΔR 为总准备存款的增额，且定期存款与活期存款之比为 $t(\Delta T/\Delta D)$。则有：

$$\Delta R=\Delta D\cdot r_d+\Delta D\cdot t\cdot r_t=\Delta D(r_d+t\cdot r_t) \tag{9.13}$$

乘数 K 则是：

$$K=\frac{\Delta D}{\Delta R}=\frac{1}{r_d+t\cdot r_t} \tag{9.14}$$

其次，超额准备金。在现实经济运行中，商业银行出于保持流动性以及安全的需要往往保存高于法定准备金的存款准备，超过的部分称为**超额准备金**，以 E 表示，而超额准备金与存款总额的比称为超额准备率，以 e 代表。那么，就有：

$$\begin{aligned}\Delta R&=\Delta D\cdot r_d+\Delta D\cdot t\cdot r_t+\Delta D\cdot e\\&=\Delta D(r_d+t\cdot r_t+e)\end{aligned} \tag{9.15}$$

乘数 K 则是：

$$K=\frac{\Delta D}{\Delta R}=\frac{1}{r_d+t\cdot r_t+e} \tag{9.16}$$

最后，现金漏损。在上面的分析中，假设没有现金流出银行体系之外。实际上由于种种原因，客户总会或多或少地提取现金，从而使一部分现金流出银行体系之外，不再参与存款货币的创造。现金漏出额以 ΔC 表示，现金漏损额与活期存款额之比称为现金漏损率，用符号 c 来表示，则有：

$$c=\Delta C/\Delta D \tag{9.17}$$

存款货币的创造乘数为：

$$\begin{aligned}\Delta R&=\Delta D\cdot r_d+\Delta D\cdot t\cdot r_t+\Delta D\cdot c+\Delta D\cdot e\\&=\Delta D(r_d+t\cdot r_t+c+e)\end{aligned} \tag{9.18}$$

$$K=\frac{\Delta D}{\Delta R}=\frac{1}{r_d+t\cdot r_t+c+e} \tag{9.19}$$

2. 中央银行对货币供给的控制

当我们在存款货币的创造机制中引入中央银行这一行为主体时，就能够理解形成商业银行派生存款基础的原始存款来源。从整个银行体系来看，原始存款有可能来源于社会公众的现金存入，也可能直接来源于中央银行存款准备金的变动。社会公众手中的现金是由中央银行发行的，法定存款准备金比率的高低也是由中央银行决定的，因此，中央银行控制着派生存款的源头。

(1) 基础货币。

流通于银行体系之外的现金与银行存款准备金（包括库存现金准备、法定存款准备金以及超额准备金）称为**基础货币**，构成信用货币创造的基础。基础货币可用下式表示：

$$B=R+C \tag{9.20}$$

式中：B 为基础货币（由于基础货币也称高能货币，所以也通常以符号 H 代表）；R 为商业银行保有的存款准备金（准备存款与现金库存）；C 为流通于银行体系之外的现金。基础货币直接表现为中央银行的负债。中央银行创造和提供的基础货币与商业银行创造存款货币的关系是一种源与流的关系。

扩大资产业务不以负债的增加为前提是中央银行特有的权力。中央银行任何资产业务的扩张均会有商业银行存款准备和通货发行与之相对应。中央银行通过资产业务向银行体系提供基础货币的途径有以下几个方面：

第一，购买政府债券。当中央银行从商业银行手中购买债券时，银行要么增加在中央银行的准备金存款，要么增加库存现金，由此，银行体系增加了基础货币。当中央银行是向非银行社会公众购买债券，要么增加流通中的现金，要么增加银行体系的存款，进而增加银行在中央银行的存款准备金。因此，无论中央银行是向银行或向非银行部门购买政府债券都增加了基础货币的供应。

第二，再贷款及再贴现。中央银行通过向商业银行提供信贷支持的方式可以直接影响基础货币。当中央银行向商业银行提供再贷款或者再贴现时，银行体系的储备存款相应增加，基础货币增加；当商业银行归还中央银行的贷款时，银行体系储备存款相应减少，基础货币收缩。

第三，政府贷款或者透支。在有些国家，当财政部的支出超过了它在中央银行存款账户上的余额时，其差额自动转成中央银行对财政部的贷款；在另外一些国家，财政部不能直接向中央银行透支，但是可以向中央银行申请贷款。这两种方式都会造成中央银行资产业务规模的扩大，引起基础货币的增加。通常由这种中央银行对政府赤字融资而导致的货币供应增加被称为债务货币化。

第四，买卖黄金或外汇储备。购买黄金、外汇是中央银行投放基础货币的重要渠道。相对于外汇而言，中央银行的黄金买卖业务不是很频繁，一国的黄金储备比较稳定。而外汇市场是一个波动性很强的市场，一国在既定的外汇政策之下，中央银行负有稳定汇率的职责，通过买卖外汇干预汇率是中央银行经常采取的策略。中央银行在外汇市场上买进外汇就意味着本币的投放和基础货币的增加；而中央银行卖出外汇时，基础货币又会减少。

中央银行可以不受负债业务的束缚来扩张资产业务，提供基础货币，但是这种行为最终仍然要受到货币需求的制约。如果企业部门缺乏贷款意愿，商业银行不需要补充存款准备，中央银行的资产扩张就不能实现；如果强行扩张则会带来通货膨胀的后果。

（2）货币乘数。

基础货币是货币供给的基础，通过商业银行的存款货币创造，可以引出数倍于自身的货币供给量。把货币供给量与基础货币相比，其比值就是**货币乘数**。货币供给总量可用下式表示：

$$m=M_s/B \tag{9.21}$$

式中：M_s 代表货币供给，m 为货币乘数，B 为基础货币。

基础货币是由流通中的现金 C 和存款准备金 R 构成，即，$C+R$ 等于基础货币量 B；社会上全部货币量是由现金 C 和存款货币 D 构成，即 $M_s=C+D$，故：

$$m=M_s/B=\frac{C+D}{C+R} \tag{9.22}$$

如果把这个式子中分子、分母的各项均除以 D，则成为

$$m=\frac{\frac{C}{D}+1}{\frac{C}{D}+\frac{R}{D}} \tag{9.23}$$

式中：B（也常用符号 H 表示）取决于中央银行根据货币供给的意向而对公开市场业务、贴现率和法定准备率的运用。同时，存款货币银行向中央银行的借款行为也对 B 的决定起作用。C/D 即通货与存款比率，取决于居民、企业的持币行为。R/D 是由法定准备率 r_d 和超额准备率 e 两者构成，特别是其中的 e，取决于存款货币银行的行为。企业行为既有力地作用于 R/D，也间接影响 B 的形成。

3. 货币供给过程中的各经济行为主体

货币供给的基本决定因素是基础货币与货币乘数，而这两大决定因素又受到多种因素的影响。货币供给模型涉及众多的经济行为主体，从货币供应量具体的形成过程来看，其受到中央银行、商业银行、政府和社会公众行为的影响。他们的行为在某种程度上会有一些相互抵消效应，中央银行货币政策的效果也会受到微观经济主体的制约，失去了微观基础的货币政策是注定不能取得成功的。

（1）中央银行。

中央银行是货币供给过程中的主导力量，其对货币供给的影响主要是通过两条途径展

开的：通过吞吐基础货币来影响商业银行的存款准备金，进而调整和控制商业银行创造存款货币的能力；通过对法定存款准备金率的规定及调整，影响货币乘数。具体手段包括：第一，调整法定存款准备金率，强制地改变商业银行超额存款准备金，当中央银行调高商业银行法定存款准备金率时，商业银行存款货币派生能力下降，货币供给量减少，当中央银行调低法定存款准备金比率时，商业银行存款货币派生能力增强，货币供给量增加。第二，进行公开市场业务的操作，吞吐基础货币，当中央银行从银行、公司或者个人手中购买债券时，会形成基础货币的增加；反之，如果中央银行卖出债券时，则会减少基础货币。第三，调整再贴现率，当再贴现率提高时，商业银行从中央银行借款的成本就会随之而提高，他们会减少贷款数量；当再贴现率下降时，商业银行从中央银行借款的成本降低，则会鼓励商业银行扩大贷款数额。但是，当商业银行存在过高的利润预期或者对经营前途毫无信心时，利率调节的作用是极为有限的。

（2）商业银行。

商业银行通过调节超额准备金比率和向中央银行的借款规模对货币供给产生影响。

根据货币乘数公式可知，银行保有超额准备金越多，货币乘数就越小，相应地，货币供应量也越小；如果银行减少了超额准备金，货币乘数会变大，货币供给也相应增加。商业银行主要是基于成本收益动机来决定超额准备金保留的多少。商业银行保有超额准备金则等于放弃资金使用的收入，这是持有超额准备金的机会成本，为了减少成本，商业银行总是力求把超额准备金压低到最小限度；商业银行在日常经营过程中，如果出现存款大量流出的现象，若无超额准备金，就得采取诸如出售证券、催收贷款、向中央银行借款等行动，这是银行为了获取流动性而付出的收益损失成本。在未来的经营环境存在不确定性的前提下，商业银行就要在这两种成本之间进行权衡，选择那种相对成本较低的方式来持有超额准备金数额。超额准备金比率直接影响商业银行的放款能力以及货币供给乘数。

商业银行向中央银行的借款规模也会影响准备金存款数额，也即基础货币的数量，从而影响存款货币的创造。在其他条件不变时，商业银行增加中央银行借款会增强信贷能力，扩大货币供应量；减少中央银行借款则会削弱信贷能力，减少货币供应量。决定商业银行向中央银行借款的行为也取决于成本收益动机，而决定成本和收益的因素则主要是市场利息率和中央银行贷款的贴现率。显然，市场利率的高低，正相关地影响从银行向中央银行借款的多少；中央银行贴现率的高低，则负相关地影响商业银行借款数量的多少。

（3）政府。

政府的财政收支活动与货币供给之间存在内在的联系机制。在现代信用经济条件下，财政赤字成为各国政府财政状况最为普遍的现象。财政赤字的不同弥补方式对于货币供给具有不同的影响。政府弥补财政赤字的办法不外有三种：增加税收、增发政府债券或者变动基础货币。第一，用增加税收的方式来弥补财政赤字。从短期效应来说，增税并不会直接缩减货币供给，这是因为从个人、企业部门将货币征收到财政手中，这部分货币通过购买或者转移支付的方式又回到个人与企业部门，社会上的货币供给总量不变。当然，如果通过增加课税取得的货币财政不再投出，那直接就会压缩货币供给量。从长期来看，增税会降低企业投资的积极性，降低企业对贷款的需求，从而可能成为控制货币供给增长的紧缩性因素。第二，用发行债券的方式来弥补财政赤字。债券的购买者如果是公众或商业银行，并不产生增加货币供给的效应。因为政府用债券取得货币后，流通中的货币虽以同等数额减少，但当政府将出售债券获得的货币再用于购买支出时，这些暂时退出流通的货币又会回到流通之中。当个人或企业购买债券时，虽然不会对货币总量产生影响，但是却会对货币供给结构产生影响。当个人与企业是用现钞和活期存款购买，则意味着 M_1 相应缩减，财政将债券收入支出后又会形成 M_1 的供应。当个人或企业用储蓄或定期存款购买，这意味着 M_2 中准货币的减少，所以，财政将债券收入支出后又会形成 M_1 的供应，虽然按 M_2 计的货币供给总规模不变，但 M_1 的规模却增大了。这对经济生活中的市场均衡，无疑是有重要意义的。第三，增加基础货币来弥补财政赤字。财政部发行债券，中央银行直接收购，财政部用出售债券的收入支出之后，个人、企业将收入货币存入银行，银行相应地增加了在中央银行的准备存款，基础货币增加带来货币供给的增加。当债券出售给个人、企业或商业银行，这些债券或抵押或出售给中央银行时，则仍然成为准备金增加的因素。如果财政部直接向中央银行借款，结果也会直接增加基础货币，形成货币供给的扩张。

（4）社会公众。

社会公众包括居民和企业两个部门。居民主要是通过改变通货存款比率 C/D 以及定期存款对活期存款的比率来影响货币供给量。而企业则是通过持币行为以及贷款需求的变化影响货币供给。

当居民普遍增加现金持有时，通货存款比率就会提高；反之，这个比率会下降。通货存款比率与货币供给量是负相关关系。居民改变持币行为从而改变通货存款比率主要是基于以下三个方面的原因：第一，当一个人的收入或财富大量增加时，通常持有现金的增长速度会相对降低；反之亦然。所以在一般情况下，通货存款比率与财富和收入的变动成反方向变化。第二，持币成本与流动性需求的比较。居民之所以持有货币是为了获得现金的流动性，以便日常交易之用。但是居民持币是有成本的，持币的机会成本就是存款的收益以及证券支付的利率。显然，储蓄存款利率变动与通货存款比是负相关关系。证券市场上其他资产的收益率也会间接地影响通货存款比率。证券收益率提高时，如果人们的现金持有量不变，而储蓄存款由于相对收益水平下降而减少，那么通货比率就会相对提高。第三，非法交易的需要。由地下经济引发的非法交易需要逃避法律监督，往往用现金进行交易。社会上非法交易规模越大，通货存款比率就越大。

企业在持币选择方面与居民遵循共同的规则。企业部门对货币供给影响的特征表现在对贷款的需求方面。企业作为市场经济的行为主体，往往会根据对经济前景发展的预期来开拓新的投资项目或者扩大经营规模，由此，会产生或大或小的资金需求，当企业寻求银行进行融资支持时，银行对企业进行贷款的发放，势必引起货币供给的增加。因此，企业的贷款意愿制约了商业银行信贷扩张能力，从而成为制约货币供给扩张的基础所在。

货币供给理论的发展

1. 信用创造学说

信用创造学说产生于18世纪，其代表人物是约翰·劳以及麦克鲁德等。这一学说是在反对传统信用媒介学说关于银行只能为信用提供媒介、银行只能在接受存款的基础上才能发放贷款的观点的基础上发展起来的。其基本观点是银行的功能在于为社会创造信用，银行能够超过它所吸收的存款发放贷款，并且能够先发放贷款，然后再创造出存款。因此，银行的资产业务优先于负债业务，银行通过信用的创造，能够为社会创造出新的资本并推动国民经济的发展。

2. 菲利普斯的货币供给理论

菲利普斯在1921年出版的《银行信用》一书中最先使用"原始存款"和"派生存款"这对概念。原始存款是现金通货，或其他银行的支票和汇票容易兑换现金的等价物存入银行而形成的存款；派生存款则是接受银行放款或票据贴现的顾客，将其资金转存在自己的存折上，或是转入新开立的银行的存款。菲利普斯假设，银行不持有超额准备，公众也不持有通货或定期存款，只持有活期存款。于是，当银行的准备金增加时，银行就会增加贷款，从而增加活期存款。最后，银行存款总额要大于所增加的准备金若干倍。这个倍数即为货币乘数，用公式表示为$m=1/r$，r为法定存款准备金率。菲利普斯的货币供给理论最早对货币乘数问题进行了阐述，所以，也被人们称为乘数理论。

3. 弗里德曼—施瓦茨的货币供给模型

货币学派的主要代表人物弗里德曼与施瓦茨在《1867—1960年的美国货币史》一书中提出了其著名的货币供给方程式。他们认为，决定货币供给的主要因素有三个：基础货币H、存款准备比率D/R、存款通货比率D/C。假设M为货币存量，C为非银行所持通货，D为商业银行存款，那么可有以下方程：

$$M=C+D \tag{9.24}$$

$$H=C+R \tag{9.25}$$

$$M=H\times\frac{\frac{D}{R}(1+\frac{D}{C})}{\frac{D}{R}+\frac{D}{C}} \tag{9.26}$$

弗里德曼—施瓦茨方程的理论意义在于：H、D/R、D/C共同决定了货币存量，而这三者又是由中央银行、商业银行系统与社会公众三部门分别决定的。利用以上方程，弗里德曼和施瓦茨对美国1881—1960年的货币供应量变动进行了实证分析，其基本结论是：基础货币的变化是广义货币供给量长期性变化的主要原因，因此，货币供给量实质上是由中央银行所决定的外生变量。弗里德曼主张货币政策有效性的理论依据在于强调货币供给的外生性与可控性。弗里德曼、施瓦茨的分析无论是在理论上还是在方法上都对现代货币供给理论产生了重要影响。

4. 乔顿的货币供给模型

美国经济学家乔顿1969年10月发表的论文《决定货币存量的各个要素》，提出了一个更为复杂的货币供给理论决定模型。乔顿认为，在考察货币供应量的决定时，应当考虑现行银行管理体制对不同地区、不同性质的银行以及不同种类的存款采用差别性存款准备金率的因素。他认为，差别性存款准备金率的存在，使各银行存款总额的消长及银行存款结构的变化都呈现复杂的情况，这将影响各银行的准备金、放款与投资，使银行信用趋于扩张或收缩，导致派生存款的变动而使货币存量发生变动。

如果以 D、T、G、r 分别代表商业银行私人活期存款、私人定期存款、政府存款和各种存款的加权平均准备金率，则商业银行的全部存款准备金 R 可以表示为：

$$R=r(D+T+G) \tag{9.27}$$

如果以 C、k 分别表示通货、通货与活期存款比；以 T、t 分别表示定期存款、定期存款与活期存款比；以 G、g 分别表示政府存款、政府存款与私人活期存款的比，则有：

$$k=C/D$$
$$t=T/D$$
$$g=G/D$$

那么，乔顿的货币供给乘数为：

$$m=M/B=\frac{C+D}{C+R}=\frac{1+k}{r(1+t+g)+k} \tag{9.28}$$

在这个方程式中，货币乘数分别是行为参数 r、t 和 g 的递减函数，即商业银行各种存款的平均准备率、定期存款比率和政府存款比率的变化将对货币乘数产生相反的影响。可见，在乔顿的货币供应方程式中，存款结构的变化对货币供应量的决定有着重要的影响。

中国的货币供给问题

1. 改革开放以来我国货币供给的总量

改革开放以来，我国经济快速发展，取得了非凡的经济成就。我国的货币供给是一个伴随经济增长不断增加的过程。从 1990 年至 2012 年，我国 GDP 的平均增长率为 10.01%，货币供给 M1、M2 的平均增长率分别为 17.77%和 19.94%，远远超过了 GDP 的平均增长率。截至 2012 年年末，广义货币供应量 M2 余额为 97.4 万亿元，同比增长 13.8%；狭义货币供应量 M1 余额为 30.9 万亿元，流通中货币 M0 余额为 5.5 万亿元；基础货币余额为 25.2 万亿元，同比增长 12.3%，货币乘数为 3.86。

2. 我国货币供给机制的转变

改革开放以来，我国的货币供给以 1997 年信贷领域出现"惜贷"为标志，大致划分成两个阶段，各有不同的特点。

(1) 1997 年之前的货币供给机制。

经济体制逐渐由传统计划经济转向市场经济，国有企业渐进改革、非国有企业迅速发展，国有商业银行与国有企业一样基本延续既有特征。在预算软约束条件下，国有企业信贷需求无限膨胀，商业银行面临着巨大的资金需求。在这种压力之下，信贷供给呈现倒逼机制的特点。倒逼机制的形成具有以下原因：第一，四大国有商业银行长期以来承担着大量的政策性贷款业务。1985—1996 年国有商业银行的政策性贷款占比一直在 30%以上。第二，地方政府对商业银行贷款的干预。地方政府承担着发展本地经济的重任，为了追求本地经济增长、就业和福利保证等目标函数的最大化，总是倾向于干预银行的贷款用途。第三，国有银企之间由于产权制度不健全，缺乏有效的激励约束机制，不能形成真正的市场借贷关系。

从中央银行的角度来看，1997 年以前，中国人民银行为控制基础货币和货币供给，对银行信贷实行严格的信贷计划控制，从名义上看，具有很大的控制权，但是实际上，信贷计划是通过控制银行信贷起作用的，而银行面对企业无限膨胀的货币需求，信贷过程的倒逼机制使得计划失控经常发生。从控制意义上说，中国人民银行的控制能力非常有限。

(2) 1997 年以后的货币供给机制。

针对以上问题，20 世纪 90 年代中期以来我国采取了一系列金融改革措施。1994 年成立了三家政策性银行，承担四大国有商业银行的大部分政策性业务，1995 年出台了《中华人民共和国商业银行法》，1996 年出台了《贷款通则》，1997 年对商业银行新增不良贷款实行终身责任制。随着这一系列措施的出台，国有商业银行的运行更为规范，信贷风险约束机制进一步强化。1998 年 1 月 1 日起，中国人民银行取消对商业银行的贷款规模管理，使得中国人民银行与国有商业银行之间的关系得到进一步的规范。商业银行与企业之间的关系也随着现代企业制度改革的推进而改变了过去的那种资金供给关系，商业银行能够更多地以独立的市场主体的角色做出独立自主的决策。1997 年开始，在信贷领域出现了一个突出的现象，即国有商业银行“惜贷”问题。企业和地方政府抱怨银行，特别是国有商业银行“惜贷”，对于“应该”取得贷款的企业和项目不给予支持；银行则认为得不到贷款的企业不具备取得贷款的条件。“惜贷”现象产生的本身已说明国有商业银行为了控制风险而开始实施自我约束机制。由此，我国的货币供给增长由于国有商业银行行为而受到有力地抑制。从我国货币供给机制发展的方向上看，现代企业制度的确立、现代银行制度的确立以及中央银行间接调控经济能力的增强，必将推动我国货币供给机制越来越走向间接性与有效性。

(3) 2003 年以来的货币供给机制。

从 2003 年开始，我国的对外贸易迅速发展，贸易顺差不断扩大，国际收支呈现经常账户和资本账户双顺差，中央银行不断向金融机构购买外汇形成大量的外汇占款，同时也投放了基础货币，这一阶段的我国货币供给增长主要来源于外汇占款增加带来的基础货币增长。2003 年年末中央银行的外汇占款为 2.98 万亿元，到 2012 年年末，外汇占款余额达到了 25.85 万亿元。外汇占款额不断增长带来了基础货币增速的加快。为了抵消外汇占款的不良影响，人民银行一是于 2003 年年末发行央行票据加大公开市场操作力度，进行冲销操作，但近年来，外汇储备超额增长，央行承担的冲销成本越来越高，冲销能力已经接近极限；二是通过紧缩信贷的方式回收流动性，这又会造成国内企业的资金运用紧张。尽管如此，外汇占款的增加仍然不断促使基础货币增长。

本章小结

1. 货币需求与货币供给是货币理论的两大基础。货币需求是指社会公众（个人、企业、政府）愿意以货币形式（现金和存款货币）持有其拥有的财富的一种需要。货币供给则是指货币供给主体向货币需求主体供给货币的过程。

2. 影响货币需求的因素是多种多样的，对此不同的货币需求理论做出了不同的解释。准确判断社会总体货币需求的数量变化是货币当局确定合理的货币供给，进而进行货币操作的重要依据。

3. 马克思的货币需求理论被称为是货币必要量公式，公式表明：货币量取决于价格的水平、进入流通的商品数量和货币的流通速度三个因素。马克思货币必要量公式具有重要的理论意义。它反映了商品流通决定货币流通这个基本原理。

4. 凯恩斯提出了一种独特创新的货币需求理论，即后人所称的流动性偏好理论。他从资产选择的角度来考察货币需求，更为精细地研究了个人的持币动机，发展了一种强调利率重要性的货币需求理论。

5. 传统的货币数量说以费雪方程式与剑桥方程式为代表，研究了货币数量与商品价格之间的关系。弗里德曼所代表的现代货币数量说认为由于恒久性收入的波动幅度比现期收入小得多，且货币流通速度也相对稳定，因而货币需求也是比较稳定的。这一结论成为货币学派与凯恩斯学派分歧的源头。

6. 现代信用经济条件下的货币供给机制是由两个层次构成的货币供给形成系统。第一个层次是中央银行的基础货币提供；第二个层次是商业银行的存款货币创造。这个系统发挥作用是以存在中央银行和商业银行二级银行体制为前提。政府、企业以及社会公众等经济行为主体也会在不同的角度对货币供给机制产生影响。

7. 对我国货币需求与货币供给问题的研究要结合制度因素进行。我国经济体制的变化使得货币需求函数的影响因素以及货币供给机制不断发生变化，随着市场经济体制的确立与现代企业和现代银行制度的建立与完善，货币需求与货币供给更加尊重市场规律是未来发展的方向。

复习思考题

1. 什么是货币需求？为什么说货币需求不是无限的？
2. 费雪方程式与剑桥方程式的相同点及主要差异何在？
3. 试述凯恩斯的流动性偏好理论。
4. 弗里德曼单一规则货币政策主张的理论依据是什么？
5. 居民的持币行为是如何影响货币供给的？
6. 企业行为是如何影响货币供给的？
7. 商业银行的行为是怎样影响货币供给的？
8. 影响基础货币的因素有哪些？

第十章 货币均衡与总供求

要点提示

货币供应相对于货币需求是多了还是少了，必然会在物价、产出、就业等方面留下痕迹。本章的思路是将两者放在一起研究货币的供求均衡，并联系社会总供给与总需求进行分析。主要内容包括：研究货币供求均衡的意义，货币均衡与非均衡的含义，货币供求失衡的两种形态通货膨胀和通货紧缩的基本概念、成因、影响、治理对策等。

第一节 货币均衡与失衡

一、货币供求与社会总供求之间的内在联系

在现代社会中，人们研究货币均衡问题，并不是为货币均衡而货币均衡，而是通过货币均衡去寻求社会总供求的均衡，因为经济协调、稳定、健康发展的前提条件是社会总供求均衡。如果总需求大于总供给，就会造成市场供求紧张、物价上涨、社会不稳定的局面；反之，市场则处于销售不畅、失业增加、经济萧条的困境。一般地说，在社会总需求与社会总供给失衡的矛盾中，矛盾的主要方面往往是社会总需求，其表现是有效需求不足，或者是需求膨胀，无论哪种情况出现，都不是人们所期望的。因此，政府如何运用经济手段与行政手段来对社会总需求进行调节和控制，以促成和维持社会总体供需的均衡，自然就是摆在政府面前的一项重任。而社会总供需与货币供求之间有着千丝万缕的关系，其关系主要表现在两个方面：社会总供给与货币需求、货币供给与社会总需求之间的内在联系。

1. 社会总供给与货币总需求的内在联系

社会总供给（*AS*），概括地说，是企业在现行价格、生产能力和成本既定条件下将生产和出售的产出数量。

在货币经济中，社会上的商品和劳务供给的目的，显然是为获取等值的货币。因此，经济体系的运动表现为商品和劳务的运动和货币运动。货币运动的任务就是通过货币与实

际部门资源的对流、沟通，来保证商品和劳务方面的正常运转。可见，经济体系中到底需要多少货币，从根本上说，取决于有多少实际资源需要货币去表现、衡量、媒介并实现其价值。因此，社会总供给与货币需求之间的关系表现在社会总供给决定货币需求，用式子表示为：$AS \rightarrow M_d$。

这里，由社会总供给决定的货币需求量实际上是通过微观经济主体对货币的需求体现出来的，只有微观经济主体的货币需求才是形成货币供给的原因，而银行系统供应出的货币能否为经济体系所吸收，则取决于微观主体对货币的需求。一般地，不论哪些微观经济主体的货币需求，从总体上都受制于总供给，因为人们的货币需求是一种需求能力与需求愿望结合起来的有支付能力的需求，这种支付能力主要来源于收入，而收入又取决于总供给，所以微观经济主体的货币需求也受制于总供给。但是其中也有相对独立的成分，如相对于人们的收入，他的货币需求既可能过大也可能过小，因而，由各个微观经济主体的货币需求所构成的总的货币需求，就有可能与总供给决定的货币需求量不相等。

2. 货币供给与社会总需求的内在联系

社会总需求（AD），则是在价格、收入和其他经济变量既定条件下个人、企业、政府将要支出的数量，通常可以分解为四项：（1）消费需求 C；（2）投资需求 I；（3）政府支出 G；（4）出口需求 X。设总需求为 AD，则 $AD=C+I+G+X$。如果把政府支出 G 分解为投资支出和消费支出，再把进出口因素略去，仅考虑封闭经济的运行状况时，则 $AD=C+I$。

从经济运行的现实来看，社会总需求实际上就代表了国民收入，其实现手段和载体就是货币。而货币供应从程序上来说都是通过银行的资产负债业务来运作的，其中最主要的是“贷款引申存款”创造出来的，而这些货币供应出来以后就直接形成社会购买力并进而形成了商品和劳务的需求，因此，用一句话概括就是：社会总需求就是已供应出来的货币量对商品劳务量的需求。其间的逻辑关系是：银行贷款规模直接调节着货币供应规模，而货币供应规模又直接关系到社会总需求的扩张水平。用式子表现则为：$M_s \rightarrow AD$。

显然，只要货币供应是适当的，由其充当载体的总需求也将是适当的，因为这样的货币供给可以保证产出得以出清。但在现实经济过程中并不总是这样理想的状态，可能出现的情况：一是企业、消费者和政府有过多的货币积累而不形成当期的对商品和劳务的需求，而银行体系又没有追加相应的货币供给予以补充，从而表现为社会总需求不足，或者说有效需求不足；二是投资和消费的压力过大，或者政府形成财政赤字，要求通过供给货币予以弥补，银行不得不扩大贷款规模提供货币，表现为货币供应过多从而造成总需求膨胀的局面。

3. 货币供求与社会总供求的关系

一般地说，经济社会的均衡，既包括商品和劳务等实物经济中的社会总供给与社会总需求的均衡，也包括货币总供给与货币总需求的均衡。对于前者来说，社会总需求更多地表现为制约着社会总供给的变化。对于后者来说，货币供应从根本上说受制于货币需求。因此，它们之间的关系可用图 10—1 表示。

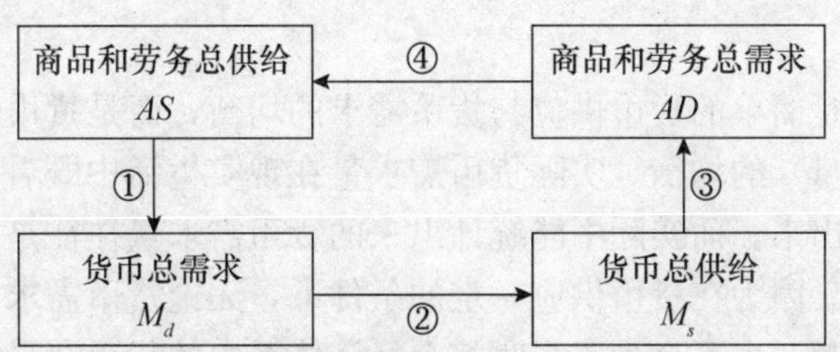

图 10—1 货币供求与社会总供求均衡图

从图 10—1 中可以看出：

(1) 商品和劳务的总供给决定了货币的总需求。因为在货币经济中，任何商品和劳务都要用货币来表现、衡量、做媒介，实现其价值。在这时，商品是第一性，货币是第二性的，货币是为商品服务的，有多少商品生产出来就需要有多少货币与之对应。

(2) 货币总需求决定货币总供给。中央银行控制货币供应的出发点和归宿点都在于使货币供应适应货币需求。因此，货币供应取决于货币需求，并以货币需求作为前提和基础。

(3) 货币总供给形成了对商品和劳务的总需求。货币经银行程序投入流通后，便形成了有支付能力的对商品和劳务的总需求。

(4) 商品和劳务的总需求必须与商品和劳务的总供给保持平衡。如果不平衡，就会造成物价波动，经济发展受到阻碍。因此，保持社会总供给与总需求的平衡，是政府宏观管理的最终目标。

事实上，人们对社会总供求均衡的关注只是在货币产生以后才开始的。在物物直接交换中，一切对商品和劳务的需求都来自需求者对商品和劳务的供给，供给的同时创造需求（买卖结合在一起），供给与需求不仅在价值上相等，而且在时空上同步。而在有货币的经济中，由于卖和买的脱节，甲卖出商品后不马上买回商品，即不马上实现对社会商品的需求，很有可能就会使乙的商品卖不出去，从而形成供大于求的不平衡，而且这种供求不平衡还格外错综复杂。如何使这种失衡走向均衡，有两种思路：第一种是直接控制商品和劳务的总需求，使之与总供给相等。这是在传统计划经济体制下政府采取的一种主要方法和思路。具体地说，政府运用行政手段，对企业生产的商品品种进行限额配置、定量供应等实物管理，其明显弊端就在于使经济肌体失去活力和效率。现在这一办法实际上已经不是各国的主要管理手段。第二种是通过间接控制货币供求均衡，来达到社会总供求平衡的目的。货币当局通过经济手段控制货币总供给，间接影响实体经济的运行。尽管在实践中，政府和货币当局调控货币供给还不十分得心应手，还可能出现这样那样的问题，但那只是操作技术、技巧问题，而不是策略和原则问题。

总之，经济的稳定和协调发展，关键在于社会总供求是否均衡，社会总供求矛盾的主要方面在于社会总需求，而社会总需求是由货币供应形成的，货币供应又直接源于货币需求。因此，研究货币供求均衡具有重要意义。

货币均衡与失衡

1. 货币均衡

货币均衡，就是货币供应量基本符合一个国家在一定时期内所必需的货币量。这种均衡有三层含义：

（1）货币均衡不是简单的货币供应与货币需求的均衡，而是货币供应量与实际货币需求量（或称货币必要量）的均衡。实际货币需求量在现实生活中既看不见，也摸不着，无法统计从而无法表现出来。而实际中能统计出来的货币需求量往往是名义货币需求量，它总是等于货币供应量。因为在货币供应一定的条件下，无论货币需求如何，社会公众持有的货币额，既不可能超过也不会少于当时整个经济体系中的货币存量。因此，大体上可以说，名义货币供应总是等于名义货币需求，或者说名义货币需求取决于名义货币供应。这种名义上的货币均衡始终存在，但这种均衡既可能表现为物价稳定、生产增长下的均衡，也包括物价飞涨、生产萎缩下的均衡。而后者显然不是经济正常发展所允许的均衡，不是我们所追求的目标，因而不应在我们的考察范围之内；前者的均衡，实质上就是货币供应与实际货币需求或货币必要量的均衡，从而成为我们考察的主要对象。

（2）货币均衡不是货币供应简单地适应某个既定的货币必要量而实现的均衡，而是在货币供应量与货币必要量的相互作用中实现的货币均衡，是一种动态的均衡。在马克思的货币必要量公式 $MV=PQ$ 中，由于货币供应的变动必然引起 V、P、Q 的相应变动，使货币供求关系在新的变动中平衡。但如果货币供应变动后对 P 的影响不大，主要通过 V 及 Q 的变化形成新的货币需求与货币供应对等，那么应该认为，在这个过程中，货币必要量由于货币供应量的变动而发生了变化，由此形成的新的均衡就是货币的均衡。因此，货币均衡是一种动态的均衡，是一个由均衡到失衡，再由失衡回复到均衡的不断运动的过程。

（3）货币均衡是货币供求在一定范围内相互偏离的广义均衡，而不是严格意义上的供求相等。这是因为：

一方面，货币需求在更多的时间是一个区间而不是一个确定的量值。如果我们考察的货币需求是上期的，那么完全可以根据过去的经济统计资料得出货币需求量是一个确定的值。但我们考察货币需求往往不是着眼于上期的，而是关心本期或下期的货币需求量究竟是多少，这时就很难说它是一个确定的量值。从微观经济主体来看，人们在收入既定的前提下，其货币需求量的大小还受消费倾向、机会成本影响，而消费倾向、机会成本变量（各种利率）总是随着经济生活中的不确定、不稳定和难以预期的因素而变动，因而其货币需求量往往表现为一个区间而不是一个点。从宏观角度来看，也会得出相同的结论。总之，货币需求量是内生于国民经济的，作为一种内生变量，它受多样因素影响，因而只能是一个模糊的区间，而不是一个精确的量。

另一方面，货币供应具有一定的容纳弹性。所谓**货币容纳弹性**，是指货币供应量相对货币需求量来说，多一点或少一点，只要不超过一定的幅度，就不致引起价格大的涨跌和经济大的波动。用公式表示为：

$$\text{货币容纳弹性}=\frac{\text{商品供应总额增长比率}}{\text{货币购买力总额增长比率}} \tag{10.1}$$

其中，如果弹性＝1，表示货币供应基本适应货币需求；如果弹性＜1，则表示有支付能力的货币需求大于商品供应，或者说货币供应量大于货币需求量；如果弹性＞1，则表示有支付能力的货币需求小于商品供应，或者说货币供应量小于货币的需求量。一般地，货币供求的差距只要不超过弹性限度的“临界点”，货币供应多一点或少一点都会被经济过程所吸收，不会影响物价的稳定或经济的发展。

货币供应之所以存在这样一个容纳弹性，根本原因在于经济体系本身是错综复杂的，各种供求因素会在运动过程中相互制约、相互影响，在一定的时间范围内能使经济自动趋于均衡。具体来说，其原因有以下几个：

第一，从货币供应（或社会总需求）角度看，由于货币具有贮藏手段职能，货币供应偏离货币需求的差额可以由货币的贮藏手段职能进行自发调节。在现实中，由于人们对商品的需求（除了生产和生活必需品外）也具有相当大的弹性，人们可以自动地通过推迟或转换消费来调节供给。这时货币供应量多一点或少一点，既不会给流通带来福音，也不会给流通带来灾难。

第二，从货币需求（或社会总供给）角度看，也具有弹性。因为商品的供应有一个形成过程，在这个过程中，商品和劳务的生产数量和结构都有调节余地，如果生产供不应求，可扩大生产，供大于求，可压缩规模；流通供不应求，可压缩库存，供大于求，可扩大库存；从外贸方面看，供不应求，可动用一些外汇储备扩大进口，反之，则可设法扩大出口，缓和矛盾。

第三，从货币流通速度来看，也具有弹性。在现实中，凡是与货币直接或间接相关的经济、政治和社会因素的变动，如大到国家性质、政局状况、经济体制、信用形式，小到单个企业的商品生产和流通、个人的趣味、嗜好、习惯等都会或多或少地引起货币流通速度的变动。显然，货币流通速度具有弹性。这样，当货币供应量大于货币需求量时，货币流通速度减慢；反之，则加快。其结果便是货币供求间的差距不会引起总货币流量的变动。

第四，从货币供应对经济的作用角度看，货币供应具有“滞后性”，货币供应过多或过少，并不会立即引起物价上涨或经济衰退。因为，从货币供应过多或过少，到人们意识到货币供应量确实多了或少了，再到人们付诸行动，并使这种行动产生结果都需要或长或短的时间，在该时滞期内，货币的多或少人们往往难以直观地感受到，所以只要不超过一定幅度，货币供求有一定的差距是无关紧要的。

正是由于货币需求量的模糊性和货币供应量具有容纳弹性的存在，所以货币均衡表现为一种广义的均衡，而不是货币供应等于货币需求的严格的狭义均衡。总之，货币均衡是货币供应量与货币必要量之间的一种复杂的、动态的、广义的均衡。

2. 货币失衡

货币失衡，是相对于货币均衡而言的，是指货币供应量与货币需求量之间的不相适应已达到了影响经济正常运行的程度，即供求之间出现了严重的失衡。

货币失衡有 $M_s>M_d$ 和 $M_s<M_d$ 两种表现。当 $M_s>M_d$ 时，意味着货币购买力的需求大于商品可供量。在价格自由流动的情况下，表现为物价上涨，通货膨胀，在物价受到严格管制的情况下表现为商品供应紧张，强制储蓄；当 $M_s<M_d$ 时，存在过多的货币需求，但货币供应短缺，表现为商品积压，生产停滞，通货紧缩，经济衰退。从历史和现实来看，货币失衡的表现形式主要是通货膨胀，但有时也表现为通货紧缩。这一部分内容下一章详细论述。

当货币供求失衡时，宏观上就表现为物价上涨或经济衰退，因此，货币供求均衡的本质要求即是：经济的长期稳定增长和物价水平的长期稳定，既不存在因货币供应不足而引起的市场疲软，也不存在因货币供应过多而引发的通货膨胀。

货币失衡后，如何使之重新走向均衡，自然成为人们关注的焦点。那么，弄清货币失衡的原因就至关重要。

货币供应量小于货币需求量的原因可能是：一是经济发展了，商品生产和流通的规模扩大了，但货币供应量没有及时增加，从而导致流通中货币短缺。在金属货币流通的背景下，这种情形经常出现，但在不兑现的信用货币制度下，这种情形出现的概率很小，因为增加货币供应量对货币当局来说，在技术上没有任何障碍。二是在货币供应量基本等于货币需求量的基础上，货币当局紧缩银根，减少货币供应量，从而使得本来的供求均衡走向失衡状态。

货币供应量大于货币需求量的原因主要有两个：一是财政赤字，并且这种赤字是在银行没有准备的前提下形成自动透支，从而导致货币供应过量；二是因为银行贷款规模不适当地扩大，超越了经济发展的客观需要，从而形成存款货币和现金货币过多。

货币供需失衡将可能导致经济的萎缩和通货膨胀。因此，负有宏观经济管理之责的中央银行就有了干预货币供求均衡的客观必要性，这种干预主要是通过货币政策来进行的。

从失衡到均衡的调节

货币从失衡到均衡的调节，一般地说有两种调节方法：供给型调节和需求型调节。

1. 供给型调节

供给型调节是指在货币供应量大于（或小于）货币需求量时，从压缩（或扩张）货币供应量入手，使之适应货币需求量。即中央银行把货币需求量视为既定的前提下，以它作为参照物，通过对外生的货币供应量进行调节，使之向既定的货币需求量的目标靠拢。

供给型调节的操作过程主要是由中央银行通过其资产负债业务的运作，运用三大货币政策手段（调整法定存款准备金率、调整再贴现率、公开市场操作）吞吐基础货币，从而影响商业银行的借款成本和信用规模，达到预定的货币供应量目标，使货币供应量逼进货币需求量。当然，供给型调节也可以通过财政政策进行，即财政部运用拨款、发债、增税等手段，来直接增减社会大众手中持有的货币量，实现货币供求的均衡。

2. 需求型调节

需求型调节是指在货币需求不稳定的前提下，中央银行针对可变的货币需求来调整货币供应，或中央银行主动地影响货币需求，以求得货币供求的均衡。

每一种调节方式总是与一定的经济体制相连，也是以一定的经济理论为基础的。从上面的分析可以看出，货币的供给型调节是以货币供应的外生性和货币需求的稳定性等理论为基础的，但它的缺陷是忽略了微观经济主体的利益、预期、行为及主观能动性。而货币的需求型调节则以货币供应的非外生性和利率等因素对货币需求有着重要影响为基础，以重视经济行为主体的利益及其行为为前提。

在市场经济条件下，需求型货币调节更接近现实。不过，需求型货币调节不仅仅是一个调节需求的问题，它也要涉及货币供应，因为影响货币需求量大多（不是全部）要通过中央银行→商业银行→社会大众这一货币供应渠道，先由中央银行通过三大政策手段影响基础货币的变化或通过乘数起作用，最终影响货币需求。但是，探讨需求型调节的问题不在于货币供应动不动，而在于是否与货币需求的变动相适应。

第二节 通货膨胀

通货膨胀及其类型

1. 通货膨胀的定义

在现代社会中，通货膨胀司空见惯，甚至妇孺皆知，如一位家庭主妇在市场购物时发现猪肉价格由每斤6.5元上涨到7.5元时，可能会说“通货膨胀率实在是太高了”。但事实上这不一定是真正的通货膨胀。那么，通货膨胀的确切含义是什么呢?

国内外经济学家对通货膨胀有各种不同的表述。哈耶克认为，通货膨胀的原意是指货币数量的过度增长，以致“太多的货币追逐太少的商品”，从而合乎规律地导致物价上涨。弗里德曼认为，物价的普遍上涨就叫做通货膨胀。萨缪尔森认为，通货膨胀是物价和生产要素的价格普遍上升，面包、汽车、理发的价格上升，工资、租金等也都上升。国内的学者饶余庆认为，通货膨胀是一般物价水平采取不同形式（公开或变相）一贯上升的过程。林继肯认为，通货膨胀是由于通货发行过多，造成物价上涨，引起国民收入的再分配。这些定义强调的角度不完全相同，有的强调通货膨胀的原因，有的强调结果或过程特征。

但普遍被大家接受的定义是：**通货膨胀**是商品和劳务的价格总水平持续明显上涨的过程。这就意味着：第一，价格水平的上升必须是明显的，微小上升（如每年上升1%）不能被视为通货膨胀。至于价格总水平的上涨率到底达到多少才是通货膨胀，取决于人们对通货膨胀的主观判断。第二，通货膨胀不是指一次性的或短期的价格总水平的上升，而是一个持续的过程。同样，这个持续时间的长短，也没有一个明确的界限，有的经济学家说至少要3年，有的则认为只要1年。第三，通货膨胀不是指个别商品价格的上涨，而是指价格总水平（即所有商品和劳务的加权平均）的上涨。

在理解通货膨胀时要注意通货膨胀是纸币流通情况下的一个经济范畴，它指的是流通中的纸币量超过了商品流通的实际需要量，从而引起纸币贬值、物价上涨的货币现象，而不是金属货币流通范畴的概念。因为金属货币具有内在价值，具有贮藏功能，可以自发地调节货币流通量，保持币值和物价相对稳定，而纸币仅是一种货币符号，不具有内在价值，在物价稳定时具有贮藏价值功能，但一旦市场价格不稳，这一功能就会丧失，其过程和机理是：市场价格越涨，人心越浮躁，纸币越要自发涌入流通领域抢购商品，造成纸币数量和商品价格轮番上涨的局面。历史上的典型例子有：德国在两次世界大战中货币发行量千万倍增长，诱发物价也成千万倍地增长，1923年通货膨胀率超过1 000 000%；旧中国国民党统治时期的“法币”十几年间发行量成亿万倍增长，货币贬值速度难以想象，1937年100元法币可买2头大牛，1941年可买1头猪，1945年可买1条鱼，1946年可买1个鸡蛋，1947年可买1/5根油条，1948年可买2粒大米，可谓恶性通货膨胀的真实写照。

不过，通货膨胀虽然是纸币流通下的范畴和现象，但纸币与通货膨胀之间并无必然的联系，即只要纸币发行量控制得适当，纸币制度比较完善，不见得一定会发生通货膨胀。

通货膨胀的政治经济意义

列宁说过，摧毁资本主义制度的最好方法是破坏其通货。凯恩斯也说过，没有什么手段比毁坏一个社会的通货能更隐蔽、更可靠地颠覆这个社会的基础了。货币主义学派的大师弗里德曼认为，1934年远在大洋彼岸的美国通过的《白银收购法案》是在经济上及政治上削弱中国、导致蒋介石政权覆灭的一个重要因素。尽管他们是不同阶级的代表，但都肯定了通货膨胀对一个社会的破坏性作用。第二次世界大战期间，德国曾经印制假英镑，英国也曾经印制假马克，看来对立的双方都懂得运用货币这种武器。

因为引起通货膨胀的原因尽管很多，但最根本原因还在于流通中的货币量相对于商品可供量太多，故有货币量增长率决定通货膨胀率的因果关系和正相关关系。历史资料表明：世界上任何一次极其严重的通货膨胀都源于货币量的迅速增加，典型的例子是20世纪20年代和第二次世界大战后的德国以及90年代的南斯拉夫。因此，制造敌对国的假币，使货币量突然增加，以引起超速通货膨胀，就被作为一种作战武器使用。如果短视的政府大量发行货币引起自己国内超速通货膨胀，那也无异于自掘坟墓。新中国成立前夕国民党大量发行货币，引发的超速通货膨胀，正是其垮台的直接原因。人民首先对国民党的货币失去了信心，进而对这个政府本身失去信心。

2. 通货膨胀的度量

通货膨胀既然表现为物价总水平的持续明显上涨，那么用物价上涨的幅度来衡量通货膨胀的严重程度就是顺理成章的了。在衡量时，通常不能用一种商品的价格上涨率，而要用反映多种商品和劳务价格变动的物价指数。世界上多数国家，一般采用三种物价指数来度量。

（1）消费物价指数（CPI）。

该指数又称为零售物价指数或生活费用指数，它反映消费者为购买与人们生活直接相关的衣服、食品、住房、水、电、交通、医疗、教育等商品和劳务而付出的价格的变动情况。

它一般由各国政府或私人机构编制，通常每月公布一次，用于测定消费者（居民）生活费用水平变动趋势和程度。在编制指数时，选用多少种商品劳务价格，选用哪些，取决于各国的实际状况，并无统一标准。

该指标的优点是：资料容易收集，公布次数较为频繁，能够比较迅速和直接地反映公众生活费用的变化。缺陷是：包括的范围太窄，难以反映物价变动的全面情况，并且不能表示消费品和劳务的质量改善状况。如果一件保暖内衣的价格上涨了100%甚至200%，仅仅因为它是新技术生产出来的，我们能相信吗？再如一个医生开出的新药比传统药贵了400%，其疗效到底如何呢？因此，价格指数中很难反映出商品和劳务的质量提高与否的状况，即使有所反映，也带有太多的主观色彩。而在现实中，我们经常碰到的问题是一种商品价格尽管不变，但质量越来越差，有人将这种现象称为“方糖通货膨胀”，即方糖价格稳定了很多年，但糖块却越来越小。

（2）批发物价指数（WPI）。

该指数又称生产者价格指数，它是根据企业而不是消费者所购买的商品的价格变化状况编制的，它反映了包括原材料、中间产品及最终产品在内的各种商品批发价格的变化。因为它对商业循环较为敏感，所以为企业所关注。由于企业经营成本的上升最终往往在消费品的零售价格中反映出来，所以该指标不仅能够灵敏地反映企业生产成本的变动状况，而且在一定程度上预示着消费物价指数的变动。其缺陷是：范围更窄，没有将各种劳务价格包括在内，同时也没有充分反映商品质量的变化。

（3）国民生产总值平减指数（GNP Deflator）。

该指数是按现价计算的国民生产总值与按固定价格计算的国民生产总值的比率，用来描述通货膨胀的程度。

国民生产总值平减指数的优点是：涉及范围广，能够全面地反映一国生产的全部生产资料、消费品和劳务费用的价格变动，综合性较强。缺点是：资料难以收集，编制费时（通常每年公布一次），缺乏及时性，很难迅速描述通货膨胀的程度和变化趋势。

但是需要注意的是，利用上述价格指数来计算通货膨胀率有一个前提，那就是价格能够较为自由地波动，否则在价格被人为地进行严格控制的情况下，表面上物价并未上涨，实际上存在隐蔽型通货膨胀。

在实践操作中，各国的一般做法是同时编制和公布这三大指数；在对通货膨胀进行测定和分析时，一般都以三大物价指数为主，参考其他物价指数如生活费用指数、货币购买力指数、工资指数等综合考虑。

3. 通货膨胀的分类

为弄清通货膨胀现象，经济学家按不同的标准，将其分为下列类型。

（1）按物价上涨的程度，分为爬行式、温和式、奔腾式和恶性通货膨胀。

爬行式通货膨胀是指一般物价水平年平均上涨率为1%～3%，而且不存在通货膨胀预期的情形。

温和式通货膨胀是指一般物价水平年平均上涨率为4%～10%，即尚未达到两位数的通货膨胀。

一般地说，各国在正常情况下经历的通货膨胀即是上述两种情形。此时，人们对未来货币的购买力尚有信心，不会发生大规模的抢购和挤提银行行为，经济秩序和经济运行还比较正常。这也是一些乐观的经济学家认为温和式和爬行式通货膨胀是刺激经济扩张和促进就业的原因。

奔腾式通货膨胀是指年度物价上涨率在两位数以上，但又不超过100%的情形。这种通货膨胀会对一国经济活动和居民的生活水平产生极大的不利影响，但还不至于导致货币体系和正常经济生活的崩溃。

恶性通货膨胀又称超级通货膨胀，是指年度物价上涨率超过100%以上甚至达到天文数字的情形。这时货币购买力急剧下降，完全丧失了贮藏功能，也部分地失去了交易媒介功能，货币形同废纸，人们则觉得“货币烫手”，拼命地把手中的货币花出去，或者宁愿以货易货，退回到物物直接交换的低效时代。其结果必然是严重地破坏正常的生产和流通，造成社会的动荡不安甚至货币信用制度的崩溃和经济的完全瘫痪。在第一次世界大战后的德国、奥地利和第二次世界大战后的匈牙利、中国等都曾经发生过这种情况。

（2）按市场机制的运行情况，分为公开的和隐蔽的通货膨胀。

一般地，在市场机制的正常作用下，通货膨胀必然表现为物价上涨；反之，如果经济运行中存在人为的压制市场机制的情形，则通货膨胀就会以短缺的形式表现出来，出现商品普遍供应紧缩、凭证限量供应、强迫储蓄、黑市、排队等现象。所以，公开型通货膨胀是指一般物价水平明显、直接地上涨；而隐蔽型通货膨胀则是指物价水平没有上涨，但消费者的实际消费水平却有所下降的情况。

隐蔽的通货膨胀，通常不能用消费物价指数、批发物价指数、国民生产总值平减指数来衡量，而要借助于结余购买力、货币流通速度变动率、市场官价与黑市价格的差异、价格补贴状况、市场供求状况等指标来综合衡量。

（3）根据对通货膨胀的预期分析，分为预期的和非预期的通货膨胀。

预期的通货膨胀是指在通货膨胀发生之前，人们便预见到它将以一定的物价上涨率出现，而事实上它又确实以这一上涨率出现的。非预期的通货膨胀，是指人们对未来通货膨胀无法加以正确预测，既不能确定是否出现，也不能确定其上涨幅度，而后通货膨胀又真的发生了。

这种划分与传统的通货膨胀理论的不同之处在于，认为一旦人们产生了所谓的“通货膨胀预期”，就会在各种交易、合同、投资中都将未来的预期通货膨胀率计算在内，从而使政府的各种政策措施失去效力，并在无形中加重了市场通货膨胀的压力，引起物价的进一步上涨。

（4）按通货膨胀的成因，分为需求拉上型、成本推动型和结构性通货膨胀。

通货膨胀的成因

尽管各国的通货膨胀和一国在不同时期通货膨胀的具体成因多种多样，但从表面上看，通货膨胀的直接原因却只有一个，那就是货币供应过多。货币供应量与货币需求量相适应，是货币流通的基本要求，如果违背了这一准则，过量发行货币，超过了经济生活中所需要的客观数量界限，必然会出现“过多的货币追逐过少的商品”，从而引起货币贬值、物价上涨等通货膨胀现象。正如弗里德曼所指出的那样，通货膨胀无论何时何地都是一种货币现象，说明货币是导致通货膨胀的唯一重要因素。对世界许多国家的实证分析表明，每当一个国家的通货膨胀率持续地很高时，其货币增长率也必然是很高的，换言之，高通货膨胀率是高货币增长率的结果。

进一步分析，高的货币增长率或过多的货币供应又是怎么引起的呢？这就需要从深层次上寻找原因。西方经济学界对通货膨胀的成因做了广泛的研究，形成了各种理论流派，较有代表性的有三种：需求拉上论、成本推进论和结构性通货膨胀理论。

1. 需求拉上论

西方经济学界最早出现的通货膨胀理论就是**需求拉上论**。其观点是：通货膨胀就是在充分就业的条件下，因总需求过度而导致的一般物价水平上升的经济现象，其根本原因在于总需求大于总供给，即一般物价水平是由于过多的总需求“拉上”来的，或者说是“过多的货币追逐过少的商品”。

在传统的古典经济学中，解释一般物价水平上升的理论主要是货币数量论。这一理论认为：在充分就业的条件下，货币数量的增加为一般物价水平上涨的唯一原因，且认为两者呈同比例增加。后来经过不断修正和发展，各种需求拉上的通货膨胀理论不断涌现，其中凯恩斯的过度需求理论是典型代表。

凯恩斯认为：在经济尚未达到充分就业时，如果货币数量增加，从而总需求增加，则只能促使就业增加和产量增加，而不会导致一般物价水平的上升；只有在经济处于充分就业时，货币数量的增加从而总需求的增加，才由于就业和产量不能进一步增加，而导致一般物价水平的上升。所以其结论就是：通货膨胀就是在充分就业的条件下，因总需求过度而导致的一般物价水平上升的经济现象。相应地，克服通货膨胀的对策就是：实行紧缩性的财政政策和货币政策，以消除过多的总需求。

2. 成本推进论

20 世纪 50 年代后期以来，西方国家出现了一种新现象：在经济远未达到充分就业时物价就持续上涨，甚至在失业增加时物价也在上升。这时一些经济学家开始用**成本推进论**来解释通货膨胀。其观点是：通货膨胀的根源在于供给或成本方面，即使没有对商品和劳务的需求出现过度的情况，但因生产成本增加，物价也会被推动上涨。

这种生产成本的提高主要有两个原因：

(1) 工人在强大的工会力量支持下要求增加工资，使货币工资的增长超过劳动生产率的增长。工资提高后，引起生产成本的增加，导致物价上涨；物价上涨后，工人会再次要求提高工资，从而形成工资—物价螺旋上升。这里要注意：(1) 并非任何货币工资率的提高都会导致工资推动型通货膨胀，如果货币工资增长率不超过边际劳动生产率的增长，企业在原有价格水平上的盈利不仅不会减少，而且还会增加，这样企业就不一定提高产品价格，相应地通货膨胀也有可能不出现；(2) 如果货币工资率超过劳动生产率的增长，但并非工会的作用所致，而是由市场上对劳动的过度需求引起的，那么这种通货膨胀就不属于工资推动型，而属于需求拉上型。

(2) 垄断企业操纵着企业的产品价格，以追求更高的利润。这样，价格提高后，以垄断企业的产品为原料的其他产品的成本相应提高，再带动其他产品的价格上涨，引起物价总水平的上涨。这种垄断力量操纵价格引起的通货膨胀就属于利润推动型。

成本推进论与需求拉上论的区别在于：前者更注重在生产领域中形成的物价上涨压力，后者则强调在流通领域直接增加的有效需求，使原有商品和货币的均衡关系被打破。在现实中，需求拉上和成本推进这两类因素往往不是截然分开的，而是相互作用、相互影响、难分彼此。表现为：需求膨胀促使物价上升，物价上升又使企业的产品成本增加，转化为下一轮的成本推动，而成本推动往往又以总需求的不断扩张为先导。

3. 结构性通货膨胀理论

结构性通货膨胀理论出现在 20 世纪 60 年代，它从经济结构方面的因素来分析物价水平上涨的机理。其观点是：在总需求不变的情况下，由于需求的组成部分发生结构性变化，需求增加的工业部门或地区，物价和工资上涨，需求减少的工业部门或地区，则因价格和工资刚性（即工资和价格只能上升不能下降），其工资和物价没有相应下跌，或下跌幅度抵消不了物价和工资的上涨，因而造成的物价总水平的上涨。

这种结构性通货膨胀又有以下几种具体情形：

（1）需求结构转移型通货膨胀。

在总需求不变的情况下，社会对各类商品和劳务的需求也不是固定不变的，而是会不断地从一个部门转移到另外一个部门，而劳动力及其他生产要素却不可能同步转移（因为转移需要时间）。这样，需求增加的部门的工资和产品价格上升，而需求减少部门的产品价格和工资却未必下跌，结果导致物价总水平上升。

（2）部门差异型通货膨胀。

一些经济学家将经济体系划分为工业部门和服务部门，一般地说，工业部门的劳动生产率的增长速度快于服务部门，但整个经济的货币工资增长率却要求同步增加，从而成为一般价格水平上涨的原因。

（3）“小国开放型”通货膨胀。

北欧经济学家将处于开放经济中的“小型国家”作为研究对象，研究国外通货膨胀是如何影响国内通货膨胀的。其思路是：将一国经济划分为开放部门与非开放部门，由于小国在国际市场上是价格接受者，因此，当世界市场上的价格上涨时，开放部门的产品价格首先上涨，其次是开放部门的工资也相应提高，最后非开放部门也必然会向开放部门看齐而提高工资，从而导致小国全面地通货膨胀。

（4）“瓶颈”制约型通货膨胀。

在发展中国家，由于资源配置缺乏相应的机制和效率，经济结构不合理、不平衡的现象比较严重，突出表现在：有些产业和部门生产能力过剩，而另一些诸如农业、能源、交通等部门生产能力严重短缺，构成“瓶颈”产业。当这些产业的价格因供不应求而上涨时，其他产业也会搭便车提高自己的产品价格，这种连锁反应的结果便导致了一轮又一轮的通货膨胀。

与前两种理论相比，结构性通货膨胀理论为人们全面认识通货膨胀的成因提供了一种全新的思路。特别是对于发展中国家来说，经济结构的失衡和产业间的劳动生产率增长的差异在促进其通货膨胀的形成方面确实举足轻重，从而使这一理论更加具有现实意义。

通货膨胀的社会经济效应

通货膨胀作为一种复杂的经济现象，它对经济的后果与影响主要表现在以下几个方面：

1. 通货膨胀对经济增长和就业的影响

通货膨胀对经济增长的影响，有促进论、促退论和中性论三种观点。促进论认为，通货膨胀可以促进经济增长，具有正的产出效应。其思路是：资本主义经济长期处于有效需求不足、实际经济增长率低于潜在经济增长率的状态，这样，政府通过增加预算赤字、扩张财政支出、提高货币供应量而实施的通货膨胀政策，就可以刺激有效需求，促进经济增长。促退论认为，通货膨胀会损害经济增长，具有负的产出效应。其思路是：持续的通货膨胀会降低效率从而阻碍经济增长。因为，首先，通货膨胀会降低借款成本，诱发过度的借款需求，从而迫使金融机构加强信贷配额管理，削弱金融体系的运营效率。其次，长期的通货膨胀还会增加生产性投资的风险和经营成本，使资金投向生产性部门的比重下降，不利于经济发展。最后，通货膨胀持续一定时间后，在公众舆论的压力下，政府可能采取全面管制的办法，削弱经济的活力。中性论认为，通货膨胀对经济增长没有任何影响，两者之间没有因果关系。其思路是：由于公众预期，在一定时期内他们会对物价上涨做出合理的行为调整，因此，通货膨胀各种效应的作用将会相互抵消。从长期来看，产出和经济增长则是由一系列实际因素如生产技术、产业结构等决定的，货币只影响价格总水平。

一般地，通货膨胀在短期内能起到扩大就业、刺激经济增长的作用。但这种作用的前提条件是：通货膨胀未被充分地预期或者说没有被充分认识到。这样，生产者可能将物价的总体上涨误解为自己产品的相对价格上涨，从而增加生产；工人可能将自己的名义工资的上涨误解为自己实际工资的上涨，从而一方面增加自己的劳动供给，另一方面增加自己的消费支出；政府则可以暂时以较高的物价来换取某些额外的就业机会。但这种虚幻的“货币幻觉”显然不可能持久，因为你不可能在太长时间内愚弄所有的人。当生产者发现所有商品价格都上涨之后，他便没有积极性去扩大生产；工人意识到通货膨胀使自己的实际工资不仅没升反而降低时，他便没有动力去提供更多的劳动和增加消费支出。因此，通货膨胀所带来的经济增长和就业增加很有可能就是短暂的繁荣。

2. 通货膨胀对财富和收入的再分配效应

通货膨胀对财富和收入的再分配效应显而易见。如你以 6%的利率借出 100 元，如果一年后价格水平上涨了 12%，那么借款人归还你的 106 元的现值就小于 100 元，你的资金不仅没有增值，反而还遭受了损失。这意味着通货膨胀将你财富的一部分转移到借款人手里，这就是通货膨胀的财富或收入再分配效应。这种不合理的再分配随处可见，如有长期工资合同的雇员和雇主之间、收取固定数额房租的房东和房客之间、领取固定数额养老金的退休工人与养老基金之间等。这种再分配效应也有助于解释为什么政府总倾向于发行过多的货币，因为政府发行巨额的国债，作为债务人，在通货膨胀的环境下，其还本付息的负担就轻得多。

这种财富和收入的再分配不是由于正当的原因引起的，而是由于价格的不可预期变动引起的，因而是不合理的，是应当避免的；否则，会造成效率的损失。

3. 通货膨胀对经济效率的影响

通货膨胀通过相对价格的扭曲，使价格作为一种信号机制无法反映资源的稀缺程度，从而使资源不能得到有效配置，对宏观和微观的经济效率造成损失。表现在：

（1）通货膨胀导致储蓄率降低。

在高通货膨胀率的环境下，持有货币（现金和支票存款）的机会成本将极大上升。因为，现金的名义收益率为 0，支票存款的名义收益率也很低，如果通货膨胀率为 12%，则意味着购买实物资产的实际收益率为 12%，现金的实际收益率为－12%，因此公众的感觉是“货币烫手”，于是他们将不惜一切代价地将货币转化为实物资产或名义收益率随通货膨胀率而上升的存款和债券，企业则会花费大量的精力来进行“现金管理”，即一次一次地去银行存钱、取钱，以尽可能地避免自己的账户上保存过多的现金余额，西方经济学家将人们因此而花费的大量时间和精力形象地称为“皮鞋成本”。

同时，人们在银行的各类存款，其名义利率也往往不能随通货膨胀率的上升而进行充分调整，有时还会出现“负利率”，这会极大地打击人们的储蓄热情，从而导致储蓄率降低。

(2) 通货膨胀导致投资率下降。

在高通货膨胀的环境下，各种商品的相对价格不断变化，未来的不确定性增加，风险增大。企业会感到无所适从，为避免风险，他们往往从生产周期较长的产业转向生产周期较短的产业，经济中的短期行为和投机行为盛行。同时，通货膨胀会导致股票、债券价格下跌，企业从银行或通过股票、债券筹集资金困难，投资率下降。

(3) 通货膨胀影响产业结构、产品结构的合理配置。

通货膨胀导致需求增加，这首先会拉动周期短、投资少、见效快的加工工业迅速膨胀，致使基础工业滞后，产业结构失衡。其次，政府为缓解通货膨胀而大搞公共工程建设，其所涉及部门的发展必然快于其他部门，从而加剧产业结构失衡。再次，居民的大量抢购，造成市场的虚假需求很容易对生产产生误导。最后，企业为追求生产速度，产品粗制滥造、质量低下，产品结构极不合理。

(4) 通货膨胀打乱了正常的商品流通。

通货膨胀使人们形成一种对货币贬值的预期，导致流通中的囤积居奇，出现“投资不如投机、生产不如囤积、存钱不如存货”的现象。此外，通货膨胀还不利于企业加强经营管理，甚至会引发金融领域的混乱和影响国际收支平衡，同时损害政府威信，使政局不稳。

通货膨胀的对策

鉴于通货膨胀的不利影响和后果，各国都把反通货膨胀作为一个重要的宏观经济目标。但由于对通货膨胀产生原因的认识不同，其采取的对策也不尽相同。

1. 需求政策

针对需求拉上型通货膨胀，政府往往采取紧缩性的货币政策和财政政策来抑制过旺的总需求。

紧缩性的货币政策，其实质是控制货币的过快增长。具体方法有：

(1) 中央银行提高法定存款准备率，减少商业银行的超额准备金，从而抑制其信贷扩张能力，达到降低货币乘数，减少货币供应的目的。

(2) 中央银行提高再贴现率，以提高商业银行获取资金的成本，从而促使商业银行增加对客户贷款的利率，达到抑制企业贷款需求，减少货币供应的目的。

(3) 中央银行在公开市场上出售手中持有的有价证券，以减少商业银行的超额准备金，以达到减少货币供应的目的。

此外，中央银行还可以动用法律手段、行政手段来实施紧缩。

紧缩性的财政政策，通常包括增加税收、压缩政府支出、缩小财政赤字等。税收的增加，减少了企业和家庭可用于消费和投资的资金来源；政府支出的减少则直接意味着总需求的下降。

总之，货币政策是通过影响信贷、影响投资，从而影响市场货币供应量，以压缩总需求的，而财政政策则是直接影响政府、个人和企业的消费支出，以压缩总需求。这两种政策措施总体来说，容易奏效，但也往往伴随着失业率的大幅度上升。

2. 收入政策

针对成本推动型通货膨胀，经济学家提出了对付通货膨胀的收入政策，即由政府拟定物价和工资标准，劳资双方共同遵守，这样可以一方面降低通货膨胀率，另一方面不致造成大规模的失业。收入政策一般有三种形式：

（1）指导性为主的限制。这种形式是利用政府威信对特定的物价和工资进行规劝，或施加政府压力，迫使工会或雇主协会让步；对一般性的工资或物价，政府根据长期劳动生产率的平均增长率等因素，制定一个工资和物价的增长标准，作为工会和雇主协会双方协商的指导线，要求他们自觉遵守。如美国 20 世纪 60 年代的肯尼迪政府和约翰逊政府，都相继实行过这种政策。由于政府只能依靠劝说而不能以法律手段强制实行，所以其效果并不理想。

（2）以税收为手段的限制。政府以税收作为奖励和惩罚的手段来限制工资、物价的上涨。如果企业的工资增长率在政府规定的幅度之内，政府就以减少所得税的方式予以奖励；否则，就增加税收作为惩罚。这种政策在实践中的效果也不是很显著。

（3）强制性工资、物价管制。由政府颁布法令，强行规定工资、物价的上涨幅度，甚至暂时将工资和物价加以冻结。这种办法通常在战争时期或在通货膨胀变得非常难于对付时采用。如美国在 1971—1974 年、阿根廷在 1985 年、巴西在 1986 年曾经实施过这种方案。

从各国实践的结果来看，利用收入政策对付通货膨胀的效果并不太好。其原因在于收入政策存在着明显的缺陷：如果收入政策的限制太温和、太保守，往往收效甚微；如果太严厉，则会严重削弱价格机制在资源配置中的作用。同时，即使是很严厉，如果没有紧缩性的货币政策和财政政策的配合，也不可能长期有效。因为公开的通货膨胀会变为隐蔽的通货膨胀，一旦重新放开价格，通货膨胀会以更大的力量爆发出来。因此，收入政策并不是治理通货膨胀的灵丹妙药，把它作为一种辅助政策似乎更为合适。

3. 供给政策

针对需求拉上型通货膨胀的总需求大于总供给，需求政策着眼于压缩总需求来适应总供给，而供给政策则是立足于既压缩总需求，又扩张总供给来适应总需求。这样，一方面解决总需求与总供给的不平衡，平抑物价；另一方面不致引起失业率增加，甚至可降低失业率。

这种政策措施主要有：削减政府开支，降低总需求；降低所得税税率，并提高机器设备折旧率，促进投资，增加供应；限制货币量增长率，压缩总需求。

供给政策的实施，为解决通货膨胀问题提供了一种全新的思路，它改变了过去只着眼于解决过度需求的做法，从解决过度需求和增加供应方面来解决总供给的状况，以平抑物价，缓解通货膨胀。

4. 收入指数化政策

收入指数化政策，是指各种名义收入、工资、利息等，部分或全部地与物价指数挂钩，自动随物价指数的升降而升降。如银行存款利息的支付、工资的调整、国债利息的确定等许多活动都能适应这种政策。

在发达国家的实践中，运用得较多的是收入指数化和工资指数化。

收入指数化政策的作用表现在：一是能借此剥夺政府从通货膨胀中获得的收益，杜绝其制造通货膨胀的动机；二是可以消除物价上涨对个人收入水平的影响，保持社会各阶层原有生活水平不至于降低，维持原有的国民收入分配格局，从而有利于社会稳定；三是可稳定通货膨胀环境下微观主体的消费行为，避免出现抢购囤积商品、贮物保值等加剧通货膨胀的行为，并可防止盲目的资源分配造成资源浪费和低效配置；四是可割断通货膨胀与实际工资、实际收入的互动关系，稳定或降低通货膨胀预期，从而抑制通货膨胀率的持续上升。但这种政策也不是十全十美的，如指数的选择很困难，很难做到科学合理；指数化在消除收入的不公平分配方面的作用也相对有限；强化了工资和物价交替上升的机制；等等。

5. 货币改革

在通货膨胀已经达到恶性程度，整个货币制度已经处于或接近于崩溃的边缘时，采取的政策应该是进行货币改革。一般做法是，废除旧币发行新币，对新币制定一些保证币值稳定的措施。

这种政策措施的目的就在于增强居民对货币的信任，增加银行储蓄，恢复货币职能。如果发行新币后，通货膨胀仍得不到控制，甚至继续恶化，则新发行货币的信誉就会迅速下降，货币改革就以失败而告终。实际上，这种政策是一种治标不治本的权宜之计，历史上不乏失败的先例。

中国的通货膨胀问题

1. 改革开放以来我国通货膨胀的发展历程

改革开放以来，我国先后经历了六次通货膨胀。

（1）1980 年的通货膨胀。据统计，1979—1980 年，财政共发生赤字 298 亿元，新增发钞票 134.4 亿元，相当于前 30 年发行总量的 63.3%，新净增信贷 564.3 亿元，1980 年零售物价指数上涨了 6%。这次通货膨胀，一方面归因于“文化大革命”期间的通货膨胀的惯性延续，另一方面导因于国家宏观经济政策急于求成的指导思想，引起了国民经济比例失调，也加重了财政收支困难，从而造成货币与信用供给过度。这次通货膨胀的治理措施为：一是大力发展生产，合理调整工农业的内部结构；二是压缩基建投资；三是加强财政收支管理，确保财政收支平衡；四是加强信贷管理，严格控制货币发行，实行“有松有紧”的货币政策。这些措施很快见效，1981—1983 年，零售物价指数的涨幅就降至 2%左右，有效地缓解了供求不均衡的局面。

（2）1984 年的通货膨胀。统计表明，1984 年，银行各项贷款新增 988.5 亿元，比上年增长 28.8%；现金发行净增 262 亿元，比上年增长 49.6%。1985 年零售物价指数上涨幅度达 8.84%。这次通货膨胀的原因主要是：固定资产投资规模失控，消费基金增长过快，信贷发放和现金发行的增长速度过快。基于此，采取的治理措施有：一是加强对固定资产投资规模的控制与管理；二是严格控制消费基金的不合理增长；三是实行信贷规模直接控制与运用货币政策工具间接调控相结合的新的管理模式；四是加强对外汇与外债的管理。到了 1985 年，信贷投放和现金发行的速度比上年有所下降，实现了当年财政收支平衡，总供求矛盾有所缓解。

(3) 1988 年的通货膨胀。1988 年的零售物价指数上涨幅度为 18.48%，1989 年的零售物价指数上涨幅度为 17.86%。1988 年，全国出现了三次抢购风，并伴随着存款挤兑、储蓄滑坡、资金体外循环和信用环节阻塞等严重经济现象，经济及金融秩序十分混乱。其原因主要在于：长期以来存在的国民收入超分配、经济结构不合理、总需求大于总供给以及经济转轨时期特有的矛盾与摩擦。当时采取的治理措施有：一是调低经济增长速度；二是缩减固定资产投资规模；三是压缩消费基金增长；四是严格控制信用与货币供给量；五是调整产业结构和产品结构；六是削减财政支出，增加财政收入。这些措施起到了良好的治理效果。

(4) 1994 年的通货膨胀。1992—1995 年的零售物价指数同比涨幅分别为 5.41%、13.17%、21.71%、14.8%，呈现出时间长、通货膨胀率高的特点。这次通货膨胀是由于：一是货币供给增长过快，超过当时经济增长与通货膨胀所需的货币需求量；二是投资规模过大，尤其是固定资产投资严重膨胀且投资效益低下；三是产业结构失衡，农副产品短缺，加之农产品价格放开后的上涨过快，都促成了物价的快速上涨；四是外商投资和国家外汇储备的快速增长，诱发货币供给量投放过快，拉动了物价上涨。为此，政府采取了以下的“适度从紧”的货币政策与财政政策措施：一是严格控制现金投放量，调整货币供给量及其结构，并监督其使用方向；二是实行信贷管理，调整信贷结构，保证重点建设和基础行业的资金需要；三是严格控制固定资产投资规模，调整固定资产投资结构；四是加强金融监管，整顿金融机构，防范金融风险；五是加强外汇和外债管理，保证汇率稳定；六是发展货币市场，灵活运用利率、再贷款、再贴现等货币政策工具，增强货币政策间接调控强度。经济整顿与治理，基本上达到了经济持续快速增长、外汇储备大幅度上升、物价回落的目标，成功地实现了经济“软着陆”。

(5) 2006 年以来的通货膨胀。2006 年第四季度以来，在食品价格大幅上涨的推动下，我国居民消费价格指数（CPI）出现了较快上涨。从 2007 年第二季度开始，我国的居民消费价格总水平上涨不断加速，4 月份到 7 月份的涨幅分别是 3%、3.4%、4.4%、5.6%。从 2007 年 8 月份起，居民消费价格总水平（CPI）连续 5 个月涨幅达到 6%以上，2008 年一季度 CPI 上涨 8%，继续在高位运行，通货膨胀压力不断加大。与 20 世纪 90 年代初由于产品供不应求导致的通货膨胀不同，本次通货膨胀中并不存在突出的产品供不应求的情况，主要原因是生产成本的推动：一是我国经济发展连续数年快速发展，GDP 的年增长率在 10%左右，特别是人均 GDP 达到 2 000 美元以后，多种生产要素价格走势都出现了拐点，比如土地、劳动力价格的提升是一个自然的过程。二是我国部分生产要素价格体系离市场化的目标还有相当大的差距，由于政府管制造成的价格扭曲的状况还普遍存在，比如石油等资源价格，随着科学发展观、构建和谐社会理念和政策的提出与逐步落实，资源性产品价格改革的不断推进，价格上涨不可避免。三是我国经济国际化程度日益提高，外部输入因素对国内价格的影响增大。近年来，随着中国、印度还有其他一些发展中国家工业化和经济发展速度的加快，对全球初级产品的需求量不断上升，导致初级产品进入一个成本上升的周期。粮食、原油、铁矿石等价格已经进入周期性的上升阶段，通胀压力上升成为全球性现象。在我国对外开放度已经较高，初级产品对外依赖性加大的背景下，全球初级产品价格的上升必然导致国内初级产品价格的上升。尽管人民币汇率升值对通货膨胀输入起到了一些抵消作用，但国际价格上涨对国内价格仍有显著影响。四是猪肉等重要商品价格受供给约束影响上涨较快。五是随着我国日益注重环境保护，环境成本也导致成本上升，价格上涨。六是经济运行中投资增长过快、贸易顺差过大、信贷投放过多、银行体系流动性偏多。为此在2007年，政府提出实施稳健的财政政策和从紧的货币政策，防止经济增长由偏快转向过热，防止价格由结构性上涨演变为明显通货膨胀。中央银行主要采取了以下措施：一是采取综合措施，加强流动性管理，灵活开展公开市场操作，在灵活开展公开市场操作的同时，十次上调存款准备金率共5.5个百分点，六次上调金融机构人民币存贷款基准利率。二是发挥利率杠杆的调控作用，先后六次上调金融机构人民币存贷款基准利率。其中，一年期存款基准利率从年初的2.52%上调至年末的4.14%，累计上调1.62个百分点；一年期贷款基准利率从年初的6.12%上调至年末的7.47%，累计上调1.35个百分点。三是加强“窗口指导”和信贷政策引导，提示商业银行关注贷款过快增长可能产生的风险以及银行的资产负债期限错配问题，引导金融机构合理控制信贷投放总量和节奏。四是完善人民币汇率形成机制，加快外汇管理体制改革，进一步扩大人民币汇率弹性，促进国际收支基本平衡。

(6) 2010年以来的通货膨胀。2010年下半年以来我国价格总水平开始逐步回升，2010年下半年尤其是第四季度以来价格上涨压力明显增大，居民消费价格涨幅继续扩大。2011年第一季度CPI同比上涨5.0%，涨幅比上个季度继续扩大0.3个百分点。其中各月涨幅分别为4.9%、4.9%和5.4%；2011年第二季度CPI同比上涨5.7%，涨幅比上个季度继续扩大0.7个百分点。其中各月涨幅分别为5.3%、5.5%和6.4%。2011年三季度居民消费价格同比涨幅达到高位后逐月回落，第三季度各月，CPI同比分别上涨6.5%、6.2%和6.1%，平均为6.3%。

具体看本轮物价上涨，还与以下两个因素密不可分。一是外部货币条件宽松的影响。国际金融危机全面爆发以来，主要经济体货币条件持续宽松，大量资金涌向增长较快的新兴市场经济体。此外，美元等主要计价货币总体贬值，加剧国际大宗商品价格上涨，2010年，以美元计价的我国进口价格平均上涨13.7%，出口价格平均上涨2.4%，输入型通胀压力进一步上升。二是近年来在劳动力成本趋升以及资源价格改革等因素的推动下，影响物价上升的成本推动因素逐渐增强，导致农业、服务业等包含人工成本较高的商品价格出现较快上涨。

为了应对物价过快上涨的局面，中国人民银行在2010年10月到2011年7月间4次上调利率水平，一年期存款基准利率上调至3.5%，一年期贷款利率上调至6.65%；在2010年11月到2011年11月之间，9次上调金融机构存款准备金率，使得存款准备金率达到了历史最高水平21.5%。通过综合交替使用数量型工具、价格型工具和宏观审慎政策工具，把好流动性总闸门，控制物价上涨的货币条件，遏制了物价过快上涨的势头，促进了经济的平稳健康发展。

2. 理论界对我国通货膨胀成因的分析

在对我国通货膨胀形成原因深入思考和探讨的过程中，理论界提出了一些较有特色的通货膨胀成因假说，这些假说共同的特点就是注意到了体制这个大背景的变化对物价持续上涨的影响和作用。

（1）需求拉上说。这是一种比较传统的研究方法。代表性的思路有二：一是把货币供给增长过快归因于财政赤字过大，财政赤字又由投资，特别是基本建设投资过大所引起，以此来说明需求拉上型通货膨胀的形成机理。这种思路的形成是与改革开放前财政分配居于国民收入分配的核心地位相联系的。二是将通货膨胀直接归结为信用膨胀的结果。前者强调财政，后者强调信贷，但共同点就是都重视货币因素在通货膨胀形成中的直接作用。至于财政与信贷各占多大的比重，有不同的看法。但主流的观点是：财政对国有企业亏损应补未补，导致“信贷资金财政化”，“信贷资金财政化”导致信用膨胀，信用膨胀导致总需求过大。

（2）成本推动说。从成本角度解释我国的通货膨胀，有两种观点：一是重点强调工资上涨因素，二是强调综合考虑原材料涨价和工资上涨两方面因素。前者的思路是：商品的出厂价提高迫使零售价提高，而出厂价提高的主要原因是工资成本加大；工资成本加大源于企业职工的个人收入最大化行为导向；而职工追求个人收入最大化的愿望之所以能变成现实，原因在于企业管理者与职工个人利益方面的同构性。后者的思路是：改革中为了改变原材料与制成品比价不合理的状况，国家对原材料进行多次调价。但这种调高价格并不是由于这些部门的工资特别高于其他部门，因而应把原材料涨价对通货膨胀的影响单独分解出来进行分析，不应与工资因素混为一谈。

（3）结构说。结构性通货膨胀说的基本论点是：在供给与需求总量大体平衡的前提下，初级产品的短线制约是引发通货膨胀的主要原因。此外，国家为了改变不合理的经济结构，企图对资源进行重新配置，对短线部门和产业采取减税和增加信贷倾斜措施来增加对这些部门的投资，也会造成货币供给量过多、需求过多的现象，这也可以看成是结构性的需求拉上。

（4）体制说。从国有体制上解释我国通货膨胀的终极原因，有其合理性。主流的观点认为：国有企业由于不具有破产和兼并机制，产权关系模糊，在资金上吃国有银行的“大锅饭”，从而使国有企业的投资效率很差，风险由国家承担。同时，在企业半停产或停产时职工工资照发，企业产品无销路也能得到国有银行的信贷支持。其结果必然是：有效供给的增加与有效需求的增加不相吻合，而需求的过度累积最终推动了物价上涨。

（5）摩擦说。这是在经济体制转轨过程中，在特定的所有制关系和特定的经济运行机制下，计划者需要的经济结构与劳动者所需要的经济结构不相适应引起的经济摩擦所造成的通货膨胀。具体地说，就是在公有制特别是国有制条件下所存在的积累与消费之间的矛盾，外在地表现为计划者追求高速度经济增长和劳动者追求高消费之间的矛盾。国家的行为往往引起货币超发，劳动者的行为则引起消费需求膨胀和消费品价格上涨。

（6）混合类型说。这种观点认为，我国的通货膨胀形成机理十分复杂，除了从经济角度外，还应该从体制性因素、政策性因素和其他一般因素深入分析。其中，体制性因素，不仅包括企业制度因素，还包括价格双轨制、银行信贷管理制度等各种新旧体制难以马上衔接到位等因素。政策性因素是指宏观经济政策由于缺乏前瞻性，过松或过紧对社会总供求带来的不利影响。其他一般因素，是指单纯由于经济成长和发展过程中存在的足以引发通货膨胀的中性原因，如人均土地面积很小造成的对农副产品的需求压力等。

第三节 通货紧缩

通货紧缩的定义

第二次世界大战之后，世界各国普遍发生的是通货膨胀而不是通货紧缩，因而在20世纪六七十年代的西方经济学教科书中几乎连“通货紧缩”这个名词都很难看到。随后一些流行的经济学教科书对通货紧缩的定义也不完全相同：（1）萨缪尔森和诺德豪斯在其《经济学》中的定义是：通货紧缩是指物价总水平的持续下跌；（2）斯蒂格里茨在其《经济学》中的定义是：通货紧缩是一般价格水平持续下跌；（3）斯宾塞在《当代经济学》中的定义是：所有商品和服务的一般价格水平的下降，即单位货币购买力的上升；（4）罗伯特·H·戈登在其《宏观经济学》中的定义是：价格总水平的持续下降过程；（5）货币主义代表人物D. 莱德勒在《新帕尔格雷夫财政金融大辞典》中的定义是：通货紧缩是一种价格下降和货币升值的过程，它是和通货膨胀相对的；（6）老牌凯恩斯主义者托宾在《经济学百科全书》中的定义是：通货紧缩也是一种货币现象，它是每单位货币的商品价值和商品成本的上升。

从以上所列西方经济学教科书和辞典中关于通货紧缩的定义来看，大都是从通货膨胀的对立面来定义的，认为通货紧缩是价格总水平的持续下降。显然，这是一种主流观点。但也有少数经济学者主张，通货紧缩不只是价格下降，还包括货币数量减少和货币流通速度下降以及经济萧条，但这种观点未能被写入经济学教科书和辞典中，不能代表主流观点。

我国也有的经济学者强调通货紧缩是“两个特征，一个伴随”，即物价水平和货币供应量的持续下降并伴随着经济衰退。对于这种观点，有许多经济学家持有不同的见解。

用价格总水平的持续下降来定义**通货紧缩**，在经济学界几乎已经达到共识，但对“持续”的标准却有不同的看法：有的认为应在至少6个月以上，有的认为2年以上，还有的认为通货膨胀由正变负为轻度通货紧缩、由正变负超过1年为中度、达到2年为严重。一般地，通货紧缩还表现为银行信用紧缩，货币供应量增长速度持续下降，信贷低迷，消费和投资需求减少，企业普遍开工不足，失业增加等现象。

通货紧缩的成因

在引起通货紧缩的原因中，既有货币因素，也有非货币因素；既有生产性、技术性因素，也有结构性因素，还有体制和制度性因素；既有国内的原因，也有国外的原因。归纳起来，造成通货紧缩的原因有以下几个方面。

1. 货币性因素

货币性因素是指一国采取紧缩性的货币政策和财政政策，大量减少货币发行或削减政府开支以减少赤字，会直接导致货币供应总量不足，使商品和劳务市场的供求失衡，使

"太多的商品追逐太少的货币"，引发政策紧缩型的通货紧缩。典型的例子是1920—1921年和大萧条时期在美国出现的严重通货紧缩，是货币紧缩的直接后果。由此提出的一个讨论问题是：货币当局追求零通货膨胀率的目标是否合理：因为很有可能在治理通货膨胀的过程中，却引起了严重的通货紧缩。

2. 生产性、技术性因素

经济体系呈周期性变化的特点，也使得在繁荣的高峰阶段，生产能力大量过剩引发供大于求，从而物价下跌，出现经济周期型的通货紧缩。同时，日益激烈的市场竞争和降低成本的科技创新，会引发技术进步和生产力水平的提高，在放松管制和改进管理的呼应下，会促使劳动生产率的进一步提高和价格的下降，从而出现成本降低型的通货紧缩。

3. 结构性因素

供给和需求结构不相吻合，也是造成通货紧缩的重要原因。从供给方面看，由于盲目扩张和过度投资会形成供给结构不合理和过多的无效供给，积累到一定程度必然会加剧供求之间的矛盾；从需求方面看，在经济周期的下降阶段，当经济主体对经济前景比较悲观时，会出现消费和投资需求不足，导致物价下跌。两方面因素共同作用的结果是形成结构性的通货紧缩。

4. 体制和制度性因素

体制和制度也是引起通货紧缩的重要原因。如我国的"赢了归自己，输了归银行（财政）"的投资制度，尤其是国有企业的长期低效是导致我国20世纪90年代末通货紧缩的主要原因。此外，住房、养老、医疗、保险、教育等方面的制度变迁和转型，都可能会影响到经济主体的消费和投资行为，引发有效需求不足、物价下跌现象，形成体制转轨型的通货紧缩。

5. 外部性因素

在开放经济条件下，一国实行钉住强势货币的汇率制度时，本币汇率高估，会减少出口，扩大进口，加剧国内企业经营困难，使有效需求受到抑制，导致物价走低。或者，国际金融市场上的动荡也会引起一国国际收支逆差或资本外流，形成外部冲击型的通货紧缩。

通货紧缩的社会经济效应

直观地说，通货紧缩是供给超过需求的结果。仔细分析，导致供给超过需求的原因既可能是供给增加、需求萎缩，也可能是供给的增加超过需求的扩张。而供给之所以增加，可能是生产能力的充分利用而造成了生产过剩，也可能是由于技术创新与进步而提高了劳动生产率所致；需求的缩减，则可能是收入下降造成的，也可能是有效需求不足所引致。因而，通货紧缩对经济社会的影响就不能一概而论，即有"好的"和"坏的"通货紧缩之分。

1. 通货紧缩对经济社会的负面影响

严重的通货紧缩会对社会经济产生巨大的破坏作用，典型的例子是20世纪30年代的大萧条。物价普遍地持续下降对经济增长的负面作用也不应忽视，具体表现在：

（1）通货紧缩导致和加速经济衰退。价格总水平的持续下降意味着货币购买力不断提高，消费者会推迟购买，以等待将来更低价格的出现，从而在储蓄增加的同时，个人消费相应减少。同时，由于需求抑制导致商业活动相应萎缩，进而影响就业增长，形成工资下降的压力，经济会因此而陷入通货紧缩的螺旋之中，最终可能导致衰退或萧条。而且，通货紧缩还会使投资项目的吸引力下降，因为持续的物价下降意味着实际利率的上升，使投资成本变得昂贵。加上通货紧缩下社会总供求的环境也会使投资前景变得暗淡，各类经济主体的投资减少必将导致经济增长率的下降，甚至经济衰退。

(2) 通货紧缩可能会引发银行危机。其传导机制是：首先，通货紧缩使实际利率上升，从而增加债务人的负担，债务人因经营困难不能按时还贷，会使银行不良资产比率上升；其次，通货紧缩会降低资产抵押和担保品的价值，银行被迫要求客户尽快偿还贷款，而这将会导致资产价格的进一步下跌、贷款者净资产的进一步减少；最后，如果预期通货紧缩还将持续，那么在任何名义利率下借款者都会愿意借款，而如果预期资产和商品价格会下降，则银行在任何名义利率下都会“惜贷”，从而造成信贷供给和需求的极度不平衡。

(3) 通货紧缩会引起负财富效应。通货紧缩在使货币变得越来越贵的同时，却会产生商品和资产价格的持续下降，股市的狂泻，会产生负面的财富效应，从而降低资产的抵押或担保价值，加速企业的破产过程。

2. 通货紧缩对经济社会的正面效应

在经济增长率不断上升时伴随着轻度的通货紧缩，意味着人们手中单位货币购买力的不断升值，从而对全体社会成员来说都能在不同程度上受益。如 1866—1896 年美国长期的通货紧缩，正是其赶超英国的时期，其年均经济增长率为 7.5%。但是通货紧缩对经济的这种积极效应能否发挥出来，取决于造成通货紧缩的背景、环境、条件和形成机制等。一般地，下列情况下的通货紧缩是有利于经济的稳健发展的：一是在自由竞争的市场环境下，追求利润最大化的企业为占领和扩大市场份额所进行的价格战，一方面使平均价格趋于降低，另一方面又成为促进企业不断提高经营管理水平、降低成本和提高劳动生产率的动力。二是由技术进步、设备更新、资本有机构成提高而形成的劳动生产率提高和单位产品成本的下降，也构成了商品价格持续下降的源泉。三是在全球化、一体化的开放经济条件下，通货紧缩会在国家之间传递，虽在短期内对本国经济的发展造成一些不利影响，但长期却能促使本国企业加快技术进步，降低成本，提高本国商品的国际竞争力。

小专栏

《欧兹国历险记》对“通货紧缩”的影射

美国好莱坞电影《欧兹国历险记》（旧译《绿野仙踪》）是根据美国作家弗兰克·鲍姆的一本儿童读物改编的，主要故事情节是讲述一个叫陶利丝的堪萨斯小姑娘，在迷路之后如何与其朋友小狗托托、稻草人、铁皮人、胆小的狮子等战胜女巫回到家乡的故事。在这个故事的背后，影射的是当时激烈争论的银币自由铸造问题。

在 19 世纪的美国，金融货币流通背景下，由于货币量是以金银作为准备来发行的，人们遇到的问题经常是通货紧缩而不是通货膨胀，在这一时期美国有 70 年左右时间处于通货紧缩中。特别是 1880—1896 年，物价严重下跌了 23%，引起了经济衰退、企业债务负担加重、失业增加等不利影响，其原因很大一部分就是由于黄金供给短缺。于是当时的民主党就主张采用金银复本位制，解决货币币材不足的问题，呼吁让人们自由铸造银币，以摆脱通货紧缩。而当时的共和党人却反对银币自由铸造。双方展开了激烈的争论，并在1896年的总统竞选中成了焦点话题。竞选的结果是主张银币自由铸造的民主党人败给了共和党人，金银复本位制没有得以实施。但这场争论直到阿拉斯加发现了金矿、加拿大和南非的黄金产量增加、通货紧缩结束之后才算了结。《欧兹国历险记》的作者是支持银币自由铸造的，所以书中的主人公陶利丝靠一双银拖鞋回到了家乡。可惜好莱坞改编时不知其背后的影射意义，把银拖鞋改成了红宝石拖鞋。

通货紧缩的对策措施

面对通货紧缩，各国普遍采取措施或进一步强化原有措施的力度，防止通货紧缩和经济衰退。主要的政策思路有二：凯恩斯主义和货币主义的政策。

1. 凯恩斯主义的政策主张

在出现20世纪30年代世界性的通货紧缩、经济萧条的大背景下，凯恩斯主义提出了一套有效需求不足理论，相应的政策主张是廉价货币政策和赤字财政政策，并力求通过国家干预来解决问题。廉价货币政策，即膨胀性的货币政策，通过增加货币供应量，降低利率，以刺激投资和消费；赤字财政政策是政府用举债的办法，大规模增加财政开支和大搞公共工程或采取减税措施，来拉动投资和刺激消费。其政策思路是以财政政策为主，以货币政策为辅。

凯恩斯的政策主张曾经在战后对付因通货紧缩而引起的经济萧条和失业问题等方面比较有效。

2. 货币主义的政策主张

在强烈反对凯恩斯主义的国家干预经济理论的基础上，货币主义者以经济自由主义为其理论依据，提出了以稳定货币来反对通货膨胀的政策主张。表面上看，这种政策主张似乎对通货紧缩无能为力，但实质上，他们认为：货币数量是经济中唯一起支配作用的经济变量，货币政策是一切经济政策中的唯一重要法宝，扩张性的财政政策如果没有相应的货币政策的配合，就只能产生“挤出效应”而不是“乘数效应”。从这个意义上，货币主义实际上是主张通过扩大购买政府债券、降低存款准备金率等手段扩大货币供应量，压低市场利率，来配合扩张性的财政政策、收入政策、产业政策等，以达到刺激消费与投资，促进经济增长的目的。

除了货币政策和财政政策外，政府还辅以收入政策、产业政策、就业政策等宏观经济政策来治理通货紧缩，并积极鼓励企业重组和中小企业的创业、创新活动，更多地吸收工人就业，减轻失业压力，同时增加总供求。

中国的通货紧缩问题

我国自1997年10月物价开始负增长以来，连续20多个月出现了物价普遍下降的通货紧缩现象，到2000年9月才出现拐点。另外，从2009年2月开始，我国居民消费价格指数呈现为负，一直到2009年11月CPI才由负转正，同一时期工业品出厂价格呈现更大幅度的下跌。我国的通货紧缩除了企业间竞争加剧、技术进步致使劳动生产率有所提高外，又有其特殊的背景和成因。

1. 1998—2000年我国通货紧缩形成的背景和原因

（1）1998—2000年我国的通货紧缩是在深化改革与经济转制过程中发生的。深化改革必然会涉及利益格局的调整，从而对人们的短期收入预期产生影响，再加上社会保障制度不够完善，就会促使人们减少消费，导致通货紧缩。1997年，我国的经济转制处于起始阶段，旧体制的影响还很强大，政府职能尚未转变，市场力量还很薄弱，国有企业困难较多，金融改革进展不快，资本市场刚刚起步，这些都构成了通货紧缩形成的体制性背景。

1998—2000年我国的通货紧缩还有着深刻的全球背景。亚洲金融危机后，世界性的生产能力过剩趋于表面化，形成全球通货紧缩。由于我国的汇率体制仍有较大的刚性，所以国内各商品生产成本相对上升，加上产业结构与周边国家趋同，刺激进口抑制出口，削弱了净出口对经济的拉动作用。

1998—2000年我国的通货紧缩是在经济持续增长的同时发生的。在通货紧缩时期，1998年、1999年及2000年的GDP增长率仍分别高达7.8%、7.2%和8.3%。这是研究我国的通货紧缩问题时值得注意的一个特征。

（2）1998—2000年我国通货紧缩形成的原因。供给相对过剩和需求相对不足是造成这次通货紧缩的直接表面原因，主要表现在社会总需求的增长落后于社会总供给的增长。具体来说有：1）收入的增长远低于经济的增长。据统计，1988—1997年，GDP年均增长8.6%，但城乡居民人均年可支配收入仅分别为年均增长5.5%及3.0%。2）居民的储蓄偏好大于消费偏好。特别是随着国有企业、住房、医疗、教育等方面改革的深化，人们预期个人将要承担更多的费用，再加上对其预期收入不大乐观，更促成了其高储蓄倾向。3）收入差距加大也削弱了整体消费需求。基尼系数由1988年的0.3增至1999年的0.47，这种收入差距的拉大会削弱人们总体的购买力。4）供应结构不适应需求结构的变化。由于企业产品结构和整个产业结构的调整滞后于消费需求的变化，也促使物价水平趋于走低。

制度性因素所造成的投资需求不足是我国1998—2000年通货紧缩的另一原因。我国投资制度的缺陷表现在：银行制度改革在某种程度上快于国有企业的改制，而银行改革又慢于非国有企业的发展步伐，这种金融制度与实体经济发展的不同步性导致投资下滑，特别是民间投资的减少是造成通货紧缩的重要原因。其机制是：1）国有企业改革还没有实质性进展，其“优不胜劣不汰”的机制，大大弱化了市场信号，阻碍了供给结构的调整。2）国有银行由于不良资产比率过高以及对企业未来发展的不确定性增加，存在“惜贷”倾向。在我国银行信贷政策一直存在着向国有投资倾斜及对民间投资的政策性歧视的情况下，信用紧缩首先针对的就是民间投资。3）民间投资基于对未来市场状况、投资回报率的预期，当出现了市场不旺、价格走低、产品积压、收益下降时，投资者对经济发展前景的预测会趋于保守，致使其投资行为更为审慎。

我国宏观调控政策的滞后效应与不协调也促成了通货紧缩的形成。1996年，货币供应量、物价水平等已经“软着陆”后，政府出于对通货膨胀反弹的担心，继续执行适度从紧的货币政策，导致货币供应不足，在银行“惜贷”及大量增长储备率的背景下，导致通货紧缩。政策滞后效应还表现在对名义利率的调整不够及时和缺乏前瞻性，较高的实际利率加重了企业的债务负担和融资成本。宏观调控政策的不协调表现在：政府追求多重目标，致使政策效应相互抵消。如政府实施了积极的财政政策，但却被紧缩性的税收政策所抵消；政策在鼓励居民消费的同时，出台了多项改革措施大大降低了人们的收入预期，刺激消费的政策达不到应有的效果。

2. 2008—2009 年我国通货紧缩的背景和原因

2008 年至 2009 年我国价格形势经历了从下跌到回升的过程，2008 年 9 月以来，受国际金融危机冲击影响，主要价格指标急剧回落。CPI 和工业品出厂价格分别于 2009 年 2 月和 2008 年 12 月步入同比负增长，在 2009 年 7 月达到低点。此后，随着我国经济企稳复苏态势逐渐明朗，国际大宗商品价格不断上涨，负翘尾因素影响逐渐减弱，主要价格指标开始回升。CPI 于 2009 年 11 月结束了连续 9 个月的同比负增长，同比上涨 0.6%；工业品出厂价格 PPI 于 2009 年 12 月结束了连续 12 个月的同比负增长，同比上涨 1.7%。

存在通货紧缩压力，主要有两个原因：一是 2008 年的价格基数高。2008 年春节前夕南方部分地区发生了严重的雨雪冰冻灾害，导致当时的物价高涨，2 月份被抬高的基数使得 2009 年 2 月份 CPI 同比下降。不过从月环比看，2009 年 2 月份居民消费价格总水平与 1 月份持平。另外，2007 年以来猪肉的高价格也推动了 2008 年 CPI 的上涨。二是国际因素的影响。2008 年下半年以来，受全球金融危机影响，国际大宗商品价格从高位快速滑落，2009 年 2 月份国际市场上能源价格下滑 48.8%，金属和矿产品价格下降 48%，非能源价格下滑 33.1%，急速下滑的国际市场价格拉动当年我国 PPI 的回落。

3. 我国应对通货紧缩的主要思路

我国政府采取了扩大财政赤字、增加货币供应量、下调利率等宏观手段，比较平稳地渡过了这一轮的通货紧缩。但此后的一段时间内，通货紧缩的苗头还时有出现，因而应对通货紧缩应有长期的对策与思路：(1) 调整供给结构，以适应需求。特别要注重发挥市场经济的“看不见的手”的作用，引导企业在通货紧缩的商业低潮期寻找商机，发展和培育核心竞争力。(2) 刺激消费需求的着力点应放在提高城乡居民收入、减小贫富差距、改善城乡居民对经济前景的预期上。其中，培育城乡居民的购买力，建立和健全社会保障制度，加强对消费者合法权益的保护，增加政府政策的透明性、公开性和可信性等是刺激消费的关键环节。(3) 鼓励民间投资及非国有经济的发展。从市场准入、公平竞争、减轻负担、便利融资、立法保护、深化国有企业和国有银行改革等制度性因素入手，改善民间投资的环境。(4) 运用货币政策、财政政策或其他宏观经济政策时，要对政策的作用、条件、局限性等有恰当的估计，并注意掌握适当的数量界限，更要注意调控的灵活性、前瞻性和艺术性。

本章小结

1. 社会总供求与货币供求均衡之间有着密切的联系，这种联系主要表现在：一是社会总供给决定货币需求；二是货币总需求决定货币总供给；三是货币总供给形成了对商品和劳务的社会总需求，并以货币需求作为前提和基础；四是社会总需求必须与社会总供给保持平衡。

2. 货币均衡，是指货币供应量基本符合一个国家在一定时期内所必需的货币量。其三层含义是：货币均衡是货币供应量与实际货币需求量的均衡，是一种动态的、广义的均衡。货币失衡，是货币供应量与货币需求量之间的不相适应已达到了影响经济正常运行的程度。货币失衡，在宏观上表现为通货膨胀或通货紧缩、经济过热或经济衰退。

3. 货币从失衡到均衡的调节，有供给型调节和需求型调节两种方法。前者从压缩货币供应量入手，使之适应货币需求；后者是中央银行针对可变的货币需求来调整货币供应，或主动地影响货币需求以求得货币供求的均衡。

4. 通货膨胀是商品和劳务的价格总水平持续明显上涨的过程。度量通货膨胀的严重程度通常用消费物价指数、批发物价指数、国民生产总值平减指数三大指数来进行。按物价上涨程度，通货膨胀有爬行式、温和式、奔腾式和恶性之分；按市场机制的运行情况，有公开和隐蔽的通货膨胀之分；按对通货膨胀的预期，有预期和非预期的通货膨胀之分。

5. 通货膨胀表层原因可以概括为“过多的货币追逐过少的商品”，但从深层次上看，原因又很复杂，代表性的理论有需求拉上说、成本推进论和结构性通货膨胀。通货膨胀的社会经济效应主要表现为：通货膨胀在短期内能起到扩大就业、刺激经济增长的作用；对财富和收入的再分配效应也很明显；通货膨胀通过相对价格的扭曲，使资源不能得到有效配置，会造成宏观和微观的效率损失。

6. 应对通货膨胀的政策措施主要有：需求政策，针对的是需求拉上型通货膨胀，用紧缩的货币政策和财政政策来抑制总需求；收入政策，针对成本推动型通货膨胀，由政府拟定物价和工资标准，使劳资双方共同遵守；供给政策，针对需求拉上型通货膨胀，用扩张总供给来适应总需求。此外，还有收入指数化政策、货币改革等措施可供选择。

7. 改革开放以来，我国发生了四次通货膨胀。形成我国通货膨胀的原因假说各种各样，有需求拉上说、成本推动说、结构说、体制说、摩擦说、混合类型说等，但这些假说共同的特点就是注意到了体制转轨这个大背景的变化对物价持续上涨的影响。

8. 通货紧缩是指价格总水平的持续下降。在引起通货紧缩的原因中，既有货币因素，也有非货币因素。通货紧缩对经济社会的影响既有负面的影响，如导致和加速经济衰退、引发银行危机、引发负财富效应等，也有正面影响，特别是因为竞争、劳动生产率提高、技术进步、结构转型、对外开放等原因引起的通货紧缩，意味着货币购买力的提高和全体社会成员总的福利增进。

9. 防止通货紧缩的政策思路主要有凯恩斯主义和货币主义的政策。当然，政府还可以辅以收入政策、产业政策等政策来治理通货紧缩。

10. 中国的通货紧缩是在国内体制转型、经济持续增长、亚洲金融危机等国内外背景下发生的，其直接表现是供给相对过剩和需求相对不足，但制度性因素所造成的投资需求不足、宏观调控政策的滞后与不协调等因素也是促进通货紧缩的主要原因，因而治理我国的通货紧缩应有长期的对策和思路。

复习思考题

1. 如何理解货币供求与社会总供求之间的关系？
2. 什么是货币均衡与失衡？货币失衡的内在原因是什么？
3. 通货膨胀的成因有哪些？
4. 简述通货膨胀对经济增长和就业的影响。
5. 通货膨胀的经济效率损失有哪些？
6. 什么是通货膨胀的财富和收入的再分配效应？
7. 通货紧缩的成因有哪些？
8. 通货紧缩有哪些正负面效应？治理通货紧缩的对策主要有哪些？

第十一章

货币政策

要点提示

货币政策是货币金融理论的核心，是一个充满挑战和激动人心的领域。各国货币当局通过制定和实施货币政策，对宏观经济进行间接调控，以保持经济的平稳运行。货币政策追求的目标应是单一目标还是多重目标，政策工具如何搭配使用，中介指标是用货币供应量还是利率，货币政策的传导机制是通过利率还是货币供应量，抑或是信贷、财富或股市，如何评价货币政策的效应，货币政策与财政政策谁更有效等问题，构成了货币政策理论的重大课题和争论焦点。本章主要就货币政策的各个构成要素及我国的货币政策实践进行分析。

第一节　货币政策目标

货币政策构成要素

货币政策是中央银行为实现其特定的经济目标而采用的各种控制和调节货币供应量或信用量的方针和措施的总称。货币政策的构成要素有五个：目标、政策工具、中介指标、传导机制、效果等，它们之间的关系见图 11—1，这构成了货币政策体系的总体框架。

货币政策具有不同于其他经济政策的显著特征：它既有目标，也有中介指标；既以经济手段、指导性工具为主，又兼有行政干预、强制性工具；既有公开手段，又有隐蔽手段。因而，中央银行实施的货币政策对宏观经济的调控力度较大、效果较好，且有回旋余地，较为灵活，是各国进行宏观调控的主要手段。

货币政策目标的内容

货币政策目标是中央银行通过调节货币和信用在一段较长时期内所要达到的目标，它与政府的宏观经济目标相吻合。目前，各国都把稳定物价、充分就业、经济增长和国际收支平衡作为其货币政策的目标，这四大目标的确立是随着社会经济的不断发展而完善的。

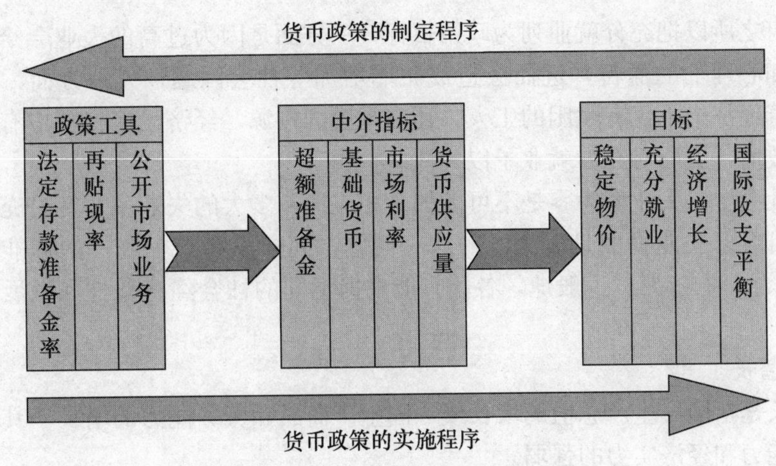

图 11—1　货币政策的构成要素

1. 稳定物价

稳定物价是指一般物价水平在短期内没有显著的或急剧的波动。这里的物价水平是一般物价水平或物价指数，而不是某种商品的价格。比如在一般物价水平相对稳定的前提下，鸡蛋相对于牛肉的价格上升，这是价格机制的正常现象，不属于价格的不稳定。

稳定物价并不是将物价固定在一个水平上绝对不动。在现代社会，一般物价水平在绝大多数时期呈上升趋势，即表现为通货膨胀。但有时也会呈下跌趋势，即通货紧缩。上一章的论述表明，严重的通货膨胀对经济有不良的影响，但通货紧缩持续下去，对生产力的摧残也是巨大的。因此，稳定物价就是将一定时期的物价水平增长幅度限制在一定的可接受的范围内。对这个范围，不同的经济学家有不同的看法，不同的国家也有不同的标准。一般的看法是把年物价上涨率控制在 2%～3%以内就可谓稳定。

在当今社会，越来越多的国家都把稳定物价作为其货币政策的首要目标甚至是唯一目标，是因为越来越多的人意识到物价持续的不稳定会使整个社会和经济增长付出代价。比如通货膨胀造成了经济中的不确定性，商品和劳务的价格中所包含的信息很不准确，从而使人们更难以决策，从而减少投资；通货膨胀会混乱地重新配置国民收入，使一些固定收入者、债权人受到损失，进而会造成社会不同利益集团之间的冲突与紧张；通货膨胀会损害价格机制配置资源的效率；等等。德国在经历了 1921—1923 年的恶性通货膨胀后，经济急剧衰退，使德国的中央银行坚定不移地把其货币政策基本目标确立为“捍卫马克”；现任美联储主席格林斯潘已原则上同意国会立法，取消多种货币政策目标的提法，将“控制通货膨胀”作为货币政策的唯一目标；新近开始运作的欧洲中央银行也把物价稳定作为其中心目标。可见这一政策目标的重要性。

2. 充分就业

充分就业通常是指凡有能力并自愿参加工作者，都能在较合理的条件下，随时找到适当的工作。这里所说的充分就业，并不是指劳动力的 100%就业，而要把两种失业排除在外：一是摩擦性失业，即由于短期内劳动力供求失调而难以避免的失业；二是自愿失业，即工人不愿意接受现行的工资水平而造成的失业。除此之外的失业都是非自愿失业，消除了这类失业，才实现了充分就业。

一国政府之所以把充分就业列为政策目标，一方面是因为过高的失业会给社会大众带来经济上的和心理上的痛苦，进而会造成犯罪增加等社会问题；另一方面，过高的失业率，就意味着经济中不仅有赋闲的工人，还有闲置的资源，经济没有发挥应有的潜力。一个负责任的政府，应当对充分就业予以关注。

在现实社会中，失业率为零是不可能的。相应地，多大的失业率才算是充分就业，或者说一国的可容忍失业程度是多大？对这一问题，同样没有一个统一的标准，有人认为3%，有人认为4%～5%。一般地，各国只能根据不同的社会经济条件和发展状况来做出判断。

3. 经济增长

经济增长是指国民生产总值的增长或一国生产商品和劳务能力的增长。其大小表明一个国家生产能力和经济实力的强弱。

显然，经济增长也是政府所追求的。而且经济增长与充分就业往往密切相关，甚至在某种程度上，也可以把两者等同看待。因为当失业率很低时，企业更乐于进行资本设备投资以提高劳动生产率和促进经济增长；反之，当失业率很高时，工厂闲置，企业产品卖不上价钱，他就没有投资的积极性，经济增长就会受到影响。

在现实中，影响经济增长的因素多种多样，如劳动力的数量和质量、资本的深化程度、资本产出比率、社会积累、技术革新等。可见，长期来看，经济增长的主要决定因素简单地说是生产要素的数量和生产力，与中央银行的货币政策没有直接的关系。但是货币政策可以间接地促进经济增长，具体途径可以是引导较高水平的储蓄与投资，从而增加资本存量，或者可以改善投资环境和投资结构，从而提高资本和劳动的生产力。换句话说，中央银行的货币政策只能以其所能控制的货币政策工具，通过创造一个适宜于经济增长的货币金融环境，促进经济增长。

至于多大的经济增长率是合适的，对于不同国家不同时期，其标准是不同的。比如美国将其经济增长率指标确定为1%～4%，对我国来说，显然就是不合适的。

在评价货币政策对经济增长的影响时，经济理论界实际上存在很多分歧，争论的焦点是：货币政策是否能通过改变生产能力利用率对经济增长有所贡献？一些国家的实践表明，试图运用货币政策推动经济增长似乎总要陷入困境，典型的后果是在短期内可能确实加快了增长速度，有时甚至出现了高速增长，但其代价是通货膨胀迅速上升，国际收支迅速恶化，以及随之而来的经济增长速度的下滑乃至经济衰退。因此，货币政策在促进经济增长方面的最大贡献莫过于保持物价稳定，降低通货膨胀率，以及避免国际收支危机。

4. 国际收支平衡

国际收支平衡是指一国对其他国家的全部货币收入与货币支出相抵，略有顺差和逆差。

在一个开放经济社会，国际收支状况与国内市场的货币供应量有着密切的关系。一般说来，一国出现大量的顺差，就会增加该国国内的货币供应量，从而给该国造成一种通货膨胀的压力；反之，大量的逆差则会造成国内市场商品增多，货币不足，失业增加，不利于经济增长。所以，国际收支平衡，是一国国民经济稳定发展以及对外往来的重要条件，各国都把其列为货币政策目标。

就某一特定国家来说，国际收支平衡是偶然的，而国际收支不平衡则是普遍存在的，问题的关键在于一个国家相对于它的对外贸易来说，到底应该保持一个什么样的外汇储备水平，这是各国中央银行货币政策调节的重心。

货币政策目标之间的统一与矛盾

货币政策的四大目标之间的关系比较复杂。从长远来看，它们是一致的。但从短期来看，除了经济增长与充分就业存在正相关的关系外，其他各目标之间都存在矛盾。

1. 稳定物价与充分就业的矛盾

为了稳定物价，就需要抽紧银根，紧缩信用，降低通货膨胀率，其结果将会导致经济衰退与失业率上升；为了增加就业，又需要扩张信用，放松银根，增加货币供应，以增加投资和刺激消费，其结果又会导致物价上涨和通货膨胀。所以，失业率与物价上涨率之间存在着一种此消彼长的关系。稳定物价与充分就业是一对矛盾，要实现充分就业，就要忍受通货膨胀；要维持物价稳定，就要以高的失业率作为代价。两者不能同时兼顾。

两者的关系可用菲利普斯曲线加以描述。澳大利亚籍的英国经济学家菲利普斯研究了1861—1975 年英国的失业率和工资物价变动率之间的关系，并把这种关系概括为一条曲线，人们称之为**“菲利普斯曲线”**，见图 11—2，说明失业率与物价上涨率之间存在的此消彼长的置换关系。

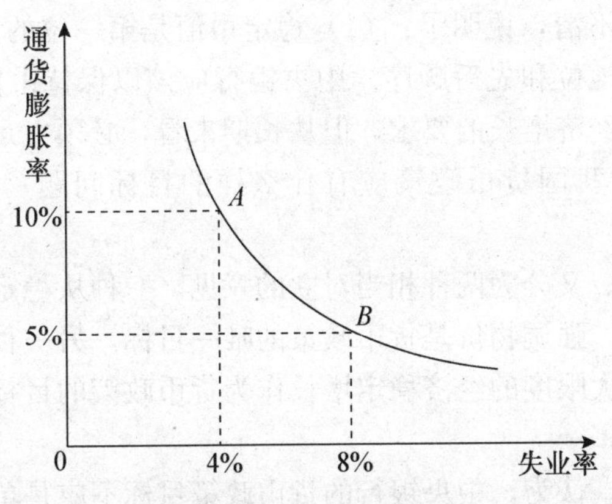

图 11—2　菲利普斯曲线

从图 11—2 中可以看出，作为中央银行来说，其选择只有：(1) 失业率较高但物价稳定的 *A* 点；(2) 通货膨胀率较高但充分就业的 *B* 点；(3) 在物价上涨率和失业率的两极之间（即 *A* 点与 *B* 点之间）进行权衡或相机抉择。

2. 物价稳定与国际收支平衡的矛盾

经济迅速增长，就业增加，收入水平提高，结果进口商品的需要比出口贸易增长更快，促使国际收支状况恶化。要消除逆差，必然压缩国内需求，但压缩需求的结果又往往导致经济增速缓慢及衰退，失业增加。这就又要求扩张政策，而扩张的结果往往又是进口大量增加，通货膨胀严重，国际收支出现逆差。

3. 物价稳定与经济增长的矛盾

这两者之间是否存在矛盾，是一个有争议的问题。有人认为，通货膨胀可作为经济增长的推动力；也有人认为，通货膨胀与经济增长是形影不离的；还有人认为，除非物价稳定，否则经济根本不可能增长。从根本上讲，经济增长与物价稳定是一致的，关键在于采取什么样的政策来促进经济增长，如果采取通货膨胀政策来刺激经济增长，有可能暂时奏效，但长远来看经济增长会受到损害。

此外，充分就业与国际收支平衡之间也存在着矛盾。总之，中央银行同时实现四大目标是不可能的。在实践中，如何在这些相互冲突的目标中做出最适当的取舍，求得最佳效益，是各国中央银行不懈努力的目标。

我国货币政策目标的选择

在1984年中国人民银行独立行使中央银行职能之前，我国并没有严格意义上的货币政策目标，而是适应当时高度集中的计划经济管理体制的需要，把经济计划目标看成是货币政策的最高指示和目标。

在1984年以后至1995年《中华人民共和国中国人民银行法》颁布之前，我国事实上一直奉行的是发展经济和稳定货币的双重目标。在实践中，双重目标很难协调，表现在经济增长的同时，伴随着较为严重的货币贬值和通货膨胀。

1995年3月颁布实施并于2003年12月修改的《中华人民共和国中国人民银行法》，明确将货币政策目标确立为“稳定货币币值，并以此促进经济增长”。这种表述避免了以往货币政策目标的含混不清，说明了：（1）稳定币值是第一位的，经济增长是第二位的，从而明确了两者的主次地位和先后顺序。中央银行应该以保持币值稳定来促进经济增长。（2）即使在短期内兼顾经济增长的要求，但从长期来看，必须立足于稳定货币。在这样的背景下，我国理论界对我国货币政策应有什么样的目标问题，一直存在争论。主要观点有：

（1）单一目标观点。又分为两种相当对立的意见。一种从稳定物价乃是经济正常运行和发展的基本前提出发，强调物价是货币政策的唯一目标。另一种从货币是再生产的第一推动力出发，主张以最大限度的经济稳定增长作为货币政策的目标，并在经济发展的基础上稳定物价。

（2）双重目标观点。认为，中央银行的货币政策目标不应是单一的，而应同时兼顾发展经济和稳定物价两方面的要求。其关系是：就稳定货币而言，应是一种积极的、能动的稳定，即在经济发展中求稳定；就经济增长而言是在物价稳定的前提下寻求可持续的协调的经济发展。

（3）多重目标观点。在深化市场经济体制改革与对外开放的大背景下，有人提出，我国的货币政策目标必须包括充分就业、国际收支均衡、经济增长、稳定物价等多重目标。

第二节　货币政策工具

货币政策工具就是中央银行为完成货币政策目标而采取的调控手段。这些工具主要有三类：一般性货币政策工具、选择性货币政策工具和其他货币政策工具。

一般性货币政策工具

一般性货币政策工具是指传统的、经常运用的、能对整体经济运行发生影响作用的工具，即我们通常说的三大法宝：再贴现政策、存款准备金政策和公开市场业务。

1. 再贴现政策

再贴现是中央银行通过制定或调整再贴现利率，来干预和影响市场利率以及货币市场的供给和需求，从而调节市场货币供应量的一种金融政策。它是中央银行最早拥有的货币政策工具。

在西方，这一政策之所以叫再贴现，是由于企业从商业银行获得短期贷款主要采取贴现方式，当商业银行自己也发生资金周转不灵时，它可以把它办理的未到期的贴现票据转卖给中央银行，要求再贴现，中央银行向它收取的利率叫再贴现率。近年来，商业银行向中央银行借取资金，已不仅仅限于再贴现这一种方式，而更多的是采取贷款方式。通常，西方把中央银行向商业银行提供贷款的形式叫“贴现窗口”，因而这一政策被笼统地称为**“再贴现政策”**。

一般地说，中央银行通过“贴现窗口”向商业银行提供的贷款主要有三类：(1) 调节性贷款。其目的是缓解银行因暂时性存款流出而产生的资金周转困难，期限通常很短，对大银行来说或许只有一天时间，对小银行也只有一周时间或更短，利率通常较低。作为中央银行来说，是否发放这种贷款，主要是审查商业银行借款的动机是“周转”还是“谋利”，如商业银行为了向客户发放正常贷款或购买证券而向中央银行借款就是不合理的。(2) 季节性贷款。主要用于筹资能力有限的小银行的季节性资金需求。(3) 持续性贷款。主要用于援救面临倒闭或经营不善的银行，属于应急性贷款。在“贴现窗口”贷款最普遍和最重要的是调节性贷款，中央银行一般不允许商业银行频繁地利用该“窗口”借款，而商业银行一般也不愿使用“贴现窗口”，因为经常使用这一借款往往被认为是经营不善、筹资能力低下的标志，除非万不得已。

一般来说，贴现政策内容包括两方面：一是再贴现率的调整。再贴现率作为一种官定利率，是和市场利率相对应的，常常用来表达中央银行对经济形势的看法和政策意向，具有短期性。在整个利率体系中，再贴现利率往往是作为一种基准利率或最低利率，对整个市场利率水平起牵引作用。二是规定何种票据具有向中央银行申请再贴现的资格。前者主要影响商业银行的融资成本及市场利率，后者主要影响商业银行及全社会的资金投向。

贴现政策的作用过程是：当中央银行认为有必要紧缩银根减少市场货币供应量时，就提高再贴现率，使之高于市场利率，这样就会提高商业银行向中央银行借款的成本，于是商业银行就会减少向中央银行借款或贴现的数量，使其准备金缩减。商业银行就只能收缩对客户的贷款和投资，从而减少市场货币供应量，使银根紧缩，市场利率上升，社会对货币的需求也相应减少。反之则相反。

贴现政策的运用能达到以下三方面的效果：(1) 能影响商业银行的资金成本和超额准备，从而影响到商业银行的融资决策，使其改变贷款和投资行为；(2) 能产生告示性效果，从而影响到商业银行和社会大众的预期；(3) 能决定对谁开放贴现窗口，可以影响商业银行的资金运用方向，还能避免商业银行利用“贴现窗口”进行套利的行为。当然，这些政策效果能否体现出来，还要看商业银行对中央银行资金融通的依赖程度和货币市场的弹性如何。

但是贴现政策也存在明显的缺陷，表现在：一是中央银行在使用这一工具控制货币供应量时，处于被动地位，商业银行是否来贴现、贴现数量的多少以及什么时候来贴现都取决于商业银行，如果商业银行有更好的筹资渠道，它就完全可以不依赖中央银行；二是再贴现率的调整只能影响利率的总水平，而不能改变利率结构；三是贴现政策缺乏弹性，再贴现率经常调整，会使商业银行和社会公众无所适从，不能形成稳定的预期。

2. 存款准备金政策

存款准备金政策是指中央银行在法律所赋予的权力范围内，通过规定或调整商业银行交存中央银行的存款准备金比率，来改变货币乘数，从而控制商业银行的信用创造能力，间接地控制社会货币供应量的政策措施。

存款准备金政策的内容主要包括：（1）规定存款准备金比率，该比率规定一般根据不同存款的种类、金额及银行规模和经营环境而有所区别。（2）规定可充当法定存款准备金的资产种类。一般地，作为法定存款准备金的资产，只能是商业银行在中央银行的存款。也有的国家规定库存现金也可算成法定存款准备金。（3）规定存款准备金的计提基础，包括存款余额的确定及缴存基期的确定等。（4）规定存款准备金比率的调整幅度等。

法定存款准备金制度起源于英国，但以法律形式将其形成一种制度，则始于 1913 年美国的《联邦储备法》。目前凡是实行中央银行制度的国家，一般都实行法定存款准备金制度。存款准备金制度的建立，最初目的是保持银行资产的流动性和清偿力，防止银行倒闭，后来则逐渐演变成中央银行控制信用和调节货币供应量的主要工具。

其作用过程是：当中央银行提高法定存款准备金比率时，一方面增加了商业银行应上缴中央银行的法定准备金，减少了商业银行的超额准备金，降低了商业银行的贷款及创造信用的能力；另一方面，法定存款准备金率的提高，使货币乘数变小，从而降低了整个商业银行体系创造信用和扩大信用规模的能力，其结果是社会的银根抽紧，货币供应量减少，利率提高，投资及社会支出相应缩减。

存款准备金政策对于市场利率、货币供应量、公众预期等都会产生强烈的影响，这既是它的优点，也是它的缺点。因为存款准备金率的微小调整，都会使货币供应量和社会需求成倍地扩大或收缩，其效果太过猛烈，对经济震动太大，告示效应太强，很不利于货币的稳定，也使中央银行很难确定调整时机和调整幅度，因而不宜随时使用，不能作为日常调控的工具，从而使它有了固定化倾向。目前，法定存款准备金制度的作用主要是“存在”而不是“变动”。

3. 公开市场业务

公开市场业务就是中央银行在金融市场上公开买卖各种有价证券，以控制货币供应量，影响市场利率水平的政策措施。

其作用过程是：当金融市场上资金缺乏时，中央银行就通过公开市场业务买进有价证券，这实际上相当于投放了一笔基础货币，这些基础货币如果流入社会大众手中，则会直接地增加社会货币供应量，如果是流入商业银行，会使商业银行的超额准备金增加，并通过货币乘数作用，使商业银行的信用规模扩大，社会的货币供应量倍数增加；反之，当金融市场上货币过多时，中央银行就可卖出有价证券，以减少基础货币，使货币供应量减少，信用紧缩。

与贴现政策和存款准备金政策相比，公开市场业务的优越性十分明显，表现在：

（1）主动性强。中央银行的业务操作目标是调控货币供应量而不是营利，所以它可以不计证券交易的价格，从容实现操作目的，即可以用高于市场价格的价格买进，用低于市场价格的价格卖出，业务总能做成，不像贴现政策那样较为被动。

（2）灵活性大。中央银行可根据金融市场的变化，进行经常性、连续性的操作，并且买卖数量可多可少，如发现前面操作方向有误，可立即进行相反的操作；如发现力度不够，可随时加大买卖的数量。

（3）调控效果和缓，震动性小。由于这项业务以交易行为出现，不是强制性的，加之中央银行的操作灵活，所以对经济社会和金融机构的影响比较平缓，不像调整法定存款准备金率那样震动很大。

（4）影响范围广。中央银行在金融市场上买卖证券，如交易对方是商业银行等金融机构，可以直接改变它们的准备金数额，如果交易对方是公众，则直接改变公众的货币持有量并间接改变商业银行的超额准备金数额，这两种情况都会使市场货币供应量发生变化。

此外，中央银行的操作还会影响证券市场的供求和价格，不仅影响利率水平，还能影响利率结构，进而对整个社会投资和产业发展产生影响。

总之，公开市场业务的效果非常显著，表现在对市场利率水平、利率结构、商业银行体系的准备金、货币供应量、公众预期等具有灵活及时、直接主动、经常连续有效的影响，而且不会对经济带来大的震荡，因此成为许多国家中央银行日常操作的、最重要的货币政策工具。

但这一政策发挥作用需要一些前提条件：第一，中央银行必须具备强大的、足以干预和控制整个金融市场的资金实力；第二，中央银行对公开市场操作应具有弹性操纵权力，即中央银行有权根据客观经济需要和政策目标来自主决定买卖证券的种类、数量、时机等，不应受到来自其他方面的干预；第三，金融市场要相对发达、完善，而且要具有全国性，这样才有利于中央银行的意图迅速在全国的传播；第四，金融市场上的证券数量要足够庞大，种类要齐全，结构要合理；第五，必须要有其他政策工具，如法定存款准备金的配合。

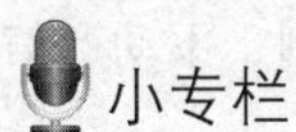
小专栏

“利率走廊”：货币市场利率调控的新范式

利率走廊（Interest Rate Corridor），亦有学者称为利率通道，是指中央银行通过向商业银行等金融机构提供存、贷款便利机制，从而依靠设定的利率操作区间来稳定市场拆借利率的调控方法。经过不到十年的发展，利率走廊调控模式就被包括加拿大、澳大利亚和美国在内的许多西方国家所采用，从而成为中央银行稳定货币市场利率的重要政策工具。

20 世纪 90 年代开始，加拿大、新西兰和澳大利亚先后取消了法定准备金制度，并通过明确设定利率走廊来调节市场隔夜拆借利率。其中，中央银行向市场提供流动性的贷款利率作为利率走廊的上限，而商业银行的超额准备金存款利率则作为下限。在每个交易日开始时，中央银行都会明确宣布利率目标，而在交易日结束时，规定商业银行必须保持账户平衡。除此之外，中央银行还承诺在市场利率偏离政策目标利率时进行干预，如此设定不但简单透明、有利于引导市场预期，而且在大部分时间内，中央银行在不需要使用公开市场操作的情况下，就能很好地实现政策利率目标。

在利率走廊调控模式下，中央银行是通过影响商业银行的储备需求行为而非控制货币供给来实现政策利率的调控目标，由此彰显出一种不同的政策操作思路。这在西方国家近年来的货币政策实践中，则直接表现为从供给控制型政策操作模式向需求管理型政策操作模式的转变。

在传统的货币政策理论中，对供给型货币调控思路有两种解释：一是在视货币需求为既定的前提下，中央银行可利用外生的货币供应来适应货币需求，以求货币供求的平衡；二是在货币需求不稳定的前提下，中央银行针对可变的货币需求来调整货币供应，或中央银行主动地影响货币需求，以求货币供求的平衡。可以看出，前一种解释是以货币供给的外生性和货币需求的稳定性等理论为基础的，它忽视了多个经济行为主体的利益及其矛盾和主观能动性。而后一种解释则以货币供给的非外生性和利率等因素对货币需求有着重要影响为基础，以重视经济行为主体的利益及其矛盾为前提。

在2003年1月9日，美联储正式实施了修改后的A条例（Regulation A，即贴现窗口制度），这次改革重新调整了目标联邦基金利率与贴现利率之间的关系，并以此为基础实行了利率走廊调控。可以肯定，在中央银行的未来操作中，利率走廊将会被更多的国家所采用，通过设定利率走廊来稳定市场利率波动，将是西方乃至世界各国中央银行货币政策操作的未来发展趋势。

选择性货币政策工具

选择性货币政策工具是指中央银行针对个别部门或行业、企业或特殊对象而采取的货币政策措施。与一般性货币政策工具侧重于货币总量调节相比，选择性货币政策工具对信贷资金配置侧重的是结构性调节，运用的手段也主要不是价格机制，而是直接的数量调节，因而它具有影响面小、范围窄、手段具体明确、行政性与强制性集于一身、缺乏弹性等特点。常用的选择性工具有优惠利率、消费者信用控制、证券市场信用控制、不动产信用控制、预缴进口保证金等。

1. 优惠利率

中央银行对国家产业政策要求重点发展的经济部门，如农业、出口工业等，制定较低的贴现率或放款利率，以鼓励其发展。一般在发展中国家运用得较多。

2. 消费者信用控制

中央银行对不动产以外的各种耐用消费品的销售融资予以控制，就是消费者信用控制。其主要内容有：规定首次付款的最低金额和分期付款的最长期限、规定用分期付款方式购买耐用消费品的种类等。控制消费者信用是控制社会总需求的一个重要方面，适当的消费者信用控制对于引导社会消费、改进资源配置效率是很有必要的。

3. 证券市场信用控制

中央银行可直接对证券交易的各种贷款做各种规定，以控制证券市场的放款规模。其主要内容就是规定贷款额与证券交易额的百分比。中央银行提高或降低该百分比，就可以减少或增加对证券市场的信贷规模。中央银行对证券市场进行信用控制，可以起到抑制过度投机、防止金融泡沫、稳定金融市场、改进宏观金融结构的功效。

4. 不动产信用控制

不动产信用控制是指中央银行对商业银行及其他金融机构的房地产贷款（包括购买新房、商品房，以及建筑业和经营房地产企业贷款）的管制。其主要内容包括：规定商业银行对不动产放款的最高限额、每笔放款的最长期限，以及第一次付款的最低限额等。其目的在于控制不动产市场的信贷规模，抑制过度投机，减轻经济波动。

5. 预缴进口保证金

预缴进口保证金是中央银行要求进口商预缴相当于进口商品总值一定比例的存款，以抑制进口的过快增长。一般在国际收支出现赤字的国家采用。

其他货币政策工具

其他货币政策工具主要包括两大类：一类是直接信用控制，它是指中央银行依据有关法令，对商业银行的信用创造活动加以各种直接干预。其中主要有：贷款限额、直接干预、流动性比率、利率最高限额、特别存款等。另一类是间接信用控制，它指中央银行采用直接控制以及一般信用控制以外的各种控制，用各种间接的措施对商业银行信用创造施加影响。主要有道义劝告、窗口指导等。

（1）规定存贷款最高利率限额。如在 1980 年以前，美国有条例规定：对活期存款不准付息，对定期存款及储蓄存款则规定最高利率限额。其目的是防止银行用抬高利率的办法竞相吸收存款和为谋取高利而进行风险投资。

（2）**贷款限额**，也叫信用配额或信贷分配，是指中央银行根据金融市场状况及客观经济需要，分别对各个商业银行的信用规模或贷款规模加以分配，限制其最高数量。在资金供给相对紧张的发展中国家运用得较多。

（3）规定商业银行的流动性比率。流动性比率是指流动资产对存款的比重。一般地，流动性比率与收益率成反比。为保持中央银行规定的流动比率，商业银行必须采取缩减长期放款、扩大短期放款和增加应付提现的资产等措施。

（4）直接干预，是指中央银行直接对商业银行的信贷业务、放款范围等加以干预。如对业务经营不当的商业银行拒绝再贴现或采取高于一般利率的惩罚性利率；直接干涉商业银行对存款的吸收等。

（5）**道义劝告**，是指中央银行利用其声望和地位，对商业银行和其他金融机构经常发出通告、指示或与各金融机构的负责人面谈，劝告其遵守政府政策并自动采取贯彻政策的相应措施。

（6）**窗口指导**，是指中央银行根据产业政策、物价趋势和金融市场动向，规定商业银行每季度贷款的增减额，并要求其执行。如果商业银行不按规定的增减额对产业部门贷款，中央银行可削减向该银行贷款的额度，甚至采取一些制裁措施。因此，这一措施虽然没有法律约束力，但其作用有时也很大。

我国货币政策工具的选择

中国人民银行从1984年开始执行中央银行职能后，所使用的货币政策工具有贷款计划、存款准备金、利率等，其中最主要的是贷款计划。贷款计划这一工具对于中央银行来说，是非常方便和有效的，但对于金融机构的经营来说，则缺少灵活性。总体来说，在《中华人民共和国中国人民银行法》颁布之前，我国货币政策工具以直接调控为主，带有较多的计划性、行政性色彩，对金融运作和资金效率的提高有不利的一面。

1995年3月《中华人民共和国中国人民银行法》颁布后，我国货币政策工具逐步由直接调控为主向间接调控为主转化。1998年1月1日，中国人民银行取消了对商业银行贷款规模的指令性限制，稳步推行资产负债比例管理。过渡时期采用的货币政策工具有再贷款、再贴现、存款准备金、公开市场业务与基准利率等数种，其中直接调控工具的影响日趋淡化，间接调控工具的作用逐步强化。

1. 中央银行再贷款

中央银行再贷款，是指中国人民银行对商业银行等金融机构发放的信用贷款，在中国人民银行的资产中占有最大比重，是我国吞吐基础货币的主要渠道和调节贷款流向的重要手段。特别是在其他货币政策工具的功能尚未得到应有发挥的条件下，中央银行运用再贷款调节信贷规模与结构，从而控制货币供应量，可以起到重要的调控效果。但由于存款准备金制度的扭曲，中央银行在运用这项工具时往往缺乏自主性，即不是出于实现宏观调控目标而仅仅是迫于商业银行资金需求压力。1994年以来，伴随外汇占款在中央银行资产中的比重大幅上升，再贷款的比重开始下降。

2. 再贴现

1984年，中国人民银行发布了《商业汇票承兑、贴现暂行办法》，先在部分城市而后在全国范围内开展商业汇票承兑和贴现业务。1986年中国人民银行上海分行开办了再贴现业务。1988年中国人民银行首次公布再贴现率，比同期金融机构贷款利率低5～10个百分点。由于我国商业票据不发达，贴现业务开展的历史不长，中国人民银行的再贴现规模一直较小，再贴现率对货币供应量以及其投向的调节效果不明显。近年来，中国人民银行颁布了《中华人民共和国票据法》，加大利率体制改革，鼓励和引导开展票据承兑、贴现和结算，为再贴现规模的扩大创造了条件。

3. 存款准备金

我国的存款准备金制度建立于1984年，最初动机是集中资金、作为中央银行平衡信贷收支的手段，而不是作为调控商业银行信用创造能力的工具，因而具有不同于一般意义上的准备金制度的特征。表现为：一是法定存款准备金不能用于支付和清算，商业银行必须另开一个备付金账户并保留大量清算资金，增大了商业银行的运营成本；二是中央银行对存款准备金支付较高利息，不同于一般意义上准备金不付息的规定；三是准备金比率规定过高，造成了当时的专业银行过分依赖中国人民银行再贷款获得资金的关系，中央银行保留的大量储备，又通过再贷款方式使资金回流到专业银行，抵消了准备金率变动对货币乘数的影响，削弱了其对货币供应量的调控功能。

基于上述制度的缺陷，中国人民银行自 1998 年 3 月对存款准备金制度进行改革，将法定准备金账户与备付金账户合并为准备金账户，将法定存款准备金率由 13%下调至 8%，同时降低了中央银行对金融机构的存贷款利率。1999 年 11 月再次将法定存款准备金率下调到 6%。2003 年 11 月，中国人民银行为了调控过热的信贷规模，又将这一比率上调到 7%。2004 年 4 月 25 日再次提高金融机构存款准备金率 0.5 个百分点，以控制货币信贷总量过快增长，保持国民经济持续快速健康发展。经国务院批准，中国人民银行决定从 2004 年 4 月 25 日起实行差别存款准备金率制度，金融机构适用的存款准备金率与其资本充足率、资产质量状况等指标挂钩，将资本充足率低于 4%的金融机构存款准备金率提高 0.5 个百分点，按 7.5%的存款准备金率执行。2006 年，针对我国经济中出现的投资增长过快、信贷投放过多、贸易顺差过大及环境、资源压力加大等问题，中国人民银行继续实施稳健的货币政策，采取综合措施大力回收银行体系流动性，除加大公开市场操作力度外，分三次上调金融机构存款准备金率共 1.5 个百分点。2007 年，针对银行体系流动性偏多、货币信贷扩张压力较大、价格涨幅上升的形势，货币政策逐步从“稳健”转为“从紧”。中国人民银行加强银行体系流动性管理，在灵活开展公开市场操作的同时，十次上调存款准备金率共 5.5 个百分点。2008 年又分别四次上调存款准备金率，上调后的存款类金融机构人民币存款准备金率达到 16.5%。这些调控举措表明，存款准备金制度已经越来越成为间接调控信用的一个重要工具。

4. 公开市场业务

我国公开市场业务包括人民币操作和外汇操作两部分。随着 1994 年外汇体制改革、汇率并轨的实施，中国人民银行启动了外汇公开市场操作。人民币公开市场操作 1998 年 5 月 26 日恢复交易，规模逐步扩大，随着中国人民银行从 1998 年开始建立公开市场业务一级交易商制度，选择一批能够承担大额债券交易的商业银行作为公开市场业务的交易对象，公开市场业务公开市场操作已成为中国人民银行货币政策日常操作的重要工具。人民币公开市场操作以国债和中央银行票据为操作工具。随着国债规模的扩大以及银行间债券市场的不断发展，这一政策工具的运作空间与运作力度正不断加大。近几年，在我国外贸出口和外商直接投资快速增长的情况下，我国银行间外汇市场明显供大于求，人民银行从银行间外汇市场大量购买外汇，外汇占款大幅增加，相应投放大量基础货币，对基础货币的适度增长造成冲击。为此，人民银行签发了大量的中央银行票据，回笼货币，截至 2012 年年底，央行票据余额为 1.16 万亿元。为进一步完善公开市场操作机制，提高公开市场操作的灵活性和主动性，促进银行体系流动性和货币市场利率平稳运行，中国人民银行决定从 2013 年开始启用公开市场短期流动性调节工具（Short-term Liquidity Operations, SLO)，作为公开市场常规操作的必要补充，在银行体系流动性出现临时性波动时相机使用。公开市场短期流动性调节工具以 7 天期以内短期回购为主，遇节假日可适当延长操作期限，采用市场化利率招标方式开展操作。

5. 利率政策

利率政策是中国人民银行执行货币政策的主要工具之一，包括两个层次：一是中国人民银行对商业银行的再贷款利率；二是商业银行对企业和个人的存款利率。1984 年中央银行体制建立之后，基准利率确定为中国人民银行和其他金融机构的存贷款利率。自 1996

年至 2002 年我国的存贷款利率连续下调了八次，金融机构存款平均利率累计下调 5.98 个百分点，贷款平均利率累计下调 6.97 个百分点。针对投资需求过旺、货币信贷增长偏快、通货膨胀压力加大等问题，中国人民银行 2004 年上调人民币存、贷款基准利率，2006 年两次上调金融机构存贷款基准利率。2007 年，中国人民银行在国内价格水平存在上涨压力、国际环境趋于复杂的背景下，先后六次上调金融机构人民币存贷款基准利率，一年期存款基准利率上调至 4.14%，一年期贷款基准利率上调至 7.47%，并在 2007 年 12 月较大幅度地上调了一年以内的定期存款利率，以引导居民等各类经济主体更多地存放短期定期存款，提高经济主体应对价格上涨的能力。在 2008 年以来多次下调存贷款利率的基础上，2009 年利率政策保持稳定。鉴于我国的利率市场化改革仍在推进中，要最终形成完全以市场为基础的基础利率还有待时日。

第三节　货币政策的传导机制与中介指标

如何运用货币政策工具来实现既定的政策目标，就必然涉及传导机制以及中介指标的选择。而传导机制的理论与观点往往构成货币政策中介指标选择的理论基础。

一、货币政策传导机制

货币政策传导机制是指货币政策工具的实施，如何引起社会经济生活的某些变化，最终实现既定的货币政策目标的过程。对货币政策传导机制的分析，在西方，早期主要有凯恩斯学派的传导机制理论和货币学派的传导机制理论。此后，新的研究思路不断涌现。

1. 凯恩斯学派的货币政策传导机制理论

凯恩斯学派认为，通过货币供应 M 的增减影响利率 r，利率的变化则通过资本边际效率的影响使投资 I 以乘数方式增减，而投资的增减进而影响总支出 E 和总收入 Y。用符号表示为：

$$M \rightarrow r \rightarrow I \rightarrow E \rightarrow Y \tag{11.1}$$

在这一过程中，主要环节是利率：货币供应量的调整首先影响利率的升降，然后才使投资乃至总支出发生变化。但这种分析只是局部均衡分析，只显示了货币市场对商品市场的初始影响，没能反映它们之间循环往复的作用。考虑到货币市场与商品市场的相互作用，凯恩斯学派进一步进行了一般均衡分析，其思路是：

(1) 假定货币供给增加，当产出水平不变时，利率会相应下降；下降的利率刺激投资，并引起总支出增加，总需求的增加推动产出上升，于是收入增加。

(2) 收入的增加，又引起了货币需求的增加。如果没有新的货币供给投入，货币供求的对比就会使下降的利率回升。这是商品市场对货币市场的作用。

(3) 利率的回升，又会使总需求减少，产量下降；产量下降，货币需求下降，利率又会回落。这是一个往复不断的过程。

(4) 最终会逼近一个均衡点，这个点同时满足了货币市场供求和商品市场供求两方面的均衡要求。在这个点上，可能利率较原来的均衡水平低，而产出量较原来的均衡水平高。

凯恩斯学派认为，货币政策在增加国民收入上的效果，主要取决于投资的利率弹性和货币需求的利率弹性。如果投资的利率弹性大，货币需求的利率弹性小，则增加货币供给所能导致的收入增长就比较大。总之，这一学派非常重视利率指标在货币政策传导机制中的作用。

2. 货币学派的货币政策传导机制理论

货币学派认为，在货币传导机制中起重要作用的是货币供应量而不是利率。其传导机制是：

$$M \to E \to I \to Y \tag{11.2}$$

式（11.2）中的 $M \to E$，是表明货币供应量的变化直接影响支出。其原因是：（1）货币需求有其内在的稳定性（参见第九章）；（2）货币需求函数中不包含任何货币供应的因素，因而货币供应的变动不会直接引起货币需求的变化，至于货币供应，它是作为外生变量；（3）当作为外生变量的货币供应改变，如增大时，由于货币需求并没改变，公众手持货币量会超过他们所愿意持有的货币量，从而必然增加支出。

式（11.2）中的 $E \to I$，是指变化了的支出用于投资的过程，货币主义者认为这将是资产结构的调整过程：（1）超过意愿持有的货币，或用于购买金融资产，或用于购买非金融资产，甚至用于人力资本的投资。（2）不同取向的投资会相应引起不同资产相对收益率的变动，如投资于金融资产偏多，金融资产市值上涨，从而会刺激非金融资产，如产业投资；产业投资增加，既可能促使产出增加，也会促使产品价格上涨，如此等等。（3）这就引起资产结构的调整，而在这一调整过程中，不同资产收益率的比例又会趋于相对稳定状态。

最后是名义收入 Y，是价格和实际产出的乘积。由于 M 作用于支出，导致资产结构调整，并最终引起 Y 的变动，那么，这一变动究竟在多大程度上反映实际产量的变化，又有多大比例反映在价格水平上？货币主义者认为，货币供应的变化在短期内对两方面均可发生影响；就长期来说，则只会影响物价水平。

3. 托宾的 q 理论

托宾的 q 理论是在凯恩斯理论的基础上扩展的。其特点是把资本市场，特别是把股票价格纳入传导机制，认为货币理论可以看成是一种微观经济行为主体进行资产选择与资产组合的理论。其观点是：沟通货币和金融机构与实体经济这两方之间联系的，并不是货币数量或利率，而是资产价格以及形成资产价格的利率结构等因素。传导过程概括为：货币作为起点，直接或间接影响资产价格，资产价格的变动导致实际投资的变化，并最后影响实体经济和产出。资产价格，主要是股票价格，影响实际投资的机制在于：股票价格是对现存资本存量价值的评估，是企业市场价值据以评价的标准，而对企业的市场价值与资本重置成本（按现行物价购买机器设备进行新投资的成本）的比较，将影响投资行为。托宾把 q 定义为企业市场价值与资本重置成本之比。如果 q 值高，意味着企业市场价值高于资本的重置成本，厂商将愿意增加投资支出，增加资本存量；反之，则厂商就没有投资的积极性。因此，q 值是决定新投资的主要因素。这一过程用公式表示为（其中，P_E 为股票价格）：

$$M \to r \to P_E \to q \to I \to Y \tag{11.3}$$

4. 信贷传导机制理论

信贷传导机制理论是新近发展起来的理论，主要分析的角度有两种：

（1）对银行传导机制的研究。其主要观点是：在银行贷款不能全部由其他融资形式替代的情况下，特定的借款人就只能通过银行贷款融资。如果中央银行能够通过货币政策操作影响贷款的供给，那么，就能通过影响银行贷款的增减影响总支出。其过程是：如果中央银行决定实施紧缩性的货币政策，售出债券，商业银行可用的准备金 R 相应减少，存款货币 D 的创造相应减少，在其他条件不变时，银行贷款 L 的供给也不得不同时削减。结果，那些依赖银行贷款融资支持的投资者必须削减投资和消费，于是总支出下降。其典型特点是不必通过利率机制。用公式表示为：

$$\text{公开市场的紧缩操作} \to R \to D \to L \to I \to Y \tag{11.4}$$

在我国，这样的传导机制是货币政策操作的主渠道，但是其起点不是公开市场的紧缩操作，而是货币当局及政府的紧缩意向直接反映在银行紧缩信贷上。

（2）对资产负债表渠道的研究。其主要观点是：货币供给量的减少和利率的上升，将影响借款人的资产状况，特别是现金流的状况。利率上升直接导致利息等费用支出的增加，会减少净现金流；同时又间接影响销售收入下降，也会减少净现金流。而且，利率上升还将导致股价下跌，从而恶化其资产状况，使可用做借款担保品的价值缩水。在这种情况下，贷款的逆向选择和道德风险问题趋于严重，并促使银行少放贷款。这样，一部分资产状况恶化和资信状况不佳的借款人不仅不易获得银行贷款，也很难从金融市场上直接融资，结果，则会导致投资与产出的下降。用公式表示为：

$$M \to r \to P_E \to NCF \to H \to L \to I \to Y \tag{11.5}$$

式中：NCF 是净现金流；H 为逆向选择和道德风险。

5. 财富传导机制理论

财富传导机制理论主要是从资本市场的财富效应及其对产出的影响来概述的，其传导公式为：

$$P_E \to W \to C \to Y \tag{11.6}$$

式中：W 为财富；C 为消费。

这样的效应传递已经得到了普遍认同。但问题是，要把它确立为货币政策的传导机制，必须要弄清货币调控当局通过对货币供给和利率的操作，会怎样或在多大程度上对调节资本市场行情特别是股票价格起作用。这样的机理目前还没有取得较为一致的看法。

货币政策中介指标体系

中央银行为了保证政策的有效执行、避免偏差，必须借助于一些短期性的、数量化的指标，以作为实现货币政策目标和检验货币政策工具实施效果的传导体，这些指标就是货币政策中介指标。

1. 设置中介指标的原因

中央银行在启用货币政策工具来实现货币政策目标时，往往需要经过一个相当长的“时间差”，如果等到货币政策目标发生变化后再来调整货币政策工具，很有可能已经时过境迁，使中央银行陷于被动的地步，不能有效地调控经济。为此，中央银行在实施其货币政策时，往往设置一些指标，既对中央银行的货币政策工具十分敏感，又能够在短期内显现出来，还与货币政策目标高度相关，利用这些指标，可以用来监控、观察和调整货币政策的执行和运作情况，这些指标就是货币政策中介指标。

2. 中介指标选择的标准

货币政策的中介指标并不是任意确定的，而要符合三个标准：

（1）可测性。中央银行选择的金融控制变量，必须具有明确而合理的内涵与外延，中央银行能迅速而准确地收集有关指标的数据资料，且便于定量分析。

（2）可控性。中央银行通过各种货币政策工具的运用，能对该金融变量进行有效的控制和调节，能够较准确地控制其变动状况及趋势。不现实的、不受中央银行所左右的因素，不能作为中介指标。

（3）相关性。中央银行选择的中介指标，必须与货币政策目标有密切的相关性，中央银行通过对中介指标的控制和调节，就能够促使货币政策目标的实现。

3. 货币政策中介指标体系

中介指标分为两类：一类是近期指标，如超额准备金和基础货币，它在货币政策实施过程中，为中央银行提供直接的和连续的反馈信息，借以衡量货币政策的初步影响；另一类是远期指标，如市场利率和货币供应量，它在货币政策实施的后期为中央银行进一步提供反馈信息，衡量货币政策达到目标的效果。

（1）近期指标：超额准备金和基础货币。

超额准备金是商业银行扩大贷款和投资的基础，也是判断银根松紧、市场利率高低、货币供应量大小的良好指示器，而且资料也容易取得。但它作为中央银行的操作目标，其增减和使用主要由商业银行自己的意愿和财务状况来决定，中央银行不易控制。

基础货币是流通中现金和银行体系的存款准备金之和，作为中央银行的负债，中央银行可以通过各种资产业务直接控制，并且资料易得，能够满足可测性的要求。同时，从相关性来看，基础货币与货币供应量之间通过货币乘数联系起来，而货币供应量的变动又可影响市场利率、价格及全社会的经济活动，并与货币政策目标相联系。因此，基础货币作为中介指标，具有重要意义。但要注意，如果货币乘数不稳定，基础货币就失去了观测和控制的价值。

（2）远期指标：市场利率和货币供应量。

市场利率作为货币政策的远期中介指标，从可测性看，中央银行在任何时候都可以观察到货币市场上的利率水平及结构，利率资料易于获得；从可控性看，中央银行可以运用各种货币政策工具加以控制；从相关性看，利率是将货币波动传导到经济领域的主要渠道。但把市场利率作为中介指标也有缺点，这就是准确性较差。因为利率受诸多因素的影响，如政策性因素、非政策性因素、心理预期、金融市场投资活动等，这些因素交织在一起，不利于观察政策调控效果。

货币供应量是较为适宜的货币政策中介指标。货币供应量按流动性标准划分为 M0、M1、M2、M3 等层次，只要中央银行控制住这些指标，就能控制全社会的货币供应总量。因为，这几项指标都反映在中央银行、商业银行及其他金融机构的资产负债表内，资料易于取得，且中央银行能够通过各种货币政策工具加以控制，货币供应量与货币政策目标的相关程度较高，不容易发生信号误导。但货币供应量除受基础货币影响外，还受现金漏损、超额准备金、政府行为等因素的影响，其可控性并不是最好的。

一国选择货币供应量还是利率作为货币政策的中介指标，要依赖于条件、环境与背景，没有一个统一的标准。比如 20 世纪 70 年代中期以后，西方各国中央银行纷纷将中介指标由利率改为货币供应量。而进入 90 年代以来，一些发达国家又先后放弃以货币供应量作为中介指标，转而采用利率。原因是 80 年代末以来的金融创新、金融放松管制和全球金融市场一体化，使得各层次货币供应量之间的界限更加不易确定，以致基础货币的扩张系数失去了以往的稳定性，也使得货币总量同货币政策目标的关系更难把握。

4. 我国货币政策中介指标的选择

20 世纪 80 年代，我国货币政策在中介指标的选择上，继承了改革开放前的做法，即以贷款规模与现金发行作为货币政策的中介指标。把贷款规模作为中介指标的理论依据是：货币都是贷款供应的，即贷款＝存款＋现金，只要控制住贷款，就能控制住货币供应。随着市场化金融体制和运行机制的确立，货币政策实施的基础和环境都在发生根本性变化，贷款规模作为货币政策中介指标逐渐失去了两个赖以存在的条件：一是资金配置由计划转向市场；二是国有银行的存贷款在全社会融资总量中的比重趋于下降，而其他银行和金融机构特别是金融市场的直接融资比重迅速提高。

1994 年 10 月，中国人民银行正式向社会公布了当年头三个季度的货币供应量增长情况。这标志着我国中央银行的宏观调控手段正逐步由原来的直接管理向间接管理过渡，也说明我国的货币供应中介指标的设置已由传统的以信贷规模为主转变为以货币供应量为主。目前，我国的货币政策中介指标可以是说是一揽子多元化目标体系，包括贷款规模（自 1998 年起改指令性计划为指导性计划）、现金发行计划、狭义货币供应量和广义货币供应量等。

第四节　货币政策效应

一、货币政策效应的影响因素

货币政策实施后，是否达到货币政策目标？这实质上就是货币政策效应或有效性问题。所谓**货币政策效应**，就是指货币供应量变动能够引起总需求和总收入水平的变化程度。这种效果的好坏，取决于货币政策的时滞、货币流通速度、微观主体的心理预期以及经济政策之间的配合等因素。

1. 货币政策时滞

货币政策时滞是指货币政策从制定到获得主要或全部效果的时间间隔。如果收效太迟或难以确定收效时间，则政策本身能否成立也就成了问题。货币政策时滞由内在时滞和外在时滞构成。

内在时滞是指政策制定到中央银行采取行动这一期间。它分为两个阶段：一是从形势变化需要中央银行采取行动到它认识到需要采取行动的时间间隔，称为认识时滞；二是从中央银行认识到需要行动到实际采取行动的时间间隔，称为行动时滞。内在时滞的长短，取决于中央银行对经济形势发展的预见能力，以及由体制、组织效率、决策水平决定的调节方案出台的速度等，归根结底取决于中央银行本身。

外在时滞又称效应时滞，是指从中央银行采取行动开始直到对政策目标产生影响为止这段时间。它也分为两个阶段：一是中央银行变更货币政策后，经济主体决定调整其资产总量与结构所耗费的时间，称为执行时滞；二是从经济主体决定调整其资产总量与结构到整个社会的生产、就业等变量发生变化所耗费的时间，称为生产时滞。外在时滞的长短，主要是由客观的经济和金融条件决定的，它取决于经济主体对市场变化及信息的反应程度、货币政策实施的经济管理体制、当时的经济发展水平及宏观或微观经济背景、货币政策力度、货币政策实施时机、公众的预期心理等因素。

2. 货币流通速度

货币流通速度对货币政策效果的重要性在于，在货币流通速度微小变动以后，如果中央银行未曾预料并加以考虑，或在估算这个变动时出现误差，就有可能使货币政策效果出现严重偏差，甚至有可能使本来正确的政策方向走向反面。

3. 微观经济主体的预期

由于微观经济主体对未来经济行情的变化已有周密的考虑和充分的思想准备，当一项货币政策提出时，他们会立即根据可能获得的各种信息预测政策的后果，从而很快地做出对策，而且极少有时滞，从而使货币政策的预期效果被合理预期的作用所抵消。

4. 其他经济政治因素

货币政策能否取得预期的效果，还要受到外来的或体制内的政治经济因素的影响。

在一项货币政策出台后的一段时间内，如果客观经济条件发生了变化，而货币政策又难以做出相应的调整时，就可能出现货币政策效果下降甚至失效的情况。如在实施扩张性货币政策中，生产领域出现了生产要素的结构性短缺，这时纵然货币、资金的供给很充裕，由于“瓶颈”部门的制约，实际的生产也难以增长，扩张的目标就无从实现。

政治因素对货币政策的影响也是巨大的。一项货币政策方案的贯彻可能给不同阶层、集团、部门或地方的利益带来一定的影响。这些主体如果在自己利益受损时做出强烈的反应，就会形成一定的政治压力。当这些压力足够有力时，就会迫使货币政策进行调整。

5. 货币政策的透明度和公信问题

货币政策的取向、目标、工具等都对市场运作产生不同的影响。从方针政策和决策准则来说，决策者和广大公众之间要有高度沟通。如果决策过程不透明，就难以树立公众对货币当局的信任；如果没有必要的透明度使公众领会决策者的行为准则和意向，在胡乱猜测中所造成的紊乱必然会使经济付出代价。

货币政策效应的衡量

对货币政策效应大小的数量衡量，一般着眼于实施的货币政策所取得的效果与预期所要达到的目标之间的差距。以评估紧缩政策为例，如果通货膨胀是由社会总需求大于社会总供给造成的，而货币政策正是以纠正供求失衡为目标，那么这项政策是否有效、效应大小，就可以从这样几个方面判断：(1) 如果通过货币政策的实施，紧缩了货币供给，并从而平抑了价格水平的上涨，或者促使价格水平回落，同时又不影响产出或供给的增长率，那么可以说这项紧缩性货币政策的有效性最大。(2) 如果货币供应量的紧缩在平抑价格水平上涨或促使价格水平回落的同时，也抑制了产出数量的增长率，那么这项货币紧缩政策有效性的大小，则要视价格水平变动率与产出变动率的对比而定。(3) 如果货币紧缩政策无力平抑价格上涨或促使价格回落，却抑制了产出的增长甚至使产出的增长为负，则可以说这项货币紧缩政策是无效的。衡量其他类型的货币政策，也可采用类似的思路。

但在现实经济生活中，宏观经济目标的实现往往依赖于多种政策如收入政策、价格政策等的配套进行。因此，要准确地检验货币政策的效果，必须对其与其他政策之间的相互作用及作用大小进行分析。

货币政策与财政政策的配合

货币政策与财政政策是政府干预社会经济生活的主要工具，它们共同作用于一国的宏观经济，因而存在着相互配合的要求。研究货币政策与财政政策的协调与配合，必须搞清他们两者之间的关系。

货币政策与财政政策的共性表现在：一是它们共同作用于本国的宏观经济方面，二是它们都是需求管理政策，即着眼于调节总需求，使之与总供给相适应，三是它们追求的目标都是实现经济增长、充分就业、物价稳定和国际收支平衡。其区别表现在：一是政策的实施者不同，分别由中央银行和财政部门来具体实施；二是作用过程不同，货币政策的直接对象是货币运动过程，以调控货币供给的结构和数量为初步目标，进而影响整个社会经济生活，而财政政策的直接对象是国民收入再分配过程，以改变国民收入再分配的数量和结构为初步目标，进而影响整个社会经济生活；三是政策工具不同，货币政策使用的工具通常与中央银行的货币管理业务活动相关，主要是存款准备金率、再贴现率、公开市场业务等，而财政政策所使用的工具一般与政府的收支活动相关，主要是税收、国债及政府的转移性支付等。

可见，货币政策与财政政策出自于同一个决策者却由不同机构具体实施；为达到同一个目标却又经过不同的作用过程；作用于同一个经济范围却又使用不同的政策工具。其共性的存在决定了它们相互配合的客观要求，其区别则又导致了在实施过程中有可能发生偏差。在协调两者的过程中，会有四种配合模式：(1) 紧缩的货币政策与紧缩的财政政策，即“双紧”政策；(2) 宽松的货币政策与宽松的财政政策，即“双松”政策；(3) 宽松的货币政策与紧缩的财政政策，即“松货币、紧财政”；(4) 紧缩的货币政策与宽松的财政政策，即“紧货币、松财政”。

四种模式由于政策的作用方向和组合的不同，会产生不同的政策效应。具体说来有：

(1) 财政政策通过可支配收入和消费支出、投资支出，对国民收入产生影响，而货币政策则要通过利率和物价水平的变动，引起投资的变化来影响国民收入。(2) 货币政策通过货币供应量这一中介变量的变动，直接作用于物价水平，而财政政策则要通过社会购买力和国民收入的共同作用，才对物价水平发生影响。国民收入的内生性，决定了财政政策对物价水平的作用是间接的、滞后的。(3) "双紧"或"双松"政策的特点是两种政策工具变量调整的方向是一致的，各中介变量均能按两类政策的共同机制对国民收入和物价水平发生作用。因此，这类配合模式的作用力度强，变量间的摩擦力小，产生效应快，并带有较强的惯性。(4) "一松一紧"政策，由于两类政策工具调整的方向是相反的，使变量间产生出相互抗衡的摩擦力和排斥性，并分别对自身能够直接影响的变量产生效应，在实施过程中功能损耗较大，作用力较弱，但政策效应较稳定，且不带有很大惯性。

本章小结

1. 货币政策是中央银行为实现其特定的经济目标而采取的各种控制和调节货币供应量或信用量的方针和措施的总和。其构成要素有五个：目标、政策工具、中介指标、传导机制和效果。货币政策是各国进行宏观调控的主要手段。

2. 货币政策目标有稳定物价、充分就业、经济增长和国际收支平衡，这些目标是随着社会经济的不断发展而完善的。除了充分就业与经济增长目标之间具有正相关关系外，其他目标之间通常都有冲突和矛盾，中央银行要结合国情在这些目标之间进行适当的取舍。

3. 货币政策工具是中央银行为完成货币政策目标而采取的调控手段。它包括一般性货币政策工具、选择性货币政策工具和其他货币政策工具。一般性货币政策工具就是我们通常说的三大法宝：再贴现政策、存款准备金政策和公开市场业务。不同的货币金融体制对货币政策工具的选择也是不一样的。在西方发达国家，通常公开市场业务是最主要的政策工具，而我国则选择一系列的工具配合使用。

4. 货币政策传导机制的主要理论有凯恩斯学派、货币学派、托宾的 q 理论、信贷传导机制和财富传导机制，它们强调的侧重点各不相同。我国的货币政策传导机制表现出明显的信贷传导特征。

5. 货币政策的中介指标是为了更好地实现货币政策目标并检验货币政策工具实施的效果而引入的一些短期的数量化指标，选择中介指标要依据可测性、可控性和相关性三个标准。中介指标通常分为两类：一类是近期指标，包括超额准备金和基础货币；另一类是远期指标，包括市场利率和货币供应量。一国选择什么中介指标，要依赖于条件、环境与背景，没有一个统一的标准。我国现行的货币政策中介指标是货币供应量。

6. 货币政策实施后，能否以及在多大程度上引起总需求和总收入水平的变化，就是货币政策效果。这种效果的好坏，要取决于货币政策时滞、货币流通速度、微观主体的心理预期以及经济政策之间的相互配合等。即使考虑了这些因素，对这种效果的判断也是一个很难量化的过程，因为宏观经济目标的达成，有赖于多种政策共同作用。

7. 货币政策与财政政策都是政府宏观调控的主要工具，它们之间既有共性，也有差异，从而使得两者的相互配合就很有必要。配合的模式有"双松"、"双紧"、"一松一紧"

（包括“松货币、紧财政”和“紧货币、松财政”两种）四种。在不同的环境、背景、体制等条件下，就要进行不同的选择。

复习思考题

1. 货币政策的四大目标是什么？它们之间的关系如何？
2. 为什么要设立货币政策中介指标？选择的标准是什么？
3. 可供选择的货币政策中介指标有哪些？我国应如何选择？
4. 简述一般性货币政策工具及其作用机制。
5. 中央银行选择性货币政策工具有哪些？
6. 我国现行的货币政策工具主要有哪些？
7. 试述凯恩斯学派和货币学派关于货币政策传导机制的理论分歧。
8. 财政政策与货币政策有何特点？如何配合使用？

第十二章 金融监管

要点提示

金融监管是应对金融危机和风险的直接产物。一方面，在金融市场表现出来的种种失灵面前，自然产生出对金融监管的需求。另一方面，在金融业竞争日趋激烈，金融机构、金融业务、金融工具之间的界限日益模糊的背景下，金融业聚集了极大的风险。负有社会稳定责任的政府，有必要通过提供金融监管供给，以维护金融秩序、保护公平竞争、提高金融效率。需求和供给共同催生了金融监管行为及其制度。本章分析和研究的主要问题是：进行金融监管的原因、金融监管的目标、金融监管的体制和内容、金融监管的局限性、金融监管的国际协调等。

第一节 金融监管概述

金融监管的原因：市场失灵

"金融监管"是金融监督和金融管理的复合词。金融监管有狭义和广义之分。狭义的金融监管是指金融主管当局依据国家法律法规的授权对金融业（包括金融机构以及它们在金融市场上的业务活动）实施监督、约束、管制，使它们依法稳健运行的行为总称。广义的金融监管除主管当局的监管之外，还包括金融机构的内部控制与稽核、行业自律性组织的监督以及社会中介组织的监督等。

金融监管的最初动因，是危机的爆发。可以追溯到16世纪的荷兰郁金香狂热、17世纪英国的"南海泡沫"案、18世纪法国的"密西西比泡沫"事件。近年来，危机也不断发生：或者是一家银行（英国巴林银行、日本大和银行、国际商业信贷银行等），或者是一个地区或国家（如1994年年底的墨西哥金融危机），还有可能是多个国家和地区的危机（1995年上半年的欧洲货币危机、1997年的东南亚金融危机）。时间上最近的有1998年的俄罗斯金融危机和巴西金融危机、2000年的土耳其金融危机、2001年的阿根廷金融危机以及2007年以来的美国金融危机。这些危机所产生的各种负面影响是说明进行金融监管的直观理由。

从理论上分析，金融领域内存在的垄断、外部性、产品的公共性、信息的不对称性、过度竞争所带来的不稳定性以及分配的不公平都会导致金融产品与服务价格信息扭曲，从而表现为**金融市场的失灵**，而失灵的市场无法保证社会资源的配置符合帕累托效率。这就为政府介入金融监管提供了理由。

1. 金融领域内的负外部效应

历史经验表明，金融领域内的**负外部效应**尤为明显。第一，金融机构不同于一般企业，它可以运用少得多的自有资本支撑同样规模的资产运营，一旦发生问题，其所有者遭受的损失要小得多，其成本是由整个金融体系及社会来承担的；第二，金融领域出现的问题往往具有“传染性”，比如银行挤提、证券市场的“恐慌心理”等，说明金融领域里的负外部效应有可能会自我放大；第三，这种负外部效应自我放大到极端有可能导致系统的危机或崩溃，即个别金融中介机构或环节的问题蔓延开来，最终使整个体系的运作遭到破坏，进而给实际经济部门造成损害的灾难性事件。典型的例子是 20 世纪 30 年代的大萧条。

这些严重的负外部效应的存在，为政府介入实施必要的金融监管提供了重要的理论支持。

2. 金融体系提供的产品和服务具有公共物品的特征

一个稳定、公平而有效的金融体系具有公共物品的明显特征：每个人都可以尽享金融体系提供的信心和便利，同时，任何人在享受上述好处的同时，并不妨碍别人享受相同的好处，即既不具有排他性，也不具有竞争性。但作为公共物品，其局限性表现在：人们虽有内在动力消费某一物品，但却得不到有效的激励为这一公共物品的提供作出贡献，如银行的挤提行为、金融机构业务经营违反审慎原则过分冒险等，这就决定了要么在政府主导下来构建金融体系，要么以私人部门为基础构建金融体系，但政府要通过限制过度竞争的制度安排，给予私人部门适当的保护和监管，以维护金融体系的稳定。

3. 信息不对称导致金融交易低效率

在金融领域中，信息不对称是广泛存在的，这会导致交易的不公平和低效率。在交易中，拥有信息优势的一方可能会利用这一优势来损害信息劣势方的利益。如证券所的员工和外部投资者相比，具有明显的信息优势，特别是他们比一般的投资者掌握更充分的市场动态信息。同样，对于银行和保险公司的经营管理者来说，对自己所在金融机构的风险，也会比存款人和投保人更加了解。由于这些金融机构比投资者（存款人、证券持有人和投保人等）拥有更多的信息，他们就有可能利用这一信息优势为自己牟取利益，而将风险或损失转嫁给投资者。因此，政府介入对这些信息优势者加以一定的规范、约束、监管，并制定强制的信息披露制度，可以为投资者创造公平、公正、公开的投资环境。

4. 金融领域内有可能出现垄断和不正当竞争

金融领域内的垄断包括自然垄断和人为垄断。前者是指金融业务存在着规模经济效应，规模越大，成本越低，典型的例子是清算中介；后者有可能表现在：由于银行业具有信贷配给的特点，使银行逐渐获得对与它具有传统关系的企业的垄断地位，这就相当于断绝了其他银行的介入可能。不正当竞争在金融领域里有多种表现方式，如银行业和证券业的从业者利用信息优势进行机会主义行为，以图损人利己；银行对特别客户发放的“关系型贷款”；金融机构为争夺客户进行恶性竞争或虚假宣传；等等。这些垄断和不正当竞争行为的存在，会破坏正常的市场秩序。由此，引入政府来保证公平的竞争环境不失为一种预防性的措施。

金融监管的目标与基本原则

1. 金融监管的目标

金融监管的目标可分为一般目标和具体目标。

金融监管的一般目标是针对上述的市场失灵而提出的笼统而概括性的目标。它主要有两个方面：第一，维护金融体系的安全与稳定，避免系统危机的发生。这是金融监管的首要目标。金融是现代经济的核心，在整个社会的货币供应、货币运行、信用活动中举足轻重。作为以营利为目的的金融机构，在经营过程中面临着信用风险、流动性风险、市场风险、利率风险、国家风险等诸多风险，加上金融机构之间的竞争，难免会发生金融危机或破产倒闭，而一家银行的问题可能会在“多米诺骨牌效应”的作用下迅速传染到多家银行或企业，引起系统风险或系统危机，其后果将是十分严重的。如果系统危机得以避免，则其负的外部效应也不会放大，同时银行也成为惠及众人的公共物品。第二，保护存款人和社会投资者的利益。保护存款人和投资者的利益，实质上就是维护社会的信用制度。这既可以抑制信息不对称所造成的金融交易低效率问题，还在很大程度上实现了矫正不正当竞争和保护小额储蓄者的公平目标。

因此，金融监管的一般目标仍然是一般的公共政策目标的一部分，一般概括为经济运行的效率、公平和稳定三个方面。

金融监管的具体目标是针对各国历史、经济、文化背景和发展的不同情况而制定出来的，其侧重点也有所区别。比如，美国《联邦储备法》设计的监管目标有四个：第一，维持公众对银行体系的信心；第二，建立一个有效的和有竞争的银行体系；第三，保护消费者；第四，允许银行体系适应经济的变化而调整。《德国银行法》在第六条中授权“联邦金融管理局监管所有的信贷机构，以保证银行资产的安全、银行业务的正常运营和国民经济良好运转”。《英国银行法》规定“授权英格兰银行行使特权对接受存款的机构予以管理；对这些机构的存款人进一步予以保护，禁止使用欺骗性的经济手段接受存款”。《日本普通银行法》规定“银行业务以公正性为前提，以维护信用、确保存款人的权益，谋求金融活动的顺利进行和银行业务的健全妥善运营，有助于国民经济的健全发展为目的”。

1995 年 3 月颁布、2003 年 12 月修改的《中华人民共和国中国人民银行法》、1995 年 6 月颁布的《中华人民共和国保险法》、1999 年 7 月颁布实施的《中华人民共和国证券法》、2003 年 12 月颁布的《中华人民共和国银行业监督管理法》共同界定和规范了我国的金融监管目标，可概括如下：

（1）一般目标：防范和化解金融风险，维护金融体系的稳定与安全，保护公平竞争和金融效率的提高，保证中国金融业的稳健运行和货币政策的有效实施。

（2）具体目标：经营的安全性、竞争的公平性和政策的一致性。经营的安全性是指既要保护存款人和其他债权人的合法权益，又要规范金融机构的行为，提高信贷资产质量。

竞争的公平性是指通过监管，创造一个平等合作、有序竞争的金融环境，鼓励金融机构在公平竞争的基础上，增强经营活力，提高经营效率和生存发展能力。政策的一致性，即通过监管，使金融机构的经营行为与中央银行的货币政策目标保持一致。

2. 金融监管的基本原则

监管当局负有对金融业和金融市场进行监管之责，并不意味着它可以任意发号施令，指手画脚；相反，监管当局必须在一定的范围内按一定的规则去行事，才不会束缚金融业的手脚，降低融资效率。这些规则就是金融监管必须要遵循的原则，主要有：

（1）依法监管原则。

监管当局依法监管主要体现在两点：一是金融机构必须接受各国金融监管当局的管理和监督，不能有例外；二是金融监管必须依法进行，以确保监管的权威性、严肃性、强制性和一贯性。为此，各国必须建立健全相应的金融法律法规，使监管当局有法可依。

（2）合理、适度竞争原则。

竞争是市场经济的灵魂和基本规律，没有竞争便没有效率。适度竞争原则，就是对金融业“管而不死，活而不乱，限制过度竞争，而又不消灭竞争”。因此，监管的重心就是创造一个适度竞争的良好环境，在这一环境中，既可避免金融业的垄断所造成的效率损失，又可以防止出现过度竞争、破坏竞争从而危及金融业的稳定。如何协调二者的矛盾，主要在于监管当局的操作技巧和能力。

（3）自我约束和外部强制相结合原则。

要保证监管的及时和有效，客观上需要金融机构的自我约束与监管机构的外部强制有机地结合起来。因为外部强制监管再缜密严格，其作用也是相对有限的。如果管理对象不配合、不愿自我约束，而是千方百计地设法逃避、应付、对抗，那么外部强制监管也难以收到预期效果；反之，如果将全部希望寄托在金融机构本身自觉自愿的自我约束上，则不可能有效地避免种种不负责任的冒险经营行为与道德风险的发生。

（4）安全稳定与经济效率相结合的原则。

要求金融机构完全稳健地经营业务，历来都是金融监管的中心目的。为此所设置的金融法规和一系列指标体系都是着眼于金融业的安全稳健及风险防范。但金融业的发展毕竟在于满足社会经济发展的需要，追求发展就必须讲求效率。因此，金融监管不应是消极地单纯防范风险，而应是积极地把防范风险同提高金融效率这个最基本的要求协调起来。

金融监管的成本和监管失灵

1. 金融监管的成本

上面提到的金融监管的必要性，并不意味着金融监管是万能的。同市场失灵一样，政府的监管也可能存在失灵。因为在资源约束的条件下，实施监管是需要成本的，这就使得实施监管有可能是不合算的，即在管制过程中所耗费的资源成本有可能大于实现监管目标后的收益。一般来说，金融监管越严格，其成本也就越高。具体地说，**金融监管的成本**主要表现在两大方面：直接的显性成本和间接的效率损失。

直接的显性成本是监管引起的直接资源成本，包括监管当局的行政预算支出和被监管者因遵守条例而耗费的成本。由于金融监管当局关注的是监管目标的实现，而较少考虑降低监管成本，从而有可能造成监管的直接成本过高的现象。

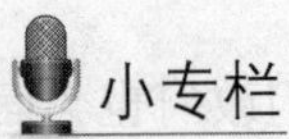

小专栏

监管的显性成本

一份较早的研究表明，在20世纪70年代的美国，各类管制机构的运行成本一直在上升。1971—1979财政年度，按1970年不变美元价值计算，美国57个管制机构的行政费用增长了1倍多，由1971年的12亿美元上升到1979年的30亿美元，其中，金融和银行业的管制机构的行政费用由1亿美元增加到3亿美元。这份研究提到的另外两个数字：一是20世纪70年代的头四年，登载联邦法规的《联邦录》的篇幅增加了1倍；二是美国57个管制机构的职员总数在1979年达到87 500人，几乎是1971年的3倍。

在20世纪80年代英国“大爆炸”式的金融改革过程中，古德哈特在一篇专门谈管制成本的文章中指出，在他成文之前的12个月中，英国证券与投资署反反复复对有关管制条例进行修改和补充，仅仅其成文的《投资业管理条例》手册就有大约4.5磅重。另一位经济学家拉麦斯的研究更为全面：随着新制度的实施，将有成千上万张纸片在市内飘荡，仅证券与投资署的行政费用就将高达800万英镑，加上其他自我管理组织的费用，这一成本估计在2 000万英镑；如果再加上其他监管机构的运行费用，这一数字在1亿英镑以上。成本之高可能超过近年来在各桩公开了的丑闻中投资者遭受的损失之和。

间接的效率损失是一种不易观察到的隐性成本，主要指的是因监管者改变了原来的行为方式而造成的福利损失。金融监管有可能导致的效率损失有：

(1) 道德风险。这主要表现为三个方面：一是由于投资者相信监管当局会保证金融机构的安全和稳定，会保护投资者的利益，就易于忽视对金融机构的监督、评价和选择，而只考虑如何得到较高的收益。这就导致经营不良的金融机构照样可以通过提供高收益等做法而获得投资者的青睐，无疑这会增加整个金融体系的风险。二是存款保险制度的确立，使得存款人通过挤兑的“用脚投票”方式向金融机构经营者施加压力的机制不再存在。存款金融机构可以通过提供高利率吸收存款，并从事了风险较大的投资活动。这也会人为地提高金融体系的风险。三是由于金融机构在受监管中承担一定的成本，因而会通过选择高风险、高收益资产的方式来弥补损失，这显然有悖于监管者的初衷。

(2) 人为地削弱竞争。从市场准入、运作过程的监管措施来看，尽管其出发点是为了防止金融领域内出现恶性竞争，维护正常和公平的业务环境并保护消费者的利益，但如果分寸把握不当，就有可能人为地抑制金融机构之间的一些合理的竞争，导致静态低效率。

(3) 对金融创新的抑制。一般地，金融监管条例是根据当时的最佳惯例适时地制定出来的。随着时间的推移和形势的发展，这些最佳惯例很可能变得不再是最佳，从而妨碍金融机构新产品的开发和服务水平的提高，导致动态的低效率。

总之，这些效率损失的存在，就会对当事人造成反向的激励，即严格的金融监管，虽然能够消除全部或大部分风险，但因为随之而来的可能是间接的道德风险和低效率，所以并不是十分可取的。考虑到监管的各种成本，客观上它应该存在一个适可而止的边界和限度。从理论上说，这一边界应处于边际成本等于边际收益的那一点上。

2. 金融监管失灵

按照公共选择理论，虽然政府的管制在一定程度上可以矫正市场缺陷，但政府也会面临着失灵问题，即政府监管并不必然能够实现资源的有效配置。因此，在考虑金融监管必要性的同时，有必要把监管失灵的问题也纳入到视野中一并加以考虑。

（1）监管者的经济人特性。从理论上看，金融监管者是社会公众的委托人，代表社会公众的利益，能够在某种程度上超越具体的个人利益。但在实践中，监管部门及监管者个人的目标并不是或并不仅仅是公共利益的最大化，而是有自己的组织目标与经济利益，这就使得监管部门具有某种类似个人经济人的特征，从而追求个人利益最大化。特别是当他们掌握着垄断性的强制权力时，很容易被某些特殊利益集团俘获，并成为他们的代言人。作为交换，监管者可以获得相当丰厚的回报。

（2）监管者同样面临着信息不对称的问题。监管者与广大的被监管者之间，前者处于信息劣势一方，这就意味着，监管者即使主观愿望很好，也有可能力不从心，无法全面及时地行使其监管职能。

（3）监管者处于独特的垄断地位。由于政府提供的公共服务往往具有不可替代性，因此，它们缺乏市场竞争和约束，也就没有改进监管效率的压力和动机。另外，金融监管机关具有政府部门的科室结构，其运作机制与一般的政府部门也无大的区别，极易导致监管的官僚主义行为。

总之，金融监管的失灵虽然表现为多种多样，但概括起来主要有两个：监管过度，多管了不该管的；或者是监管松懈，该管好的却放任不管。因此，金融监管制度安排应适时地引入对监管者的监管，监管的主要思路就从两方面入手，防止监管者管制过度或防止监管者管制松懈。

小专栏

美国金融监管改革法案及其影响

2010 年 7 月 22 日，美国总统奥巴马签署了《多德—弗兰克华尔街改革和个人消费者保护法案》，从金融机构监管、金融市场监管、消费者权益保护、危机处理和国际合作等方面构筑安全防线，期望以此恢复对美国金融体系的信心。新法案被认为是“大萧条”以来最严厉的金融改革法案。

一、新法案的主要内容

第一，成立金融稳定监管委员会，负责监测和处理威胁国家金融稳定的系统性风险。该委员会共有 10 名成员，由财政部长牵头。委员会有权认定哪些金融机构可能对市场产生系统性冲击，从而在资本金和流动性方面对这些机构提出更加严格的监管要求。

第二，在美国联邦储备委员会下设立新的消费者金融保护局，对提供信用卡、抵押贷款和其他贷款等消费者金融产品及服务的金融机构实施监管。

第三，将之前缺乏监管的场外衍生品市场纳入监管视野。大部分衍生品须在交易所内通过第三方清算进行交易。

第四，限制银行自营交易及高风险的衍生品交易。在自营交易方面，允许银行投资对冲基金和私募股权，但资金规模不得高于自身一级资本的3%。在衍生品交易方面，要求金融机构将农产品掉期、能源掉期、多数金属掉期等风险最大的衍生品交易业务拆分到附属公司，但自身可保留利率掉期、外汇掉期以及金银掉期等业务。

第五，设立新的破产清算机制，由联邦储蓄保险公司负责，责令大型金融机构提前做出自己的风险拨备，以防止金融机构倒闭再度拖累纳税人救助。

第六，美联储被赋予更大的监管职责，但其自身也将受到更严格的监督。美国国会下属政府问责局将对美联储向银行发放的紧急贷款、低息贷款以及为执行利率政策进行的公开市场交易等行为进行审计和监督。

第七，美联储将对企业高管薪酬进行监督，确保高管薪酬制度不会导致对风险的过度追求。美联储将提供纲领性指导而非制定具体规则，一旦发现薪酬制度导致企业过度追求高风险业务，美联储有权加以干预和阻止。

二、新法案将对金融业产生的影响

美国金融市场一直以市场自由化程度高、金融创新活跃而备受称道。但过度金融创新也使得“次级按揭贷款”、信用违约掉期（CDS）等金融工具脱离了监管控制，过高的杠杆率最终导致了金融风险集中爆发。新法案将复杂衍生品纳入监管范围及交易所交易，有助于降低过度金融创新、衍生品交易失控与衍生品泡沫的风险，有利于促进金融产品创新的规范化和理性化发展。受金融监管全面强化的影响，金融创新的步伐活动可能出现放缓，创新动力受到削弱，金融产品的衍生化进程也将有所减缓，未来的金融创新将更加回归实体经济需求。

美国在全球金融市场中的重要地位决定了新法案的通过将为全球金融监管改革树立新的标尺。鉴于美国不仅处于金融领域发展前沿，而且在IMF和国际清算银行等国际组织具有主导性的发言权，因而，美国国内金融改革法案也将深刻影响新巴塞尔协议的修订和全球金融改革未来发展的方向。

第二节　金融监管的内容和方法

一、金融监管的内容

一般地，金融监管的具体内容都是从市场准入、市场运作过程、市场退出三个环节入手，其目的一是督促金融机构约束其风险行为，避免其做出损人也不利己的行为；二是针对金融机构在处理客户关系时利用信息优势采取的机会主义行为，避免其做出损人利己的行为。

1. 市场准入的监管

所谓市场准入，就是监管当局对新设机构或金融机构的合并进行的限制性管理，即对申请进入金融业和金融市场的机构和人员进行筛选，保证只让合适的机构和人员进入市场，维持市场的公平竞争和秩序。

市场准入监管是进行监管的第一个环节。如果在该环节上控制得力，就可以有效地将金融风险拒之门外；反之，就可能为以后的监管留下后患。为此，各国对金融机构的设立通常采取审批制（批准制），而不像一般工商企业那样实行登记制。在审批营业执照时，监管机构主要考虑的因素有：最低的资本数量，以保证银行稳健经营和维护社会公众利益；较完备的专业设施；所有权结构；一定数量合格的专业人员，即董事和高级管理人员应受过专业训练，具有专业经验和良好品行；业务发展目标和规划等。

如在我国，设立商业银行必须经中国人民银行批准，否则任何单位和个人不得从事吸收公众存款等商业银行业务，不得使用“银行”字样等，对申请设立商业银行者，要求必须有符合规定的章程，足够的注册资本，健全的组织结构和管理制度，高级管理人员不得有贪污、受贿等不良记录等。

在不同国家，对不同领域和种类的金融机构的市场准入，其要求是不尽相同的，有的严厉一些，有的宽松一些，但无论如何，对金融机构的市场进入都有或高或低的门槛。其必要性和作用在于可以限制恶性竞争或保护公平竞争，保证参与者具备起码的条件，另外也让申请者付出沉淀成本，不能说来就来，说走就走，以促使申请者进入后好好经营。

2. 市场运作过程的监管

市场运作过程的监管主要包括：

（1）资本充足性监管。

资本对金融机构的作用显而易见。足够的资本既可以维持银行在社会公众心目中的信心，以保证其正常运转，并借此扩展更多的业务，又可以在发生挤提和意外时使其赢得足够长的时间来收回其他资产或用它冲销损失，不至于使银行立刻资不抵债，破产清算。因此，保留一定量的资本是稳定金融业所必需的，也是各国金融监管的重点。其具体做法是：要求银行资本与资产总额、存款总额、负债总额以及风险投资之间保持适当的比例。在这方面，1988年《巴塞尔协议》关于银行资本（核心资本加附属资本）和风险资产的比率应达到8%、其中核心资本和风险资产的比率应达到4%的规定，已被各国所认同和接受，成为各国监管金融业的重要依据。

（2）流动性监管。

流动性是金融机构以适当价格获取可用资金的能力。各国的金融监管当局对流动性监管也是十分重视的，其具体做法是规定法定存款准备金比率和其他一些比例性指标，来具体量化对银行的流动性要求。在实践中，要恰当地、准确地测量银行的流动性是非常困难的。一般的趋势是以考核银行的资产负债期限和利率结构搭配是否合理为基础对流动性进行系统的评价。如我国的商业银行贷款余额与存款余额的比例不得超过75%，流动性资产余额与流动性负债余额的比例不得低于25%；法国的监管当局规定，银行的流动资产与短期负债的比率不得低于60%；比利时要求私人储蓄银行要将其至少35%的储蓄存款用于购买一年期以下的政府债券。

（3）业务范围的监管。

金融机构能够经营哪些业务，不能经营哪些业务，一般是有限制的。在实行职能分工体制的国家，商业银行业务和投资银行业务严格分开，并禁止商业银行认购包销股票和债券。而在全能型体制的国家，并无这些限制。在新的金融形势下，各国金融业出现了混业经营的大趋势，那么混业监管也在所难免。

(4) 贷款风险的监管。

为控制银行的信用风险过于集中，大多数国家的监管当局都制定了审慎的限额，以限制银行对单一借款人、关系人（金融机构的董事、监事、管理人员、信贷业务人员及其近亲属，以及他们投资或者担任高级管理职务的公司、企业和其他经济组织）和对某些行业或部门提供过多贷款，以分散风险。具体指标是对单一借款人的贷款占银行资本的比重。如在美国，这一指标不得超过15%，日本为20%，我国为10%。此外，由于金融创新、金融工具的不断涌现，表外业务大量出现，由此滋生了新的风险。因此，如何对银行的风险集中程度做出客观的评价及采取相应的监管措施，是监管当局面临的新挑战。

(5) 对银行内控制度的监管。

银行内部控制制度不严可以置银行于死地，典型的事例如英国的巴林银行和日本的大和银行。由监管当局对银行内控制度进行监管是必要的，其目的是确保一家银行的业务能根据董事会制定的政策以谨慎的方式经营。

3. 市场退出的监管

对市场退出的监管意味着监管机构对金融机构的倒闭和破产清算进行管制，不能想走就走，而要按一定的程序进行，由监管机构代表社会各方的利益，来进行协调和疏通。如关闭有问题的银行，罢免和更换管理人员，任命接收者，购买、销售和转让有问题的资产，负责债务的收回和业务的恢复，决定清算和合并等，以尽可能地降低金融机构市场退出的成本。为此，许多国家还建立了官方或行业性的存款保险制度，以维护存款人的利益和金融业的稳健经营。各国的实践表明，存款保险制度对促进金融业稳定是有积极意义的，但这一制度也促使银行无所顾忌地从事过度的冒险活动。如何完善这一制度是监管当局面临的新课题。

我国对金融机构市场退出的监管由法律予以规定，一般有接管、解散、撤销、破产等几种形式。

金融监管的主要手段和方法

1. 金融监管的手段

目前，金融监管使用的手段主要有：

(1) 法律手段。尽管各国金融监管的体制和风格各异，但在依法监管这一点上是共同的。金融监管的基本出发点，就是要求金融机构必须接受国家金融监管当局的监管，金融监管必须依法进行，这样才能保证监管的强制性、权威性、严肃性和一贯性。根据一些国家的监管实践，要使法律手段真正发挥作用，就要做到：立法适当超前，使之体现法规的规范导向作用；树立金融法律的权威性和有效性，即被监管者要依法经营，监管者要依法监管；执法要严，对严重的违法违规事件，要从严从重处罚。

(2) 经济手段。金融监管的经济手段中最主要的是最后贷款人和存款保险两种，这是针对系统危机而建立的两种官方安全网。表面上看，这是一种事后的挽救性措施，但是它们由于稳定了人们对金融体系的信心，因而产生了预防性的效果。

最后贷款人手段，是指中央银行作为监管者，为保护存款者的利益，对发生清偿力困难的银行或金融机构进行财务上的援助和实施抢救行动，是金融体系的最后一道安全防线。具体方式有：提供贷款、担保及兼并。

存款保险是指由经营存款业务的金融机构按照吸收存款的一定比例，向特定的保险机构缴纳保险金，当投保机构破产倒闭，不能偿还存款人的款项时，由存款保险机构进行赔偿。目的是保护存款者的利益，维护正常的信用秩序。存款保险制度最早始于美国，后来，大多数国家都陆续建立了此项制度。我国存在着隐性的存款保险，目前正在探讨建立显性的存款保险制度。

（3）行政手段。行政手段作为一种辅助性的手段，具有见效快、针对性强的特点，在金融领域出现特定情况或波动时，是不可替代的。

但从金融监管的发展趋势来看，应用最多的是法律手段和经济手段。因为行政手段和市场规律在一定程度上是抵触的，虽然收效迅速，但震动大，副作用多，缺乏持续性和稳定性。

2. 金融监管的方法

各国金融监管的方法主要有直接监管和间接监管。

直接监管包括现场检查（稽核）和非现场检查。现场检查是由稽核人员通过亲临现场对金融机构的会计凭证、账簿、报表、现金、物资财产和文字资料进行检查、分析、鉴别，直接对有关人和事进行查访，掌握第一手真实资料。现场稽核一般主要集中于资本充足状况、资产质量、管理质量、收入和利润状况、清偿能力、法规的遵守程度等方面。非现场检查，是对被稽核单位按要求报送的有关经营活动状况的资料，按照一定的程序和标准进行整理、分析和计算，对金融机构经营现状及发展趋势做出判断的一种检查监督形式。

间接监管方法是监管当局委托其他部门如金融机构内部审计、外部审计机构、信用评级机构等从加强内部控制的角度出发，实施间接的监管。具体说来，有以下几种方法：

（1）金融机构的内部审计。内部审计是由金融机构自行组织实施的，主要涉及银行内部的各项管理工作实施情况，包括检查自身会计控制、营运控制、行政管理控制等的完整与准确，并参与检查和修改业务政策和业务程序。其主要目的是保证资产的安全性和遵守法规，提供高效准确的业务记录，评价管理控制的程序和有效性，并为制定政策提供参考。金融机构的内部审计及内部控制在整个监管体系的设计中，具有基础性的地位。

（2）外部审计。外部审计是监管当局委托社会上的注册会计师事务所来参与监管。这种社会审计可以提高金融监管的客观性和公正性，有效地避免舞弊、作假现象，防止内部审计的主观性和监管当局的疏漏，使监管当局的监管更有针对性。

（3）对金融机构的评级。评级制度是通过综合考虑金融机构的资本充足性、资产质量、管理能力、营利能力及流动性能力等因素，按评级结果将金融机构划分为几个等级，供监管当局决策使用。这种评级还可以利用社会上的资信评估机构来进行。

（4）行业自律。金融业自律是指同一行业的从业者组织，基于共同利益制定规则，自我约束，实现本行业内部的自我监管，以保护自身利益并促进本行业的发展。一般地说，金融业自律的组织形式主要为金融行业公会或银行家协会。这是一种金融业自我管理、规范和约束的民间组织。它通过行业内部管理，避免参与主体之间的不正当竞争并促进彼此间的协作，与外部监管当局共同维护金融业的安全和稳定。该组织除了在会员间起协调和服务的功能外，还在金融机构与监管当局之间起沟通的桥梁作用。一方面向监管当局反映会员的要求和建议，保护会员单位的合法权益；另一方面，接受监管当局的委托，执行某些监管机构不宜执行或执行效果欠佳的监管职能。还通过建立举报监督系统，强化会员金融机构的自律和互律，并对违规会员做出相应的处罚，维护和提高金融业的整体利益和社会形象。

第三节 金融监管体制

金融监管体制概述

金融监管体制指的是金融监管的制度安排，它包括金融监管当局对金融机构和金融市场施加影响的机制以及监管体系的组织结构。由于各国历史文化传统、法律、政治体制、经济发展水平等方面的差异，金融监管体制表现为明显不同的特点。

1. 外部的正式监管与行业内的自律

从监管规则的形成与实施是否通过国家法律法规和行政干预来看，各国的金融监管体制可以分为外部的正式监管与行业内的自律。

外部的正式监管是一种严格立法的规范化金融监管，它是由管制当局制定规则，强制金融机构必须遵守。欧洲大陆和美国是其典型代表。

行业内的自律是一种非正规、不成文的制度安排，它不需要借助政府的力量来强制实施，其有效性是建立在当事人长期从业的基础上。一般地，金融领域内的行为规则，是当事人之间在长期博弈的过程中逐渐自发形成的、共同遵守的行为规范。当事人私下认同这些不成文的规矩，意味着他愿意通过让别人能够预期自己的行动，来换取对别人行动的稳定预期，这样在充满不确定性的世界里，一来可以消除双方存在的利益冲突，二来可以促使更多交易的达成。这是保证非正规的规则得以实施的关键。在历史上，英国是以自律为主的典型。当然，以自律为主的金融监管制度并不是放任自流，而是以政府的法律框架为基础，只不过强调这种对当事人的行为限制可以有效地自我实施而已。后来，由于英国的一些次要银行的挤提危机波及了主要银行，使英国改变了其悠久的自律传统，制定了1979年银行法，也开始加强外部的规范化监管。

在实践中，外部的正式监管与内部的自律是不可能截然分开的，而是相辅相成的。因为，正规的规范化规则可能本来就是从非正规的规则中引申出来的，而且前者有效实施的前提是当事人的认可、接受和合作。在任何金融体系中，正式的外部监管与非正式的内部自律是构成监管体制的必不可少的一部分，两者不可偏废。

2. 单一监管体制与多头监管体制

根据监管主体的多少，各国的金融监管体制大致可以划分为单一监管体制和多头监管体制。如按监管机构的监管范围，可分为集中监管体制和分业监管体制。一般地说，实行单一监管体制的国家在监管范围上都是实行集中统一监管，而实行多元监管的国家在监管范围上都实行分业监管。但这种对立不是绝对的。

（1）单一监管体制。

单一监管体制是指由一家金融监管机关对金融业实施高度集中监管的体制。目前，实行单一监管体制的发达市场经济国家有：英国、澳大利亚、比利时、卢森堡、新西兰、奥地利、意大利、瑞典、瑞士等。此外，一些发展中国家，如巴西、埃及、泰国、印度、菲律宾等，也实行这一监管体制。

单一体制的监管机关通常是各国的中央银行，也有另设独立监管机关的。监管职责是归中央银行还是归单设的独立机构，有时也会转移。如英国 1979 年的银行法，正式赋予英格兰银行金融监管的职权。1997 年 10 月 28 日，英国成立了金融服务局（FSA），实施对银行业、证券业和投资基金业等金融机构的监管，英格兰银行的监管职责结束。

（2）多头监管体制。

多头监管体制是根据从事金融业务的不同机构主体及其业务范围的不同，由不同的监管机构分别实施监管的体制。而根据监管权限在中央和地方的不同划分，又可将其区分为分权多头式和集权多头式两种。

实行分权多头式监管体制的国家一般为联邦制国家。其主要特征表现为：不仅不同的金融机构或金融业务由不同的监管机关来实施监管，而且联邦和州（或省）都有权对相应的金融机构实施监管。美国和加拿大是实行这一监管体制的代表。

实行集权多头式监管体制的国家，对不同金融机构或金融业务的监管，由不同的监管机关来实施，但监管权限集中于中央政府。一般地说，该体制以财政部和中央银行为监管主体，日本和德国是采用这一监管体制的典型代表。法国、新西兰等国也采用这一监管体制。

（3）单一监管体制与多头监管体制的关系。

历史上，监管主体的设立问题是和金融体系的结构相对应的。在分业经营的情形下，不同的金融机构从事不同的金融业务，因此，究竟是按金融机构的类型还是按金融业务的类别来确立监管主体，是没有区别的。但随着全球性的混业经营形势的发展，金融监管的专业化分工就面临着挑战。于是就有了现在的单一监管体制与多头监管体制之分。选择单一监管体制的理由是：顺应金融结构的变化，既然金融机构业务已经多样化了，就干脆成立一家业务也相应足够多样化的超级监管机构，从而独自全面而有效地对业务范围广泛的金融机构的整体进行监管；选择多头监管的依据是：在分业经营、分业监管的原有框架内，承认不同金融机构之间业务交叉的现实，通过加强不同监管机构之间的协调来解决问题。

在具体的金融实践中，监管体制也各具特色。比如，以实行全能银行著称的德国，其监管结构恰恰是分别对证券业、银行业和保险业进行监管。对于单一监管体制来说，形式上由一家机构监管，并不意味着该机构内部没有分工，而且这种分工可能还是相当严格的；对于多头监管体制来说，虽然表现为监管的分工格局，但监管机构相互之间的交流、沟通、协作、信息共享等方面也非常重要。

3. 预防性监管与挽救性监管

从金融危机发生前后的时间顺序来看，可以把金融监管的措施分为预防性监管与挽救性监管。

预防性金融监管措施的提出，实际上暗含的前提有两个：一是假定金融机构有可能在日常经营活动中对其往来客户采取机会主义的态度，利用存款人、投资者知情较少这一信息不对称的现实损害客户利益；二是假定金融机构在其日常经营活动之中不能保证总能做到足够的审慎。如果这只会使金融机构自食其果，倒也可以听任它们咎由自取，而不加过问，但偏偏其业务特点是“花别人的钱”，其不审慎的经营行为不仅会影响其自身的利益，而且会产生过高的社会成本。因此，对金融机构的市场准入、市场运作过程、市场退出进行监管就显得十分必要。这是进行金融监管的第一道防线。

挽救性金融监管制度的建立，是出于防范系统危机和系统风险的目的。而系统危机之所以发生，主要是由于流动性不足和人们对金融体系的信心不足造成的。因此，由官方出面建立存款保险制度和最后贷款人制度，就构成了预防金融风险的第二道、第三道防线。这样的制度，通过做出保证银行流动性的承诺，从而保证人们总是对银行体系具有信心。尽管从名义上看，这些制度和措施是一种事后的弥补性和挽救性的措施，但由于它起到了稳定人们对金融体系的预期的作用，从而具有主动的预防效应。

在实践中，这两类金融监管制度往往是并行不悖，共同发挥作用的。

中国的金融监管体制

目前，我国的金融监管体制属于集权多头的分业模式。中国人民银行、中国银行业监督管理委员会、中国证券监督管理委员会、中国保险监督管理委员会四个金融监管部门各司其职、分工合作，共同承担金融业的监管职责。同时，绝大部分金融机构都设立了内部稽核部门，金融同业自律组织和社会中介组织的监督也已起步。

中国人民银行是全国金融业的最高主管机关，处于监管的核心地位。修改后的《中华人民共和国中国人民银行法》为了保证中国人民银行履行制定执行货币政策、维护金融稳定、防范和化解系统性金融风险等职责的需要，还保留了中国人民银行对货币市场、金融机构部分业务等的监督管理权力。在特定情况下，中国人民银行还享有建议监督检查权，以避免对银行业金融机构的重复监管以保证整个金融业的健康发展。

中国银行业监督管理委员会是我国银行业的监管机构。根据2003年12月十届人大会议批准通过的《中华人民共和国银行业监督管理法》的法定，银监会主要执行原来由中国人民银行执行的对银行、城市和农村信用合作社、资产管理公司、信托投资公司及其他存款类金融机构的监督管理。

中国证券监督管理委员会是我国证券市场的监管机构。根据《中华人民共和国证券法》的规定，由国务院证券监督管理机构依法对证券市场实行监督管理，维护证券市场的秩序，保障其合法运行。

中国保险监督管理委员会是我国保险市场的监管机构。根据《中华人民共和国保险法》的规定，依法对我国保险业实施监管。

中国银行业监督管理委员会、中国证券监督管理委员会和中国保险监督管理委员于2003年9月18日召开了金融监管第一次联席会议。会议讨论并通过的《中国银行业监督管理委员会、中国证券监督管理委员会、中国保险监督管理委员会在金融监管方面分工合作的备忘录》，明确提出：按照分业监管、职责明确、合作有序、规则透明、讲求实效的原则，对金融控股公司内的相关机构和业务，按照业务性质实施分业监管；对金融控股公司的集团公司依据其主要业务性质，归属相应的监管机构负责监管。《备忘录》还提出：这三家监管机构分别向其监管对象收集信息和数据，负责统一汇总、编制各类金融机构的数据和报表，并按国家有关规定予以公布；遇到重大监管事项、跨行业监管、跨境监管等复杂问题时，这三家监管机构将及时进行磋商；每季度召开联席会议，讨论、协商具体专业监管问题。切实加强银监会、证监会、保监会之间的政策沟通与协调，对金融发展和创新中出现的问题，三方通过联席会议和经常联系机制互通信息、充分讨论、协商解决，鼓励金融创新，控制相关风险。

建立金融监管协调合作机制，实现监管信息共享，有助于进一步加强我国金融监管机构之间的协调与配合，提高监管效率，实现对金融机构及其业务的持续有效监管，保证金融业安全高效稳健运行。

第四节　金融监管的国际协调

金融监管国际协作的必要性

1. 金融国际化与金融风险国际化

第二次世界大战之后，经济和金融全球化的趋势十分明显，主要表现在：国际贸易的增长速度始终快于国内生产总值的增长速度，而国际金融交易的增长又远远快于世界贸易的增长速度。而与金融业国际化相伴随的是风险的国际化及快速传播。

金融机构的国际化，一方面使金融机构经营的不确定性增加，外汇风险与国家风险等的存在，使金融机构面临的风险种类和复杂性也越来越大；另一方面，这些金融风险越来越不可能限制在一国的地理区域内，而是要同时面临日益增加的外国风险。因此，任何一国的监管机构都无法对金融所面临的风险进行全面的监管，迫切需要各国之间的协调与合作。

金融国际化的进程也导致金融风险在国际范围内的广泛传播，而且传播的速度很快。这使得相互依存的金融机构在分享交易好处的同时，也传染着各自的风险。当一家或几家国际化商业银行发生问题时，将导致整个金融体系周转失灵，甚至诱发局部性或国际化的金融危机或系统风险。

而且，银行、证券和其他金融工具的支付清算体系也把所有金融机构联系在一起，造成了相互交织的债权债务网。任何微小的支付困难都可能酿成全面的流动性危机。如1994年德国赫斯塔特银行因为外汇交易而倒闭，引起了票据交换和银行间支付系统的极大震荡，尤其是导致了日本和意大利银行暂时的资金困难。

2. 金融国际化背景下的金融监管困境

金融国际化的快速发展及其风险在国际范围内的广泛传播，给各国的金融监管当局带来了严峻的挑战，因为国际金融活动是超越一国的行政管辖权的，但对金融活动和机构的监管却是单个国家政府的事。这意味着各国监管部门必须加强协调与合作，否则，无论是对个别国家还是对整个国际金融市场都有可能带来消极的影响。

在金融国际化背景下，金融监管当局面临的困境和挑战主要有：

（1）在金融活动和金融机构的国际化与金融监管的国别化之间，矛盾日益加深。就国际金融监管角度来看，当金融活动的监管还是单个国家政府的事情，金融监管行为还被限制在国家主权地理区域之内的时候，就意味着无法对国际金融活动进行有效的监管，即面临监管真空的危险。在国际金融风险日益加大之际，监管真空无疑会带来严重的后果。

（2）金融国际化加大了监管者与被监管者之间的信息不对称。在金融国际化过程中，金融机构的组织结构和业务结构日趋复杂，国际经营和交易业务大量以表外业务的形式来开展，这使得原本就在监管者与被监管者之间存在的信息不对称更加严重，监管者根本无法及时完整地获得信息，并据此进行有效的金融监管。

（3）国际金融业务的创新不断突破现有的金融监管框架，使得监管机构面临崭新的监管对象。创新也使得金融机构资产负债的表外业务大量增加，单纯的资产负债表难以反映金融机构的真实经营情况。层出不穷的金融创新使金融衍生工具大量涌现，这些衍生工具在为交易主体提供风险转移和风险规避手段的同时，也因其具有以小搏大的杠杆效应增加了市场风险，使金融机构业务操作的复杂程度和投资组合调整的速度加剧。这些都导致监管部门无法对其进行及时有效的监管。

（4）金融机构的集团化和业务综合化与金融监管分散化之间的矛盾。金融集团复杂的业务结构和风险结构本身，就使金融监管极为困难。问题还在于目前许多国家实施的还是分散化的金融监管体制，这就使如何对进入本国的国际金融集团实施有效监管成为一个亟待解决的问题。

3. 金融监管政策的溢出效应

在封闭经济体系中，针对本国经济金融状况而出台的金融监管政策，其效应只限于国内。而在开放经济条件下，金融国际化的实践却使这种金融监管政策的效应波及了国外，产生了明显的或正或负的溢出效应。所谓**溢出效应**，是指任何一国针对本国金融机构所做出的监管决策将影响金融机构的经营行为，进而会波及该机构在国际金融市场上的经营行为，而各国金融机构在国际市场上的业务联系使得这种行为的调整可能会影响该机构的合作者或交易对手，进而会对他国的金融机构产生影响。由于这种溢出效应，监管当局做出的不协调的监管决策很可能会导致世界范围内的低效金融产出，影响资源配置的有效性。所以，这就需要各国监管当局充分考虑他们之间的相互联系，加强在政策上的相互协调。

4. 金融监管制度差异会造成监管竞争和监管套利

在一个存在金融监管差异的国际化市场上，由于监管松紧程度的不同，有可能出现监管竞争和监管套利两种现象，从而影响监管的有效性。

所谓**监管竞争**是指各国监管者之间为了吸引金融资源而进行的放松管制的竞争。一般地，一国的金融监管制度越放松，越有可能吸引金融资源的流入。这样，在各国的金融监管当局之间就引入了监管竞争。但是监管竞争与产品竞争的一个最大区别就在于：监管竞争的主体，即监管者，并不是竞争成本和收益的直接承担者，却具有强烈的动机去进行竞争，吸引更多的金融资源本身便是他的业绩。这种竞争主体地位的非经济特征将会扭曲竞争，甚至可能造成竞争性的放松监管的局面。而这种放松管制的程度达到一定的水平，就会引发世界性的系统风险和灾难性的后果。如 20 世纪 90 年代一些新兴市场国家在 80 年代竞相放松金融管制后大部分都发生了金融危机。

所谓**监管套利**是指被监管的金融机构利用监管制度之间的差异获利。如果一个国家金融监管过于严格，该国的金融机构和业务活动会被其他监管宽松国家所吸引而转往他国。尤其在国际资本流动自由化的条件下，这种移动就更为迅捷和方便。使本国金融机构和业务活动外移的监管套利，将导致本国对金融机构所实施的金融监管措施失效，同时使本国的金融机构数量达不到理想中的竞争状态，影响资源的有效配置。

当然，监管竞争和监管套利活动也有其正面效应。如各国的监管部门为了防范风险的目的，在指数期货交易的保证金比率定为多高这一问题上更容易趋同和达成一致。

在金融国际化的大背景下，由于存在着金融监管的各种困境、矛盾、政策失效和监管空白，因此，加强金融监管的国际协调势在必行。有效的国际金融监管协调将可能产生两方面效应：一是继续推进金融的国际化和一体化进程，为金融机构的国际化努力创造良好的金融环境；二是提高全球金融市场监管的有效性，保持金融稳定。

金融监管的国际协调组织

在金融国际化实践中，由于存在着金融监管国际协调的强大需求，一些相关的国际组织已经在推进世界范围内的金融监管协调，而一些区域性的带有统一监管雏形的协调性组织也已经出现。

根据协调能力，现有的金融监管国际协调组织基本上可以分为两类：一类是对成员国没有法律约束力的国际监管组织，包括巴塞尔委员会、国际证券委员会组织、国际保险监管官联合会等。这类组织主要通过没有法律约束的“君子协议”来推动成员国之间的合作以及国际性监管标准的推广。另一类是以国际法或区域法为基础的监管组织。它们所通过的监管规则对成员国具有法律约束力，可以在一定程度上统一实施对成员国的金融监管，例如欧盟和北美自由贸易组织等。

1. 巴塞尔委员会

1974 年赫斯塔特银行和弗兰克林国民银行的倒闭，使国际社会认识到银行国际业务的风险性和危机的传染性，意识到加强对银行国际业务合作监管的迫切性。在国际清算银行的发起和支持下，十国集团中央银行行长于 1974 年年底建立了银行法规与监管事务委员会，也就是现在所称的巴塞尔银行监管委员会（BCBS），简称巴塞尔委员会。这是一个中央银行监督国际银行活动的联席代表机构和协调机构。其第一次会议于 1975 年 2 月召开，此后每年定期召开三至四次会议，议程由各成员国中央银行商定。

巴塞尔委员会的成员国在委员会的代表机构为中央银行，如果中央银行不负责银行业的监管，那么代表机构为相应的银行监管机构。

委员会为其成员国在银行监管问题的合作提供条件。根据十国集团中央银行行长们的要求，委员会的主要工作原本是为国际银行业提供一个“早期预警”系统。其后，随着银行业国际化的不断推进，委员会的工作重点转移为堵塞国际监管中的漏洞，提高监管水平，改善全球监管质量。其主要内容有三：交换各国在监管安排方面的信息；提高国际银行业务监管技术的有效性；建立资本充足率的最低标准以及研究在其他领域制定标准的有效性。在国际监管方面委员会遵循两条基本原则：第一，没有任何境外银行机构可以逃避监管；第二，监管应是充分的。

委员会并不具备任何凌驾于国家之上的正式监管特权，其文件从不具备亦从未试图具备任何法律效力。不过，它制定了广泛的监管标准和指导原则，提倡最佳监管做法，期望各国采取措施，根据本国的情况通过具体的立法或其他安排予以实施。委员会鼓励采用共同的方法和标准，但并不强求成员国在监管技术上的一致性。

2. 国际证券委员会组织

国际证券委员会组织（IOSC）创建于 1984 年，其前身是建立于 1974 年的旨在帮助拉美证券市场发展的证券委员会及类似机构的泛美洲协会。国际证券委员会目前有 179 个成员，其中包括 8 个国际组织，102 个正式成员，9 个联系成员和 60 个附属成员。国际证券委员会组织的一个明显特点是，它允许自律性组织和其他国际组织作为联系成员或附属成员加入，明显不同于巴塞尔委员会。目前，几乎所有的有股票交易所的国家都已是其成员，其成员广度远大于巴塞尔委员会。

国际证券委员会的宗旨是：一是通过合作确保在国内和国际层次上实现更好的监管，以维持公平和有效的市场；二是就各自的经验交换信息，以促进国内市场的发展；三是共同努力，建立国际证券交易的标准和实现有效监管；四是提供相互援助，通过严格采用和执行相关标准确保市场的一体化。

国际证券委员会有一个完整的组织结构，包括主席委员会、执行委员会、自律性组织咨询委员会、两个专业性委员会和四个区域性委员会。此外还包括一个常设机构，设在蒙特利尔的秘书处。主席委员会由各成员国监管机构的主席组成。四个区域性委员会分别是：非洲和中东地区委员会、亚太地区委员会、欧洲地区委员会及泛美地区委员会。两个专业性的委员会是技术委员会和新兴市场委员会，很多政策或建议就是由这两个委员会提出来的。

国际证券委员会组织的提议是建议性的，对成员不具有法律约束力，且该组织也没有强制实施的权力。实施国际证券委员会组织的政策建议是各国监管方面的权力，取决于各成员国各自的立法或监管程序。

3. 国际保险监管官联合会

国际保险监管官联合会（IAIS）是一个推动各国保险监管国际协调的组织，成立于 1994 年，现成员数目已逾 100 个。联合会的秘书处原设在位于华盛顿的美国全国保险监管者联合会内，1998 年迁往国际清算银行。

国际保险监管官联合会的宗旨有二：第一，通过合作来改善一国国内乃至国际层次上的保险监管，以此来促进保险市场的效率、公平、安全和稳定，并最终保护投保人的利益；第二，统一各方努力，制定供各成员国选择遵守的监管标准。国际保险监管官联合会的工作内容主要是：推动保险监管主体之间的合作；建立保险监管的国际标准；为成员国提供培训；同其他金融部门的监管者和国际金融组织合作。

国际保险监管官联合会有两类会员组成：一是宪章成员；二是新会员。从 1999 年起，国际保险监管官联合会开始接受观察员会员。

国际保险监管官联合会由会员大会、执行委员会和秘书处组成。会员大会由执行委员会负责召集，一般在年会期间召开，主要讨论联合会的发展方向问题。执行委员会是联合会的领导和决策机构，下属四个委员会——技术委员会、新市场委员会、预算委员会和教育委员会。

最初，国际保险监管官联合会只是一个世界范围内的保险监管者交换信息和经验的论坛。目前国际保险监管官联合会的工作已超越了信息交流的范围，开始强调监管原则和标准的制定及推广。联合会现已制定了全球保险监管的原则和标准。

4. 金融稳定理事会

金融稳定理事会的前身为金融稳定论坛（FSF），是七个发达国家（G7）为促进金融体系稳定而成立的合作组织。在中国等新兴市场国家对全球经济增长与金融稳定影响日益显著以及全球金融危机的背景下，2009 年 4 月 2 日在伦敦举行的 20 国集团（G20）金融峰会决定，将 FSB 成员扩展至包括中国在内的所有 G20 成员国，并将其更名为 FSB（Financial Stability Board，FSB）。2009 年 6 月 26 至 27 日金融稳定理事会（FSB）成立大会于瑞士城市巴塞尔举行。

金融稳定理事会的宗旨是促进和维护各国和全球金融体系稳定，其设立指导委员会指导理事会日常事务，同时设立脆弱性评估、监管合作和标准执行三个专门委员会。金融稳定理事会的任务是制定和实施促进金融稳定的监管政策和其他政策，解决金融脆弱性问题。

金融监管国际协调的基本内容

1. 监管信息的交流和共享

信息是实现有效监管的重要前提条件。国际社会对信息交流取得了充分的共识，认为监管信息的交流要遵循以下几个原则：第一，为了实现有效监管，每个监管者都必须获得足够的信息；第二，监管者对于所需获得的信息及其他监管者之间的合作，应该有一个前瞻性的态度，并且当他们面对这些问题时应该以良好的态度及时地反馈；第三，监管者应该及时地向某一金融机构主要的监管者传递正在实施的政策、变动的信息以及可能的不利状态，同时也包括监管行为和潜在的监管行为；第四，主要的监管者应该和其他相关的监管者共同分享那些影响被监管者行为的监管信息；第五，监管者应该主动地采取措施同其他监管者签署相关协议，同时在彼此之间建立一种合作和信任的态度。

目前国际上的信息交流机制主要有双边合作和多边合作两种形式。双边合作主要是通过协议的形式来实现，如谅解备忘录、双边援助协议、非正式的信息交流或信息共享的安排等。多边合作主要是通过国际监管组织的监管建议和监管标准来实现，如《银行监管当局之间的信息交流》、《对国外银行的监管原则》等有关跨境银行监管的文件中都有对信息交流的条款和建议。

此外，银行业、证券业、保险业之间的信息交流及信息共享也随着金融集团的兴起而得到了国际金融界的高度重视。

2. 银行监管范围和监管责任

1975 年，巴塞尔委员会首次提出了划分银行国外机构监管责任的原则，是国际监管合作的一个重大进步，但是随后的阿姆西诺银行的倒闭使国际社会认识到只注意监管责任的划分是不够的。

1983 年，巴塞尔委员会制定了修改后的巴塞尔协定，即《对银行国外机构的监管原则》，强调对银行国外机构的充分监管，不但要求在母国和东道国监管当局之间适当地划分责任，而且要求在二者之间进行联系与合作。

1992 年，巴塞尔委员会根据国际银行的新发展重新审查了协调国际银行监管的安排，并在 1983 年协定基础上，制定了《对国际银行集团及其境外机构的最低监管标准》，希望成员国监管当局共同遵守。其中，最低监管标准有四条：第一，所有国际银行集团和国际银行应由有能力从事并表监管的母国当局实行监管；第二，跨国银行机构的成立，应事先得到东道国监管当局和银行或银行集团所在国监管当局的同意；第三，监管当局在担当母国监管者角色时有权从其所辖银行或银行集团的跨国银行机构索取信息；第四，如果一家东道国当局判定最低标准中的任何一项没有达到，该当局应施加限制性措施，包括禁止银行机构的成立，以满足与上述最低标准相一致的审慎性考虑。

1996 年，巴塞尔委员会向第九届国际银行监管官大会提交了关于《跨境银行监管》文件的报告，就如何克服银行监管者在对国际性银行跨国业务进行有效监管过程中所遇到的一些障碍，进一步提出建议。

3. 并表监管

在银行业务国际化的过程中，并表监管已经成为巴塞尔委员会、欧盟等进行跨国银行监管的一项基本原则和内容。所谓并表监管，是指在银行于各地所从事的全部业务的基础上，母银行和母国监管当局对整个银行或银行集团进行监管，即并表监管是一个监管当局对银行集团的总体经营进行监管的过程。这里的银行集团，既包括直接的分支机构与子公司，也包括非银行公司和金融附属公司。

实施并表监管的目的主要有三：一是坚持实现无论银行在何处经营，都不应逃避监管的原则；二是防止资本的双重杠杆；三是保证银行集团的经营风险，无论其在何处注册，都在全球的基础上进行评估与控制。这一原则的充分实施，很可能导致母国监管责任的某种延伸，但它并不意味着东道国当局对其领土上经营的外国银行机构的监管责任有任何减少。

尽管并表监管已经成为一种重要的国际监管协调机制，但是它也存在一些问题，如并表监管并不能杜绝监管套利，其需要的前提条件可能会受到一些国家保密法的阻碍而不具备，其并没有考虑到东道国法律和东道国为吸引外国金融机构而实施的放松监管的行动。

4. 国际监管标准的建立

20 世纪 80 年代以来，三大国际组织纷纷提出了各自领域的监管标准，如巴塞尔委员会的《巴塞尔协议》、国际证券委员会组织提出的信息披露的标准、国际保险监管官联合会提出的保险公司资产管理业务的监管标准等，其中，以巴塞尔委员会提出的有关标准最为成功。

1988 年，巴塞尔委员会制定的《巴塞尔协议》对资本充足率作了详细的规定，凡是经营国际业务的银行，都要将资产业务按协议规定的风险权数，换算为风险资产，银行资本（核心资本加附属资本）与风险资产的比率最低为 8%，其中，核心资本要占全部资本的 50%。这一标准不仅在巴塞尔委员会 12 个成员国得到了遵守，而且有 100 多个非成员国也在本国内主动实施。

随着银行防范风险的能力、监管部门的监管方法和金融市场的运作方式发生巨变，该协议对发达国家已越来越不适用。20世纪80年代拉美的债务危机对西文银行产生了巨大冲击，传统的以资产大小为实力象征的理念被“资本是上帝”的新理念所取代。在此背景下，1997年9月，巴塞尔银行监管委员会正式通过了《有效银行监管的核心原则》，为规范银行监管提出了国际统一的准则。2001年1月公布了详细的《新巴塞尔资本协议》草案，各国商业银行和监管当局对新协议草案提出许多意见和建议，并在2002年7月10日就许多重要问题达成一致意见，委员会计划于2006年年底实施新协议。

巴塞尔委员会建立的新资本协议更加具有风险敏感性，将风险扩大到信用风险、市场风险、操作风险和利率风险，并提出“三个支柱”要求资本监管更准确地反映银行经营的风险状况，进一步提高金融体系的安全性和稳健性。

（1）第一支柱——最低资本规定。其中考虑了信用风险、市场风险和操作风险，并为计量风险提供了几种备选方案。

（2）第二支柱——监管部门的监督检查。监管当局的监管，是为了确保各银行建立起合理有效的内部评估程序，用于判断其面临的风险状况，并以此为基础对其资本是否充足做出评估。监管当局要对银行的风险管理和化解状况、不同风险间相互关系的处理情况、所处市场的性质、收益的有效性和可靠性等因素进行监督检查。监管当局的监督检查是最低资本规定和市场纪律的重要补充。

（3）第三支柱——市场纪律。委员会强调，市场纪律具有强化资本监管，帮助监管当局提高金融体系安全、稳健的潜在作用。新协议在适用范围、资本构成、风险暴露的评估和管理程序以及资本充足率四个领域制定了更为具体的定量及定性的信息披露要求。监管当局应评价银行的披露体系并采取适当的措施。新协议还将披露划分为核心披露与补充披露。

2010年9月12日，全球主要国家和经济体央行代表于在巴塞尔银行监管委员会的主导下就《巴塞尔协议Ⅲ》达成一致。该协议规定，全球各商业银行的一级资本充足率下限将从现行的4%上调至6%，而由普通股构成的“核心”一级资本充足率则从现行的2%进步到4.5%。此外，协议还规定各家商业银行该当设立“资本保护缓冲资金”，总额不得低于银行风险资产的2.5%，这也就意味着实际有效的“核心”一级资本充足率达到了7%。《巴塞尔协议Ⅲ》旨在达到以下三个目标：提高压力时期可提取的缓冲资本储备；提高银行资本的质量；引入杠杆率作为新资本协议的最低保障机制。《巴塞尔协议Ⅲ》是近几十年来全球银行监管领域最大规模的改革，各国央行和监管部门希望借此促使银行减少高风险业务，同时确保银行储备足够的资本金，能够独自应对今后可能发生的金融危机。

5. 对金融集团的监管

1993年年初，巴塞尔委员会、国际证券委员会组织和国际保险监管官联合会成立了一个三方小组，开始研究对大型金融集团的监管问题，并于1997年发布了《金融集团的监管》文件，系统规范了大型金融集团的监管问题。所谓金融集团，是指在“同一控制权下，完全或主要在至少两个不同的金融部门大规模地提供服务的集团公司”。在文件中，三方小组明确了监管者在金融集团监管方面存在的问题，并讨论了解决问题的具体方法。

1996年，三方小组升级为联合论坛，由13个国家金融监管部门的代表组成。1999年2月，联合论坛公布了《多元化金融集团监管的最终文化》，第一次就多元化金融集团的监管原则与方法提出了具体的指导意见，并明确四项基本原则：资本充足原则、适宜性原则、信息分享原则、协调员制度。

小专栏

金融部门评估规划

一、金融部门评估规划（Financial Sector Assessment Program，FSAP）概况

1997年爆发的亚洲金融危机表明，在经济金融全球化深入发展的背景下，金融部门的稳健性对一国宏观经济的健康发展至关重要。在总结亚洲金融危机教训的基础上，IMF和世界银行于1999年5月联合推出了FSAP评估，旨在加强对IMF成员国（含地区，下同）金融脆弱性的评估与监测，减少金融危机发生的可能性，同时推动成员国的金融改革和发展。

IMF和世界银行首先在12个国家中进行了FSAP评估试点，从2001年3月起向成员国推广这一项目。经过多年的发展和完善，FSAP评估已成为国际社会广泛接受的金融稳定评估框架。截至2009年年末，已有125个国家完成了首次FSAP评估。

二、FSAP评估的框架、内容和方法

FSAP评估以宏观审慎监测为核心，以金融市场监测、宏观金融联系分析、宏观经济监测为补充。宏观审慎监测旨在识别影响金融体系整体稳定性的风险，评估金融体系健康状况及脆弱性。金融市场监测用来评估金融部门受某一特定冲击或一组冲击时的风险，通常采用早期预警系统（Early Warning Systems，EWSs）模型，分析指标包括金融市场指标、宏观指标和其他变量。宏观金融联系分析力图研究引发冲击的风险如何通过金融体系传递到宏观经济。宏观经济监测旨在监测金融体系对宏观经济的总体影响，特别是对债务可持续性的影响。

FSAP评估的内容包括金融结构和金融发展评估、金融部门评估、金融监管评估以及基础设施评估。金融结构和金融发展评估旨在评估金融服务提供情况，分析导致金融服务和金融市场缺失或欠发达的原因，识别那些阻碍高效提供金融服务的因素，侧重分析金融服务的客户以及金融体系满足客户需求的效率。金融部门评估的对象主要包括银行业及准银行机构、证券市场、保险业等。银行业评估的内容主要包括市场深度（以总资产等指标衡量）、市场宽度（以客户基础和产品范围来衡量）、市场竞争和效率以及市场分割等。金融监管评估主要对银行监管、证券监管和保险监管进行评估。基础设施评估主要包括法律、信息和交易技术等内容。

金融稳健指标分析、压力测试以及国际标准与准则评估是FSAP的主要评估方法。金融稳健指标是IMF为监测金融机构和市场的稳健程度，以及金融机构客户的稳健程度而编制的一系列指标，用来分析和评价金融体系的实力和脆弱性。压力测试旨在分析宏观经济变量的变动对金融体系稳健性可能产生的影响，评估因宏观经济金融联系而产生的风险和脆弱性。国际标准与准则评估旨在从宏观经济政策的稳健性和透明度、审慎监管对金融

机构稳健运行的影响、金融基础设施（包括公司治理、会计和审计标准等）的有效性等方面评估金融体系的稳定性，其评估结果体现为《标准与准则遵守情况报告》（Reports on Observance of Standards and Codes，ROSCs）。

三、我国的金融部门评估规划

2003 年，中国人民银行牵头组成跨部门小组，开始对中国进行首次金融稳定自评估。自评估借鉴目前国际上通行的国际货币基金组织评估框架，并结合中国具体国情进行。在此基础上，2005 年第一份《中国金融稳定报告》颁布。2009 年 9 月，中国正式宣布启动金融部门评估规划 FSAP。

2009 年 9 月，我国 FSAP 部际工作小组各成员单位与 IMF/世界银行先遣团进行了充分的交流和沟通，双方签订了《中国金融部门评估规划评估范围备忘录》（以下简称《备忘录》），作为我国开展 FSAP 评估的工作指引。

2011 年 11 月 15 日，国际货币基金组织和世界银行公布了中国"金融部门评估规划"成果报告——《中国金融体系稳定评估报告》和《中国金融部门评估报告》。报告充分肯定了我国金融体系近年来在商业化转型、增强财务稳健性、改进金融监管等方面取得的显著进展。同时也提出，为促进金融体系进一步发展，中国需关注金融体系融资结构不均衡、商业化程度不充分、金融产品和服务覆盖面不够广、养老保险体系需进一步完善、金融基础设施有待改善等问题。报告建议中国继续推进金融改革，加强金融监管，完善金融稳定框架，加快金融体系市场化进程，协调宏观经济和金融政策以扩大金融服务覆盖面，进一步完善金融基础设施。

总体来看，报告对我国金融体系的评价是客观、积极、正面的，对我国金融体系未来改革建议是富有建设性的。我们也注意到，报告中还存在个别不够全面、不够客观的观点，所提出的某些改革措施的具体时间框架和优先顺序等建议尚需结合我国实际深入研究。

本章小结

1."金融监管"是金融监督和金融管理的复合词，有狭义和广义之分。由于金融领域内存在的垄断、负外部效应、金融体系提供的产品和服务具有公共物品的特征、信息不对称导致的交易低效率、过度竞争所带来的不稳定性以及分配的不公平等，都可能导致金融产品与服务价格信息扭曲，从而表现为金融市场失灵，这为政府介入金融监管提供了理由。

2. 金融监管的目标可分为一般目标和具体目标。其一般目标是针对市场失灵而提出的，表现在两个方面：一是维护金融体系的安全与稳定，避免系统危机的发生；二是保护存款人和社会投资者的利益。概括地说，就是经济运行的效率、公平和稳定三个方面。金融监管的具体目标依各国历史、经济、体制、发展阶段等情况而各不相同。我国金融监管的目标是"中国人民银行依法对金融机构及其业务实施监督和管理，维护金融稳健运行"。

3. 金融监管当局进行监管时，遵循的原则有：依法监管原则，合理、适度竞争原则，自我约束和外部强制相结合原则，安全稳定与经济效率相结合的原则。

4. 金融监管的成本是指在管制过程中所耗费的资源成本有可能大于实现监管目标后的收益，表现为直接的显性成本和间接的效率损失两方面。间接的效率损失主要有：产生道德风险、人为地削弱竞争以及对金融创新的抑制。金融监管之所以会失灵，是由于监管者具有经济人特征、监管者同样面临着信息不对称的问题、监管者处于独特的垄断地位。监管失灵表现为监管过度和监管松懈。因此，金融监管制度安排应适时地引入对监管者的监管。

5. 金融监管的具体内容都是从市场准入、市场运作过程、市场退出三个环节入手，其目的一是督促金融机构约束其风险行为，避免其做出损人也不利己的行为；二是针对金融机构在处理客户关系时利用信息优势采取的机会主义行为，避免其做出损人利己的行为。金融监管使用的手段主要有法律手段、经济手段和行政手段，其中经济手段中最主要的是最后贷款人和存款保险两种，这是针对系统性危机而建立的两种官方安全网。金融监管的方法有直接监管和间接监管。

6. 金融监管体制指的是金融监管的制度安排，它包括金融监管当局对金融机构和金融市场施加影响的机制以及监管体系的组织结构。各国金融监管的体制结构表现为明显不同的特点。从监管规则的形成与实施是否通过国家法律法规和行政干预来看，各国的金融监管体制可以分为外部的正式监管与行业内的自律。根据监管主体的多少，各国的金融监管体制大致可以划分为单一监管体制和多头监管体制。从金融危机发生前后的时间顺序来看，可以把金融监管的措施分为预防性监管与挽救性监管。

7. 金融监管国际协作的必要性：一是金融国际化与金融风险国际化的迅速发展和传播，二是在金融国际化背景下的金融监管面临着新的困境，三是金融监管政策的溢出效应，四是各国金融监管制度差异会造成监管竞争和监管套利。

8. 金融监管的国际协调组织主要有：巴塞尔委员会、国际证券委员会组织、国际保险监管官联合会以及金融稳定理事会等。

9. 金融监管国际协调的基本内容有：监管信息的交流与共享、银行监管范围和监管责任的确定、并表监管原则、国际监管标准的建立、对金融集团的监管、欧盟的统一监管等。

复习思考题

1. 为什么要进行金融监管?
2. 金融监管的基本目标和原则是什么?
3. 金融监管间接的效率损失有可能表现在哪些方面?
4. 金融监管失灵表现在什么方面?
5. 对金融机构进行日常的审慎性监管的具体内容有哪些?
6. 如何理解外部的正式监管、行业内的自律与金融机构内部控制制度之间的关系?
7. 在金融国际化背景下，金融监管当局面临的挑战有哪些?
8. 什么是金融监管政策的溢出效应?
9. 如何评价金融监管竞争和监管套利的正负面效应?
10. 金融监管国际协调的基本内容有哪些?

参考文献

1. 黄达. 金融学. 北京：中国人民大学出版社，2012.

2. 黄达. 金融——词义、学科、形势、方法及其他. 北京：中国金融出版社，2001.

3. 沈伟基. 货币金融学. 北京：工业大学出版社，2001.

4. 林钧越. 消费者信用管理. 北京：中国方正出版社，2002.

5. 陈岱孙，厉以宁. 国际金融学说史. 北京：中国金融出版社，1991.

6. 陈雨露. 国际金融. 北京：中国人民大学出版社，2008.

7. 王爱俭. 国际金融概论. 北京：中国金融出版社，2005.

8. 黄宪. 货币金融学. 武汉：武汉大学出版社，2008.

9. 姚长辉. 货币银行学. 北京：北京大学出版社，2005.

10. 孙伯银. 货币供给内生的逻辑. 北京：中国金融出版社，2003.

11. 王玉平. 货币银行学. 北京：中国经济出版社，2001.

12. 殷孟波. 货币金融学. 北京：中国金融出版社，2004.

13. 王广谦. 20 世纪西方货币金融理论研究：进展与述评. 北京：经济科学出版社，2003.

14. 弗雷德里克·S·米什金. 货币金融学. 北京：中国人民大学出版社，2006.

15. 朱新蓉. 金融概论. 北京：中国金融出版社，2003.

16. 汪祖杰. 现代货币金融学. 北京：中国金融出版社，2007.

17. 彼得·S·罗斯. 货币与资本市场. 北京：机械工业出版社，2006.

18. 劳埃德·B·托马斯. 货币、银行与资本市场. 北京：机械工业出版社，1999.

19. 雷蒙德·W·戈德史密斯. 金融结构与金融发展. 上海：上海三联书店，1994.

20. 杨显. 金融创新. 广州：广东经济出版社，2000.

21. 孔祥毅. 中央银行通论. 北京：中国金融出版社，2009.

22. 童适平. 中央银行学教程. 上海：复旦大学出版社，2003.

23. 武康平. 货币银行学教程. 北京：清华大学出版社，1999.

24. 陈学彬. 中央银行学概论. 上海：上海社会科学院出版社，2007.

25. 张杰. 经济变迁中金融中介与国有商业银行. 北京：中国人民大学出版社，2003.

26. 戴根有. 走向货币政策间接调控. 北京：中国金融出版社，1999.

27. 克拉克森和米勒. 产业组织：理论、证据和公共政策. 上海：上海三联书店，1989.

28. 戴维・B・西西利亚. 格林斯潘效应. 北京：机械工业出版社，2000.

29. 梁小民. 宏观经济学纵横谈. 北京：三联书店，2002.

30. 刘宇飞. 国际金融监管的新发展. 北京：经济科学出版社，1999.

31. 汪红驹. 中国货币政策有效性研究. 北京：中国人民大学出版社，2003.

32. 薛万祥. 中国货币调控模式选择与制度设计. 上海：上海财政大学出版社，1998.

33. 吴晓求. 证券投资学. 北京：中国人民大学出版社，2009.

新编21世纪远程教育精品教材

公共基础课系列

书名	作者
应用写作（第四版）（“十一五”国家级规划教材）	孙秀秋
计算机应用基础	李　刚
马克思主义哲学原理（第二版）	霍福广
“毛泽东思想和中国特色社会主义理论体系概论”教学专题研究	王向明
全国高校网络教育大学英语词汇必备手册	王建华
全国高校网络教育大学英语学习与考试辅导	王建华
高等数学“学习包”（第二版）	张家琦　曹承宾
北京地区成人本科学士学位英语统一考试历年试题解析	常红梅
北京地区成人本科学士学位英语统一考试辅导（第三版）	常红梅
大学语文	黄　鹤
大学英语学习与考试辅导	常红梅
数据库基础教程	苏　俊
毛泽东思想概论	江长仁

经济与管理系列

书名	作者
西方经济学	缪代文
西方经济学（第二版）（微观经济学部分）	刘凤良
西方经济学（第二版）（宏观经济学部分）	刘凤良
经济法概论（第三版）	宋立成
国际金融（第二版）	刘　震
税务管理	王秀芝
邮政储汇实务	周艳海
中国税制（第二版）	杨　虹
投资银行学教程（第二版）	胡海峰　等
金融学概论（第三版）	宋　玮
国际贸易实务（第二版）	王晓明
财政管理	王秀芝
保险学	戴稳胜
证券投资学（第二版）	赵锡军　李向科

续前表

书名	作者
统计学教程（第三版）	金勇进
财政学	安秀梅
中国政治制度史	侯　力
经济学原理	韦曙林
商务英语	王学文
国际贸易理论与政策	王亚星
国际投资	胡曙光
人力资源开发与管理（第四版）	姚裕群
项目管理（第三版）（“十一五”国家级规划教材）	李　涛
物流管理（第三版）（“十一五”国家级规划教材）	刘　刚
组织行为学（第二版）	徐建平
公共政策原理	谢　明
公共政策案例分析	谢　明
公共管理伦理学	李传军
公共政策导论（第二版）	谢　明
公共经济学导论	代　鹏
公共关系学（第二版）	李兴国
领导力	祁凡骅
企业战略管理	邹昭晞
管理学原理	安　维
公务员管理	王甫银
秘书工作实务	张大成
人员选拔与聘用管理	苏　进　刘建华
绩效管理	徐　斌
质量管理学	李晓光
营销渠道决策与管理	吕一林
高级会计学（第二版）	张志凤　谢瑞峰
公司财务管理（第二版）	肖　万
财务管理学（第四版）	孙茂竹　范　歆
基础会计学（第三版）	徐　泓
管理会计（第二版）	孙茂竹
审计学（第二版）	杨闻萍

续前表

书名	作者
财务会计学（第三版）	郭建华
成本会计	曹　伟
纳税筹划教程	张中秀
会计制度设计（第二版）	阎至刚
计算机会计理论与实务（第二版）	蔡立新
税务筹划教程	张中秀
国际税收（第二版）	杨志清

法学系列

书名	作者
刑事诉讼法（第三版）	王新清　李　蓉
民事诉讼法（第二版）	汤维建　等
行政法与行政诉讼法（第三版）	胡锦光　罗　杰
宪法学（第三版）	胡锦光　任端平
劳动法和社会保障法（第三版）	黎建飞
保险法（第三版）	贾林青
刑法学（第二版）	黄京平
中国法制史（第二版）	赵晓耕
企业和公司法学（第二版）	王欣新
税法（第三版）	朱大旗
海商法（第二版）	贾林青
刑法学	徐松林
继承法（第二版）	孙若军
破产法学（第二版）	王欣新
经济法（第二版）	吴宏伟
国际法（第二版）	白桂梅　朱利江
法理学（第二版）	张曙光
法律文书写作（第二版）	陈卫东　刘计划
民法学（第二版）	龙翼飞

汉语言文学系列

书名	作者
中国古代文学史（一）（先秦至魏晋南北朝）（第二版）	叶君远
中国古代文学史（二）（隋唐五代宋辽金）（第二版）	冷成金
中国古代文学史（三）（元明清及近代）（第二版）	张国风
古代汉语（第二版）	殷国光
现代汉语（第二版）	吴永焕
外国文学作品导读（第二版）	刘洪涛
中国民间文学概论（第二版）	黄　涛
美学概论（第二版）	牛宏宝
文学概论（第二版）	许　鹏
中国古代文学作品选读（一）	诸葛忆兵
中国古代文学作品选读（二）	王　燕
中国文学理论史简编	成复旺
中国现当代文学作品导读	姚　丹
影视文学教程	邹　红
电视剧批评与欣赏	刘晔原
中国现当代文学	刘　勇
语言学概论	岑运强
西方文论概要	杨慧林
新时期文学思潮	张永清
文艺心理学	金元浦

新闻与传播系列

书名	作者
新闻理论教程	陈力丹　张建中
中国新闻传播史	赵云泽　孙　萍
外国新闻传播史	陈力丹　钱　婕
新媒体实务	黄　河
广告学概论	王　菲
新闻采访与写作	张　征

图书在版编目（CIP）数据

金融学概论/宋玮主编．—3版．—北京：中国人民大学出版社，2013.9
新编21世纪远程教育精品教材．经济与管理系列
ISBN 978-7-300-17990-2

Ⅰ.①金… Ⅱ.①宋… Ⅲ.①金融学-远程教育-教材 Ⅳ.①F830

中国版本图书馆CIP数据核字（2013）第201038号

新编21世纪远程教育精品教材·经济与管理系列
金融学概论（第三版）
主　编　宋　玮
副主编　王玉平
主　审　沈伟基
Jinrongxue Gailun

出版发行	中国人民大学出版社		
社　　址	北京中关村大街31号	**邮政编码**	100080
电　　话	010－62511242（总编室）		010－62511770（质管部）
	010－82501766（邮购部）		010－62514148（门市部）
	010－62515195（发行公司）		010－62515275（盗版举报）
网　　址	http：//www.crup.com.cn		
	http：//www.ttrnet.com（人大教研网）		
经　　销	新华书店		
印　　刷	北京七色印务有限公司	**版　　次**	2004年8月第1版
规　　格	185 mm×260 mm　16开本		2013年10月第3版
印　　张	18	**印　　次**	2019年12月第9次印刷
字　　数	403 000	**定　　价**	39.00元